D0082316

Conversaciones escritas

Lectura y redacción en contexto

Kim Potowski

University of Illinois at Chicago

WILEY

John Wiley & Sons, Inc.

VICE PRESIDENT AND EXECUTIVE PUBLISHER	Jay O'Callaghan
DIRECTOR, WORLD LANGUAGES	Magali Iglesias
ASSISTANT EDITOR	Lisha Perez
ASSOCIATE DIRECTOR OF MARKETING	Jeffrey Rucker
MARKETING MANAGER	Tiziana Aime
MARKET SPECIALIST	Elena Casillas
SENIOR PRODUCTION EDITOR	William A. Murray
PHOTO MANAGER	Hilary Newman
SENIOR MEDIA EDITOR	Lynn Pearlman
MEDIA PROJECT MANAGER	Margarita Valdez
DIRECTOR, CREATIVE SERVICES	Harry Nolan
SENIOR DESIGNER/COVER DESIGN	Jim O'Shea
COVER PHOTO	©HBSS/Age Fotostock America, Inc.

This book was set in New Caledonia by PreMedia Global and printed and bound by R.R. Donnelley.

This book is printed on acid free paper. ∞

Founded in 1807, John Wiley & Sons, Inc. has been a valued source of knowledge and understanding for more than 200 years, helping people around the world meet their needs and fulfill their aspirations. Our company is built on a foundation of principles that include responsibility to the communities we serve and where we live and work. In 2008, we launched a Corporate Citizenship Initiative, a global effort to address the environmental, social, economic, and ethical challenges we face in our business. Among the issues we are addressing are carbon impact, paper specifications and procurement, ethical conduct within our business and among our vendors, and community and charitable support. For more information, please visit our website: www.wiley.com/go/citizenship.

Copyright © 2011 John Wiley & Sons, Inc. All rights reserved. No part of this publication may be reproduced, stored in a retrieval system, or transmitted in any form or by any means, electronic, mechanical, photocopying, recording, scanning or otherwise, except as permitted under Sections 107 or 108 of the 1976 United States Copyright Act, without either the prior written permission of the Publisher, or authorization through payment of the appropriate per-copy fee to the Copyright Clearance Center, Inc., 222 Rosewood Drive, Danvers, MA 01923 (website: www. copyright.com). Requests to the Publisher for permission should be addressed to the Permissions Department, John Wiley & Sons, Inc., 111 River Street, Hoboken, NJ 07030-5774, (201) 748-6011, fax (201) 748-6008, or online at: www.wiley.com/go/permissions.

Evaluation copies are provided to qualified academics and professionals for review purposes only, for use in their courses during the next academic year. These copies are licensed and may not be sold or transferred to a third party. Upon completion of the review period, please return the evaluation copy to Wiley. Return instructions and a free of charge return shipping label are available at: www.wiley.com/go/returnlabel. Outside of the United States, please contact your local representative.

ISBN: 978-0-470-63399-1

Printed in the United States of America

10 9 8 7 6 5 4 3 2

Preface

This textbook takes a fresh approach to writing for both **second-language learners and heritage speakers**. It draws from best practices in:

- Native English language arts composition
- Second-language writing
- Heritage speaker pedagogy

… resulting in a complete program that develops Spanish language proficiency, general academic writing, and knowledge of contemporary social issues. It has been successfully class tested with both heritage speakers and second-language learners.

The primary features of *Conversaciones escritas* include:

- A focus on **argumentative writing**. Students are guided to keep in mind the "written conversations" they are entering: who has said what, the arguments they want to add, and how their ideas differ from what has already been said.

- Engaging texts organized into thematic chapters dealing with **contemporary topics** primarily centered in the United States. These simultaneously promote reading skills and serve as examples of good writing; students are shown how to read like a writer and to write like a reader.

- **Reading support** through vocabulary identification activities, comprehension checks, and post-reading questions that lead students to synthesize information and apply it to a broad array of contexts, ranging from personal experience to public policy debates.

- **Grammar/language use** points linked to the chapter topics and specifically tailored to students at this level of Spanish study, especially the particular needs of heritage speakers.

BOOK STRUCTURE

Each chapter consists of the following sections:

Antes de leer

Questions about the topic of the reading and a vocabulary activity prepare students for greater comprehension; contains frequent suggestions for video clips and websites to support students' knowledge of the topics presented.

Lecturas

Between three and six per chapter, usually opinionated, well written, and thought provoking, representing the vibrant and debatable opinions of their authors; "during reading" activities are included when a text is particularly long or complex.

Después de leer

After general reading comprehension questions, students analyze the structure of the text and then make connections to their own experiences and to other social issues.

Enfoque de redacción

Two per chapter. These present an aspect of writing, such as forming strong thesis statements, analyzing the quality of Internet resources, or addressing the question of "So what?" in our writing.

Gramática y uso

Two per chapter. Activities related to grammar and use, focusing on structures and uses that are challenging to heritage speakers and second-language learners alike.

Entrando a la conversación

Two short writing assignments and one major essay per chapter. These guide students in generating reactions to what they've read, utilizing the writing focus of the chapter as well as recycling writing focuses from previous chapters. Most importantly, students are given an <u>audience</u> and a <u>purpose</u> for every text they write. Every major essay also includes an instructor grading rubric and a peer review rubric, both in the textbook and electronically on the Wiley website.

En breve

One short reading per chapter that develops students' understanding of issues related to the chapter topic.

Conexiones con la comunidad

These are for instructors who wish to assign an activity that requires students to interact with people and organizations in their community on an issue related to the chapter topics.

Cuaderno de actividades (Workbook)

There are several additional practice activities per writing topic and per grammar topic in the **Workbook**, which are available in print and can be packaged with the textbook. There are also several activities at the end of each workbook chapter that recycle points from previous chapters.

LEVEL AND TARGET AUDIENCES

Second-Language Learners

Second-language learners in their third or fourth year of college study of Spanish are successfully using *Conversaciones escritas* in advanced composition courses. The current social topics, detailed support during the composition process, and focused grammar practice, which is presented through examples related to the engaging chapter content, make this a highly successful text that pushes students to sharpen their thinking as they refine their writing, reading, and grammar skills.

Heritage Speakers

Conversaciones escritas is also being used in heritage speaker courses. Programs with heritage speakers of stronger proficiency are using *Conversaciones escritas* in introductory level heritage speaker courses. Programs with large numbers of third generation and/or less proficient Spanish speakers will find this book suitable for these students when they have progressed to more advanced coursework. Heritage speakers are a heterogeneous group, ranging from individuals who emigrated from Latin America in their teens to third-generation speakers who are the grandchildren of immigrants; logically, these individuals' proficiency in Spanish varies widely.

All *Gramática y uso* sections are designed with heritage speakers in mind, and those marked with the "H" icon **H** are tailored more specifically to the needs of heritage speakers and may be skipped by second-language learners.

CHAPTER THEMES

The first seven chapters engage students in a critical exploration of social themes such as immigration, the legality of downloading media from the Internet, the healthiness of public school lunches, and the minimum wage. Most texts were originally written in Spanish, although some were translated from English when no appropriate Spanish text could be located. There are also frequent suggestions for video clips and websites to support students' learning about chapter themes. These are in Spanish whenever possible, although having students occasionally read and view media in English supports their content knowledge and intellectual growth that will assist them in writing strong essays in Spanish.

The final chapter turns its attention to literature, specifically four texts written in Spanish by U.S. Latino authors, in order to prepare students for advanced courses in literature and literary analysis.

THE WRITING PROCESS

If we think about how artisans craft a painted clay vase, they first devote their efforts to finding good clay. Next, they painstakingly mold it into a strong shape. They only paint the vase once the clay has dried; they would not start painting while it is still on the sculpting wheel, because at this stage the vase may change shape significantly.

In *Conversaciones escritas*, students are encouraged to develop strong arguments first—analogous to finding good clay in the above example. Next, they are given support in molding their arguments into a strong essay. They are not asked to edit excessively for grammar ("paint the vase") in the earliest stages of writing, because large portions of text may be cut. Most importantly, students are encouraged to see writing as *a process of discovering what they really think*, and they are reminded not to be afraid to start their first version with one thesis but complete their third version with a different one.

Conversaciones escritas contains two types of writing assignments (***Entrando a la conversación***): short pieces and main essays.

Short Pieces

These involve writing a one-page text, often in the form of a letter to the author of a reading. These pieces can be exchanged in class or on an electronic discussion board for peer comment before being turned in to the instructor. A general grading rubric that can be used for all short writing assignments is included in the Appendix. As part of the instructions to short writing assignments, students are provided with an example written by another student and are guided in reading and critiquing these samples. This constitutes additional practice in reading, both to extract meaning and to analyze how writing is constructed. Instructors may wish to allow all students (or only those students who earn a low grade) to complete a second draft of the short writing pieces.

Major Essays

There is one major essay assignment provided per chapter. In order to encourage a more complete process of writing, instructors are encouraged to require three drafts of the major essays. Thus, they will probably wish to assign only two to three major essays in a 10-week quarter or 16-week semester.

It is suggested that the second of the three drafts be responded to by a peer. **Peer review** not only relieves instructors of some of the burden of responding to writing; if done properly, reviewing the essays of classmates can teach students to improve their own arguments and clarity of writing. *Conversaciones escritas* includes a peer review guide along with the instructor rubric for every major essay assignment.

Instructors are encouraged to weigh each component of the major essay using a breakdown similar to the following:

Suggested Procedures and Grade Breakdown for Major Essays

First draft	Reviewed by instructor, primarily for content & organization; general language issues are also signaled.	30%
Peer review	The quality of the comments students give to their peer is graded; *counts toward their own composition grade.*	10%
Final draft	Reviewed by instructor. Students who achieve lower than 75% as a final grade are encouraged to produce a fourth version.	60%
Final grade on the major essay =		100%

Instructors and students are provided with grading rubrics for all 8 major essays, both in the printed text and at the Wiley website. The idea is for *students to know in advance how they will be graded* and be able to consult the rubric as they work through their drafts. The electronic version facilitates grading for instructors who choose to have assignments turned in electronically and also allows instructors to make adjustments to the rubric.

ABOUT GRAMMAR AND USE

Conversaciones escritas focuses on specific grammar and use issues that tend to be problematic for both heritage speakers and second-language learners at this level. It does not offer purely metalinguistic activities that require students to produce the preterite vs. imperfect, memorize a list of verbs that trigger the present subjunctive, or identify a direct object pronoun. This kind of knowledge is certainly important, and all students should study these concepts as part of a major or a minor in Spanish (the Appendix contains a verb chart with names and examples of all of the common verb conjugations, including *vos*, which is used by some 85 million Spanish-speakers in Latin America).

Instead, the grammar activities in *Conversaciones escritas* focus on a very practical and select group of common grammar and language use problems such as the following examples:

a. *…porque **inmigrantes** contribuyen mucho a la economía del país* (lack of definite article "**los** inmigrantes").

b. *Muchos jóvenes toman decisiones sin **hablando** con los papas* (use of gerund instead of infinitive in subject position).

c. *Usted no a hecho su tarea* (confusion between "a" and "ha"). **H**

d. *Si fuera el caso, **serían dados** los **beneficios** que les corresponden* (awkward passive voice; informal vocabulary).

e. *No **se me hace** práctica la idea de construir un muro en la frontera* (informal oral use). **H**

Accents and Spelling

Very little formal writing in any language is expected of people in the 21st century without use of a computer. *Conversaciones escritas* guides students in developing technological skills that are useful in improving writing. This includes the use of the online dictionary www.wordreference.com and that of the *Real Academia Española*. Regarding written accents, *Conversaciones escritas* provides the rules of accentuation in the workbook but also teaches students to use a **spellchecking** program in Spanish. It then provides structured practice with the kinds of errors that the spellchecking program does not catch (*hablo* vs. *habló*, *resaltara* vs. *resaltará*, *compre* vs. *compré*, *tu* vs. *tú*, etc.).

All grammar/language use activities are linked to the chapter topics. For example, in Chapter 1 the sentences that practice accentuation on the third-person preterite are related to the topic of immigration. There are several additional practice activities per grammar topic in the **Workbook**.

SUPPORT FOR INSTRUCTORS

Formal study of theory and practice related to teaching Spanish to heritage speakers is very rarely a part of language teachers' professional preparation. The Instructor Companion Site of *Conversaciones escritas* offers resources including guidance in how to respond to student writing, sample syllabi, and exams.

How to Use Conversaciones escritas *Over Several Semesters or Quarters*

This book has been used in both a semester and a quarter system. Each chapter has enough material to cover in two weeks' time.

One semester/two quarters	Four chapters in their entirety; all *Enfoques de redacción* from Chapters 1 through 7
Two semesters/ three quarters	Four chapters per semester/two to three chapters per quarter

A sample syllabus is available on the instructor website.

Contents

Capítulo 1: La inmigración   1

Lectura 1: "Cómplices de los indocumentados"   6

Lectura 2: "Qué aportan los inmigrantes a Estados Unidos"   9

Enfoque de redacción: Las tesis de los ensayos argumentativos   13

Gramática y uso: El revisor de ortografía   17

Entrando a la conversación: Carta al señor Ramos   18

Lectura 3: "Un ensayo sobre la inmigración desde la perspectiva de los Minutemen"   21

En breve: La inmigración en Argentina   24

Enfoque de redacción: Cómo citar fuentes externas   25

Entrando a la conversación: Carta al señor Gilchrist   30

Gramática y uso: La acentuación   34

Conexiones con la comunidad   37

Entrando a la conversación: Propuesta sobre la inmigración   37

Capítulo 2: ¿Qué importa el nombre?   42

Lectura 1: "Encuentros y desencuentros: de Guillermo a William"   44

Gramática y uso: "ha" vs. "a"   49

En breve: Potenciales costos de la asimilación   51

Enfoque de redacción: "Se dice…" (*They say*)   52

Entrando a la conversación: Una carta a "papá"   56

Lectura 2: "¿Latinos o hispanos?: un debate sobre la identidad"   59

Lectura 3: "Latinos/hispanos: ¿qué sigue? Algunas reflexiones sobre las políticas de identidad en Estados Unidos"   63

Entrando a la conversación: Una carta sobre una beca   67

Gramática y uso: El uso de "a" en perífrasis verbales   67

Lectura 4: "Identidad y habla de los 'MexiRicans' "   70

Enfoque de redacción: La generación de resúmenes   72

Gramática y uso: Más sobre la acentuación   74

Conexiones con la comunidad   75

Entrando a la conversación: Una propuesta   75

Capítulo 3: Cuestiones de lengua   79

Lectura 1: *Hambre de memoria: la educación de Richard Rodríguez*   81

Enfoque de redacción: Crear buenos títulos e introducciones   85

Gramática y uso: Otras palabras con acentos y el pretérito "hablé" vs. el subjuntivo "hable"   89

Lectura 2: " 'Bilingüe': una palabra *dirty* en la educación pública"   92
Enfoque de redacción: Evaluar fuentes electrónicas   97
Entrando a la conversación: Una carta a los padres de familia   99
En breve: Las Leyes 101 y 104 en Quebec, Canadá   100
Lectura 3: "¿Traje de baño o traje con corbata?: respetar el 'spanglish' en las clases de español"   102
Gramática y uso: La identificación de usos informales   108
Lectura 4: "¿Es el spanglish un idioma?"   110
Lectura 5: *Pardon my Spanglish –¡porque because!*   113
Entrando a la conversación: Una carta al editor de un periódico   116
Conexiones con la comunidad   117
Entrando a la conversación: Mi autobiografía lingüística   117

Capítulo 4: El mundo laboral   123

Lectura 1: "Immokalee: tierra fértil para que la esclavitud florezca"   124
En breve: Los sindicatos (*unions*)   126
Entrando a la conversación: Un boletín de noticias (*newsletter*) para una empresa o un debate   127
Gramática y uso: Los artículos definidos   128
Lectura 2: "Asfixiados por el salario mínimo"   132
Enfoque de redacción: Las palabras de transición   134
Lectura 3: "Salario mínimo: enemigo de los pobres"   137
Lectura 4: "El precio de la maternidad"   142
Entrando a la conversación: Carta a la Secretaria de Trabajo   147
Gramática y uso: El infinitivo vs. el gerundio   149
Enfoque de redacción: Las conclusiones fuertes   151
Conexiones con la comunidad   154
Entrando a la conversación: Los vendedores ambulantes   154

Capítulo 5: La tecnología   158

Lectura 1: "Divididos por la tecnología"   161
Lectura 2: "Subvenciones o mercado libre: ¿cómo cerrar la brecha digital?"   165
Entrando a la conversación: Ayudar a los jóvenes como "Joanne"   168
Gramática y uso: El verbo "haber"   168
Enfoque de redacción: El uso de imágenes   171
Lectura 3: "Lo que cuesta la piratería"   172
Lectura 4: "Sobre la propiedad intelectual y los caballos vs. los automóviles"   175
Entrando a la conversación: Una carta a la RIAA   185
Gramática y uso: "sino" vs. "pero"   185

En breve: La generación (*class*) de 2013 186

Enfoque de redacción: Las oraciones complejas 187

Conexiones con la comunidad 190

Entrando a la conversación: Una propuesta para HUD 190

Capítulo 6: Lo biológico y lo social del género   194

Lectura 1: "Sólo la sociedad crea el género" 195

Lectura 2: "Las diferencias de género son reales" 199

En breve: Las mujeres en la política 202

Lectura 3: "Empecemos con los niños" 204

Entrando a la conversación: ¿Qué juguetes comprarle? 208

Gramática y uso: El futuro simple 209

Enfoque de redacción: Usar palabras precisas 211

Lectura 4: "Cambiar, para los homosexuals, es posible" 214

Gramática y uso: El pasado del subjuntivo 217

Entrando a la conversación: ¿Como vecino? 219

Enfoque de redacción: Oraciones complejas (Parte 2) 220

Lectura 5: "El matrimonio entre los gays" 223

Gramática y uso: El futuro simple vs. el pasado del subjuntivo ... 227

Conexiones con la comunidad 228

Entrando a la conversación: Tema abierto 229

Capítulo 7: El bienestar y la salud   233

Lectura 1: "Comer sano ¿es más caro o no?" 235

Lectura 2: Dos videos sobre la nutrición y las corporaciones 240

Enfoque de redacción: Cómo escribir para lectores diferentes 247

Entrando a la conversación: La comida del colegio local 248

Gramática y uso: El futuro y el condicional de probabilidad 249

En breve: El movimiento *slow food* 250

Lectura 3: "Más ancianos latinos en clínicas geriátricas" 251

Entrando a la conversación: ¿Qué hacer con los abuelitos? 253

Lectura 4: "Los latinos y el SIDA" 254

Lectura 5: "El acceso a servicios de salud para los latinos
hispanoparlantes en Estados Unidos" 258

Entrando a la conversación: ¿Pagarles a las promotoras de salud? .. 261

Enfoque de redacción: Desarrollar un ¿Y qué?" convincente 261

Gramática y uso: Buscar expresiones y dichos en el diccionario ... 262

Lectura 6: Hoja informativa del Consejo Nacional de La Raza 264

Conexiones con la comunidad 266

Entrando a la conversación: Propuesta "Líderes" NCLR 266

Capítulo 8: La literatura hispana en EE.UU.   270

Lectura 1: "Primera comunión"   271
Enfoque de redacción: Elementos básicos del análisis literario (Parte 1)   275
Entrando a la conversación: Ritos de paso (*Rites of Passage*)   277
Gramática y uso: La voz pasiva   279
Lectura 2: "Odisea del Norte" (fragmento)   281
Enfoque de redacción: Elementos básicos del análisis literario (Parte 2)   284
Lectura 3: "El Súper" (fragmento)   287
Enfoque de redacción: Elementos básicos del análisis literario (Parte 3)   291
Gramática y uso: Los pronombres relativos   292
Lectura 4: "Paletitas de Guayaba" (fragmento)   294
Enfoque de redacción: Cómo desarrollar y defender una tesis sobre una obra literaria   299
Conexiones con la comunidad   301
Entrando a la conversación: Plan de clases y miniensayo literario   301

Apéndice A: Palabras y patrones importantes en la redacción académica   305

Apéndice B: Algunos aspectos del sistema verbal en español (verbos regulares)   307

Apéndice C: Rúbrica general, "Entrando a la conversación": Cartas   309

Text Credits   310

Photo Credits   312

Índice   314

Capítulo	Temas	Enfoques de redacción	Gramática y uso
Capítulo 1: La inmigración	La inmigración en Estados Unidos y Argentina	Las buenas tesis: Cómo son y dónde van en el ensayo Maneras de citar correctamente en un ensayo argumentativo	El uso del corrector de ortografía Acentuación de homónimos y de verbos 3ª persona pretérito
Capítulo 2: ¿Qué importa el nombre?	Los términos "latino," "hispano", etc. Las etnicidades mixtas	Incluir un "se dice" Cómo generar buenos resúmenes	Acentuación: más homónimos "ha" vs. "a"
Capítulo 3: Cuestiones de lengua	La educación bilingüe El "Spanglish"	Cómo evaluar fuentes electrónicas Buenos títulos e introducciones	Acentuación: más homónimos y verbos 1ª persona pretérito La identificación de fenómenos de lenguas en contacto
Capítulo 4: El mundo laboral	El salario mínimo Los derechos de los trabajadores	Palabras de transición Conclusiones	Artículos definidos El gerundio vs. el infinitivo
Capítulo 5: La tecnología	Los derechos del autor y la propiedad intelectual La brecha digital	Imágenes Oraciones complejas, parte I	Haber "sino" vs. "pero"
Capítulo 6: Lo biológico y lo social del género	La construcción de género. Lo que la sociedad dominante espera de hombres y mujeres	Palabras precisas Oraciones complejas, parte II	El futuro simple Acentuación: futuro simple vs. pasado subjuntivo
Capítulo 7: El bienestar y la salud	Los retos para mantener una vida saludable Problemas de salud que plagan muchas comunidades latinas	Ajustar un texto para diferentes públicos Desarrollar un propósito convincente	El futuro y el condicional de probabilidad El uso de diccionarios para buscar expresiones
Capítulo 8: La literatura hispana en EE.UU.	Obras cortas de Tomás Rivera, Erlinda González-Berry, Mario-Bencastro e Iván Acosta	Cómo presentar y defender una tesis sobre una obra literaria	La voz pasiva con ser vs. con se Pronombres relativos: cuyo/a/os/as, etc.

Acknowledgments

I give special heartfelt thanks to the Fantastic Four, who during the writing of this book were Ph.D. students at the University of Illinois at Chicago:

Lillian Gorman
Luz Bibiana Fuentes
Melissa Huerta
Janine Matts

Their work has been crucial in the development of this project: writing activities, piloting the chapters in class with aplomb and flexibility, offering suggestions *y animándome a lo largo del proyecto*. This book is infinitely better because of their expert contributions, and I am very grateful. Any institution lucky enough to hire them will quickly share in my enthusiasm for their work.

Thanks to all students in Spanish 113 and Spanish 114 at the University of Illinois at Chicago who worked with this material during Fall 2009 and Spring 2010 – for your flexibility, good will, and for at least trying the quinoa and the edamame. A very special **GRACIAS** to my Spanish 113 students at the University of Illinois at Chicago in Fall 2009. In particular I found very helpful my interactions with:

Yeyzy Vargas, Sara Cruz, Mariana Gamino, Maria Tinoco-Manríquez, Fernando Rodríguez, Iván de Jesús, Carlos Martínez, Craig Cruz, Alex Martínez

It is to you and to all Latinos in the U.S. who seek to develop and pass on their Spanish to future generations that I dedicate this book.

I also learned a great deal through several years of working with Miriam Hernández Rodríguez and Mariela Cordero, very creative and dedicated heritage speaker instructors at the University of Illinois at Chicago in the early 2000s.

I wish to thank the following reviewers from across the country:

Sarah Beaudrie, *Arizona State University;* Claudia Sahagun, *Broward College;* Maria Carreira, *California State University, Long Beach;* Jesus David Jerez-Gomez, *California State University, San Bernardino;* David Cruz de Jesus, *Cornell University;* Aranzázu Borrachero, *CUNY Queensborough Community College;* Kimberly Geeslin, *Indiana University;* Timothy Gaster, *Knox College;* Laura Redruello, *Manhattan College;* Francisco R. Alvarez, *Miracosta College;* Tatjana Gajic, *University of Illinois at Chicago*; Michael Heller, *Montclair State University;* Elisa Baena, *Northwestern University;* Heather Colburn, *Northwestern University;* Jeannie Jacob, *Northwestern University;* Karyn Schell, *University of San Francisco;* Mary Jane Kelley, *Ohio University;* Evangeline Vélez-Cobb, *Palo Alto College;* Dolores Duran-Cerda, *Pima Community College;* Gloria Vélez-Rendón, *Purdue University, Calumet;* Iñigo Yanguas, *San Diego State University;* Maggie Broner, *St. Olaf College;* Dina A. Fabery, *University of Central Florida;* Lidwina van den Hout, *University of Chicago;* Anita Saalfeld, *University of Nebraska-Omaha;* Casilde Isabelli, *University of Nevada, Reno;* Jess Boersma, *University of North Carolina, Wilmington;* Amrita Das, *University of North Carolina, Wilmington*; Beatriz Lado, *University of San Diego;* Leonora Simonovis-Brown, *University of San Diego;*

Glenn Martinez, *University of Texas, Pan American;* María Gillman, *University of Washington, Seattle;* Leisa Kauffmann, *Wayne State University;* Diana Frantzen, *University of Wisconsin-Madison.*

Thanks to all of the people I've had conversations with – *conversaciones tanto escritas como habladas* – but especially the following folks:

Gina Hermann, *University of Oregon*
Ann Abbot, *University of Illinois, Urbana-Champaign*
Cherice Montgomery, *Brigham Young University*

At Wiley, many thanks go to:
Magali Iglesias, who has promised me a ride in "Lady Pop"
Tiziana Aime, the inspirational Road Warrior
Lisha Perez, who did a wonderful job in her new position as Assistant Editor

Thanks to Xabier Granja and Elizabeth Narvaez Luna for several translations.

Jerry Graff and Cathy Birkenstein inspired me with their guide for writing, *They say, I say*, as did Jessica Williams' *Teaching second and foreign language writing*. Todd DeStitger shared important insights about incorporating personal voice in academic writing. Jennifer Rudolph and Jill Jegerski made several appreciated content contributions.

This book was midwived by uncountable double shot lattes, free wifi, and bustling public spaces in Chicago provided by Swim Café and by Intelligentsia on Broadway.

If it hadn't been for Grammy and Grampy – Gayle and Clifford Meece Sr. – I would never have had the time to complete this book. Thanks for taking such good care of Nico and Sammy, who I hope might study from this book one day.

Finally, this book is infinitely better because my husband Cliff Meece's best quality (also sometimes his worst) is that he holds a strong, informed opinion on just about everything. In addition to writing a piece for chapter 5 and co-writing one for chapter 6, he gave me lots of time and support in discussing this book, from the topics in general to the actual readings to the very nature of a point-counterpoint approach in a thematically-driven textbook. Gracias, Papi.

Capítulo 1

La inmigración

TEMAS

La inmigración en varias partes del mundo.

ENFOQUES DE REDACCIÓN

La generación de una tesis viable y fuerte. Cómo citar fuentes externas y evitar el plagio (*plagiarism*).

GRAMÁTICA Y USO

Usar el programa de revisión de ortografía en español. La acentuación escrita (los diacríticos) en la tercera persona del pretérito y en algunos homónimos.

Actividad preliminar

Sugerencias para interactuar con el material de este libro

Contesta las preguntas siguientes sobre tus clases en la universidad o en la escuela secundaria. Puede ser cualquier clase: de historia, estudios sociales, inglés, matemáticas, lo que sea.

a. He escuchado a alguien decir algo que me ofendió.	❏ Sí	❏ No
b. Creo que algo que dije ofendió a otra persona.	❏ Sí	❏ No
c. Algo que dijo una persona ofendió a otra persona.	❏ Sí	❏ No
d. Ha habido una discusión poco civilizada en la que la gente, en general, se portó de manera grosera.	❏ Sí	❏ No

La expresión del respeto

La diversidad está cada vez más visible en los campus universitarios, que juntan a personas que no siempre comparten los mismos valores, ideas ni modos de comunicarse. Esta es una historia verdadera que relató un profesor universitario[1]:

"Llevábamos diez semanas en el curso de *Introducción a estudios afroamericanos* y hablábamos de Louis Farrakhan. Al final de la clase, una mujer judía muy inteligente dijo: «Sólo los hombres negros sin estudios creerían en Farrakhan». Seis hombres negros se voltearon y la atacaron verbalmente. Salió la mujer llorando. La alcancé y le dije que si quería realmente entender el material del curso, tendría que escuchar muy bien a esos hombres, con muchísima educación formal, por cierto, y lo que dicen sobre por qué podrían creer a Farrakhan. Volví al salón de clase y los hombres todavía estaban allí, hablando sobre el incidente. Les dije que si querían realmente entender el material del curso, tendrían que escuchar muy bien a esa mujer judía y por qué podría creer que solamente la gente sin educación creería a Farrakhan".

Una educación formal avanzada requiere que hablemos de temas que, a veces, son polémicos. Esta anécdota nos sugiere varias cosas:

- Es importante que reflexionemos sobre nuestras propias ideas y creencias. Debemos preguntarnos, "¿Qué **experiencias concretas** han contribuido a que yo tenga esta opinión?"

- Para poder entender a los demás, hay que **escucharlos bien**. Intenta mantener una mente abierta y preguntarte, "¿Qué experiencias habrá tenido la otra persona para que tenga esa opinión?". Es un ejercicio interesante intentar argumentar lo opuesto de lo que realmente crees. Por ejemplo, si estás en contra de la educación sexual en las escuelas públicas, puedes aprender sobre los méritos de los argumentos a favor de esta educación si intentas defenderla. Este proceso también ayuda a ponerles *una cara humana* a los que tengan opiniones diferentes y nos ayuda a desarrollar tolerancia hacia ellos.

- Debemos siempre estar dispuestos a **recoger datos** relevantes que apoyen nuestras opiniones. Si hay datos que indican lo contrario de nuestra opinión, tenemos que estar dispuestos a considerarlos.

- Sobre todo, hay que **respetar a las personas**, incluso a las que tengan creencias diferentes. Es decir, podemos *atacar una idea, pero no a la persona que la expresa.*

---

1 Este ejemplo viene de Lee Warren, del Derek Bok Center for Teaching and Learning, Harvard University, "Managing hot moments in the classroom".

Los profesores que muestran respeto hacia sus estudiantes, como el profesor de la anécdota, promocionan este respeto y la tolerancia entre los estudiantes.

Seguir estas sugerencias puede mejorar la calidad de diálogo en el salón de clases. Por otro lado, ciertos comportamientos y formas de hablar no deben ser tolerados; crean problemas en el entorno educativo y muestran una clara falta de respeto. La conducta problemática no se debe tolerar e incluye, pero no se limita a, lo siguiente:

- Interrumpir a alguien mientras habla
- Usar palabras groseras o abusivas
- Hacer muecas (*faces*) mientras alguien expresa una idea
- Usar epítetos (*slurs*) raciales, religiosos o de cualquier otro tipo
- Intimidar verbal o físicamente a otra persona
- Incumplir con las instrucciones del profesor sobre la conducta aceptable

El objetivo del libro de texto que tienes ahora en las manos es desarrollar argumentos bien razonados sobre una variedad de temas sociales actuales. Hemos seleccionado textos que se prestan a discusiones muy vivas en el salón de clases, intentando representar los argumentos contrarios más prevalentes sobre cada tema. Les pedimos a todos —a ti, a tus compañeros de clase y al profesor— que mantengan el respeto en todo momento hacia los demás estudiantes, hacia el profesor y hacia las comunidades que se describen en los textos. No te pedimos que cambies tu forma de pensar (aunque esto puede ocurrir después de leer, hablar y pensar mucho sobre algún tema). Te pedimos que te comportes de una manera que respete el valor de las demás personas, porque hace falta eso para lograr casi cualquier objetivo.

A. Vuelve a leer la anécdota sobre lo que ocurrió en la clase de estudios afroamericanos. Sin pedirles ni a la mujer ni a los hombres que cambien de opinión, ¿cómo podrían haber expresado sus opiniones con más respeto?

B. Busca el video "*Race in the Classroom: The Multiplicity of Experience*" (1:13 minutos). Hacia el final, este intercambio menciona la acción afirmativa:

Estudiante 1: [Cuando contesta por escrito preguntas sobre grupo étnico] "Pongo «mexicano, mexicano, mexicano». No me quiero arriesgar".

Estudiante 2: "¿No te hace sentir mal que quizás sí [te beneficiaste de la acción afirmativa] y quizás no eres tan bueno como los demás estudiantes de aquí?"

Estudiante 1: "Sólo un poquito".

Estudiante 3: "Ves, allí está la cosa. Lo usas y después te enojas cuando decimos: «Allí hay un estudiante de acción afirmativa». O sea, quieres las dos cosas. Yo no tengo una raza de la que puedo entrar y salir tan fácilmente como tú".

Aquí la discusión empieza a "calentarse".

1. ¿Cuál te parece una buena respuesta del profesor en este momento?

    a. "Efectivamente, hay gente que piensa de esa manera. ¿Por qué tendrán esa opinión? ¿Cuáles son sus motivos?". Esto protege al Estudiante 3, que ofreció una opinión poco popular, y anima a los demás que no están de acuerdo con él a que comprendan una opinión que les disgusta.

    b. Ignorar la tensión creciente de los demás estudiantes. Ver adónde llega el debate.

c. "[Nombre del Estudiante 3], ¿puedes explicar un poco más? Los demás, por favor, vamos a esperar a que el Estudiante 3 acabe de explicarse y después van a poder responder uno por uno".

2. ¿Hay alguna manera en que pudo haberse expresado el Estudiante 3 con más respeto? ¿Y el Estudiante 2?

C. De la lista de abajo, decide qué elementos te parecen más útiles para fomentar discusiones de clase respetuosas. Enuméralos en orden de importancia desde el 1 (más importante) hasta el 5 (menos importante). Después, toda la clase compartirá sus respuestas.

_____ Antes de decir algo, debemos preguntarnos: "¿Cómo me sentiría yo si alguien me dijera algo parecido? ¿Debo decir esto de otra manera?"

_____ Se puede criticar las ideas, pero no a las personas. Por ejemplo, podemos usar frases como: "Estoy de acuerdo con lo que dijiste sobre [idea 1], Marta, pero me parece que la [idea 2] está equivocada porque…". Se comenta sobre la idea, no sobre Marta. Usar su nombre e indicar dónde sí hay acuerdo establece territorio común y respeto.

_____ Se deben aportar citas/números específicos para apoyar nuestras ideas. Esto nos obliga a mirar más allá de nuestras opiniones.

_____ El lenguaje corporal es importante. No debemos hacer muecas ni sentarnos de una manera que comunica una falta de respeto. Debemos mirar a la gente a los ojos, con respeto e interés.

_____ Debemos evitar a toda costa el uso de palabras groseras/abusivas y de cualquier epíteto.

ANTES DE LEER 1

A. ¿Por qué decide una persona irse de su país a vivir a otro? Menciona por lo menos tres motivos.

a. _____

b. _____

c. _____

B. Busca en YouTube "GOOD: Immigration" (4:01 minutos). El video se hizo en el año 2007.

Según el video, ¿cuántos inmigrantes llegaron a Estados Unidos entre los años…

Años	Número de años	Millones de inmigrantes	Países de procedencia
1862–1892	30 años		
1892–1952	60 años		
2000–2007	7 años		

¿Cuántas muertes se estima que han ocurrido entre 1994 y 2007 en intentos de cruzar la frontera? _____

Eso se traduce en _____ muertes por mes.

En 2007, ¿qué porcentaje de los inmigrantes estaban en el país de forma **legal**? _____ %

Cierto o falso: Desde 1996, los inmigrantes indocumentados pueden recibir asistencia pública (*welfare*) y cupones de alimentos (*food stamps*). ❏ cierto ❏ falso

¿Qué detalle adicional de este video te sorprendió/impactó y por qué? _____

C. Escribe dos observaciones o ejemplos que apoyan las ideas siguientes:

La inmigración puede ser positiva para un país receptor.	La inmigración puede ser negativa para un país receptor.
1.	1.
2.	2.

D. Vocabulario. Empareja las siguientes palabras con la definición correspondiente.

___ 1. "Todos somos **cómplices** de los inmigrantes indocumentados. Todos".

___ 2. "… incluso en los lugares más **insospechados** hay indocumentados trabajando".

___ 3. "… fueron arrestados 38 mexicanos en una **redada** de servicios de Inmigración en Cincinnati, Ohio".

___ 4. "En otros niveles, más **al ras** del suelo, también hay una evidente complicidad con los indocumentados".

___ 5. "… estuvo circulando la idea de una **huelga** de todos los indocumentados que viven en Estados Unidos".

> a. operación policial para atrapar a un conjunto de personas (*raid*)
> b. participante (*accomplice*)
> c. al mismo nivel (*even*)
> d. inesperado (*unsuspected*)
> e. un paro de trabajo (*strike*)

___ 6. "… miles de negocios en Estados Unidos se irían a la **quiebra**".

___ 7. "¿**Acaso**… no consumen los productos y servicios que proveen los indocumentados?".

___ 8. "… no puede dar trabajo a los indocumentados debido a tantos gobiernos de corrupción y **despilfarro**".

___ 9. "Los mexicanos en Estados Unidos envían anualmente **miles de millones** de dólares a México".

___ 10. "No sabría qué hacer con ellos y le **elevarían** enormemente sus manipuladas cifras de desempleo".

___ 11. "Ahora sólo falta que **dicha** complicidad sea reconocida".

> f. alzar (*raise*)
> g. arruinarse un negocio (*bankrupt*)
> h. por casualidad (*by chance*)
> i. 1,000,000,000 (*billion*)
> j. ya mencionado (*aforementioned*)
> k. malgastar, derrochar (*waste*)

POR CIERTO

En las lecturas de Ramos, verás la cifra (*figure*) "mil millones". Observa las diferencias entre los números siguientes en inglés y español. Puede ser confuso cuando algunas personas en Estados Unidos usan incorrectamente "billón" en español para referirse a la cantidad de *one billion*.

Cifra	Inglés USA	Español
1,000,000	*One million*	Un millón
1,000,000,000	*One billion*	Mil millones
1,000,000,000,000	*One trillion*	Un billón

Si hay otra palabra que no conoces, **no te preocupes**. Sigue leyendo y trata de entender el significado por el contexto.

LECTURA 1

Cómplices de los indocumentados
por Jorge Ramos

Jorge Ramos es un periodista mexicano que trabaja en Estados Unidos. Estos textos vienen de su libro *La otra cara de América*, publicado en 2001.

Jorge Ramos, periodista

(1) Todos somos cómplices de los inmigrantes indocumentados. Todos. Igual en México que en Estados Unidos. Los indocumentados pueden vivir y prosperar en Estados Unidos porque todos, de alguna manera, apoyamos lo que hacen.

(2) No hay que darle muchas vueltas. En Estados Unidos existen unos seis millones de indocumentados, la mayoría de origen mexicano. Y ellos pueden conseguir trabajos porque hay compañías norteamericanas que están dispuestas a emplearlos, a pesar de los castigos que impone la ley de inmigración. Es decir, para muchas empresas vale más la pena contratar a trabajadores indocumentados que pagar los altos salarios de los empleados americanos o extranjeros con documentos de residencia.

(3) Esto ocurre todos los días en California, Texas, Florida, Illinois y Nueva York. Pero aunque es difícil de creer, incluso en los lugares más insospechados hay indocumentados trabajando. Déjenme darles un ejemplo. Por ahí leí que fueron arrestados 38 mexicanos en una redada de servicios de Inmigración en Cincinnati, Ohio. ¡En Ohio! Y trabajaban —nada más y nada menos— para la compañía que construía el edificio de una de las corporaciones más grandes del mundo, Procter and Gamble. Aunque esta corporación obviamente no los contrató directamente, la empresa constructora sí fue cómplice de esos indocumentados mexicanos para bajar los costos de su nuevo edificio.

(4) En otros niveles, más al ras del suelo, también hay una evidente complicidad con los indocumentados. Somos cómplices de los inmigrantes indocumentados cuando cuidan a nuestros hijos, cuando nos limpian la casa, cuando comemos las frutas y verduras que cosechan, cuando vivimos en los lugares que construyeron, cuando estamos en oficinas en donde trabajan, cuando transitamos en carreteras que pavimentaron, cuando compramos lo que nos venden… en pocas palabras, en prácticamente todas nuestras actividades en Estados Unidos participan los inmigrantes indocumentados. Y somos sus cómplices, lo sepamos o no.

(5) Por algún tiempo estuvo circulando la idea de una huelga de todos los indocumentados que viven en Estados Unidos para demostrar a los norteamericanos su verdadero valor económico a la sociedad. Me parece una idea muy ingenua y poco práctica; ¿cuántos inmigrantes podrían aguantar un par de días, una semana, un mes, sin trabajar? Pero como ejercicio mental suena interesante. Si todos los inmigrantes indocumentados se pusieran en huelga un mes, digamos, cientos o quizás miles de negocios en Estados Unidos se irían a la quiebra, se paralizaría la actividad en los campos agrícolas, el sector de servicio resultaría seriamente afectado y la inflación se dispararía a niveles tercermundistas.

(6) La contribución económica, cultural y social de los inmigrantes (con o sin papeles) está más que documentada. Por eso me parece hipócrita la actitud de muchos políticos americanos que critican a los indocumentados, pero que al mismo tiempo se benefician de su labor. ¿Acaso el ex gobernador de California, Pete Wilson, y el ex candidato presidencial Pat Buchanan —dos de los principales enemigos de los inmigrantes en Estados Unidos— no consumen los productos y servicios que proveen los indocumentados? Por supuesto que sí. Si Wilson y Buchanan fueran congruentes con sus declaraciones, deberían evitar cualquier contacto con los indocumentados, directo o indirecto. Y si fuera así tendrían que irse a vivir a Marte. Bueno, ni el presidente de Estados Unidos podría evitar contacto con productos o servicios proveídos por indocumentados.

(7) El gobierno de México, desde luego, también es cómplice de los indocumentados. Como México no puede dar trabajo a los indocumentados debido a tantos gobiernos de corrupción y despilfarro, le conviene a la actual administración salir en su defensa. No es un acto de generosidad sino de interés. Los mexicanos en Estados Unidos envían anualmente miles de millones de dólares a México. Y al gobierno mexicano no le convendría tener a los indocumentados de regreso. No sabría qué hacer con ellos y le elevarían enormemente sus manipuladas cifras de desempleo.

(8) En fin, el caso es que tanto en México como en Estados Unidos —dentro y fuera del gobierno— todos somos cómplices de los indocumentados. Voluntaria o involuntariamente. Y la única manera de acabar con la manera hipócrita y aprovechada con que se trata a los indocumentados en Estados Unidos es dándoles una amnistía, igualita a la de 1986. Eso es algo que el gobierno mexicano se muere de miedo de proponer a Estados Unidos y que aterra a los políticos norteamericanos. Pero alguien va a tener que ponerse bien los pantalones y las faldas.

(9) Los indocumentados disfrutan de nuestra complicidad. Ahora sólo falta que dicha complicidad sea reconocida, legalmente, en ambos lados de la frontera.

DESPUÉS DE LEER 1

A. Según Ramos, todos somos cómplices de los inmigrantes indocumentados **cuando...** (párrafo 4)

1. ... cuidan a nuestros hijos...

2. _____

3. _____

4. _____

5. _____

6. _____

7. _____

B. ¿Por qué, según Ramos, es impráctica la idea de una huelga de los inmigrantes indocumentados?

_____

_____

_____

_____

_____

C. ¿Qué papel juega México en el tema de los trabajadores indocumentados, según el autor? Indica todos los factores que menciona.

❏ La corrupción ha contribuido al alto nivel de desempleo en México.

❏ México también tiene muchos trabajadores indocumentados de Guatemala.

❏ El dinero que envían los trabajadores desde Estados Unidos es muy importante para su economía.

D. En el párrafo 8, Ramos afirma que "alguien va a tener que ponerse bien los pantalones y las faldas". ¿Qué quiere decir esta frase? Y, ¿por qué piensas que incluye "faldas" junto con "pantalones"?

_____

_____

_____

_____

_____

ANTES DE LEER ❷

A. Vocabulario. Empareja las siguientes palabras con la definición correspondiente.

___ 1. "El eterno debate sobre los inmigrantes es si **aportan** más de lo que toman".

___ 2. "Un estudio **comisionado** por el gobierno federal aseguraba…"

___ 3. "… después de hacer todas sus **sumas y restas**, los inmigrantes… aportan cerca de 10 mil millones…"

___ 4. "… aportan ingresos, consumen, crean trabajos, **invierten**, pagan impuestos directa o indirectamente…"

___ 5. "… durante momentos de recesión económica, hay un **resentimiento** por el otro, por el que viene de afuera…"

---

a. autorizado, encargado

b. meter dinero (*invest*)

c. rencor, animosidad

d. contribuir

e. cálculos (*addition & subtraction*)

Cuando encuentres palabras que no conoces y necesitas entenderlas para comprender el texto:

La página web *www.wordreference.com* es un excelente recurso. Da traducciones al inglés, definiciones en español y también sinónimos en español. Su corpus viene del diccionario Espasa-Calpe (2005) y del Pocket Oxford Spanish Dictionary (2005). Otro recurso, sólo con definiciones/sinónimos en español, es el diccionario de la Real Academia Española, que puedes hallar en *www.rae.es*.

LECTURA  2

Qué aportan los inmigrantes a Estados Unidos
por Jorge Ramos

(1) El eterno debate sobre los inmigrantes es si aportan más de lo que toman de Estados Unidos. A principios de la década de los noventa, muchos creyeron que, efectivamente, los inmigrantes costaban miles de millones de dólares al gobierno. Un estudio comisionado por el gobierno federal aseguraba en 1994 que los siete estados con el mayor número de inmigrantes —Texas, California, Arizona, Nueva Jersey, Nueva York e Illinois— gastaron casi $500 millones por poner en la cárcel a inmigrantes criminales y $442 millones en costos médicos.

¿Cuál de las oraciones siguientes es el mejor resumen (summary) *del párrafo 1?*

   a. Se ha debatido lo que aportan los inmigrantes a Estados Unidos, y hace 15 años el enfoque estaba en lo que le costaban al país.

   b. En 1994, siete estados gastaron casi $942 millones por encarcelar y darles tratamiento médico a los inmigrantes.

(2) Las cifras probablemente eran correctas. Sin embargo, este tipo de estudios —hubo varios realizados en California— no tomaban en cuenta las enormes aportaciones de los inmigrantes. Hasta que la Academia Nacional de la Ciencia puso su pie en el asunto. Un panel de algunos de los científicos más reconocidos de la nación consideró que, después de hacer todas sus sumas y restas, los inmigrantes (legales o indocumentados) aportan cerca de 10 mil millones de dólares al año a la economía norteamericana. Ciertamente ocasionan muchos gastos, pero también aportan ingresos, consumen, crean trabajos, invierten, pagan impuestos directa o indirectamente y toman empleos que otros no desean.

¿Cuál de las oraciones siguientes es el mejor resumen del párrafo 2?

   a. A pesar de que mucha gente no lo reconozca, los inmigrantes pagan bastantes impuestos.

   b. Según un estudio comisionado por la Academia Nacional de la Ciencia, los inmigrantes contribuyen más de lo que consumen.

(3) Lo que no dice el estudio (pero sugiere) es que la presencia de los inmigrantes es muy positiva para Estados Unidos, no sólo en el aspecto económico sino también en el aspecto cultural. La cara de Estados Unidos ha sido modificada por los inmigrantes.

(4) El Instituto Urbano, en un estudio en 1994, fue incluso más allá. Calculó que los inmigrantes contribuían entre 25 mil a 30 mil millones de dólares anuales a la economía de Estados Unidos. El estudio reconoció que los recién llegados tienden a ser pobres, jóvenes y con poca experiencia de trabajo. Pero después de 10 años como residentes de Estados Unidos, las familias de los inmigrantes tienden a tener un salario superior que el de los norteamericanos nacidos en su propio país.

(5) Y hay más. Según el Instituto Alexis de Tocqueville, las ciudades con más inmigración tienen menos pobreza y menos criminalidad que aquellas que casi no tienen inmigrantes. Por ejemplo, a principios de los años noventa, el 38 por ciento de los habitantes de Los Ángeles eran inmigrantes, frente a sólo el 2.5 por ciento de Saint Louis. Sin embargo, la ciudad de Los Ángeles tenía un ingreso per cápita (16,188 dólares) superior y menos familias viviendo en la pobreza (14.9 por ciento) que Saint Louis (cuyo ingreso per cápita era de 10,798 dólares y su porcentaje de pobreza

alcanzaba el 20.6). Asimismo, en Los Ángeles había menos crímenes (9.7 por cada 100 habitantes) que en Saint Louis (16 por ciento).

¿Cuál de las oraciones siguientes es el mejor resumen del párrafo 5?

a. Los lugares con mayor inmigración suelen ser (tend to be) menos problemáticos en términos de pobreza y crimen que los lugares con menos inmigración.

b. Hay muchísimos más inmigrantes en Los Ángeles que en Saint Louis.

(6) De la misma manera, Nueva York (con 28 por ciento de inmigrantes) se comparaba mejor en niveles económicos y baja criminalidad que Cincinnati (2.8 por ciento de inmigrantes); a San Francisco le iba mejor que a Birmingham, Alabama, y Santa Ana, California, superaba en esos renglones a Shereveport, Louisiana.

(7) Último punto. El doctor Leo Estrada y Marcelo Cruz en un estudio de la UCLA y la Universidad de California en Berkeley (Immigration Issues and Policy in California) establecieron claramente que "durante momentos de recesión económica, hay un resentimiento por el otro, por el que viene de afuera". Y en momentos así, hay varias **percepciones erróneas** sobre los inmigrantes. Los dos académicos citaron cinco:

- La inmigración genera sobrepoblación.

- Los inmigrantes quitan trabajos a los nacidos en Estados Unidos.

- Los inmigrantes hacen que bajen los salarios.

- Los inmigrantes usan mucha ayuda gubernamental.

- Los recién llegados no se asimilan lo suficientemente rápido a la sociedad norteamericana.

Estas cinco percepciones, según los dos investigadores, están equivocadas.

(8) Estrada y Cruz concluyeron que "en lugar de quitar empleos a los nacidos en Estados Unidos, los inmigrantes juegan un papel muy significativo en el mercado laboral al realizar trabajos que difícilmente hacen los empleados norteamericanos. Los inmigrantes también contribuyen a la creación de nuevos empleos utilizando sus salarios en la economía local y pagando impuestos regionales y federales. Estudios que han tratado de medir costos y beneficios de los inmigrantes generalmente han concluido que los beneficios exceden los costos". ¿Qué más se puede decir? Que oiga y vea el que quiera oír y ver.

¿Cuál de las oraciones siguientes es el mejor resumen del párrafo 8?

a. El estudio concluyó que los inmigrantes no les quitan empleos a los ciudadanos de Estados Unidos.

b. Los inmigrantes contribuyen positivamente, de varias maneras concretas, a la economía del país.

DESPUÉS DE LEER 2

A. Los tres puntos principales de este artículo aparecen abajo. Anota un detalle específico para cada uno.

Punto	Estadística o detalle específico
En términos económicos, los inmigrantes aportan a Estados Unidos más de lo que cuestan.*	
Algunas ciudades con mayor número de inmigrantes generalmente experimentan menos crimen y pobreza.	
En períodos de recesión económica, surgen ideas negativas sobre los inmigrantes… pero todas son falsas.	

Observa que esto contradice el video que vimos antes de leer. Según ese video, ¿cuánto "cuestan" los inmigrantes a la economía estadounidense cada año?

B. En el párrafo 7, Ramos cita cinco "percepciones erróneas sobre los inmigrantes". Es decir, él <u>no está de acuerdo</u> con estas cinco ideas y dice que son falsas. Pero en su texto, sólo refuta (*refute, challenge*) una de ellas —la segunda, sobre los trabajos— citando el estudio de Estrada y Cruz. Elige <u>una</u> de las otras cuatro "percepciones erróneas":

❏ La inmigración genera sobrepoblación.

❏ Los inmigrantes hacen que bajen los salarios.

❏ Los inmigrantes usan mucha ayuda gubernamental.

❏ Los recién llegados no se asimilan lo suficientemente rápido a la sociedad norteamericana.

Busca mayores detalles por Internet u otras fuentes, bien para apoyar o para refutar la afirmación de Ramos.

C. Estudia los datos siguientes sobre la población extranjera (*foreign born*).

1. Orígenes de la población extranjera en EE.UU. (Fuente: Censo 2000)

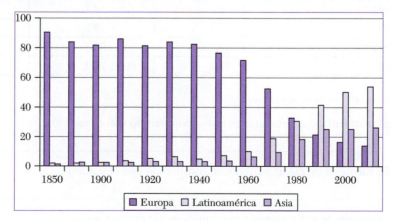

Esta figura nos muestra que…

2. Estatus legal de los 35.7 millones de extranjeros en EE.UU., 2004 (Fuente: Passel 2005)

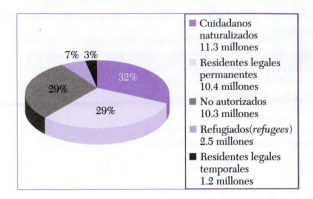

Esta figura nos muestra que...

_____

3. Población extranjera en EE.UU. (Fuente: Censo 2000)

Año	% extranjeros	N° extranjeros, millones	% cambio
1850	10.0	2.2	(n/a)
1890	14.8	9.2	+318%
1900	13.7	10.4	+13%
1910	14.7	13.5	+30%
1920	13.2	13.9	+3%
1930	11.6	14.2	+2%
1940	8.8	11.6	-18%
1950	6.9	10.4	-10%
1960	5.3	9.7	-7%
1970	4.7	9.6	-1%
1980	6.2	14.1	+47%
1990	7.9	19.8	+40%
2000	11.1	31.1	+57%
2005	12.4	35.6	+15%

Este cuadro nos muestra que:

a. El **porcentaje** de extranjeros ahora comparado con el pasado...

_____

b. El **número** de extranjeros ahora comparado con el pasado...

_____

c. El **porcentaje de cambio** en el número de extranjeros...

_____

Enfoque de redacción

Las tesis de los ensayos argumentativos

¿Qué es una tesis y cómo son las tesis buenas?

En un texto argumentativo, intentamos defender una opinión. La **tesis** es la idea central de un texto argumentativo —la opinión del autor. Estas son algunas características de una buena tesis:

 Es **debatible**.

Se puede **apoyar** con hechos, observaciones y ejemplos.

Es **específica**; va más allá de una simple descripción.

Una buena tesis es debatible.

Sobre el tema de tu tesis, hay *varias opiniones* que uno puede tener al respecto, pero tú vas a defender **una** de las posibles opiniones. La meta de un ensayo argumentativo, entonces, es **convencer a los lectores de que <u>tus</u> argumentos son más acertados que los demás.** Consideremos las siguientes tesis:

(a) **"Se enviaron más de $25 mil millones de dólares en remesas a México en 2008".**

Esto no es una tesis; es un hecho. Sería un poco como decir: "El país más grande del mundo es Rusia". No es debatible. Una tesis tiene que defender una **opinión** dentro de algún debate. Una mejor tesis —una tesis *debatible*— sería esta:

(b) **"Se enviaron más de $25 mil millones de dólares en remesas a México en 2008, pero esto representa una baja de 3.6%, lo cual indica que le espera un año muy duro al país".**

¿Por qué es mejor (b) como tesis? Porque es debatible. Otra persona puede **discrepar** que la baja de 3.6% en remesas indique que viene un año duro para el país. Ahora bien, debes tener cuidado de no pasar la opinión de otra persona como <u>tu</u> tesis. Por ejemplo, la tesis siguiente no sería buena:

(c) **"Jorge Ramos opina que todos apoyamos a los indocumentados con casi todo lo que hacemos".**

A pesar de que (c) expresa una opinión debatible, se presenta como la opinión de otra persona (Ramos) y no como la opinión del autor. Una mejor tesis sería:

(d) **"Estoy de acuerdo con Ramos en que todos apoyamos a los indocumentados con casi todo lo que hacemos, y en este ensayo presento aún más maneras en que lo hacemos".**

Ahora entiendes que una tesis en un ensayo argumentativo tiene que tratarse de una opinión tuya. A lo mejor se te ha enseñado en el pasado que debes clarificar que algo es tu opinión con frases como "Yo creo…" "Yo opino…" o "En mi opinión…". Sin embargo, suena más sofisticado **evitar estas expresiones** y escribir las tesis como **declaraciones**. Es obvio que tu tesis es tu opinión, porque eres tú el autor del texto.

> **Ejemplo:** "Los indocumentados no tienen el derecho de manifestarse contra el gobierno porque no tienen derecho de estar en el país".

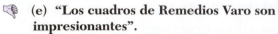

Una buena tesis se puede apoyar con hechos, observaciones y ejemplos.

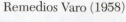

Remedios Varo (1958)

Consideremos esta tesis:

☞ **(e)   "Los cuadros de Remedios Varo son impresionantes".**

Según el criterio 1, esta tesis quizás esté bien, porque es una opinión que se puede debatir. A otra persona le pueden aburrir las obras de Varo. Pero aún así, la tesis (e) no es buena porque ¿cómo se pueden "comprobar" los gustos? A unos les gusta el chocolate y otros prefieren la fresa; debatir los gustos no es muy productivo.

Una mejor tesis sería esta:

☞ **(f)   "Los cuadros de Remedios Varo combinan elementos del surrealismo con una visión feminista, resultando en una autoexploración y una transformación de conciencia personal y social".**

La tesis (f) es mejor porque el autor puede **comprobar** varias cosas con hechos, observaciones y ejemplos: los elementos del surrealismo, la visión feminista, la autoexploración, etc.

Una buena tesis es específica; va más allá de una descripción.

Una tesis específica se enfoca en los detalles de un asunto. Consideremos la tesis siguiente:

☞ **(g)   "Hay aspectos positivos y negativos en la nueva propuesta federal sobre la inmigración".**

El problema con esta tesis es que es bastante vaga (*vague*). No sabemos si el autor encuentra más aspectos positivos o más aspectos negativos en la propuesta sobre inmigración. La tesis es "demasiado equilibrada": el autor quizás quiere estar "seguro" y evitar que alguien la pueda atacar.

Pero en un ensayo argumentativo, entramos en una conversación para debatir opiniones. Si nadie puede discrepar de lo que decimos, realmente no hemos aportado mucho a la conversación. Entonces una mejor tesis sería:

☞ **(h)   "Aunque hay aspectos positivos en la nueva propuesta federal sobre la inmigración, el Congreso la debe rechazar en su estado actual porque no resuelve ciertos problemas fundamentales".**

Una buena tesis también debe ir más allá de una simple descripción. Por ejemplo, supongamos que nuestra amiga Maricela opina que hay mucha grasa en la comida del restaurante Pollo Loco. Muy bien, es una opinión y Maricela la puede apoyar buscando hechos como el valor nutricional del menú. Sin embargo, la tesis:

☞ **(i)   "Hay más grasa en la comida de Pollo Loco de lo que debemos comer cada día".**

No es buena tesis, porque se queda en la descripción. El gobierno federal recomienda "X" cantidad de gramos de grasa cada día y Pollo Loco sirve comidas con una cantidad mayor a X. ¿Y qué? (*So what?*)

Una mejor tesis sería:

☞ **(j)   "Pollo Loco y otros restaurantes son en gran medida responsables de la mala salud de la gente en mi comunidad".**

Eso sí es específico y toma una postura (*takes a stand*). Y no pienses que sólo se pueden escribir ensayos argumentativos de temas "sofisticados". Sería mucho mejor el ensayo (k), que trata un tema con relativamente poco peso en el mundo, que el ensayo (l), algo que afecta seriamente a muchas personas:

☞ **(k) Es mucho más recomendable visitar París en invierno que en verano.**

☞ **(l)   Las leyes sobre el control de venta de armas de fuego no son muy estrictas.**

¿Por qué es mejor (k) que (l)? Porque (l), a pesar de que sí es una opinión, no va más allá de una descripción: "las leyes no son estrictas". Sería mejor una tesis que declarara que "se deben cambiar las leyes" y proponer cómo hacerlo. A pesar de que el tema de (k) probablemente no afecta la vida de nadie de forma tan seria como el tema de (l), la tesis (k) es mejor porque manifiesta una opinión debatible y es específica.

¿Dónde va la tesis?

La tesis suele aparecer al principio de un ensayo. Muchas veces la tesis es <u>la última oración del primer párrafo</u>. Así dejas claro para el lector cuál va a ser tu postura. En un ensayo un poco más sofisticado, la tesis puede aparecer después, pero hay que usar otras estrategias para que los lectores sigan bien el hilo.

Actividad 1

Lee cada tesis a continuación e indica si cumple con los principios que exploramos en este capítulo. Ojo: para hacer este ejercicio, deja de lado tus opiniones. <u>No estás indicando acuerdo o desacuerdo</u>, simplemente estás analizando si las tesis sirven para un ensayo argumentativo.

	Es una opinión debatible y del autor; puede haber gente que no esté de acuerdo	Se puede apoyar con hechos, observaciones y ejemplos	Es específica; va más allá de la simple descripción	Evita expresiones como "En mi opinión"	En una escala de 1 (débil) a 5 (fuerte) esta tesis es un:
1. "La inmigración es muy común en el mundo".	☑ Sí ☐ No	☑ Sí ☐ No	☐ Sí ☐ No	☐ Sí ☐ No	
2. "Los inmigrantes aportan mucho valor con su trabajo, pero también consumen servicios".	☐ Sí ☐ No	☑ Sí ☐ No	☐ Sí ☐ No	☐ Sí ☐ No	

(Continued)

	Es una opinión debatible y del autor; puede haber gente que no esté de acuerdo	Se puede apoyar con hechos, observaciones y ejemplos	Es específica; va más allá de la simple descripción	Evita expresiones como "En mi opinión"	En una escala de 1 (débil) a 5 (fuerte) esta tesis es un:
3. "No se debe conceder a los indocumentados otra amnistía como la de 1986 porque la economía actual del país no lo aguantaría".	☑ Sí ☑ No	☐ Sí ☐ No	☐ Sí ☐ No	☐ Sí ☐ No	
4. "Yo pienso que los indocumentados deben ser deportados a sus países de origen".	☐ Sí ☑ No	☐ Sí ☐ No	☐ Sí ☐ No	☐ Sí ☐ No	
5. "Muchas personas alegan que la inmigración debe limitarse estrictamente".	☑ Sí ☐ No	☐ Sí ☐ No	☐ Sí ☐ No	☐ Sí ☐ No	
6. "Hay muchos motivos por los cuales inmigra la gente".	☐ Sí ☐ No	☑ Sí ☐ No	☐ Sí ☐ No	☐ Sí ☐ No	
7. "Los Minutemen quieren que los contribuyentes dejen de apoyar a los inmigrantes ilegales".	☐ Sí ☑ No	☐ Sí ☑ No	☐ Sí ☐ No	☐ Sí ☐ No	
8. "En vez de gastar millones de dólares construyendo un muro, una mejor inversión sería en programas que creen empleos viables en México".	☑ Sí ☐ No	☐ Sí ☐ No	☐ Sí ☐ No	☐ Sí ☐ No	
9. "Los trabajadores indocumentados representan una amenaza para la seguridad de nuestro país".	☐ Sí ☑ No	☐ Sí ☐ No	☐ Sí ☐ No	☐ Sí ☐ No	
10. "La historia ha demostrado que la deportación masiva no ha sido una solución efectiva para la inmigración ilegal. Por lo tanto, la reforma migratoria en Estados Unidos debe incluir un plan para los indocumentados que no se trate simplemente de la deportación".	☑ Sí ☐ No	☐ Sí ☐ No	☐ Sí ☐ No	☐ Sí ☐ No	

Actividad 2

Toma dos (2) de las tesis que **no** son buenas y cámbialas a buenas tesis:

1. La tesis n° _____ sería una mejor tesis así:

_____

_____

_____

2. La tesis n° _____ sería una mejor tesis así:

_____

_____

_____

Para más información, puedes consultar las fuentes siguientes. Tu instructor puede asignar estas páginas y pedir que traigas a clase algún detalle nuevo o más específico.

    a. *http://www.indiana.edu/~wts/pamphlets/thesis_statement.shtml*

    b. *http://www.unc.edu/depts/wcweb/handouts/thesis.html*

    c. *http://leo.stcloudstate.edu/acadwrite/thesistatement.html*

    d. *http://www.sdst.org/shs/library/thesis.html*

Actividad 3

Vuelve a mirar los dos textos de Ramos. ¿Cuáles son las tesis y en qué párrafo aparecen?

Lectura	Tesis	N° de párrafo donde aparece	¿Es buena tesis? ¿Por qué (no)?
1. Cómplices			
2. Qué aportan			

Gramática y uso

El revisor de ortografía

Asegúrate de usar un **revisor de ortografía (*spellchecker*)** en español en todos tus textos formales. En los programas de Word y Open Office (que es gratuito), se encuentra bajo Tools, Language. El revisor subraya en rojo muchos errores de ortografía. Si haces clic con el botón derecho del ratón (*right click*) sobre alguna palabra subrayada en rojo (no todas), el revisor sugiere alternativas. Pero recuerda, el revisor de ortografía no es 100% fiable (*reliable*). Más tarde estudiaremos con más detalle la acentuación en español.

En el sitio de Wiley *www.wiley.com/college/potowski* verás una corta actividad con el revisor de ortografía en español.

Para teclear los acentos a mano

PC: Alt + el código siguiente:			
160	á	173	¡
130	é	164	ñ
161	í	165	Ñ
162	ó	129	ü
168	¿	0205	Í
0193	Á	0201	É
0211	Ó	0218	Ú

Mac: Option + e **después** letra.

Por ejemplo: Option + e después o = ó
Option + e después i = í
Option + e después a = á
Etc.

Option + n después n = ñ
Option + u + u = ü
Option + shift + ? = ¿
Option + 1 = ¡

Entrando a la conversación

Carta al señor Ramos

Ramos dice que es necesario reconocer nuestra complicidad en ambos lados de la frontera. Dice que "la única manera de acabar con la manera hipócrita y aprovechada con que se trata a los indocumentados en Estados Unidos es dándoles una amnistía".

¿Estás de acuerdo con la conclusión de Ramos? ¿Es la amnistía la mejor manera de tratar la situación en este país con los indocumentados? ¿Hay otras soluciones?

Escríbele una carta de una página (espacio sencillo) al señor Ramos indicando tu opinión. Usa palabras que indiquen acuerdo o desacuerdo como estas:

Palabras que indican acuerdo

"Comparto la opinión de que…"

"Coincido
"Concuerdo   } con la opinión de que / con ellos / con usted porque…"
"Estoy de acuerdo

Palabras que indican desacuerdo

Se pueden negar las frases anteriores (**no** coincido, **no** concuerdo, etc.). También se pueden usar estas frases:

"Yo **discrepo de** la opinión que / de usted respecto a…"

"Los datos **desmienten / refutan / no apoyan** (*disprove / refute*) sus afirmaciones".

"**Difiero de** usted en que…"

POR CIERTO

Muchos medios formales usan la palabra "apoyar" para *to support (an argument, a claim)*:

"Las estadísticas no ~~soportan~~ **apoyan** ese argumento/esa alegación/esa afirmación".

"Soportar" es como "aguantar" (*put up with*):

"¡No soporto tu actitud arrogante!".

También es *"bear/carry a load"*:

"Esa viga no puede soportar el peso del techo".

Usa la estructura siguiente para organizar tu carta:

Párrafo 1: "Señor Ramos, usted dice… (resume su propuesta)".

(Después indica tu opinión:

❏ Estoy totalmente de acuerdo.

❏ Estoy algo de acuerdo y algo en desacuerdo.

❏ Sin embargo, discrepo totalmente de usted.)

Párrafo 2: "Primero, _____ (por ejemplo: "usted no toma en consideración que…", "tiene usted toda la razón cuando señala que…")". Tu punto de apoyo 1.

Párrafo 3: "Otra cosa que me parece importante…". Tu punto de apoyo 2.

Atentamente,

TU NOMBRE

Abajo hay un ejemplo de una carta. No te olvides de usar el revisor de ortografía. Los comentarios son de la profesora.

Estimado Señor Ramos:

Usted propone que una amnistía es la mejor manera de arreglar la situación de los dos lados de la frontera y estoy totalmente de acuerdo. Si a los indocumentados se les deja trabajar y vivir en Estados Unidos, la economía va a prosperar y la nación va a ser más productiva.

Tiene usted razón en que los inmigrantes estimulan la economía de los estados donde trabajan. Esto lo hacen de dos maneras. Primero, toman los trabajos que los ciudadanos no quieren porque son muy duros. Los inmigrantes indocumentados aceptan esos trabajos con un salario muy bajo, en un sector que nadie más quiere, pero que es necesario para que las compañías prosperen. Por hacer este trabajo, se merecen una amnistía para garantizar sus derechos y para que no los exploten.

Además, [*Buena transición*] lo que muchos no ven [*Está bien, pero ¿podrías ser más específico? ¿Quiénes no ven esto, precisamente?*] es que los indocumentados también son consumidores. Compran cosas y usan servicios como todos los demás, metiendo dinero a la economía. Cada vez que compran algo, pagan impuestos de venta. Y algunos indocumentados incluso pagan impuestos al gobierno con números de seguro social falsos. Si los hacemos ciudadanos, se les subirá el salario, [*¿Por qué hacerles ciudadanos les subiría los sueldos? No está claro*] pagarán más impuestos y aumentarán el dinero para el país. Como usted citó, los estados con más inmigrantes tienen menos desempleo y menos crimen.

Usted mencionó que el gobierno gasta millones de dólares en programas que están enfocados en detener, encarcelar y deportar a los indocumentados. Deberíamos usar ese dinero para algo productivo, como ayudar a los indocumentados a lograr la residencia y trabajar en Estados Unidos. El gobierno también gana con la amnistía. Va a ~~ver~~ [*haber*] menos pérdida de dinero en castigos y más para programas de ayuda a los ciudadanos. Si los que están en contra de una amnistía pudieran ver los números y beneficios que traen los inmigrantes, quizás cambiarían de opinión. Estados Unidos pierde mucho ~~en~~ [*al*] no actuar en favor de la amnistía.

Atentamente,
Michael Barban

ANTES DE LEER 3

A. ¿Conoces el origen del término "Minutemen"? Búscalo en *www.ushistory.org*?

B. ¿Cuántos indocumentados viven hoy en Estados Unidos? Haz una búsqueda rápida en Internet y trata de encontrar dos cifras diferentes. ¿Por qué crees que hay tanta diferencia entre las cifras?

Organización	Cifra *(figure)*
Urban Institute	*9.3 millones*

C. Vocabulario. Empareja las siguientes palabras con la definición correspondiente:

___ 1. "… para despertar a un electorado **apático** e impulsar un debate público"

___ 2. "… inicié una campaña de **reclutamiento** invitando a los americanos de los 50 estados"

___ 3. "… para observar, informar e impedir la **abrumadora** incursión… por parte de… inmigrantes ilegales"

___ 4. "… resulta muy **rentable** para los negocios que explotan a los trabajadores inmigrantes ilegales…"

___ 5. "el costo total al **contribuyente** estadounidense y a la mano de obra legal supera mucho los beneficios".

> a. agobiante, excesivo (*overwhelming*)
>
> b. la gente que paga impuestos
>
> c. que no tiene interés
>
> d. que produce beneficio (*profitable*)
>
> e. reunir gente para un propósito determinado

___ 6. "… esos cinco centavos ahorrados **palidecen** en comparación con los impuestos cobrados…"

___ 7. "… aplastando al país **anfitrión** por mera superioridad numérica…"

___ 8. "… probablemente harán un acuerdo inmediato… agitando una **varita mágica**…"

___ 9. "… sin ninguna consulta con el **electorado**".

___ 10. "… se aplican solamente a aquellos suficientemente **crédulos** como para obedecerlas…"

> f. los que votan (*electorate*)
>
> g. persona o entidad que recibe a invitados (*host*)
>
> h. el que se cree todo con facilidad (*naive*)
>
> i. palito al que se atribuyen poderes mágicos, usado por hadas y magos
>
> j. disminuye (*pale*)

LECTURA 3

Un ensayo sobre la inmigración desde la perspectiva de los Minutemen

por Jim Gilchrist

Una participante del proyecto Minuteman

Versión editada y traducida

Jim Gilchrist es Fundador y Presidente de The Minuteman Project. Para ver más información sobre su grupo, consulta *www.minutemanproject.com*.

(1) Frustrado por la negación durante décadas de los gobiernos federal, estatales y locales para hacer cumplir las leyes de inmigración en Estados Unidos, me propuse aumentar la concienciación nacional sobre este dilema para despertar a un electorado apático e impulsar un debate público sobre el asunto. El 1º de octubre de 2004 inicié una campaña de reclutamiento invitando a los americanos de los 50 estados a acompañarme al sudeste de Arizona para observar, informar e impedir la abrumadora incursión en Arizona de cárteles criminales de contrabando de drogas e inmigrantes ilegales.

(2) En abril de 2005, 1,200 fuertes individualistas americanos se reunieron en la frontera entre Arizona y México durante 30 días consecutivos. Para el 10 de abril, en tan sólo 10 días de la operación inicialmente planeada para un mes, el multiétnico proyecto *Minuteman* detuvo por completo la invasión de inmigrantes ilegales y las actividades de contrabando de drogas a lo largo de las 23 millas de la frontera entre Estados Unidos y México en el valle de San Pedro River, Arizona.

> El autor usa la palabra "americano" ("American" en el texto original) para referirse a las personas de los Estados Unidos. ¿Qué opinas de este uso? ¿Hay otras definiciones del término "americano"?

(3) Muchos malinterpretan la crisis de inmigrantes ilegales como "un" solo problema. Pero el fracaso de los oficiales elegidos para cumplir las leyes de inmigración supone una amenaza para la **seguridad**, la **prosperidad** y la **soberanía** de nuestra nación. Los siguientes son tan sólo unos pocos beneficios en estas tres áreas inherentes al cumplimiento proactivo de las leyes de inmigración americanas y la creación de algunas leyes nuevas:

Seguridad

1. Considerable reducción de riesgo de ataques terroristas. Importante caída crimen, especialmente ofensas violentas, terrorismo en el vecindario llevado a cabo por pandillas callejeras y robo de identidad. Cada día, un promedio de 25 ciudadanos americanos y residentes legales mueren a manos de inmigrantes ilegales por homicidio involuntario (por ejemplo, conducción bajo los efectos del alcohol) o premeditado (por ejemplo, tiroteos, puñaladas, palizas, estrangulamiento, etc.), causando un total anual de 9,125 muertes.

2. Eliminación de miles de casos contagiosos y mortales no detectados de tuberculosis, lepra y hepatitis que traen los inmigrantes ilegales que nunca han sido sometidos a una revisión médica antes de entrar a Estados Unidos.

3. Reducción de la importación de drogas ilegales letales que han brotado en cada comunidad del país.

Prosperidad

1. Eliminación de trabajo de esclavos que permite a aquellos que contratan a inmigrantes ilegales evadir impuestos federales y estatales. Aunque esto resulta muy rentable para los negocios que explotan a los trabajadores inmigrantes ilegales, el costo total al contribuyente estadounidense y a la mano de obra legal supera mucho los beneficios. Una libra de vegetales puede costarle al consumidor unos centavos menos porque fue cosechada por trabajadores de bajo sueldo. Pero esos cinco centavos ahorrados palidecen en comparación con los impuestos cobrados a los consumidores para pagar la educación, cobijo, alimentación, medicamentos y otros programas sociales para sustentar al trabajador inmigrante ilegal y a sus familiares.

2. Mejores escuelas públicas, con menores requisitos presupuestarios y menor número de estudiantes por cada profesor.

3. Se evitaría el cierre de hospitales por bancarrota a causa de tratamientos a inmigrantes ilegales que acaban sin pagarse. Salvo la excepción de los tratamientos médicos de urgencia, ¿bajo qué autoridad legal se le exige a Estados Unidos educar, alimentar, dar cuidados médicos, refugio, o cualquier otro bienestar y sustento a extranjeros que ya han quebrantado nuestras leyes para venir aquí? La enorme cantidad de dinero, quizás miles de millones de dólares, que podrían ahorrarse anualmente, podrían usarse en programas para la mejora y el aumento de la infraestructura de la nación y su sociedad.

4. Importante reducción de gastos en inmigrantes ilegales que viven encarcelados. El proyecto *Minuteman* estima que los inmigrantes ilegales que han cometido crímenes (además de la entrada ilegal a Estados Unidos) representan aproximadamente un 30% de la población de prisiones y cárceles.

5. Drásticas reducciones de tasas de desempleo nacional.

Soberanía

1. Preservación de una herencia, cultura y lengua estaunidense tradicional. A medida que la lengua española se vuelva más dominante en todo Estados Unidos, se incrementará la probabilidad de que hayan más intentos de reemplazar el inglés por el español como el nuevo vínculo lingüístico común de la nación.

2. Un futuro positivo para la juventud estadounidense.

   (4) Según una estimación de la Patrulla Fronteriza de Estados Unidos (*United States Border Patrol,* USBP), sólo se detiene a uno de cada cuatro o cinco inmigrantes ilegales. Eso significa que aproximadamente cinco millones de inmigrantes ilegales entran sin ser detectados a Estados Unidos cada año, sólo a través de nuestra frontera sureña. Se trata de unas 75,000 personas cada semana, el equivalente a más de 10,000 intrusos cada día. Nadie sabe quiénes son estos millones de personas, dónde están o cuáles son sus intenciones. Lo que sí sabemos es que están entrando en asombrosas cantidades, ocupando territorio estadounidense y que aquí se quedan. Según estas tendencias, es posible que **más de seis millones** de inmigrantes ilegales hayan entrado sin autorización y ocupado Estados Unidos durante 2007. El año siguiente tal número podría elevarse a siete millones y después a 10 millones o más anualmente en años subsiguientes. A medida que los recursos para la USBP y el Servicio de Inmigración y Control de Aduanas (*Bureau of Immigration and Customs Enforcement,* ICE) disminuyen, la invasión se vuelve más fuerte y los números crecen más y más.

(5) Existen dos maneras comunes de apoderarse de un país: por invasión militar, o transfiriendo lenta y progresivamente la población de la nación agresora hacia la nación objetivo, aplastando al país anfitrión por mera superioridad numérica. Estados Unidos es víctima de este último método. Al ritmo actual de invasión, para el año 2025, el proyecto *Minuteman* estima que **habrá más inmigrantes ilegales ocupando territorio estadounidense que ciudadanos votantes**. Las consecuencias podrían ser increíbles. Cuando los 200 millones de inmigrantes ilegales reclamen amnistía instantánea y ciudadanía, los tímidos miembros del Congreso probablemente harán un acuerdo inmediato donde la población ilegal se convertirá en legal, con estatus de ciudadanía y derecho a voto, agitando una varita mágica y sin ninguna consulta con el electorado.

(6) Por consiguiente, decenas de millones de no asimilados y recién declarados ciudadanos americanos —con doble derecho a voto y lealtades principales a sus tierras de origen— podrían votar simultáneamente a candidatos de sus tierras natales y de Estados Unidos, con plataformas favorables a los intereses de sus patrias y hostiles a Estados Unidos. También es posible que muchos de los candidatos americanos sean inmigrantes previamente ilegales, no asimilados por la cultura estadounidense, que simplemente cruzaron la frontera ayer para recibir hoy amnistía. Podrían convertirse rápidamente en candidatos a las alcaldías, senados o juntas escolares.

(7) El proyecto *Minuteman* apoya la inmigración legal, pero se opone a la amnistía para los incontables millones de inmigrantes ilegales en Estados Unidos. El proyecto también apoya el cumplimiento de todas las leyes de inmigración americanas. Los alrededor de 35 millones de inmigrantes ilegales actualmente en Estados Unidos deberían ser repatriados a sus tierras de origen y ponerse a la fila en una embajada estadounidense con una solicitud para entrada legal a Estados Unidos, del mismo modo que millones de sus predecesores inmigrantes legales han hecho. No hacer esto significa que los derechos americanos carecen de sentido y que las leyes de inmigración se aplican solamente a aquellos suficientemente crédulos como para obedecerlas.

(8) Hay seis mil millones y medio de personas en el mundo, muchos de los cuales quisieran inmigrar a Estados Unidos para sacar provecho de sus libertades civiles, benevolencia y oportunidades para la libre empresa. A muchos les gustaría aprovecharse del expansivo sistema de bienestar y de los programas de asistencia pública financiados por los contribuyentes. Otros quieren venir a Estados Unidos para operar cárteles criminales que trafican con drogas, prostitución infantil y fraude de identidad. Y algunos simplemente quieren matar a americanos. El proyecto *Minuteman* apoya la construcción de una barrera física desde San Diego hasta Brownsville que incluiría una doble pared de cemento y acero reforzados de 20 pies de alto y 10 pies de profundidad bajo tierra. La idea de una barrera física se presenta como la última opción para sobrevivir como una nación soberana, el último intento de una nación para preservar su herencia, independencia, prosperidad y tranquilidad nacional.

DESPUÉS DE LEER 3

A. A continuación se presentan las 5 ideas principales de la lectura. Ponlas en el orden que aparecieron, del "1" al "5". Después agrega la información que falta.

● Los tres beneficios principales de cumplir con las leyes de inmigración actuales:

_____

● El alto índice de inmigración y el probable resultado:

_____

● La primera actividad organizada del grupo:

_____

● Las dos principales propuestas del grupo:

_____

● Los motivos para crear el grupo:

_____

B. El autor afirma que el grupo Minutemen es multiétnico. ¿Por qué crees que menciona este detalle?

C. Completa el cuadro siguiente con un análisis de esta lectura. Indica en qué párrafo(s) se encuentra cada elemento, si está muy bien (3), bien (2) o no muy bien (1), y describe tu respuesta con cualquier recomendación que tengas.

> Este cuadro se completará muchas veces a lo largo de este libro y crecerá con cada nuevo elemento que estudiemos. De momento sólo tiene "la tesis".

	Párrafo(s) nº	¿Bien?	¿Por qué? ¿Tienes sugerencias?
La tesis		1 2 3	

En breve: La inmigración en Argentina

Argentina también experimenta una creciente inmigración. Busca los videos siguientes en YouTube:

1. Busca "*Argentina's Greater Fatherland*" (en inglés, 2:47 minutos)

   El programa "Patria Grande" ("*Greater fatherland*") legaliza a todos _____ con tal de que no tengan _____ .

2. Busca "Inmigrantes multiplican guetos en Argentina" (en español, 4:34 minutos)

   Una "villa" en Buenos Aires se refiere a un *shantytown* o *slum*.

   "El gobierno Kirchnerista" se refiere a la presidenta actual de Argentina, Cristina Fernández de Kirchner. Su gobierno prohibió _____ y dio _____ .

3. Busca "La liga discriminación parte 2" (en español, 10:22 minutos)

   Mientras escuchas, nota el uso de "vos" en vez de "tú". Por ejemplo:

   "¿Cómo te **llamás**? ¿De dónde **sos vos**?"

   "Y ¿por qué **pensás** que existe esa discriminación?"

   El uso de "vos" (el voseo) es muy común en Argentina, Costa Rica, Ecuador, El Salvador, Guatemala, Honduras, Nicaragua, Paraguay, Uruguay y ciertas regiones de Colombia y Venezuela. El Apéndice 1 de este libro incluye la forma "vos" entre las conjugaciones verbales en español.

   Los grupos de inmigrantes mencionados en este video fueron:

   ❏ chilenos   ❏ africanos   ❏ peruanos
   ❏ bolivianos   ❏ paraguayos

   Y es muy común que un grupo de inmigrantes _____ a otros grupos de inmigrantes.

4. ¿Hay algún tema mencionado en estos videos que hayas escuchado antes, o que también se discuta en Estados Unidos? Por ejemplo, el señor del restaurante peruano dice que su estancia en Argentina es sólo temporal; ¿es común escuchar esto entre los inmigrantes en Estados Unidos? ¿Ocurre aquí que unos grupos de inmigrantes discriminan a otros?

Enfoque de redacción

Cómo citar fuentes externas

En un ensayo argumentativo, casi siempre se espera que el autor cite (*cites*) alguna fuente de información. ¿Cómo se deben indicar las fuentes en un ensayo?

- **No existe una sola manera** correcta de hacerlo; en este capítulo vamos a recomendar algunas técnicas. Tu instructor indicará qué formato prefiere.

- Lo más importante es **que tus lectores puedan consultar fácilmente** las mismas fuentes (*sources*) de información que citas en tu texto, para averiguar si las citaste apropiadamente y si la fuente es fiable (*reliable*).

	Estilo 1 Con lista de referencias al final *La lista se construye por orden alfabético según el apellido del autor o el nombre del grupo que publicó el estudio.*	Estilo 2 Sin lista de referencias al final
Cuando **no** se sabe el nombre del autor	"Según la Administración de Drogas y Alimentos (2009), muchas drogas ilegales entran a Estados Unidos desde México". *(Al final del ensayo, en la lista de referencias:)* La Administración de Drogas y Alimentos. State Factsheet. Consultado el 21 de marzo de 2010 en: *http://www.usdoj.gov/dea/pubs/state_factsheets.html*	"Según la Administración de Drogas y Alimentos (DEA, State Factsheets), muchas drogas ilegales entran a Estados Unidos desde México".
Cuando se sabe el nombre del autor	Chomsky (2007) señala que los flujos migratorios se basan en las relaciones que mantienen los países poderosos con los países más pobres. *(Al final del ensayo, en la lista de referencias:)* Chomsky, Aviva. (2007). *"They take our jobs!" and 20 other myths about immigration.* Boston, MA: Beacon Press.	En su libro *"They take our jobs!" and 20 other myths about immigration,* Aviva Chomsky señala que los flujos migratorios se basan en las relaciones que mantienen los países poderosos con los países más pobres.

¿Cuál de estos dos estilos te gusta más? ¿Cuál parece proveer mayores detalles? ¿Tu instructor prefiere uno de estos estilos, o quizás otro?

Lo que **no** es muy común es incorporar un URL dentro del mismo texto, sobre todo cuando son muy largos, porque generalmente distraen al lector:

☞"Según la Administración de Drogas y Alimentos, muchas drogas ilegales entran a Estados Unidos desde México (*http://www.usdoj.gov/dea/pubs/state_factsheets.html*)".

También cuando citamos fuentes de apoyo, es mejor evitar ciertas palabras innecesarias:

Palabras innecesarias	
Es mejor no usar...	porque...
"Según **la página web** www.loquesea.com…"	"La página web" es obvio; mejor omítelo
"…**escrito por** Fulana González…"	"escrito por" es obvio; "de Fulana González" es suficiente
"…**la autora** Fulana González culpa a los consumidores…"	Aquí "la autora" es obvio; omítelo

Actividad 1

Vuelve a los textos de Ramos y de Gilchrist. En un buscador de Internet (*search engine*), busca por unos 15–20 minutos la fuente original o el mismo dato que cita el autor.

Textos de Ramos	¿Encontraste la fuente original / el mismo dato?	
"La Academia Nacional de la Ciencia concluyó que los inmigrantes aportan una cantidad neta de $10 mil millones a la economía estadounidense".	❏ Sí	❏ No
"El Instituto Urbano calculó que los inmigrantes aportan una cantidad neta de $25–30 mil millones a la economía estadounidense".	❏ Sí	❏ No
"El Instituto Alexis de Tocqueville señala que las ciudades con más inmigración tienen menos pobreza y menos criminalidad".	❏ Sí	❏ No
"Hay 6 millones de indocumentados en Estados Unidos".	❏ Sí	❏ No
Texto de Gilchrist		
"Cada día 25 ciudadanos mueren a manos de inmigrantes ilegales".	❏ Sí	❏ No
"Los inmigrantes causan el cierre de hospitales".	❏ Sí	❏ No
"Los inmigrantes ilegales representan un 30% de la población encarcelada".	❏ Sí	❏ No
"75,000 personas entran ilegalmente a Estados Unidos por la frontera con México cada semana".	❏ Sí	❏ No
"Hay 35 millones de inmigrantes ilegales en Estados Unidos".	❏ Sí	❏ No

¿Qué piensas del uso de citas por estos autores? ¿Fue fácil encontrar las fuentes que citaron? ¿Hubieras preferido una lista bibliográfica al final de cada texto, o mayores detalles, para facilitar la búsqueda de las fuentes originales?

Actividad 2

Los siguientes intentos de citar no son muy buenos. Cámbialos según el modelo indicado y elimina las "palabras innecesarias". **Ojo**: Es posible que tengas que abrir el URL para buscar los detalles necesarios y citarlos mejor, como el autor y/o el grupo responsable.

Modelo

Según la página web *http://www.californiaprogressreport.com/2006/05/post_5.html*, la autora Nancy Urban echa la culpa a los consumidores y empleadores: los empleadores bajan los salarios porque los consumidores quieren productos baratos.

Esta versión no es buena porque el URL está dentro del texto y tiene muchas palabras innecesarias.

Convertido al Estilo 1

Urban (2006) señala que los consumidores y empleadores tienen la culpa: los empleadores bajan los salarios porque los consumidores quieren productos baratos.

Lista de bibliografía al final del ensayo:

Urban, N. 2006. Immigrants Are Not "Taking Jobs Away" from Americans. California Progress Report, May 1, 2006. Consultado el 10 de octubre de 2009 en *http://www.californiaprogressreport.com/2006/05/post_5.html*

Convertido al Estilo 2

Según Nancy Urban ("Immigrants Are Not Taking Jobs Away from Americans"), los consumidores y empleadores tienen la culpa: los empleadores bajan los salarios porque los consumidores quieren productos baratos.

1. Convertir al Estilo 1 y eliminar palabras innecesarias:

"En un artículo "States, Counties Begin to Enforce Immigration Laws", escrito por Peter Whoriskey (*http://www.washingtonpost.com/wp-dyn/content/article/2006/09/27/AR2006092700365.html*) explica que en Charlotte, Carolina del Norte, en abril de 2006, los policías empezaron a preguntar a los acusados de crímenes sobre su estatus legal, resultando en 100 deportaciones por mes".

_____

_____

_____

2. Convertir al Estilo 2 y eliminar palabras innecesarias:

"Los autores Anrig y Wang nos dicen que la mayoría de los economistas están de acuerdo en que la inmigración ha bajado los salarios de los trabajadores nativos, sobre todo los que tienen relativamente poca educación formal (*http://www.tcf.org/list.asp?type=PB&pubid=491*)".

_____

_____

_____

3. Convertir al Estilo 2 y eliminar palabras innecesarias:

"La página "Beyond the Border" (*http://www.pbs.org/itvs/beyondtheborder/immigration.html*) explica que los inmigrantes cruzan la frontera para apoyar a su familia, no para causar daño a Estados Unidos".

_____

_____

_____

_____

> ¿Te parecen buenas fuentes estas páginas web para apoyar un punto en un ensayo académico? En el Capítulo 3, aprenderemos a **evaluar la calidad** de las páginas web; no todas son buenas para citar en un trabajo académico.

Actividad 3

Busca las siguientes páginas web en Google u otro buscador, y después otra página que tú elijas. Imagina que quieres citar información de ellas en un ensayo, sea porque la página **apoya** tu opinión o porque quieres **refutar** lo que dice, no importa. Mira cada página brevemente —no tienes que leer *toda* la información que contiene, sólo una porción que podrías citar— y crea una frase que te permita citarla bien.

Modelo

Busca *"Minutemen fraud and abuse tax credit"*

Voy a usar: ☒ Estilo I   ❑ Estilo 2

"Según Woolridge, en 2008 los inmigrantes formaban el 13% de la población, pero recibieron un 26% de los beneficios de Earned Income Tax Credits, sumando unos $12 mil millones".

Lista de bibliografía al final del ensayo:

Woolridge, Frosty. 2009. Fraud & abuse: earned income tax credit by unlawful immigrants. June 29, 2009. Consultado el 21 diciembre de 2009 en *http://minutemanhq.com/hq/article.php?sid=947*

Recuerda revisar lo que exigen el Estilo 1 y el Estilo 2.

1. Busca *"CS Monitor jobs that Americans won't do"* (es del 1º de septiembre de 2009)

Voy a usar: ❑ Estilo 1 (*Requiere referencia completa al final*)   ❑ Estilo 2

2. Busca *"Las Vegas Sun suit raises illegal immigrant rights issue"*

Voy a usar: ❑ Estilo 1 (*Requiere referencia completa al final*)   ❑ Estilo 2

3. (Página de tu elección)

Voy a usar: ❑ Estilo 1 (*Requiere referencia completa al final*)   ❑ Estilo 2

El plagio

Por último, un tema importante relacionado con la incorporación de citas es el **plagio**. A veces es difícil saber cómo incorporar apropiadamente las ideas de los demás en nuestro trabajo.

Actividad 4

Busca por Internet *"NY Times plagiarism lines blur"* y contesta las preguntas siguientes.

1. Según el estudio del profesor McCabe:
¿Qué porcentaje de los estudiantes universitarios…

… admitieron haber copiado algunas frases en sus tareas académicas?

20%   30%   40%

…consideraba que copiar de Internet constituía un problema serio?

casi el 30%   casi el 50%   casi el 80%

2. Empareja las personas con la opinión que expresan en este artículo.

__ La profesora Blum   a. La mayoría de los casos de plagio en su campus se tratan de estudiantes que sabían perfectamente bien que lo que hicieron estaba mal.

__ Helene Hegemann   b. Los jóvenes de hoy tienen nuevas ideas sobre la autoría de textos; no tienen tanto interés en ser únicos ni en dar (o recibir) crédito por las palabras. Muchos sólo quieren entregar algo y sacar una nota decente.

__ Sarah Wilensky   c. Ya no existe la originalidad.

__ El profesor Dudley   d. Cambiar los estándares de plagio para acomodar "nuevas ideas sobre la autoría de textos" no fomenta la creatividad, sino la pereza. Hace falta enseñarles bien a los estudiantes en la escuela secundaria cómo leer y sintetizar las fuentes en un argumento original.

Actividad 5

Lee los consejos en las páginas siguientes:

a. www.collegeboard.com, busca *"plagiarism"*
b. www.northwestern.edu/uacc bajo el enlace *"How to avoid plagiarism"*.

Después lee los casos siguientes y decide si son casos de plagio o no.

1. Un alumno no cita un hecho generalmente conocido por el público. ¿Es plagio?

   ❑ Sí.   ❑ No. ¿Por qué?

2. Un alumno no cita un hecho poco conocido. ¿Es plagio?

   ❑ Sí.   ❑ No. ¿Por qué?

3. Un alumno utiliza ejemplos de otro autor en sus análisis y no los cita. ¿Es plagio?

   ❑ Sí.   ❑ No. ¿Por qué?

4. Un alumno utiliza las interpretaciones de otro autor en su análisis y las cita. ¿Es plagio?

   ❑ Sí.   ❑ No. ¿Por qué?

5. Un alumno escribe sobre el uso de los términos *hispano* y *latino*. Leyó el artículo "¿Latinos o hispanos?: un debate sobre la identidad" (Lectura 2, Capítulo 2 en el presente libro) y utiliza los argumentos de Sandra Cisneros en su ensayo. Hace referencia a Cisneros pero no al artículo en el que leyó sus opiniones. ¿Es plagio?

   ❑ Sí.   ❑ No. ¿Por qué?

6. Una alumna escribe sobre el cambio de códigos utilizando el artículo de Potowski (Capítulo 3, Lectura 3 en el presente libro) como punto de partida. Lee el siguiente párrafo que escribió:

   "Cambiar de códigos (*codeswitching*) es cuando un hablante, en una misma conversación, cambia de Lengua 1 a Lengua 2. Hay dos tipos de cambios de código. El primero se llama *intraoracional* porque ocurre dentro de una sola oración. El segundo se llama *interoracional* porque se produce entre dos oraciones diferentes. Los lingüistas dicen que cambiar de códigos dentro de una misma oración sin violar las reglas sintácticas de ninguno de los dos idiomas requiere un nivel bastante alto de bilingüismo".   ¿Es plagio?   ❑ Sí.   ❑ No.   ¿Por qué?

Entrando a la conversación

Carta al señor Gilchrist

Vas a escribirle una carta al señor Gilchrist —de una a dos páginas— en la que indicas si estás de acuerdo o no con las ideas en su ensayo. Elige un máximo de tres (3) de sus puntos. Debes citar información adicional que apoye tus opiniones recuerda lo que acabamos de ver sobre la incorporación de citas.

Tu instructor puede pedir que comentes sobre las cartas de uno o dos compañeros usando la rúbrica al final de este capítulo. En particular, te puede pedir que mires **las fuentes que cita** tu compañero para indicarle si te parecen apropiadas.

Primero, indica cuáles son los tres puntos de Gilchrist que vas a incluir en tu carta.

Punto de Gilchrist	Mi opinión	Información adicional que voy a aportar
1.	❏ Estoy de acuerdo. ❏ No estoy de acuerdo. ❏ Estoy algo de acuerdo y algo en desacuerdo.	
2.	❏ Estoy de acuerdo. ❏ No estoy de acuerdo. ❏ Estoy algo de acuerdo y algo en desacuerdo.	
3.	❏ Estoy de acuerdo. ❏ No estoy de acuerdo. ❏ Estoy algo de acuerdo y algo en desacuerdo.	

Estructura recomendada para tu carta

Párrafo 1: En general, declaras si estás de acuerdo, no estás de acuerdo, o algo de acuerdo y algo en desacuerdo. Usa las "palabras para indicar acuerdo y desacuerdo" de este capítulo.

Párrafo 2: Primer punto.

Párrafo 3: Segundo punto.

Párrafo 4: Tercer punto.

Párrafo 5: Conclusión.

*Recuerda emplear el **revisor de ortografía** en tu carta.* Abajo hay dos ejemplos de cartas. Los comentarios son de la profesora.

Ejemplo 1

Estimado Señor Gilchrist:

Acabo de leer su ensayo sobre la inmigración y quisiera comentar sobre los puntos que hizo acerca de las escuelas, las prisiones y la construcción de un muro en la frontera. *[Muy bien, dejas muy claro desde el principio el contenido de tu carta.]* Había algunos puntos ~~que estoy de acuerdo con~~ con los que estoy de acuerdo, pero otros con los que no. Concuerdo con usted en que los inmigrantes quitan muchos recursos al país, pero construir un muro no es la mejor respuesta.

~~En su artículo~~ *[Esto es obvio, mejor quítalo]* usted dice que sin inmigrantes, las escuelas públicas serían más efectivas. Tengo que decir que comparto su opinión. El *Colorado Alliance for*

(Continued)

(Continued)

Immigration Reform (*http://www.cairco.org/edu/education.html*) [*Recuerda que un URL dentro del texto puede distraer al lector; mejor omítelos en toda la carta, o ponlos al final*] dice que el total nacional gastado para inmigrantes ilegales en los grados K-12 es de $7.4 mil millones anuales, lo suficiente como para comprar una computadora para cada estudiante de escuela media (*middle school*) en todo el país. Está claro que es caro educar a los niños de inmigrantes indocumentados. Además, aproximadamente el 14% de las escuelas excede su capacidad entre un 6 y un 25%. [*Si es la misma fuente para estos datos, sería mejor aclararlo con "Además, el Colorado Alliance indica que…"*] La eficacia del sistema escolar público mejoraría si los niños de inmigrantes no estuvieran matriculados porque los salones de clases no estarían tan llenos y habría suficientes materiales para cada estudiante. Una reducción en la población escolar también permitiría al instructor ayudar a más estudiantes más eficientemente.

~~En su artículo~~ usted también dice que mantener a inmigrantes ilegales fuera de Estados Unidos ayudaría a reducir la cantidad de dinero para mantenerlos en las cárceles. Estoy de acuerdo porque en el World Net Daily (*http://www.wnd.com/news/article.asp?ARTICLE_ID=44184*) [*Este URL y otros que tienes son demasiado largos para estar dentro del texto. Te recomiendo que los pongas al final*] informó que el gobierno federal de Estados Unidos gastó $5,800 millones para encarcelar a criminales extranjeros entre 2005 y 2008. El número de extranjeros en prisiones federales aumentó de 42,000 a 49,000 entre 2001 y 2008. La cantidad de inmigrantes ilegales en la cárcel continuará aumentando y más dinero se ira a cárceles en vez de a otras áreas que lo necesitan más.

Pero cuando usted recomienda un muro en la frontera entre Estados Unidos y México, discrepo rotundamente. [*Buen uso de "pero" como palabra de transición, alertas al lector que vas a cambiar de idea.*] Estados Unidos ya utiliza mucho dinero para patrullar la frontera y los inmigrantes todavía entran a Estados Unidos ilegalmente. Encontrarán una manera alternativa para entrar. Además, según McFadyen (*http://immigration.about.com/od/bordersportsandcustoms/i/Fence_Issue.htm*), la construcción costaría unos $1,200 millones y el mantenimiento está estimado en $50 mil millones. Pienso que $50 mil millones es mucho dinero y estoy seguro de que Estados Unidos puede encontrar una manera más eficiente de manejar el asunto de la frontera.

Me gustó su artículo porque fue informativo. Tendría definitivamente que concordar con usted en los problemas de las escuelas y prisiones porque mi investigación me llevó a las mismas conclusiones. Sin embargo, no apoyo su idea sobre el muro en la frontera porque no sería efectivo. Por favor, piense en soluciones alternativas.

Atentamente,

Miguel Correa

Anota aquí las palabras que usó Miguel para indicar **acuerdo** y **desacuerdo**:

_____

Ejemplo 2

Señor Gilchrist:

Acabo de leer su ensayo sobre la inmigración. Noté inmediatamente la falta de fuentes de información. Si uno no da citas, los lectores no pueden saber si exageró o simplemente inventó las ideas. Tres de sus ~~reclamos~~ me interesaron más. [*Si quieres decir "claims," en este caso sería mejor "alegaciones". "Reclamo" es como exigir que te reembolsen por algo.*]

Primero, usted dice que los inmigrantes no están aprendiendo la cultura "americana"; falso. Segundo, que los inmigrantes causan el cierre de hospitales; falso. Por último usted alega que los inmigrantes ilegales no pagan sus deudas al gobierno; falso.

Varios estudios nos dicen que los inmigrantes de hoy se están asimilando igual o hasta más rápidamente que antes, como se informó en *USA Today* y Maldef (citas abajo). Pero queda la pregunta, ¿qué es "la cultura americana" y cómo se define la "asimilación"? Usted no lo dice. Para todos es algo diferente. Si se trata de hablar inglés, el Censo de 2000 indicó que la mayoría de los inmigrantes (y sus hijos) saben inglés "bien" o "muy bien", en particular el 67% de los vietnamitas, el 86% de los árabes y el 71% de los hispanos. Pero en una cosa estoy de acuerdo con usted, los inmigrantes no se "asimilan" a "la" cultura estadounidense, la ayudan a crear.

Es un sentimiento terrible dar día tras día sabiendo que nunca recibirás. Esto es lo que hacen millones de inmigrantes cada semana al sistema de nacional de Seguro Social: pagan al sistema con números de seguro social falsos, pero nunca podrán recibir los beneficios. Usted declara que los inmigrantes no dan su parte al gobierno, pero en mi opinión $7 billones de dólares es muchísimo (ver estudio de Deborah White). [*Recuerda que en inglés "billion" = español "mil millones".*] Y la única razón por la que algunos no pagan impuestos es simplemente que *no pueden pagar*, aunque quisieran, porque no tienen un número de seguro social. Si la legalización del 2006 ~~viera~~ hubiera pasado, ~~viera~~ habría proporcionado $66 billones en ingresos en sólo 10 años, y se calcula que los nuevos inmigrantes podrían generar $407 billones para el sistema de Seguro Social (MALDEF, "The economics…"). Como parece que el dinero le importa mucho, considere que el *Center for American Progress* nos indica que costaría $206 billones para deportar a estas vacas lecheras (MALDEF, "The economics…"). [*Buen uso del término "cash cow", o sea algo que produce dinero seguramente y con regularidad.*]

Por último, señor Gilchrist, ¿usted cree que después de que nos regalan $7 billones, no les podemos dar ayuda médica que no sea de emergencia? Un inmigrante ilegal no puede tener seguro de salud, que a lo mejor contribuye a los cierres de tantos hospitales porque sin seguro una persona no puede pagar sus gastos médicos. Hay 12 millones de inmigrantes ilegales sin seguro. Pero fíjese que el Censo de 2000 encontró que también hay 46.6 millones de **americanos** sin seguro (*Center on Budget and Policy Priorities*). Si lo que usted busca es la asimilación, aquí la tiene; estos inmigrantes están sufriendo igual como gran parte de los americanos legales, quienes contribuyen aún más al cierre de hospitales.

Cuando esta nación empezó, sólo había unos nativos indígenas. Empezaron a venir más y más inmigrantes en busca de oportunidades, las encontraron y vivieron en libertad. Hoy sigue este fenómeno por razones similares, pero tristemente los nuevos inmigrantes han sido víctimas de conclusiones erróneas como las suyas.

Atentamente,

Jose Peña

Center on Budget and Policy Priorities. "The Number of Uninsured Americans Is At An All-Time High". Consultado el 7 de septiembre de 2009 en *http://www.cbpp.org/cms/?fa=view&id=628*.

MALDEF. "Breaking news: Immigrants are assimilating". Consultado el 8 de septiembre de 2009 en *http://www.maldef.org/truthinimmigration/breaking_news_immigrants_are_assimilating09242008/*.

MALDEF. "The economics of immigration reform". Consultado el 8 de septiembre de 2009 en *http://maldef.org/truthinimmigration/the_economics_of_immigration_reform03252009/*.

(Continued)

U.S.A. Today. *http://www.usatoday.com/news/nation/2008-05-13-assimilation_N.htm* White, Deborah. "Dirty Little Secret of Illegal Immigration: $ 7 Billion a Year Paid by Illegals to Social Security". Monday October 17, 2005. Consultado el 8 de septiembre de 2009 en *http://usliberals.about.com/b/2005/10/17/dirty-little-secret-of-illegal-immigration-7-billion-a-year-paid-by-illegals-to-social-security.htm*

[¡Ojo!: *Aquí citaste un estudio que cita a otro. Debes* **citar el estudio original** *del* **Immigration Policy Center** *en 2009, que es este:* *http://immigration.server263.com/images/File/factcheck/EconomicsofImmRe-link2-12-08.pdf.]*

Gramática y uso

La acentuación

En este capítulo, hemos visto que es importante aplicar un revisor de ortografía a los textos escritos formales. Pero sabemos que el revisor no es perfecto; a veces subraya cosas que están bien escritas, por ejemplo, los nombres como "Minutemen". Simplemente debemos ignorar estos casos.

Pero otras veces el revisor **no subraya cosas que están mal escritas**. Recuerda la diferencia entre estas dos oraciones:

(a) "Mi papa hablo con mi mama".

(b) "Mi papá habló con mi mamá".

En estos ejercicios, practicarás algunos errores muy comunes que el revisor de ortografía no capta. Veremos más contextos en los capítulos siguientes.

La tercera persona del pretérito

Un error común es con el pretérito (un tiempo en el pasado). La tercera persona singular, es decir, las formas "él", "ella" y "usted", necesitan un acento en la última "o".

verbo	él, ella, usted (ayer)	yo (todos los días)
hablar	habló	hablo
consultar	consultó	consulto
participar	participó	participo

Actividad 1

Elige la opción correcta.

1. Ella ❏ contribuyo ❏ contribuyó …a un *blog* sobre la inmigración.

2. Jorge Ramos ❏ publico ❏ publicó …ese libro en 2001.

3. Yo ❏ hablo ❏ habló …con los inmigrantes sobre sus temores.

4. El Congreso ❏ contemplo ❏ contempló …un cambio en las leyes migratorias.

5. Yo ❏ regreso ❏ regresó … a México cada verano.

6. El periodista ❏ observo ❏ observó …la violencia en la frontera.

7. La mujer ❏ miro ❏ miró …la discriminación hacia los inmigrantes.

8. El candidato ❏ cambio ❏ cambió …de opinión.

9. Yo ❏ llamo ❏ llamó …a la policía cuando veo a gente sospechosa.

10. La profesora les ❏ informo ❏ informó …a sus alumnos acerca de las contribuciones de los inmigrantes.

Actividad 2

Escribe la forma correcta del verbo. Después indica si crees que la oración es cierta o falsa.

1. Gilchrist (organizar) _____ un grupo que patrulla la frontera con México. ❏ cierto ❏ falso

2. Creo que puedo evitar muchos errores si (usar) _____ el revisor de ortografía. ❏ cierto ❏ falso

3. Ramos (citar) _____ varias fuentes en su ensayo. ❏ cierto ❏ falso

4. Mi senador/a (votar) _____ en contra de la amnistía. ❏ cierto ❏ falso

5. El año pasado el Censo (mostrar) _____ que el 71% de los hispanohablantes saben inglés. ❏ cierto ❏ falso

6. En mis ensayos, siempre (enfocarse) _____ en la tesis para que sea fuerte. ❏ cierto ❏ falso

7. Esa señora les (enseñar) _____ a sus 5 hijos a leer y escribir; es muy admirable. ❏ cierto ❏ falso

8. Si me pagan en efectivo (*cash*) por cuidar a niños (*babysit*) o quitar la nieve, se puede decir que (trabajar) _____ en la "economía informal", como lo hacen muchos inmigrantes. ❏ cierto ❏ falso

9. México (exportar) _____ y en Estados Unidos la población (comprar) _____ muchísimas drogas ilícitas en 2008. ❏ cierto ❏ falso

10. Yo (considerar) _____ la inmigración como un rompecabezas (*puzzle*) muy complejo. ❏ cierto ❏ falso

Acentuación con homónimos

Los homónimos son palabras que suenan igual, como "si" (*if*) y "sí" (*yes*). Simplemente, se tienen que memorizar las diferencias entre estas palabras.

Homónimos comunes (lista incompleta)	
dé vs. de	dé = del verbo dar, *to give*. Quiero me me **dé** instrucciones.
	de = preposición, *of/from*. Soy **de** Michoacán.
él vs. el	él = pronombre *he*. Tuvieron un problema con **él**.
	el = artículo definido *the*. Deja **el** libro sobre la mesa.
sí vs. si	sí = afirmación *yes*. Me dijo que **sí**.
	si = *if*. Llámame **si** me necesitas.
más vs. mas	más = adverbio *more*. La niña quiere **más** leche.
	mas = conjunción *but*. Quería venir **mas** no pudo.
sé vs. se	sé = verbo *I know* En realidad no **sé** qué pensar.
	se = pronombre Mi amigo **se** llama Humberto; necesita $10 y **se** los voy a dar.

Este uso es muy raro; el 99% del tiempo en tus ensayos, quieres decir "más" (= more).

El cuaderno de actividades tiene una explicación completa de la acentuación escrita en español.

Actividad 3

Agrega los acentos donde hagan falta. ¡El revisor de ortografía no te puede ayudar!

1. Hace falta **mas** vigilancia en la frontera con México.

2. Necesito que el consulado **de** Guatemala me **de** información sobre las visas.

3. Debes hablar con **el**, porque es **el** nuevo presidente del grupo.

4. No **se si** creerles a los políticos que insisten: "**Si**, habrá cambios respecto a la inmigración".

Actividad 4

Traduce al español las oraciones siguientes. Ten cuidado con los acentos. Después, indica si estás de acuerdo o no.

Inglés	Español	Mi opinión
"I don't know whether I consider immigration more of a humanitarian problem or an economic one."		❏ Estoy muy de acuerdo. ❏ Estoy un poco de acuerdo. ❏ No estoy nada de acuerdo.
"Only if people from other countries get visas, then yes, I think they should be allowed to enter."		❏ Estoy muy de acuerdo. ❏ Estoy un poco de acuerdo. ❏ No estoy nada de acuerdo.
"After reading Ramos' essays, if Gilchrist participated in a debate with him, he would probably bring concrete references to support his arguments more."		❏ Estoy muy de acuerdo. ❏ Estoy un poco de acuerdo. ❏ No estoy nada de acuerdo.

Actividad 5

Busca en YouTube el video de Jae-P titulado "Vecino" y también la letra (*lyrics*). Copia y pega la letra en un documento de Word y aplícale el revisor de ortografía en español. Después corrige los errores que veas.

> ### Conexiones con la comunidad
>
> ¿Hay algún centro o grupo en tu comunidad que asista a los inmigrantes? Busca información e intenta entrevistar a alguien que trabaje allí para aprender más.

Rapero Jae-P

Entrando a la conversación

Propuesta sobre la inmigración

Ahora vas a escribir un ensayo en el que **propongas cierta acción específica** a **algún grupo** respecto a la inmigración. Es decir, tu tesis va a ser una propuesta: "Se debe…" y tienes que definir el **público** de tu propuesta.

Aquí hay algunos ejemplos de grupos y propuestas:

Grupo (el público)	Acción que propongo (mi tesis)	Tres detalles de mi propuesta
El Congreso de Estados Unidos	…debe ofrecer una amnistía para indocumentados en Estados Unidos.	* Que tengan 10 años trabajando en Estados Unidos. * Que no tengan antecedentes penales (*criminal record*). * Que participen en una serie de clases que les informen acerca de sus derechos y responsabilidades como residentes legales.
Los Minutemen	…deben recaudar fondos para la construcción de un muro en la frontera con México.	* Hacer varias campañas para informar a las comunidades acerca de la necesidad de tener un muro. * Hacer una campaña para reclutar personas interesadas en vigilar el muro como parte de un grupo de vigilantes comunitarios. * Formar un grupo dentro de la organización de los Minutemen para documentar cómo la presencia del muro ha cambiado la situación de la inmigración ilegal.

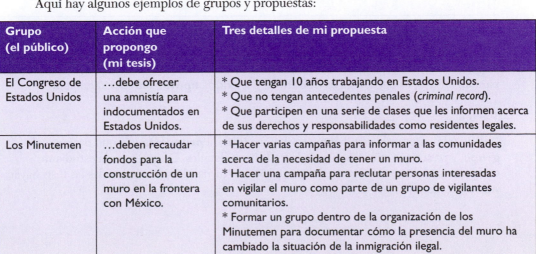

Grupo (el público)	Acción que propongo (mi tesis)	Tres detalles de mi propuesta
El alcalde/La alcaldesa de mi ciudad	...debe dar fondos para la creación de un centro de bienvenida a los inmigrantes.	* Ofrecer clases de ESL. * Aportar ayuda con vivienda, servicios públicos, etc. * El centro se mantiene con fondos de una combinación de donaciones de corporaciones privadas y el gobierno estatal.

A lo largo de este libro, se te va a pedir que escribas ensayos argumentativos. Debes tener en cuenta lo siguiente:

- **Escribir es un proceso de aprender y pensar**. Muchas veces descubrimos lo que realmente pensamos en el acto de escribir. Puede ser que comiences tu ensayo pensando de una manera, pero acabes pensando de otra. Esto es muy normal. No tengas miedo de cambiar de tesis si descubres información nueva que te hace cambiar de opinión. Por esto, muchos escritores aconsejan que tu **párrafo introductorio debe ser la <u>última</u> cosa que escribas**, una vez que tengas el resto del ensayo muy claro.

- Un buen texto **no se escribe de una vez**. Se tiene que revisar, revisar y revisar múltiples veces. En este libro recomendamos que los ensayos se redacten **tres (3) veces:** un primer borrador al que responde el instructor, un segundo borrador que se comenta con un compañero (*peer review*) y la última versión.

Paso 1

En grupos, hagan una lluvia de ideas (*brainstorming*) sobre el tema de este ensayo: una propuesta relacionada con la inmigración. ¿Qué ideas están relacionadas con este tema? Tomen unos 3 minutos para generar ideas; todos deben escribir lo que sugiere el grupo.

Paso 2

Ahora, el grupo toma dos de las ideas que les interesaron del Paso 1 arriba. Intenten convertirlas en tesis, en este caso, en propuestas que empiezan "Se debe...".

Tesis 1: Se debe ...

_____

Tesis 2: Se debe ...

_____

Paso 3

El grupo presenta las dos tesis a toda la clase. La clase discute cuál sería mejor como tesis para un ensayo, es decir, cuál es **debatible** y se podría **apoyar** más decididamente.

Paso 4

Individualmente, cada estudiante escribe una tesis, la **propuesta** y la que propone el **grupo**, y pasa unos minutos pensando en los tres detalles. Después, cada estudiante comparte sus ideas con el resto del grupo. Se van turnando hasta que todas las tesis hayan sido comentadas.

En este ensayo, voy a proponer _____ (**acción**) a _____
_____ (**grupo**). Los tres detalles de mi propuesta son:

1. _____

2. _____

3. _____

La información que voy a citar incluye:

❏ Experiencias personales o de mi familia

❏ Datos de _____ (páginas web, libros, etc.)

❏ Entrevistas con _____ (personas relevantes)

❏ Otro: _____

Es posible que tu instructor te pida que le entregues esta información del Paso 4 antes de que empieces a escribir tu ensayo.

Paso 5

Estudia bien la **rúbrica** que va a usar tu instructor para calificar tu ensayo (puede ser la que se encuentra al final de este capítulo u otra diferente). Después, escribe un primer borrador de tu ensayo. No pienses demasiado en la gramática ni en el vocabulario, sólo en **las ideas y la organización.** RECUERDA: Es posible que durante la investigación y redacción de tu ensayo, cambies de opinión. No tengas miedo de cambiar y ajustar tu texto.

Pon atención a la manera en que incluyes **citas** en tu argumento.

Paso 6

Cuando hayas acabado:

• Usa el revisor de ortografía en español.

• Lee **en voz alta** tu ensayo; si otra persona te puede escuchar, mejor.

• Revisa todos los verbos que acaban en "o" para ver si necesitan acento: por ejemplo, "ella habló" o "él revisó".

Ahora, entrega la Versión 1 de tu ensayo a tu instructor.

Paso 7

Revisa tu ensayo según los comentarios del instructor. Esta será tu Versión 2, y la vas a intercambiar con un compañero. Lee el ensayo de tu compañero y llena la "Hoja de revisión del compañero" al final del capítulo.

Paso 8

Después de incorporar los comentarios de tu compañero, haz una revisión final a tu ensayo, la Versión 3, y entrégasela a tu instructor. Es buena idea volver a consultar la **rúbrica** que va a usar tu instructor para calificar tu ensayo.

> ¡Ojo! Es posible que recibas una nota por la calidad de los comentarios que le ofreces a tu compañero. Pregúntale a tu instructor.

> Para lo que en inglés es "*paper*", hemos estado usando estas palabras:
>
> ensayo   composición
> trabajo escrito   texto
>
> Decir "papel" para *academic paper* no es aceptado en todos los contextos, sobre todo en contextos formales.

Rúbrica de evaluación: Propuesta sobre la inmigración

Nombre: _____ ❑ **Versión preliminar**   ❑ **Versión final**

Recuerda que __no__ se asignará una nota a ninguna composición que no haya pasado por un __revisor de ortografía__.

Categoría	Puntos	Criterios	Comentarios
Contenido	___ /50	• Se hace una presentación concisa pero convincente del problema. • Hay una propuesta clara, con objetivos bien definidos. • Se desarrollan los elementos, estrategias y actividades del proyecto. • El autor es convincente al presentar una propuesta viable y significativa. • El público está claro; es lógico.	
Organización	___ /20	• La organización es clara y lógica. • Hay transiciones claras de una idea a otra. • El lector sigue la lectura sin problemas, sin perderse.	
Gramática y uso	___ /20	• Buen uso de los puntos estudiados en el capítulo.	
Vocabulario y expresiones	___ /10	• Hay variedad de vocabulario; no se repiten las mismas palabras. • Las palabras están utilizadas correctamente.	

Revisión del compañero: Propuesta sobre la inmigración

Nombre del revisor: _____   **Nombre del autor:** _____

Primero, lee la composición de tu compañero. Después, contesta estas preguntas, volviendo al texto cuando haga falta. Puedes escribir tus respuestas en los dos lados de esta hoja y también agregar hojas si hacen falta.

1. En este ensayo, el autor propone _____ (**acción**) a
_____ (**grupo**). ¿Tienes alguna recomendación sobre la acción propuesta o el público?

2. La información que cita incluye:

   ❏ Experiencias personales o de su familia
   ❏ Datos de _____ (páginas web, libros, etc.)
   ❏ Entrevistas con _____ (personas relevantes)
   ❏ Otro: _____

3. Los tres detalles de su propuesta son:

Detalle	¿Está bien la información que cita? ¿Tienes recomendaciones?
Nº 1	
Nº 2	
Nº 3	

4. Analiza la forma de **citar** que usó el autor/la autora. ¿Tienes recomendaciones?

Capítulo 2

¿Qué importa el nombre?

8. **Is Person 1 of Hispanic, Latino, or Spanish origin?**

☐ **No,** not of Hispanic, Latino, or Spanish origin

☐ Yes, Mexican, Mexican Am., Chicano

☐ Yes, Puerto Rican

☐ Yes, Cuban

☐ Yes, another Hispanic, Latino, or Spanish origin — *Print origin, for example, Argentinean, Colombian, Dominican, Nicaraguan, Salvadoran, Spaniard, and so on.* ↙

TEMAS

La asimilación vs. la aculturación. Los términos que usan algunos inmigrantes a Estados Unidos y sus descendientes para identificarse.

ENFOQUES DE REDACCIÓN

El "se dice" de un ensayo argumentativo. La generación de resúmenes.

GRAMÁTICA Y USO

"ha" y "a". Más palabras con acentos escritos.

ANTES DE LEER 1

A. La mayoría de la gente en el mundo hispanohablante usa dos apellidos; es menos común en Estados Unidos. ¿Sabes cuáles serían tus apellidos si usaras los dos?

B. Si vivían (o todavía viven) algunos miembros de tu familia en Latinoamérica, ¿sabes cómo se llaman los pueblos o lugares específicos? ¿Has visitado esos lugares alguna vez? Búscalos en un programa gratuito como *Google Earth* o *Google Maps*.

C. ¿Conoces a alguien que usa dos nombres diferentes, el que le dicen en español y el que le dicen en inglés, como "Jesús" y "Jessie", por ejemplo? ¿Es común que uno cambie de nombre o prefiera que le llamen por otro nombre, distinto al que le dieron sus papás? ¿Por qué?

Ramón "Chunky" Sánchez

D. Un estudio con estudiantes bilingües nacidos en Chicago (Parada 2010) encontró que los que tenían nombres "fuertemente étnicos" (como *Lupe* o *Jesús*), por lo general, tenían un español más fuerte que los que tenían nombres "muy anglos" (como *Tiffany* o *Craig*). ¿Qué sugieren estos resultados?

Para escuchar una corta y divertida historia acerca de un niño a quien, a diferencia de sus compañeritos, <u>no</u> le cambiaron el nombre en la escuela, ve a *www.storycorps.org*. Bajo "*Listen to stories*", busca a "Ramón Sánchez".

E. Vocabulario. Empareja las siguientes palabras con la definición correspondiente.

Recuerda que *www.wordreference.com* es un excelente recurso para buscar palabras que no conozcas.

___ 1. "… su permiso de trabajo con las compañías **ferroviarias**".

___ 2. "… ya **se palpaba** para entonces una actitud antimexicana…"

___ 3. "… el trabajo no era bien **remunerado** (setenta y cinco centavos por hora)…"

___ 4. "El hablar un mejor inglés le ayudaría a pasar más **desapercibido** ante los ojos estadounidenses".

___ 5. "Le tocó abrir rutas, perderse, **naufragar** y en Chicago encontró su tierra firme".

___ 6. "… era alto, **fornido**, moreno claro […] le permitiría confundirse con un griego o un italiano".

___ 7. y ___ 8. Así como su **nombre de pila**, el hablar castellano también lo **delataba**

___ 9. "el pasado **vinculado** con el mundo del español seguía siendo secreto".

___ 10. "regresó de México a los pocos días completamente **desencontrado** y con la determinación de no volver".

___ 11. "Hubo condiciones sociales e históricas que lo fueron **orillando** a tomar ese camino".

___ 12. "En 2004 y a sus 55 años, su hijo Jeff Vega terminó su **licenciatura** en Historia".

a. pagado	g. sin verse, invisible
b. grado de licenciado (B.A.)	h. revelar, denunciar
c. primer nombre	i. moviendo, empujando
d. sentir, notar claramente	j. conectado
e. relacionado con los trenes	k. sin poderse encontrar
f. robusto, fuerte	l. perderse

LECTURA 1

Encuentros y desencuentros: de Guillermo a William
por Raúl Dorantes y Febronio Zatarain

Raúl Dorantes emigró a Estados Unidos en 1988 y Febronio Zatarain en 1989. Los dos publican en varios lugares, entre ellos *Fe de erratas, Contratiempo, Hoy* y *La Raza*. Este cuento viene del libro que escribieron juntos *…Y nos vinimos de mojados: Cultura mexicana en Chicago* (2007), Universidad Autónoma de la Ciudad de México. Es una historia verdadera.

(1) Un domingo de junio de 1947 llegó a la central de autobuses de la Greyhound en Chicago William "Bill" Vega, quien en aquel entonces aún se autonombraba Guillermo Benigno Vega Hernández. Bill llegó a Chicago en un momento en que las redadas del Servicio de Inmigración y Naturalización comenzaban a intensificarse, pues los soldados seguían regresando de la Segunda Guerra Mundial e iban a hacer falta plazas de trabajo. Las redadas se efectuaban contra los trabajadores indocumentados, como Bill, y contra "los braceros" que se habían quedado en la ciudad luego de que expirara su permiso de trabajo con las compañías ferroviarias. En la sociedad estadounidense ya se palpaba para entonces una actitud antimexicana, la cual llegaría a su clímax en 1953 con la puesta en marcha de la *Wetback Operation*. Bill Vega, por fortuna, nunca fue arrestado en Chicago.

(2) Guillermo Vega abandonó su natal San Antonio de la Tijera, Guanajuato, en 1945, después de haber tenido una infancia marcada por la yunta (*trabajo duro*), la Guerra Cristera y las carencias, y luego de haber pasado tres años de su adolescencia en el Ejército Mexicano. Nos cuenta que en enero de ese año cruzó el río Bravo para trabajar en la zona conocida como El Valle, Texas. "Yo era de los que más ganaba; entre diez y doce dólares al día. Porque era fuerte y rápido para la pisca". Nos cuenta que para no ser denunciado "tanto por los güeros como por los tejanos" se decía oriundo de El Valle o de Weslaco dependiendo de quien se lo preguntara. Aprendió a decir "huerco" en vez de "niño", "colote" en vez de "canasta" o "troque" en vez de "troca".

(3) Y porque era difícil pasarse por tejano entre los estadounidenses de origen hispano, en abril de 1946, Guillermo se fue a laborar a la altura de Green Spring, Ohio. Ahí, en el campamento ferroviario, conoció a braceros y también se topó con obreros tejanos. Pero como el trabajo no era bien remunerado (setenta y cinco centavos por hora) y como de nuevo se le hizo difícil hacerse pasar por tejano, prefirió hacer realidad el sueño de estar en "la ciudad más llamativa del mundo": Nueva York. Recuerda que

en el camino a Nueva York paró en Cleveland con el fin de cobrar su cheque y a la vez solicitar su número de seguro social, ya que en aquellos años no se requería ser ciudadano o residente legal para solicitarlo.

(4) Ya en Manhattan, en la calle Catorce y la Quinta Avenida, consiguió trabajo como *busboy* en el Vitamin Restaurant donde se servía comida judía. Allá también pisó por primera vez un aula para estudiar inglés. Viene al caso mencionar que Guillermo había emigrado por las mismas razones que lo ha hecho la gran mayoría de los inmigrantes: la pobreza; pero él tenía una inquietud intelectual despertada por los maestros rurales de su infancia y más tarde alimentada por "las historias sagradas" que le dieron a leer los catequistas. Esta inquietud por el saber —que lo ha llevado hasta la actualidad a estudiar otros idiomas— tal vez contribuyó a que Guillermo tomara un camino distinto que la mayoría de los inmigrantes mexicanos.

La esquina noreste de la calle 14 con la Quinta Avenida

(5) Nos dice que a principios de diciembre de 1946, al Vitamin Restaurant llegó un agente del Servicio de Inmigración. Guillermo le dijo que era tejano, y le funcionó. Pero a los pocos días vino otro agente y éste no le creyó, pues rápido el agente le replicó que era mexicano. Guillermo aceptó salir voluntariamente del país; le dieron de plazo sesenta días para entregar en la frontera su comprobante de salida. "Aproveché el viaje para darle una vuelta a mi familia".

(6) No obstante, el carácter de inmigrante ya se había arraigado en Guillermo y dos meses más tarde volvió a abandonar San Antonio de la Tijera. Se vino a la frontera y cruzó de nuevo el Bravo. Esta vez tuvo menos suerte, pues pronto fue arrestado y en un centro de detención de Corpus Christi. Los otros detenidos lo desnudaron y lo metieron al agua fría, "me bautizaron"; luego los oficiales de Inmigración lo trasladaron a la frontera para dejarlo en Nuevo Laredo. Pero a los pocos días puso sus ropas sobre un brazo de árbol y empujándolo atravesó el río ya con el objetivo firme de venirse hasta Chicago.

(7) Guillermo fue uno de los tantos inmigrantes que llegaron a establecerse en el barrio italiano y mexicano de Taylor Street, donde hoy se encuentra la Universidad de Illinois. Su primer trabajo lo encontró en el *shipping room* de la compañía Goss Printing Press. Le pagaban a noventa y cinco centavos la hora y llegó a trabajar hasta diez horas al día. El hablar un mejor inglés le ayudaría a pasar más desapercibido ante los ojos estadounidenses. Por eso, los martes y los jueves dejaba la fábrica a las cuatro de la tarde y se iba a estudiar a la Crane High School, escuela en la que la gran mayoría de los estudiantes era de origen europeo; se trataba de los llamados *"displaced persons of the war"*.

Antes de seguir con la lectura, haz una pausa para indicar el año y el lugar en que ocurrieron los eventos siguientes para Guillermo/Bill.

Evento	Mes/Año	Lugar
Ganaba $10–12 al día y aprendió palabras nuevas en español.		
Trabajó en los ferrocarriles.		
Lo agarró el INS y comenzaron la deportación.		
Lo metieron en agua fría.		

(8) Para 1948, en Chicago, continuaban incrementándose las redadas del Servicio de Inmigración no solamente en los centros de trabajo, sino en los bailes populares y hasta en las calles mismas del barrio de la Taylor. "A mí me pararon en la calle —nos dice Guillermo—. De nuevo dije que era tejano y me creyeron. Eso sí, a los pocos días me mudé al norte, a Uptown, y rápido me fui a sacar un nuevo número de seguro social". En la tarjeta del seguro ya no decía "Guillermo Vega" sino "William Vega".

(9) ¿Por qué ese cambio de nombre?

(10) Generalmente, el primer miembro de una familia mexicana que decide emigrar a Estados Unidos, se preocupa de inmediato por establecerse, luego por enviar dinero y finalmente, cuando el regreso se va alargando, se empeña en preparar el terreno para cuando llegue el primo, el hermano o el paisano que seguirá su ruta. Guillermo fue el primero que dejó su familia y acaso de los pocos que originalmente abandonaron San Antonio de la Tijera para probar suerte en el norte. Le tocó abrir rutas, perderse, naufragar, y en Chicago encontró su tierra firme. Para sobrevivir, casi siempre le funcionó engañar al *otro* haciéndose pasar por tejano. Es decir, escondía su mexicanidad para poder encontrar trabajo. En Chicago, debido primordialmente a las redadas, ya le fue necesario cambiar de nombre y aprovechar incluso las ventajas que le daba su aspecto físico. Guillermo era alto, fornido, moreno claro: una apariencia que bien le permitiría confundirse con un griego o un italiano. Pero una vez en Chicago, se vio obligado a esconder definitivamente su mexicanidad, dejando en primer lugar su barrio y luego americanizando su propio nombre.

(11) Así como su nombre de pila, el hablar castellano también lo delataba. No tardó en hacer del inglés su lengua pública y del español, más que un idioma íntimo, su lengua secreta. Por eso, ya como Bill Vega, y residiendo en el norte de la ciudad, el casarse con una ciudadana estadounidense se convirtió en su próxima meta. Bill tomó clases de *fox-trot*, vals, rumba y tango. Y mientras de día fue de un trabajo a otro (incluyendo una llantera y finalmente la Ludlow

Aragon Ballroom, Chicago.

Typograph donde laboró 17 años), algunas noches, sobre todo de fin de semana, asistía al Aragon Ballroom en el norte o al Trianon Ballroom en el sur. En enero de 1950, entre los compases del "Missouri Waltz", en el Aragon Ballroom, conoció a Agnes Holmes, huérfana, de origen austriaco e inglés y trabajadora de una empresa distribuidora de publicaciones, y quien en junio se convertiría en su esposa.

(12) En 1951, nació su hija Barbara y dos años después su hijo Jeff. Podemos decir que Bill, viviendo ya en el área de Lincoln Park, buscó la asimilación porque asimilarse implicaba ser menos discriminado. "Recuerdo que cuando me dirigía en español a alguien que parecía hispano, me respondían: *I don't speak that lingo*". Sus hijos no aprendieron español ni conocieron a ningún familiar del lado paterno. No supieron el nombre de los abuelos o el lugar de origen de su padre. La patria paterna la representaban las publicaciones que Bill leía *(Siempre* y *El Universal)* o cuando el 15 de septiembre en emisión especial por radio se trasmitía el Grito de Independencia desde México. Pero de parte de sus hijos, Bill nunca oyó que lo llamaran "papá" sino "dad".

(13) El 20 de julio de 1967 —después de veinte años y apenas obtenida su ciudadanía estadounidense— Bill regresó a México. El viaje lo hizo solo. Bill en ese viaje acaso quería reencontrarse con Guillermo, pero no quería que el mundo de Bill (sus hijos y su esposa) conociera el pueblo en el que creció Guillermo. Es decir, el pasado vinculado con el mundo del español seguía siendo secreto para su mundo presente vinculado con el inglés. Quizás por eso regresó de México a los pocos días completamente desencontrado y con la determinación de no volver.

(14) La ruptura de Bill no fue buscada. Hubo condiciones sociales e históricas que lo fueron orillando a tomar ese camino. Estaba muy lejos del que conscientemente busca distanciarse de su patria para convertirse en ciudadano de cualquier lado. Porque un ciudadano de cualquier lado antes que nada hace una revisión crítica de su historia personal, y la aceptación de esa historia lo lleva a darse cuenta de lo fortuito que son las nacionalidades. En ese instante alguien comprende que da lo mismo ser japonés que ruso o nigeriano. Un ciudadano así nunca esconde su pasado por más venturado o desventurado que haya sido. Esto nos lleva a afirmar que uno de los grandes problemas de Estados Unidos es que ha presionado a muchos inmigrantes no europeos como Bill a esconder —no a trascender— su pasado.

(15) En 2004 y a sus 55 años, su hijo Jeff Vega terminó su licenciatura en Historia. En la actualidad, vive en un estudio ubicado en el norte de la ciudad. Su padre, Bill Vega, en 1976 compró una casa en el suburbio de Norridge donde todavía radica. El conocimiento que tienen ambos de México es amplio gracias a sus continuas

lecturas: Bill se enfoca en el México precolombino; su hijo, en el México que va de la Revolución a nuestros días. Bill, a sus 78 años, piensa vivir y descansar aquí; por su parte, Jeff aún habla de la posibilidad de irse a vivir no a cualquier parte de México sino a San Antonio de la Tijera.

DESPUÉS DE LEER 1

A. Indica el año y el lugar en que ocurrieron los eventos siguientes para Guillermo/Bill.

Evento	Mes/Año	Lugar
Ganaba $.95 la hora.		
Cambió de nombre.		
Empezó a usar el inglés en público.		
Se casó.		
Volvió a Guanajuato como Bill.		

B. Según los autores, ¿por qué "escondió su mexicanidad" y "buscó la asimilación" Bill Vega? ¿Conoces casos parecidos al de Bill Vega? Descríbelos. O, si conoces un caso distinto, descríbelo un poco.

_____

_____

_____

C. ¿Qué quieren decir los términos "asimilación" y "aculturación"? Búscalos en un diccionario. ¿Cómo se diferencian? ¿Cuál crees que se aplica a Bill Vega?

_____

_____

_____

Para leer más sobre la asimilación vs. la aculturación, hay una serie de blogs y otros posts en www.hispanictips.com. Haz una búsqueda interna: "assimilation vs. acculturation".

D. Este ensayo, a diferencia de los ensayos argumentativos que presentan y defienden una tesis, es principalmente una **narrativa**. Es decir, describe y narra los eventos en la vida de una persona en particular. Sin embargo, también contiene una tesis. ¿Cuál es la tesis, y dónde se encuentra?

_____

_____

E. ¿Qué nos sugiere la última oración del ensayo?

_____

_____

F. Habla con los miembros de tu familia para crear unas tres a cuatro generaciones de tu árbol genealógico en *www.myheritage.es*. Es seguro, gratuito y muy fácil de usar. Después comparte con tu profesor y/o con los miembros de la clase dos cosas nuevas que aprendiste sobre tu familia.

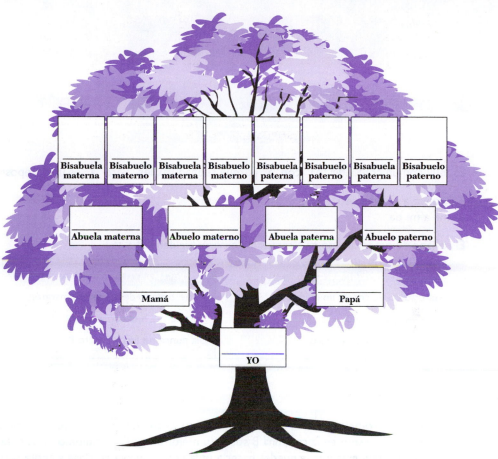

H *Gramática y uso*

"ha" vs. "a"

Copia aquí las tres frases que ves resaltadas en el texto sobre Bill Vega.

Párrafo 4 _____

Párrafo 14 _____

Párrafo 4 _____

Nota que esta palabra "ha" se escribe con "h". Viene del verbo **haber** y en este contexto se puede traducir como el inglés *has/have*:

sujeto	*haber*	participio	objeto
Yo	he	tratado	de entender el debate sobre los términos.
Tú	has	escrito	muchos ensayos argumentativos.
Él/ella/usted	ha	indicado	su profundo desacuerdo con mi tesis.
Nosotros	hemos	vivido	un incremento en la xenofobia.
Ustedes/ellos	han	querido	volver a Guanajuato.

POR CIERTO
....
Muchos participios como estos son
irregulares:
escrito   roto
hecho   visto
muerto   abierto
vuelto   dicho

Es muy común confundir "ha" con "a" porque suenan iguales. Pero "a" es una preposición:

Bill volvió a Guanajuato.
Llamé a mi tía.

El revisor de ortografía no va a captar los errores siguientes:

Error que el revisor no capta	Correcto
Yo **ha** tratado de correr un maratón.	Yo **he** tratado de correr un maratón.
¿Alguna vez **as** comido cecina?	¿Alguna vez **has** comido cecina?
Ella nunca **a** ido a Puerto Rico.	Ella nunca **ha** ido a Puerto Rico.

Actividad 1

Primero, escribe oraciones en la columna A sobre tu vida e indica si son ciertas o falsas. Después, haz lo mismo en la columna B sobre tu mejor amigo/a. Por último, en la columna C, escribe las preguntas que le puedes hacer a un/a compañero/a en clase y anota si son ciertas o falsas.

	A Yo	B Mi mejor amigo/a Nombre:	C Mi compañero/a de clase Nombre:
Viajar a Latinoamérica	*He viajado a Latinoamérica.* ❑ cierto ☒ falso	*Ha viajado a Latinoamérica.* ☒ cierto ❑ falso	*¿Has viajado a Latinoamérica?* ❑ cierto ❑ falso
Comer pupusas	❑ cierto ❑ falso	❑ cierto ❑ falso	❑ cierto ❑ falso
Abrir una cuenta bancaria	❑ cierto ❑ falso	❑ cierto ❑ falso	❑ cierto ❑ falso
Escribir una carta a los papás	❑ cierto ❑ falso	❑ cierto ❑ falso	❑ cierto ❑ falso
Romperse un hueso	❑ cierto ❑ falso	❑ cierto ❑ falso	❑ cierto ❑ falso
Ver una película de horror	❑ cierto ❑ falso	❑ cierto ❑ falso	❑ cierto ❑ falso
Ganar una beca	❑ cierto ❑ falso	❑ cierto ❑ falso	❑ cierto ❑ falso

	A	B	C
Pensar en estudiar en el extranjero	❏ cierto ❏ falso	❏ cierto ❏ falso	❏ cierto ❏ falso
Trabajar en la pisca	❏ cierto ❏ falso	❏ cierto ❏ falso	❏ cierto ❏ falso
Hacer todas las tareas este semestre	❏ cierto ❏ falso	❏ cierto ❏ falso	❏ cierto ❏ falso
Llegar tarde a clase de español	❏ cierto ❏ falso	❏ cierto ❏ falso	❏ cierto ❏ falso

---

En breve: Potenciales costos de la asimilación

Las presiones por asimilarse llevan al abuso de drogas

Fuente: *Alcoholism & Drug Abuse Weekly,* 27 de agosto 2007

(1) Un estudio reciente ha descubierto que los inmigrantes hispanos no vienen ya adictos, sino que desarrollan su adicción debido a un <u>aislamiento</u> cultural. El estudio, publicado este mes y llevado a cabo por un sociólogo de la Universidad del Estado de Oregón, encontró que en el estado de Washington, el estrés por estar lejos de sus familias y de otros hispanos les <u>condujo</u> al consumo de drogas. El Pacific Northwest tiene una demográfica rural de hispanos, y descubrió que el consumo de drogas es mucho más bajo entre los hispanos que se encuentran en su propia cultura en vez de estar forzados a asimilar otra.

(2) Según este informe, los hispanos asimilados tendrían 13 veces más probabilidades de presentar consumo ilegal de drogas y más del <u>cuádruple</u> de probabilidades de presentar consumo de drogas que los hispanos no asimilados. Los hispanos asimilados en el estado de Washington tenían el mismo nivel de consumo <u>ilícito</u> de drogas y abuso de alcohol que los blancos, pero mucho más alto que los hispanos que no habían sido asimilados. El estudio investigó la condición económica y educativa de los sujetos y será publicado en el *Journal of Drug Issues*.

Preguntas

1. Este estudio se llevó a cabo en un contexto rural. ¿Crees que los resultados podrían ser diferentes en las ciudades grandes?

2. ¿Qué quieren decir las palabras subrayadas?

   _____ aislamiento   a. Impulsar, conllevar

   _____ condujo   b. No permitido legal ni moralmente

   _____ cuádruple   c. Falta de comunicación; soledad

   _____ ilícito   d. Que equivale a cuatro veces una cantidad

3. Si buscas unos 15 minutos en Internet, ¿puedes encontrar un texto que indique lo **contrario** que este artículo, que es mejor que los grupos minoritarios se asimilen?

Enfoque de redacción

"Se dice…" (*They say*)

Imagina que llegas a una fiesta. Te acercas a un amigo que está con un grupo de personas que llevan un rato hablando. Escuchas a una de las personas decir lo siguiente: "La película X no se merece todos los elogios (*praise*) que le dan".

Tú viste la película X hace una semana y quieres participar en esta conversación. ¿Qué haces?

___ 1. Le digo a esa persona que se calle y que me deje hablar.

___ 2. Saludo cortésmente a todos e inmediatamente ofrezco mi opinión sobre la película.

___ 3. Me quedo callado/a porque me da miedo que la gente critique mis opiniones.

___ 4. Paso unos minutos escuchando, poniéndome al tanto de la conversación. Cuando decido ofrecer mi opinión, trato de <u>conectarla</u> con lo que se ha dicho hasta ese momento.

La opción 4 es lo que hacemos la mayoría; seguir los principios generales de la participación cortés e involucrada. Quizás esta participación esté representada en una de las siguientes oraciones:

a. "Estoy de acuerdo con Miguel en que los elogios a la película son un poco exagerados, pero los efectos especiales eran asombrosos".

b. "Sofía, aunque crees que las actuaciones no fueron estelares, para mí fue el elenco (*cast*) más talentoso que he visto en años y realmente supieron colaborar para sacar lo mejor de cada uno".

c. "David, estoy totalmente de acuerdo contigo en que hubiera preferido ver esa película en DVD".

No irías a una fiesta para dar puros monólogos sobre tus opiniones, ignorando a las otras personas; los demás probablemente se alejarían de ti. Entonces, la idea es que haya varias "voces" que participen en una conversación, ofreciendo sus opiniones y criticando las opiniones de los demás. **Un buen conversador no pierde de vista lo que dicen los demás, a la vez que presenta lo que él/ella mismo/a piensa**. Incluso es posible que empieces una conversación superconvencido de cierto punto, pero al escuchar a los demás, cambies un poco tu perspectiva. Esto es normal y es señal de un intelecto fuerte y curioso.

Escribir un texto argumentativo también es una forma de entrar en una conversación (aunque en este caso, es una conversación escrita). Los profesores Gerald Graff y Cathy Birkenstein resumen muy bien esta idea:

"La redacción académica efectiva, y todo discurso público, reside no sólo en proclamar nuestras ideas, sino en **escuchar con atención a los que nos rodean**, **resumir** sus ideas en una manera que ellos mismos reconocerían y **responder** con nuestras propias ideas. [...] Con demasiada frecuencia, se enseña la redacción académica como un proceso de decir cosas ciertas o inteligentes en un vacío (*in a vacuum*), como si fuera posible argumentar efectivamente sin estar en una conversación con otra persona".

"En el mundo real, no argumentamos sin que nos provoquen. **Formamos y defendemos argumentos porque alguien dijo o hizo algo y necesitamos responder**. Tienes que encontrar una manera de entrar en una conversación con las opiniones de otras personas. **Si tu argumento no identifica el "se dice" al que respondes, no va a tener sentido**".

They say, I say: The Moves That Matter in Academic Writing (Graff, Birkenstein & Durst, 2009)

En el capítulo 1, vimos cómo formular una tesis. Recuerda las características de una buena tesis:

- Es debatible.

- Se puede apoyar con hechos, observaciones y ejemplos.

- Es específica; va más allá de una simple descripción.

Recuerda que la tesis es tu opinión. Pero **antes** de ofrecer tu opinión, debes exponer la opinión de **otras personas** en tus ensayos, es decir, el "se dice". Recomendamos que empieces tus ensayos con el "se dice", o sea con una descripción del debate al que entras. Entonces, tomando la frase de Graff & Birkenstein, un buen ensayo argumentativo tiene la siguiente estructura básica:

"Se dice _____, pero yo digo _____".

A continuación presentamos algunos modelos o patrones (*patterns*) que puedes usar en tus ensayos académicos argumentativos. Lejos de sofocar tu creatividad, estos modelos te pueden ayudar a estructurar cualquier idea que tengas. Aun las formas más creativas dependen de patrones y estructuras establecidos. Luego podrás experimentar con otros modelos.

Modelos para introducir lo que dicen generalmente los demás

"Se suele decir que _____".

"Mucha gente **cree** que _____".

"Los que están a favor de las leyes *English Only* **sostienen** que _____".

"Toda mi vida había **escuchado** que _____".

"Los monolingües en inglés probablemente **asumen** que _____".

"Cuando yo era niño, **pensaba** que _____".

"Mis maestros siempre me han dado la **impresión** que _____".

"**Según** [las feministas; los psicólogos; los anglo-americanos; etc.], _____".

Modelo para citar dos opiniones diferentes...

"Por un lado, _____ (*persona o grupo*) _____ **alega** que _____ . Por otro lado, _____ (*persona o grupo*) _____ **insiste** que _____".

Modelos para citar a una entidad concreta

"En su…	El grupo / la persona X….
libro	señala que _____
ensayo	informa que _____
artículo	sugiere que _____
reseña (review)	observa que _____
programa [de televisión,	se queja de que _____
radio, etc.]	enfatiza que _____
Etc.	propone que _____
	insiste que _____
	cuestiona si _____
	nos presenta _____

POR CIERTO

Observa todas las palabras diferentes; no debemos limitarnos al verbo "decir" solamente.

Después de dejar claro lo que "se dice", tenemos que hacer una **transición** a lo que decimos nosotros. Aquí hay algunos modelos:

Modelos para hacer una transición del "se dice" al "yo digo"

Pero creo que _____ (la persona X) _____ se equivoca porque…

Sin embargo/No obstante, discrepo de _____ (ese grupo)_____ porque las investigaciones indican que…

Aunque me parece lógico que _____, no acepto la idea que _____.

Mientras que _____(persona)_____ acierta al afirmar que _____, no tiene razón cuando insiste en que _____.

POR CIERTO

Antes se enfatizaba que nunca debíamos empezar una oración con una conjunción (como "pero" o "y"). Pero ahora se considera aceptable; si lo usamos con moderación, puede ser muy efectivo.

Actividad 1

A continuación hay un "se dice" y un "yo digo". Conecta las dos partes usando las siguientes palabras de transición sólo una vez.

aunque	pero	sin embargo	no obstante

1. "Se dice": El director de la escuela de mis hijos insiste en que es mejor que los alumnos se expresen a través de la ropa.

    "Yo digo" (la tesis): Prefiero que lleven uniforme porque reduce la inseguridad personal y colectiva.

    _____

    _____

    _____

2. "Se dice": Algunos lectores piensan que ese poema trata el tema de la soledad.

"Yo digo" (la tesis): En realidad, explora las conexiones entre el gobierno y el individuo, concluyendo que el gobierno fomenta la separación entre las personas.

_____

_____

_____

3. "Se dice": Los críticos de los sitios de redes sociales (*social networks*) sostienen que, lejos de conectarnos, nos separan aún más de nuestros vecinos.

"Yo digo" (la tesis): Por relativamente superficiales que sean algunas de las conexiones, Facebook me **ha** permitido mantener contacto con 202 "amigos", ver fotos de sus hijos y generalmente estar al tanto de sus vidas, cosa que jamás hubiera podido hacer sin este medio (*medium*).

_____

_____

_____

4. "Se dice": Un 70% de los que completan estudios secundarios en Estados Unidos asisten a la universidad.

"Yo digo" (la tesis): La estructura de la educación superior es cada vez más jerárquica (*hierarchical*) debido a que las colegiaturas (*tuitions*) siguen subiendo y fuerzan a los alumnos de bajos ingresos a asistir a *community colleges*.

_____

_____

_____

Actividad 2

A continuación hay una serie de tesis. **Intenta crear un "se dice" creíble** para cada una, usando los modelos presentados arriba si quieres. También incluye una **transición** que conecte el "se dice" con el "yo digo".

Ejemplo:
Tesis ("yo digo"): "La educación bilingüe retrasa el aprendizaje del inglés".

Combinación "se dice" + "yo digo":

> *Los que apoyan la educación bilingüe señalan que esos programas ayudan a los niños a aprender mejor sus materias. Sin embargo, en mi experiencia, la educación bilingüe retrasa el aprendizaje del inglés.*

1. Tesis: "La película *Bajo la misma luna*, a pesar de presentar algunos detalles de la dura realidad de muchos inmigrantes indocumentados, en general no es muy creíble".

Combinación "se dice" + "yo digo":

_____

_____

_____

2. Tesis: "El fútbol (*soccer*) nunca llegará a ser muy popular en Estados Unidos".

   Combinación "se dice" + "yo digo":

   _____

   _____

   _____

3. Tesis: "Uno de los grandes problemas de Estados Unidos es que ha presionado a muchos inmigrantes no europeos como Bill a esconder —no a trascender— su pasado".
   Combinación "se dice" + "yo digo":

   _____

   _____

   _____

4. Tesis: "Los inmigrantes hispanos en Oregón desarrollan su adicción debido a un aislamiento cultural".

   Combinación "se dice" + "yo digo":

   _____

   _____

   _____

5. Tesis: "El salario mínimo federal se debe subir a $9.25 la hora".

   Combinación "se dice" + "yo digo":

   _____

   _____

   _____

Entrando a la conversación

Una carta a "papá"

Escríbele una carta de una a dos páginas en español al señor Guillermo "Bill" Vega, **como si fueras su hijo, Jeff Vega**. Ofrécele a "tu papá" tus reacciones a su historia. No olvides aplicarle una *revisión de ortografía* a tu carta y revisar también los verbos que acaban en "o" para ver si necesitan acento (ver capítulo 1).

Abajo tienes algunas preguntas que debes considerer antes de comenzar:

A. La *tesis* que va a organizar mi carta es:

❏ Estuvo bien lo que hizo mi papá y comprendo sus motivos.

❏ Más que nada tengo críticas sobre lo que hizo mi papá.

❏ Por un lado, _____. Pero por otro lado, me parece que _____ .

❏ Otra tesis: _____

B. Un "*se dice*" relevante para esta carta sería:

❏ "Algunos piensan que es mejor asimilarse".

❏ "Un estudio en Oregón mostró que las presiones por asimilarse se correlacionan con el abuso de drogas".

❏ "Entiendo que debió haber sido difícil ser deportado".

❏ Otro: _____

_____

C. Voy a escribir la carta a "mi papá" en la forma de: ❏ usted   ❏ tú

(Debes ser consistente a lo largo de la carta.)

POR CIERTO

Es muy común en varios dialectos del español decir "tú fuiste**s**", "tú viviste**s**", etc. Sin embargo, en el español formal, el pretérito de la forma "tú" se escribe sin "s" al final. El revisor de ortografía debe cambiar automáticamente los usos siguientes:

Español oral/informal	Español escrito/formal
fuistes	fuiste
trabajastes	trabajaste
lograstes	lograste
etc.	etc.

Ejemplo de una carta

Los comentarios son del profesor.

> **Querido papá,**
>
> Mientras crecía, había cosas ~~que yo siempre tenía preguntas sobre~~ sobre las cuales yo siempre tenía preguntas: de dónde procedía usted, dónde se crió y cómo era su familia—mi familia. Nunca entendí por qué decidió mantener estas cosas escondidas de nosotros. Puedo entender que la vida en México fue difícil. El dinero era escaso y se necesita más para sobrevivir. La llegada a Estados Unidos debe haber sido aún más difícil, especialmente porque vino solo y a una edad temprana. Yo a esa edad, no ~~viera~~ hubiera podido sobrevivir, con miedo todos los días de si sería capaz de sobrevivir un día más, si ~~viera~~ hubiera ganado suficiente para comprar alimentos, preguntándome dónde iba a dormir esa noche.
>
> Usted tuvo la voluntad de continuar. Cambió su nombre y decidió ir a la escuela para aprender inglés. Después de ser capturado en tres ocasiones por la inmigración, yo me habría dado por vencido. Pero usted no. Fue capaz de conseguir un mejor trabajo.
>
> Pero lo que no entiendo es por qué siempre mantuvo su pasado en secreto. Tal vez estaba tratando de protegernos de la discriminación. Pero saber sobre nuestras raíces habría sido mejor, en lugar de mantenerlas en la oscuridad como si fueran una peste. Por lo general, los padres les cuentan a sus hijos su pasado para que puedan aprender de él. Yo quiero aprender más acerca de usted, y saber por qué hace las cosas de cierta manera, y también quiero tener más información sobre mi herencia, mi familia. ¡Conocer a mi familia e ir a México habría sido una linda experiencia para todos nosotros! Quiero conocer mi cultura y mi lengua.
>
> Aunque quizás puedo comprender los motivos, me parece triste que usted decidiera alejarme de todo esto. Por favor, enséñenos sobre su pasado, que es nuestro pasado también.
>
> Le quiere mucho,
>
> Su hijo Jeff

Vuelve a mirar las diferentes tesis en la Parte A. ¿Cuál usó el autor de esta carta? También considera los "se dice" presentados en la Parte B. ¿Está claro cuál es el "se dice" de esta carta?

ANTES DE LEER 2

A. Los miembros de algunas comunidades en Estados Unidos emplean cierta terminología para autonombrarse, como "latino", "hispano", "chicano", "asiático", "afroamericano", etc. Unas definiciones básicas de los términos *Latin*/latino e *Hispanic*/hispano son estas:

Latin/**latino** generalmente se refiere a los países/culturas que alguna vez estuvieron **bajo el dominio del Imperio Romano**, y/o que hablan una **lengua descendida del latín**. Esto incluye Italia, Francia, España, Rumania, etc. Entonces los brasileños, por ejemplo, son latinos.

Hispanic/**hispano** generalmente se refiere a los países/culturas que una vez estuvieron **bajo el dominio de España**. Esto incluye México, Centroamérica y la mayor parte de Sudamérica. Los brasileños entonces <u>no</u> son hispanos.

Sin embargo, hay complicaciones con estas definiciones. Divídanse en grupos de tres personas. Cada miembro del grupo mirará uno de los cortos videos a continuación y presentará un breve informe sobre su contenido al grupo. Busquen los videos en YouTube.

    a. "What is a Latino?" (6:01 minutos)

    b. "What is Latino/Hispanic?" (de CNN; 2:52 minutos)

    c. "Hispanic or Wise Latino 1999" (3:08 minutos)

B. Ahora busca "*Olson most young Latinos*" para ver un informe de *Press Enterprise* (14 diciembre de 2009). Según el estudio del Centro Pew, de los jóvenes en Estados Unidos…

_____ % usan términos de origen nacional, como "mexicano" o "salvadoreña" para identificarse.

_____ % usan los términos "hispano" o "latino".

_____ % usan el término "americano".

Observa que en español, estos términos usan letra minúscula (*lower case*):

En inglés	En español
The **L**atino community	La comunidad **l**atina
She identifies herself as **H**ispanic	Ella se identifica como **h**ispana
They are **M**exican-**A**merican	Son **m**exicano-**a**mericanos
The **E**cuadorians in Argentina	Los **e**cuatorianos en Argentina

C. El término "*Hispanic or Latino*" fue adoptado por el Censo de Estados Unidos en 2000. ¿Hay algún término que empleas tú para denominarte? Selecciona todos los términos que has usado. ¿Depende con quién estás hablando? Explica.

❏ hispano	❏ puertorriqueño	❏ salvadoreño	❏ latinoamericano
❏ latino	❏ chicano	❏ guatemalteco	❏ _____ -americano
❏ mexicano	❏ cubano	❏ colombiano	❏ otro: _____

D. Vocabulario. Empareja las siguientes palabras con la definición correspondiente.

__ 1. y __ 2. "También se está **agudizando** un debate algo oculto, pero **contencioso**, sobre cómo el grupo debería identificarse a sí mismo: *hispano* o *latino*".

__ 3. "El debate se incrementa y sale a **relucir** dondequiera que los hablantes de español se reúnen".

__ 4. "los defensores del *Black Power* lo demostraron cuando lograron cambiar el término *negro* durante su **cruzada** por su autodeterminación"

__ 5. "apareciendo no sólo en el Censo, sino en todo documento oficial, como las **solicitudes** de empleo…"

__ 6. "Se cree que el término *chicano* se originó como una **jerga** coloquial"

__ 7. "Tenemos tantos temas importantes en los que hay que trabajar, no debemos molestarnos con estas **nimiedades**".

__ 8. y __ 9. "la comunidad enfrenta retos **desalentadores**: un alto desempleo, un índice astronómico de **deserción escolar**"

__ 10. "Cisneros **se rehusó** a aceptar un premio de una organización que emplea el término *hispano*".

POR CIERTO

¿Qué palabra se usa comúnmente en Estados Unidos para "*application*"?

---

a. conjunto de expresiones particulares de una profesión o clase social

b. tonterías, trivialidades

c. documento en el que se solicita algo (*application*)

d. abandonar la escuela (*dropout*)

e. hacerse más intenso

f. rechazar, declinar

g. destacarse, notarse

h. batalla, campaña

i. desmoralizador, deprimente

j. discutible, polémico

LECTURA 2

¿Latinos o hispanos?: un debate sobre la identidad
Fuente: The Washington Post

(1) La poeta y novelista mexicana-americana Sandra Cisneros entró a la librería Valenzuela y pensó que había descubierto un tesoro. Era uno de los pocos vendedores de libros independientes en San Antonio, y encima, dijo que el nombre le había llamado mucho la atención. Pero en tan sólo unos minutos, su ánimo cambió. Un empleado inocentemente usó una palabra para describir una sección de libros, que hizo que la piel de Cisneros se le erizara: "Usó la palabra *hispano*", dijo Cisneros con indignación. "Quería preguntarle, ¿por qué usa usted esa palabra? La gente que usa esa palabra no sabe por qué la está usando. Para mí es como un nombre de esclavos. Soy *latina*".

(2) Esa declaración, "soy latina", está resonando más y más a través de la vasta y diversa población que habla español, que ha sobrepasado a los afroamericanos como la minoría étnica más grande de la nación. También se está agudizando un debate algo oculto, pero contencioso, sobre cómo el grupo debería identificarse a sí mismo: *hispano* o *latino*. El debate se incrementa y sale a relucir dondequiera que los hablantes de español se reúnen. Salió a relucir el mes pasado en la convención del Consejo Nacional de la Raza en

Sandra Cisneros

Austin. Internet está repleto de artículos y trabajos con posiciones ideológicas sobre el asunto. Algunas organizaciones cívicas con la palabra *hispano* en sus títulos han resistido las revueltas por miembros activistas que buscan reemplazar la palabra por la palabra *latino*.

(3) Cisneros se negó a aparecer en la portada de la revista *Hispanic* al principio de este año debido a su nombre. Cedió sólo después de que los editores accedieran a dejarla posar con un enorme tatuaje en su bíceps que decía "Pura Latina". Otro escritor mexicano-americano, Luis J. Rodríguez, sólo a regañadientes aceptó un premio de una organización *hispana* "porque no soy hispano", dijo.

(4) Algunos consideran este tema un insignificante desacuerdo sobre palabras que se está inflando fuera de proporciones. Pero otros creen que tales etiquetas pueden cambiar el curso de un pueblo, así como los defensores del *Black Power* lo demostraron cuando lograron cambiar el término *negro* durante su cruzada por su autodeterminación en medio del movimiento de los derechos civiles a mediados de la década de 1960. A pesar de que los términos *hispano* y *latino* se han usado de manera intercambiable por décadas, los expertos que estudian sus significados dicen que estas palabras trazan las líneas de origen y de parentesco de los hablantes de español a diferentes grupos en partes opuestas del mundo.

(5) Los hispanos proceden en su mayoría de los blancos de la península ibérica que incluye España y Portugal, mientras que los latinos son descendientes de los indígenas nativos morenos de Estados Unidos y del Caribe conquistados por España hace siglos. *Latino-hispano* es una categoría étnica en la cual la gente puede ser de cualquier raza. Son blancos, como el boxeador mexicano-americano Oscar de la Hoya, y negros, como el jugador dominicano de béisbol Sammy Sosa. También pueden ser amerindios y asiáticos. La gran mayoría es una mezcla de distintas razas. Más del 90% de las personas que declararon que son "de alguna otra raza" en el Censo del 2000 se identificaron como hispanos o latinos.

(6) "Como poeta, soy especialmente sensible al poder que tiene una palabra", dijo Cisneros. "No es una palabra. Es una forma de mirar al mundo. Es una manera de mirar el significado". Pero Duard Bradshaw, presidente panameño de la Asociación Nacional Hispana de Abogados, tiene una opinión diferente. "Te voy a decir por qué me gusta la palabra *hispano*. Si usamos la palabra *latino*, excluimos a la península ibérica y a los españoles. La península ibérica es de donde venimos, todos tenemos un poco de ese pequeño hilo que proviene de España".

(7) Un estudio llevado a cabo el año pasado por el Pew Hispanic Center de Washington encontró que casi toda la gente de procedencia hispanohablante se identifica a sí misma primeramente con su lugar de origen nacional. Cuando se les preguntó cómo describían a la comunidad en general, el 53% dijo que ambas palabras *hispano* y *latino* los definen. Un grupo sustancial pero pequeño, un 34%, favoreció el término *hispano*. El grupo más pequeño, el 13% dijo que preferían el término *latino*. Una encuesta hecha por la revista *Hispanic Trends* produjo conclusiones similares.

(8) Pero los defensores del término *latino* se mantuvieron firmes. "El hecho de que se llame Pew Hispanic Center nos dice algo", dijo Fernando Guerra, director mexicano-americano del Centro de Estudios sobre Los Ángeles en la Universidad Loyola de Marymount. "El hecho de que la palabra *hispano* esté en el nombre de la organización prejuició la encuesta".

(9) Al término *hispano* le dio prominencia el gobierno de Nixon hace más de 30 años cuando se añadió al cuestionario del Censo en 1970. Para el Censo de 1980, *hispano* se había fijado como el término oficial del gobierno, que aparecía no sólo en el Censo, sino en todo documento oficial, como las solicitudes de empleo federales, estatales y municipales; de asistencia pública; y de inscripción para las escuelas. "Es un gran regalo que el gobierno de Estados Unidos nos dio", dijo Vincent Pinzón, el presidente colombiano y fundador de la Fundación de las Américas. "Si quieres adquirir músculo político en este país, y dices que eres sólo argentino o colombiano, no tienes ninguno".

(10) Pero los activistas mexicano-americanos en California y puertorriqueños en Nueva York no quedaron muy satisfechos. Prefieren un término que incluya a los indígenas morenos nativos, quienes consideran la fuente de sus lazos sanguíneos. "*Hispano* no funciona para mí, porque se refiere a la gente de España", dijo Rodríguez. "Yo soy mexicano, y fuimos conquistados por gente de España, así que es un poco un insulto". La opinión de Rodríguez es típica de los mexicano-americanos en Los Ángeles, el epicentro de inmigrantes de México y del movimiento de los derechos chicanos. Se cree que el término *chicano* se originó como una jerga coloquial para describir a los inmigrantes refugiados de la Revolución Mexicana. Luego evolucionó para definir a los mexicano-americanos reformadores y activistas, así como a trabajadores de las granjas y otros trabajadores que vivían en la miseria, mientras trabajaban duro por un sueldo bajo. Y según se unían al movimiento activistas de otros países, *latino* se adoptó como un término de cobertura. "En L.A., si alguien dice que es *hispano* y no es de la Costa Este, uno empieza a cuestionarlo", dijo Guerra, profesor de Loyola Marymount. "Quiere decir que no creció en un vecindario latino".

(11) En Washington, donde está localizado el Pew Hispanic Center, los salvadoreños predominan dentro de la población local centroamericana. Dicen "somos latinos", de acuerdo con José Ramos, director del Comité Cívico Unido Salvadoreño-Americano. "*Hispano* es una categoría para el Censo, es una formalidad. Para mí, el término correcto es *latino*. Identifica a la gente que habla el mismo idioma, gente que comparte una visión del significado histórico de nuestra comunidad. Yo soy salvadoreño y soy latino". Pero los cubanos en Miami, los mexicano-americanos conservadores en Texas y un grupo de descendientes de españoles en Nuevo México están entre los grupos que fuertemente se identifican como *hispanos*.

(12) El desacuerdo sobre estas dos palabras es una molestia para algunos. Cuando el tema salió en la reunión anual del Consejo Nacional de La Raza, la vocera del grupo, la cubana-americana Lisa Navarrete lo rechazó. "Tenemos tantos temas importantes en los que hay que trabajar, no debemos molestarnos con estas nimiedades". Es muy cierto que la comunidad enfrenta retos desalentadores: un alto desempleo, un índice astronómico de deserción escolar y una oposición fuerte a las reformas inmigratorias.

(13) Pero la cuestión no va a desaparecer. Hace algunos años, el grupo de Bradshaw, la Asociación Nacional Hispana de Abogados en Washington, tuvo que luchar contra una resolución de un grupo de miembros para quitar la palabra *hispano* de su nombre y reemplazarla con la palabra *latino*. El semestre pasado, algunos estudiantes en la Universidad Metodista del Sureste en Dallas debatieron si cambiar el nombre de los servicios para estudiantes hispanos. Y al principio de este año, Cisneros (la autora que aborrece la palabra *hispano*) se rehusó a aceptar un premio de una organización que emplea el término *hispano*.

(14) En la librería que visitó Cisneros, el dueño Richard Martínez no sabía qué pensar. "No sé qué es lo correcto", dijo. "Soy mexicano, latino, hispano, lo que sea. Sé quien eres. Ten orgullo como todos los demás".

DESPUÉS DE LEER 2

A. Según la lectura:

_f_ Blancos de la península ibérica que incluye España y Portugal	a. 13%
_c_ Descendientes de los indígenas nativos	b. los latinos
_c_ Le dio prominencia el gobierno de Nixon en 1970	c. 53%
_b_ Encuestados que prefieren "hispano"	d. 34%

_A___ Encuestados que prefieren "latino"   e. los hispanos

_DC__ Encuestados que usan "hispano" y "latino" igualmente   f. el término
                                                                "hispano"

B. A diferencia de la mayoría de las lecturas en este libro, esta lectura intenta ser objetiva. Es decir, no defiende una tesis, sino que **presenta varios lados** de un debate.

Indica abajo lo que dijeron los diferentes individuos citados (*cited, mentioned*).

Persona	Término que prefiere	Argumentos
Sandra Cisneros	☐ *hispano* ☑ *latino* ☐ rechaza el debate	
Luis J. Rodríguez	☐ *hispano* ☑ *latino* ☐ rechaza el debate	
Duard Bradshaw	☑ *hispano* ☐ *latino* ☐ rechaza el debate	
Fernando Guerra	☐ *hispano* ☑ *latino* ☐ rechaza el debate	
Vincent Pinzón	☑ *hispano* ☐ *latino* ☐ rechaza el debate	
José Ramos	☐ *hispano* ☑ *latino* ☐ rechaza el debate	
Lisa Navarrete	☐ *hispano* ☐ *latino* ☑ rechaza el debate	
Richard Martínez	☐ *hispano* ☐ *latino* ☑ rechaza el debate	

Ahora calcula el número de individuos citados que:

Prefieren *hispano*: _____

Prefieren *latino*: _____

Rechazan el debate: _____

¿Hasta qué grado te parece objetiva y balanceada la lectura?

☐ Tiene un prejuicio muy fuerte a favor del término _____.

☐ Tiene un prejuicio, pero no muy fuerte, a favor del término _____.

☐ No tiene ningún prejuicio. Es totalmente balanceada y objetiva.

C. Para otros resúmenes del debate sobre los términos "latino" e "hispano", busca en Google:

    a. "Richard Vázquez las culturas", artículo titulado "*¿Hispanic or Latino?*"

    b. Wikipedia: "*Hispanic/Latino naming dispute*"

D. Ve a una página web que venda productos humorísticos, como *www.cafepress.com*, busca "latino" o "hispano" y comenta sobre dos o tres productos que encuentres.

Una camiseta con la bandera de Honduras

ANTES DE LEER ③

A. Vocabulario. Empareja las siguientes palabras con la definición correspondiente.

___ 1. "me fui dando cuenta de las consecuencias que este tipo de categorizaciones puede **acarrear**"

___ 2. "Estos **rótulos** sirven para identificar un "grupo minoritario" […] como inferior"

___ 3. "socialmente rechazado, excluido económicamente y **privado** del poder político"

___ 4. "A medida que se continúe **postergando** la discusión […] estos rótulos continuarán"

> a. despojar (*deprive*)
>
> b. ocasionar, provocar (*give rise to*)
>
> c. etiqueta (*label*)
>
> d. atrasar (*postpone*)

LECTURA ③

Latinos/hispanos: ¿qué sigue? Algunas reflexiones sobre las políticas de identidad en Estados Unidos
por Martha E. Gimenez

Martha E. Gimenez es profesora en el Departamento de Sociología en la Universidad de Colorado, Boulder.

Originalmente publicado en *Heresies,* Vol. 7, No. 3, Publicación 27, 1992.

(1) Las etiquetas como *hispano* y *latino* han afectado directamente la vida de muchas personas. Empecé a interesarme en este tema hace algunos años cuando supe que había sido catalogada como "minoría" en la universidad en la que trabajo. Nací y crecí en Argentina y vine a Estados Unidos cuando ya era adulta, por ello mi primera reacción fue pensar que la oficina de "Affirmative Action" había cometido un error. Fui notificada en forma oral y escrita de mi categorización como hispana, hecho que les daba el derecho de contarme como una "minoría". Me molestó mucho, primero por el racismo evidente y por la imposición de una "hispanidad" totalmente falsa y cargada de connotaciones negativas, y segundo, por los usos administrativos que se estaban haciendo de mi nombre como una estadística más para demostrar que se está cumpliendo con la ley.

Le gustó ser considerada "hispana" en su trabajo. ❏ cierto ❏ falso

Le molesta que la usen para demostrar que cumplen con la ley contratando a "hispanos". ❏ cierto ❏ falso

(2) A medida que fui investigando las críticas al rótulo de *hispano* me fui dando cuenta de las consecuencias que este tipo de categorizaciones pueden acarrear. Contrario a lo que esperaba, los artículos relacionados con este tema son realmente pocos. Los que encontré se enfocan en la diferencia entre el término *hispano* y *latino*. Después de reflexionar sobre estos dos términos llegué a la conclusión de que a pesar de que el término *latino* es más positivo, ninguno de los dos términos es realmente aceptable por razones que desarrollaré a continuación.

(3) Estos rótulos sirven para identificar un "grupo minoritario", o sea un grupo considerado por "la mayoría" como inferior, y que ha sido históricamente oprimido por generaciones, socialmente rechazado, excluido económicamente y privado del poder político. La invención del término *hispano* **ignora las diferencias entre las poblaciones de origen mexicano y puertorriqueño, quienes han sido históricamente oprimidas, y los inmigrantes recién llegados de Centro y Sur América**. Así mismo, no diferencia entre estas poblaciones y los llegados de España. El ignorar las diferencias entre las nacionalidades tiene implicaciones negativas tanto para los miembros de las minorías locales como para los nuevos inmigrantes y en general para el americano común, cuya relativa ignorancia sobre el mundo más allá de sus fronteras se fortalece por estos rótulos que generan estereotipos para el mundo entero. El bombardeo de estadísticas que constantemente enfatizan las diferencias entre blancos, asiáticos, negros e "hispanos" **contribuye al fortalecimiento de esos estereotipos raciales y a una visión simplificada del mundo**. Esto influye especialmente a los más jóvenes, a aquellos con un bajo nivel de educación, y a quienes están llenos de prejuicios. **Mi argumento es que estos rótulos distorsionan la realidad y crean una percepción falsa que hace más profunda la ignorancia del común sobre la "verdadera" cultura de estos individuos**. Ubicar bajo el rótulo de *latino* o *hispano* todas las expresiones culturales de diferentes lugares como España, Centro y Suramérica, junto con las de los inmigrantes de estos países que viven en Estados Unidos, más las de los diferentes grupos de ascendencia puertorriqueña y mexicana, sólo puede generar falsas concepciones y una total confusión. Es tan productivo decir que Borges y Cervantes son escritores "hispanos" como decir que Shakespeare y Faulkner son escritores "anglos".

El uso de rótulos como "hispano" es negativo….

…para las minorías y nuevos inmigrantes porque…

———————————————————————————

…para el americano común porque…

———————————————————————————

(4) Los rótulos **esconden más de lo que realmente revelan**. Por ejemplo, esconden el hecho que una gran parte de estos individuos son de origen indígena autóctonos del continente o de descendencia europea. Clasifican como minoría a los extranjeros provenientes de países de habla hispana (muchos de los cuales son de origen europeo), hacen que desaparezcan los descendientes de civilizaciones indígenas bajo la careta de un término seudo-europeo como "hispano", o simplemente transforman a todos los "latinos" en descendientes de civilizaciones indígenas. Esto último, como bien lo expresa un intelectual chicano, es la razón por la cual individuos de descendencia

mexicana, puertorriqueña y española han sido históricamente sujetos a prácticas racistas; no porque tenga algo que ver con la cultura "española" sino por el hecho de que un gran porcentaje de ellos tenía sangre indígena. **El incluir a los extranjeros "cerebros fugados" como minorías, especialmente aquellos de clase media, profesionales y trabajadores técnicos, crea evidencia engañosa del progreso de la iniciativa de "acción afirmativa".** A pesar de que el no hacer distinciones puede parecer positivo, las consecuencias para aquellos que han sido excluidos y oprimidos por generaciones no son nada deseables.

(5) Antes de concluir, quisiera reiterar algunas perspectivas personales sobre este asunto. **Rechazo el rótulo *latino/a* porque tiene más sentido al considerarme, además de argentina, latinoamericana.** Los rótulos *latino/latina* imponen unas condiciones a estos individuos que **en lugar de potencializar sus posibilidades, las limita**. ¿Por qué? La respuesta es que estos rótulos étnico/culturales son **eufemismos para referirse a sectores de la clase trabajadora estadounidense**. Los asuntos políticos que les conciernen a los hombres y mujeres que se identifican como *latino/latina* tienden a ser problemas de la clase trabajadora, comunes a todos los empleados en esta posición sin distinción de herencia cultural o color de piel: puestos de trabajo, salario, vivienda, escuelas, seguridad en las calles, salud, entre otros. Pero, mientras estas discusiones políticas de clase han sido silenciadas, las referentes a la identidad han incrementado. Se ha legitimado el derecho a hacer consignas políticas como miembros de una minoría étnico/racial pero no en términos de ubicación social. A medida que se continúe postergando la discusión y evaluación de esta situación, estos rótulos continuarán determinando nuestras percepciones, incrementando las divisiones étnico/raciales entre las personas y fortaleciendo el racismo.

Lo que realmente hay que nombrar y discutir, en vez de la cultura/etnicidad, es...

_____

_____

(6) Por otra parte, aunque no estoy de acuerdo en que se me catalogue como *latina*, personalmente lo considero más aceptable que el término *hispana* ya que este último resulta irónico y conflictivo frente a la realidad histórica de opresión que vivieron todos estos individuos tanto al norte como al sur de la frontera de Estados Unidos. El término *hispano* oculta la opresión y, en su lugar, glorifica el pasado colonizador. Pero en definitiva, un mensaje claro que exprese las diferentes denuncias, exigencias, necesidades y expectativas resulta más importante que el uso de rótulos. Cuando se genere este discurso trasparente, nos daremos cuenta de que **la unión y la fuerza emergen más rápido y con mayor firmeza cuando se reconocen con sinceridad las diferencias que cuando se adoptan identidades panétnicas.**

DESPUÉS DE LEER 3

A. Estas son algunas opiniones de la autora. Indica si estás de acuerdo y explica por qué. Al final, agrega otra idea que te haya llamado la atención.

Idea	¿Estoy de acuerdo?	Explicación
N° 1 "Los términos 'latino' e 'hispano' esconden más de lo que realmente revelan".	❏ Sí ❏ No	
N° 2 "Las etiquetas étnico/culturales son **eufemismos** para referirse a sectores de la clase trabajadora estadounidense… los términos "hispano" y "latino" realmente se refieren a los problemas de la clase trabajadora". Es decir, para los hispanos/latinos de clase media o alta, no hace falta distinguirse como hispano/latino.	❏ Sí ❏ No	
N° 3		

> **POR CIERTO**
> Un *eufemismo* es una palabra o expresión con que se sustitye a otra más grosera, impertinente, violenta o que se considera tabú.

B. ¿Cuál es la **tesis** de este ensayo?

❏ 1. Los de Latinoamérica que inmigran como adultos no deben considerarse ni "latinos" ni "hispanos" porque son términos que sólo tienen relevancia para los que se crían en EE.UU.

❏ 2. Los términos "latino" e "hispano" son inapropiados, no solamente porque esconden más de lo que revelan, sino porque hacen pasar como cuestión étnica un problema que realmente es económico.

❏ 3. Estos rótulos son dañinos porque influencian nuestras percepciones, aumentan las divisiones étnico/raciales entre las personas y fortalecen el racismo.

C. Usando las ideas de las lecturas 2 y 3, indica cuáles son las ventajas y desventajas de usar términos como "latino" o "hispano".

Ventajas de usar un término como "latino" o "hispano"	Desventajas de usar un término como "latino" o "hispano"

D. Hasta ahora, hemos estudiado varios componentes de la redacción de ensayos argumentativos. Analiza la lectura 3 según los elementos a continuación. Indica en qué párrafo(s) se encuentran, si están muy bien (3), bien (2) o no muy bien (1), y describe tu respuesta con cualquier recomendación que tengas. No dudes en dar una calificación baja si realmente te parece débil algún elemento; recuerda que no todo lo que se publica está "perfecto".

	Párrafo(s)	¿Bien?			Explicación / ¿sugerencias?
a. Los "se dice"		1	2	3	
b. La tesis		1	2	3	
c. El uso de citas		1	2	3	

E. En YouTube, busca "*We are Mayas*" (3:29 minutos). Una señora le cuenta su opinión sobre la terminología a una representante del Consejo Nacional de La Raza. Míralo y resume los puntos principales.

Entrando a la conversación

Una carta sobre una beca

Tu universidad ofrece una beca (*scholarship*) para "*Hispanic students*". La persona que ganó la beca este año es un joven que llegó de Chile a Estados Unidos a los 16 años. Algunos estudiantes se quejan, alegando que la beca realmente no le corresponde. ¿Qué opinas tú? Escribe una carta a la universidad (de una página máximo, a espacio sencillo) con tu opinión. Recuerda lo siguiente:

- Incluir un "se dice"
- Hacer una transición al "yo digo" (tu tesis)
- Aplicarle un programa de revisión de ortografía

H Gramática y uso

El uso de "a" en las perífrasis verbales

Ya sabes que en español, podemos decir lo siguiente:

"Voy **a** ver *In the heights* el sábado".
"Mis primos me ayudaron **a** encontrar trabajo".

Estas estructuras se llaman perífrasis verbales y consisten de:

verbo	**+**	**a**	**+**	**infinitivo**
voy	+	a	+	ver
ayudaron	+	a	+	encontrar
empezó	+	a	+	llover

Puede haber un problema cuando el verbo acaba en "a" o cuando el infinitivo empieza con el sonido "a". Cuando hablamos, todo suena junto:

Escrito bien		Escrito mal
"Mi hermano va a ver".	→ suena a	"Mi hermano *va* ver".
"El libro me ayuda a pasar".	→ suena a	"El libro me *ayuda* pasar".
"Siempre empieza a llover".	→ suena a	"Siempre *empieza* llover".

Entonces, al escribir, es común olvidarnos de la palabra "a". Y el revisor de ortografía no capta este error. Estas actividades ayudarán a que te acuerdes de la palabra "a".

Actividad 1

Estos son algunos ejemplos de cuándo la "a" se nos puede olvidar. Pon un círculo en el sonido "a" que causa el problema, puede ser la última letra del verbo anterior, o el primer sonido del infinitivo.

POR CIERTO

Nota la diferencia entre estos verbos:

ver *to see*

haber *to be*

Vamos a trabajar más con estos dos verbos en el capítulo 5.

Sujeto	Verbo	a	Infinitivo	Complemento
1. Mi hermano	va	a	ver	una película.
2. Mañana	va	a	haber	una tormenta.
3. Sus tías	van	a	ayudarle	a cambiarse de casa.
4. El jefe	iba	a	considerar	las demandas.
5. Los actores	iban	a	hablar	con los directores.
6. El sindicato	empezó	a	acusar	al candidato de fraude.
7. Ese libro me	ayuda	a	pasar	los exámenes.
8. El perro	se puso	a	acomodarse	en su camita.
9. No quiero que él	vuelva	a	caer	en el mismo problema.
10. Poco a poco yo	empecé	a	agarrar	la onda del inglés.

Actividad 2

Traduce las oraciones siguientes.

Modelo: *The boss was going to consider the demands.*

El jefe	iba	a	considerar las peticiones.

1. *That group is going to vote on a name.*

2. *There will always be things that bother us.*

3. *In high school, she began to accept her Mexican-American identity.*

4. *The Chilean student was going to win the Hispanic scholarship.*

5. *My father began to speak to us in English.*

Actividad 3

Ahora decide entre "ha" y "a". Recuerda: "ha" en español = *has* en inglés.

1. No me parece justo que Guillermo se viera forzado ❑ a   ❑ ha   …cambiar su nombre.

2. De pequeña, Anita se negaba ❑ a   ❑ ha   …hablar español.

3. Esta clase me ❑ a ❑ ha …ayudado ❑ a   ❑ ha   …apreciar más mi herencia.

4. El político siempre ❑ a   ❑ ha   …sido consciente de las necesidades de la comunidad latina.

5. Este país por fin empieza ❑ a   ❑ ha   ….darse cuenta de la importancia de ser bilingüe.

6. Héctor siempre ❑ a   ❑ ha   …usado el término "latino" para identificarse.

7. El gobierno ❑ a   ❑ ha   …usado el término "hispano" en los formularios.

8. Ya comienza ❑ a   ❑ ha   …haber más términos para etnicidades mezcladas.

9. Hay gente que tiende ❑ a   ❑ ha   …pensar que si hablas español, eres de herencia mexicana.

10. Desde que entró a la universidad, María ❑ a   ❑ ha   …estado más orgullosa de su etnicidad.

ANTES DE LEER 4

A. A lo mejor ya sabes que el vocabulario varía mucho entre diferentes grupos hispanohablantes. ¿Sabes cómo se nombran los objetos siguientes en el español mexicano, puertorriqueño, y quizás en otro grupo dialectal?

inglés	mexicano	puertorriqueño	¿otro dialecto?
orange (fruit)			
baby's pacifier			
yellow school bus			
earrings			
swimming pool			
cake			
red beans			
eyeglasses			
banana			
drinking straw			

¿Sabes de qué otras maneras son diferentes el español mexicano y el puertorriqueño? Por ejemplo, ¿cómo se pronuncian?

_____

_____

B. Para ver la divertida historia de un malentendido lingüístico entre una mexicana-guatemalteca y su novio puertorriqueño, busca "Habla ya parte I" en YouTube (minuto 11:13; se titula "Ahorita").

C. Vocabulario. Empareja las siguientes palabras con la definición correspondiente.

___ 1. "recogieron **muestras** lingüísticas de un total de 27 individuos 'mexirriqueños'"

___ 2. "Un **hallazgo** interesante fue que el acento fonológico se correlacionaba con el vocabulario"

___ 3. "Aun así, hay que **subrayar** que no fueron únicamente las madres quienes influían…"

> a. enfatizar (*underline*)
>
> b. parte, porción (*sample*)
>
> c. descubrimiento

LECTURA 4

Identidad y habla de los "MexiRicans"
por Kim Potowski

Kim Potowski es profesora de lingüística hispana en la Universidad de Illinois en Chicago. Su investigación se enfoca en el español de Estados Unidos y la enseñanza del español a los hablantes de herencia.

Rasgos del español entre individuos "mixtos"

(1) Chicago cuenta con la 3ª población latina más grande del país, que a su vez se compone de la 2ª comunidad mexicana más numerosa del país fuera de Los Ángeles y la 2ª comunidad puertorriqueña más numerosa del país fuera de Nueva York. Además, es la única ciudad donde han convivido estas dos comunidades por más de 50 años. Potowski & Matts (2008) y Potowski (2008) recogieron muestras lingüísticas de un total de 27 individuos "mexirriqueños", personas con un padre mexicano y una madre puertorriqueña o viceversa. Los entrevistaron acerca de varios temas, como la identidad etnolingüística y las conexiones con la lengua. Seis evaluadores escucharon grabaciones de las muestras y decidieron si el hablante sonaba "totalmente mexicano", "totalmente puertorriqueño", o en algún punto en medio. También hicieron una actividad de identificación de vocabulario en la que se les pedía mirar fotos de 16 objetos con nombres que difieren en el español mexicano vs. el puertorriqueño (por ejemplo, la alberca~la piscina, la naranja~la china y los aretes~las pantallas).

(2) Un hallazgo interesante fue que el acento fonológico se correlacionaba con el vocabulario: la gente que "sonaba puertorriqueña" también producía más vocabulario puertorriqueño, y la gente que "sonaba mexicana" producía un mayor número de palabras mexicanas. Pero más interesante aún fue que en 20 de estos 27 individuos —el 75% de los casos— su español se parecía más al grupo etnolingüístico de la madre. Es decir, su español sonaba más puertorriqueño si la madre era puertorriqueña, y más mexicano si la madre era mexicana. Este fue el caso incluso cuando alguien decía hablar *menos* español con la madre que con el padre. Esto sugiere que la transmisión lingüística es otro ejemplo de "la formación de identidad étnica que cargan las mujeres sobre los hombres" (Pérez 2003:112) o, más precisamente, en la boca.

(3) Aun así, hay que subrayar que no fueron únicamente las madres quienes influyeron sobre el español de estos mexirriqueños. En algunos casos, el padre era el único de la familia que hablaba español con los hijos, o fue la comunidad local y/o otros miembros de la familia quienes impartieron su variedad de español. Además, se debe notar que hubo casos de hibridación dialectal a tal grado que incluso unos fonólogos no concordaban en si una persona sonaba mexicana o puertorriqueña. También se vieron individuos con acentos muy puertorriqueños que usaban palabras claramente mexicanas. Estos resultados confirman la complejidad de factores vinculados con la adquisición de lenguas. Es interesante notar que todos estos individuos *MexiRican* declararon que se sentían igualmente mexicanos como puertorriqueños, sin importar cómo sonaba su español.

(4) En otros lugares del país se está comenzando este tipo de investigación. En Nueva York, Barrera-Tobón (2008) analiza el español de los "puertocolombianos" y hasta ahora ha encontrado la misma correlación entre el español de la madre y el del hijo. En Los Ángeles, Carreira (2008) estudió el español de 17 adultos de ascendencia mexicana-centroamericana, quienes describieron su propio español como una combinación de los dialectos de sus padres, y no manifestaron preferencias por el vocabulario de ningún grupo, aunque dijeron que usaban las variantes mexicanas en foros públicos. Aunque el Censo de 2000 empezó a permitir la elección de más de una opción para *blanco, afroamericano, indoamericano* y varios grupos *asiáticos*, reconociendo a los individuos de raza mixta, todavía no se puede seleccionar más de una opción entre las once subcategorías de "etnicidad hispana", por lo cual los latinos de etnicidad mixta siguen oficialmente invisibles.

DESPUÉS DE LEER 4

A. Cierto o falso:

1. Todos los *MexiRicans* en el estudio hablaban un español "mezclado". ❑ cierto ❑ falso

2. Se están haciendo estudios parecidos en otras partes del país. ❑ cierto ❑ falso

3. Muchos *MexiRicans* trataban de pasar por sólo mexicanos o sólo puertorriqueños. ❑ cierto ❑ falso

4. Por lo general, si el vocabulario era mexicano, el acento era mexicano también. ❑ cierto ❑ falso

5. Se puede indicar que uno es *MexiRican* en el Censo. ❑ cierto ❑ falso

Please Identify Yourself
✓ Black
✓ White
❑ Asian
✓ Hispanic
❑ Native American
❑ ~~Other~~
NOT OTHER

Cartilla de selección de etnicidad.

B. ¿Conoces a alguien que tenga más de una identificación etnolingüística? Es decir, su mamá es de un lugar y su papá de otro, entonces se autoidentifica como, por ejemplo, "mexi-rriqueño" o "guatesalvadoreño"? ¿Cómo se identifica?

_____

_____

_____

Enfoque de redacción

La generación de resúmenes

El presente libro se enfoca en los ensayos argumentativos, que intentan persuadir al lector de cierto punto de vista (nuestra tesis). Ya hemos hablado de la importancia del "se dice". Un resumen es parte del "se dice"; los resúmenes sirven para **presentar los detalles sobre lo que dicen otras personas**. No importa si vamos a refutarlo, o a usar sus ideas como apoyo a nuestra tesis, hay que resumir bien los textos que citamos.

Para poder describir con precisión lo que dicen los demás, es importante saber escribir un buen resumen. Escribir resúmenes no siempre es fácil. Aquí presentamos algunas ideas para guiarte.

1. Resume de manera **concisa**, pero no demasiado concisa.

2. **No distorsiones** los argumentos de los demás.

3. **Céntrate en tu tesis** para decidir qué puntos incluyes en el resumen.

---

1. Los resúmenes en este tipo de ensayo deben de ser **concisos**; no debes mencionar todos, todos, todos, **todos** los puntos de un argumento. Pero de la misma manera, ten cuidado de **no colapsar** el argumento en dos palabras. Corremos este riesgo sobre todo cuando creemos que "ya conocemos" el otro argumento y acabamos haciendo una caricatura de este.

   Por ejemplo, considera este resumen del texto de Gilchrist del capítulo 1:

   "Gilchrist cree que debemos construir un muro en la frontera entre México y Estados Unidos".

   Aunque es cierto que Gilchrist propuso esa idea, su tesis y el artículo en general exploran bastante más. Entonces esto **no** es un buen resumen.

2. Es importante **no distorsionar** los argumentos de los demás. Por ejemplo, considera este resumen:

   "En su ensayo 'Latinos/hispanos: ¿qué sigue?', Martha Gimenez cree que los que insistimos en el término *latino* somos una bola de tontos que se niega a ver la realidad de los problemas de clase social".

   ¿Es justo (*fair*) este resumen? ¿Gimenez realmente dijo eso? Distorsionar los argumentos **pone en riesgo tu credibilidad con tus lectores**. Si ellos han leído el texto que distorsionas, van a cuestionar tu honestidad.

   Para evitar la distorsión de los textos, puedes imaginar que el autor va a leer tu resumen. ¿Puedes representar su punto de vista de manera que él/ella diría, "sí, esa es mi opinión"?

3. **Ajusta tu resumen a tu tesis**. Escribir un resumen es un proceso de mirar hacia fuera, a los demás textos, y hacia adentro, a tu tesis, al mismo tiempo. *Sólo debes incluir en tu resumen los puntos que vas a tratar en tu ensayo*. Considera el resumen siguiente:

   "Primero, Ramos dice A. Después dice B. También dice C. Luego agrega D. Después de presentar evidencia de E, concluye presentándonos argumentos de F".

   Este resumen parece una **lista** y resulta bastante aburrido. Si tu tesis es que los cierres de hospitales <u>no</u> se deben primordialmente a los inmigrantes indocumentados, debes citar solamente las partes del ensayo de Ramos que te ayudan a apoyar esta tesis.

Actividad 1

Lee las tesis y los resúmenes siguientes. ¿Cuál es la mejor versión para cada tesis?

1. Tesis: "**A veces la asimilación total es la mejor decisión**".

   Texto a citar/resumir: "Encuentros y desencuentros: de Guillermo a William"

   El mejor resumen para contribuir a esta tesis sería: ❏ a   ❏ b

   a. "Guillermo Vega sufrió mucho más que Bill Vega. Siempre andaba con miedo de las redadas, de ser deportado y explotado; siempre le tocaba esconderse y tratar de pasar por otro; siempre estaba preocupado de que le regañaran por hablar español en público. Casarse con una ciudadana estadounidense y formar una familia lejos de su cultura mexicana fue lo mejor que podía haber hecho".

   b. "Guillermo Vega llegó a Chicago en 1947 como trabajador indocumentado de México. Para asimilarse, cambió su nombre a Bill, sacó un número de seguro social y se casó con una estadounidense. Formó una familia en Chicago, a quienes escondía su pasado mexicano. Volvió a México en 1967, y decidió nunca regresar; en cambio, su hijo Jeff sí quiere ir al pueblo de su padre. El autor señala que un problema de Estados Unidos es que presiona a los inmigrantes a esconder su pasado".

2. Tesis: "**Un término realmente no es importante para formular la identidad**".

   Texto a citar/resumir: "¿Latinos o hispanos?: un debate sobre la identidad".

   El mejor resumen para contribuir a esta tesis sería: ❏ a   ❏ b

   a. "El uso del término *latino* en vez de *hispano* para describir a la población de procedencia hispanohablante en este país está incrementando. Ambos términos tienen connotaciones distintas y por esa razón alguna gente prefiere un término sobre el otro. Los que prefieren el término *hispano* prefieren identificarse con una herencia española. Los que prefieren el término *latino* prefieren identificarse con una herencia indígena. Es un debate complicado que no va a desaparecer".

   b. "Según varios estudios, la gente usa los dos términos. Incluso en California algunos rechazan el término *hispano* a favor de *chicano*. Como el uso de estos términos parece depender de la región del país, parece que no son esenciales. Algunos, como el dueño de la librería en San Antonio, indican que 'Soy lo que sea… Sé quién eres. Ten orgullo como todos los demás'".

3. Tesis: "**Es una hipocresía beneficiarse del trabajo de los inmigrantes a la vez que se intenta echarlos**".

   Texto a citar/resumir: "Cómplices de los indocumentados".

   Escribe un resumen que contribuiría a esta tesis:

   _____

   _____

   _____

Gramática y uso

Más sobre la acentuación

Aquí hay otros problemas comunes que el revisor de ortografía no capta:

inglés vs. ingles	inglés = *English*. Están aprendiendo **inglés**.
	ingle = *groin*. Les dolieron **las ingles**.
está vs. esta	está = is San Juan de Tijera **está** en Guanajuato, México.
	esta = this Quiero acabar el proyecto **esta** semana.
año vs. ano	año = year Mi hermano tiene 10 **años**.
	ano = anus Las hemorroides dan mucho dolor en el **ano**.
hacer vs. a ser	hacer = to do, to make Voy **a hacer** mi tarea.
	a ser = going to be Y por eso, voy **a ser** muy rico y famoso.

A las palabras siguientes, un acento las convierte en interrogativas (*question word*). Recuerda:

ACENTO = PREGUNTA

á = ¿ ?

qué vs. que	Qué = *what?* ¿**Qué** quieres?
	Que = *that* Creo **que** son las cinco.
por qué vs. porque	por qué = *why* (Son <u>dos</u> palabras) No sé **por qué** se fue tan pronto.
	porque = *because* (Es <u>una</u> palabra) Se fue **porque** tiene que estudiar.
cómo vs. como	cómo = *how* Hay que explorar **cómo** llegamos a nuestras conclusiones.
	como = *like/as* Estudio muchas horas **como** buena estudiante que soy.

Cuando hay signos de interrogación (¿?), es muy claro que tenemos una pregunta y hay que poner acentos. Pero a veces tenemos una pregunta dentro de una oración declarativa:

Pregunta directa (una oración interrogativa) Tiene acento	Pregunta <u>dentro de</u> una oración declarativa Tiene acento también
¿**Qué** debo hacer?	No sé **qué** debo hacer.
¿**Por qué** viniste?	No entiendo **por qué** viniste.
¿**Cómo** se llama?	No me dijeron **cómo** se llama.

Actividad 1

Agrega los acentos y corrige donde haga falta. El revisor de ortografía no te va a indicar todos los acentos. Ojo: También hay algunas palabras que requieren acento que vimos en el capítulo 1.

1. La gran mayoría de los inmigrantes aprende ingles.

2. Mi primo que tiene 20 anos esta trabajando en Estados Unidos.
   "que" aquí quiere decir: ❏ what   ❏ that

3. Yo se por que es importante a ser cambios en las leyes migratorias.

4. Este ano hemos visto mucha violencia en la frontera.

5. Hace falta mas vigilancia allí por que esta muriendo mucha gente.

6. No sabemos como se puede resolver el problema de la inmigración ilegal.
   "como" aquí quiere decir: ❏ how   ❏ like

7. Muchos no entienden por que hay tanto desacuerdo sobre la política migratoria.
   "por que" aquí quiere decir: ❏ why   ❏ because

8. Los niños de los inmigrantes van a ser un esfuerzo para hablar español.

9. Después del entrenamiento de fútbol les dolieron las ingles.

10. Los Minutemen dicen que si saben que a ser para defender la frontera.
    "que" aquí quiere decir   ❏ what   ❏ that

11. El problema va hacer cada vez mas grande.

12. Me pregunto que quiere decir "asimilación" vs. "acomodación".
    "que" aquí quiere decir   ❏ what   ❏ that

Conexiones con la comunidad

Busca si hay alguna organización "étnica" en tu campus. ¿Cómo se llaman y qué actividades promueven? ¿Participan los estudiantes de etnias "mixtas"?

Entrando a la conversación

Una propuesta

Imagina que en tu universidad hay un club de estudiantes debatiendo si debe llamarse "Latinos Unidos", "Hispanos Unidos" o quizás otro nombre. Escríbeles **una propuesta** de 2 a 3 páginas indicando tu opinión sobre lo que deben hacer.

Mi tesis (lo que creo que deben hacer) es:

_____

_____

Además de defender tu tesis, vas a incluir **la opinión contraria**, indicando por qué no estás de acuerdo con esa opinión. Es decir, si tú prefieres el término "hispano", debes explicar por qué algunos prefieren el término "latino" " —y " *por qué están equivocados*, en tu opinión. A lo mejor no prefieres ninguno de estos términos, o incluso puedes opinar que no se debe formar el grupo siquiera.

La idea es tratar de:

(a) Convencerles de tu opinión, y

(b) Señalar lo que "se dice" y por qué están equivocadas esas ideas.

(c) Resume fielmente los argumentos contrarios y para que apoyen tu tesis.

No olvides aplicarle una **revisión de ortografía** a tu propuesta y revisar también los verbos que acaban en "o" para ver si necesitan acento (ver capítulo 1).

Toma un momento para revisar brevemente las ideas sobre la redacción que vimos en el capítulo 1:

- No tengas miedo de revisar tu tesis conforme vayas investigando y aprendiendo más. <u>No hay nada de malo en cambiar de opinión</u>; al contrario, demuestra honestidad intelectual.

- Por lo mismo, muchas veces el primer párrafo se escribe sólo al final. Puedes usar el párrafo introductorio de ejemplo a continuación.

Formato de una propuesta:

Estimados estudiantes,

Los felicito por formar un grupo con el fin de promover las necesidades del estudiantado. Me he enterado que andan pensando qué nombre ponerle al grupo. Les quiero ofrecer mi opinión al respecto. Algunos dicen que el término "[el término que vas a proponer]" es [las críticas sobre este término]. Sin embargo, propongo que su grupo se llame así por los siguientes motivos.

Razón 1 _____

Razón 2 _____

Razón 3 _____

Rúbrica de evaluación: La propuesta para el grupo universitario

Nombre: _____   ☐ **Versión preliminar**   ☐ **Versión final**

Recuerda que <u>no</u> se asignará una nota a ninguna composición que no haya pasado por un <u>revisor de ortografía</u>.

Categoría	Puntos	Criterios	Comentarios
Contenido	_____ / 50	• Se hace una propuesta clara. • Los argumentos contrarios —los "se dice"— están bien resumidos y refutados.	
Organización	_____ / 20	• La organización es clara y lógica. • Hay transiciones claras de una idea a otra. • El lector sigue las explicaciones sin problemas, sin perderse.	
Enfoque de redacción	_____ / 10	• Buen uso de los puntos estudiados hasta ahora.	
Gramática y uso	_____ / 10	• Buen uso de los puntos estudiados hasta ahora.	
Vocabulario y expresiones	_____ / 10	• Hay variedad de vocabulario; no se repiten las mismas palabras. • Las palabras están utilizadas correctamente.	

Revisión del compañero: Una propuesta

Nombre del revisor: _____ **Nombre del autor:** _____

Primero, lee la propuesta de tu compañero. Después, contesta estas preguntas, volviendo al texto cuando haga falta.

1. El término que propone el autor es: _____

2. ¿Menciona el autor **las críticas** sobre el término que propone?

❏ Sí, y son estas:

_____

❏ No; debe agregarlas.

¿Hay otra crítica que el autor debe considerar en su propuesta?

3. Las razones que da para apoyar su propuesta son:

	¿Hay algún detalle que crees que haga falta?
Razón 1:	
Razón 2:	
Razón 3:	

Creo que la razón más fuerte que da es la _____ porque _____

_____.

Capítulo 3

Cuestiones de lengua

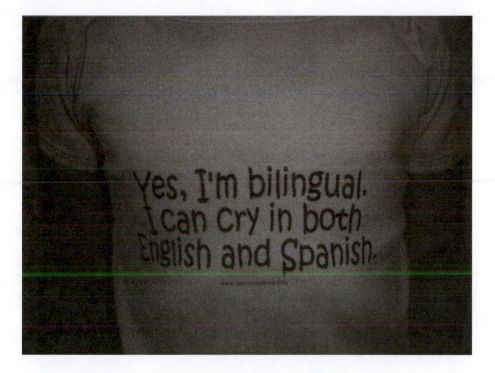

TEMAS

La educación bilingüe y el español en Estados Unidos (y el llamado "spanglish")

ENFOQUES DE REDACCIÓN

Crear buenos títulos e introducciones. Evaluar fuentes electrónicas.

GRAMÁTICA Y USO

Más acentos, incluyendo en la primera persona singular del pretérito. Fenómenos del lenguaje informal y de las lenguas en contacto.

ANTES DE LEER 1

A. ¿Cuál es la definición de "educación bilingüe", como la entiendes tú? Cuando eras niño/a, ¿participaste en un programa de educación bilingüe? ¿Qué recuerdas de ese programa?

B. ¿Conoces algunos argumentos **a favor** y **en contra** de la educación bilingüe?

Argumentos a favor	Argumentos en contra
1.	1.
2.	2.

C. Richard Rodríguez es un escritor mexicano–americano. Su libro autobiográfico *Hambre de memoria: la educación de Richard Rodríguez* (1981) presenta argumentos en contra de la educación bilingüe. También se opone a la acción afirmativa:

> *There was a point in my life when affirmative action would have meant something to me—when my family was working-class, and we were struggling. But very early in life I became part of the majority culture and now don't think of myself as a minority. Yet the university said I was one. Anybody who has met a real minority—in the economic sense, not the numerical sense—would understand how ridiculous it is to describe a young man who is already at the university, already well into his studies in Italian and English Renaissance literature, as a minority. Affirmative action ignores our society's real minorities—members of the disadvantaged classes, no matter what their race. We have this ludicrous bureaucratic sense that certain racial groups, regardless of class, are minorities. So what happens is those 'minorities' at the very top of the ladder get chosen for everything.*

Estos sentimientos son parecidos a los de: ❏ Gimenez   ❏ Dorantes & Zatarain …en el capítulo 2.

D. Busca en YouTube "Richard Rodríguez: Books and Learning" (dura 58:42 minutos), una charla que dio en 1999. Escucha los primeros 10 minutos. Según Rodríguez, "*minority*" es:

❏ numéricamente inferior   ❏ tener problemas sociales
❏ hispanos, afroamericanos y asiáticos

E. Vocabulario. Empareja las siguientes palabras con la definición correspondiente.

___ 1. "Ese día, me alejé del niño **desfavorecido** que había sido días antes".

___ 2. "… parecía molesta y ansiosa frente a la **escasez** de palabras intercambiadas en la casa".

___ 3. "Pero **equiparan** la separación con la individualidad".

---
a. igualan (*equate*)
b. pobre (*underprivileged*)
c. falta (*scarcity*)

LECTURA 1

Hambre de memoria: la educación de Richard Rodríguez
por Richard Rodríguez (Versión editada y traducida del inglés)

Parte I: La educación bilingüe

(1) Hoy en día, los partidarios de la educación bilingüe insinúan que los estudiantes como yo pierden mucho al no ser enseñados en el idioma de su familia. Lo que no parecen reconocer es que, como un niño con desventaja social, considero que el español es un lenguaje privado. Lo que necesitaba aprender en la escuela era que yo tenía el derecho, y la obligación, de hablar el lenguaje público de *los gringos*.

La cubierta de *Hambre de memoria*

(2) Sin lugar a duda, me hubiera gustado escuchar a mis maestros dirigirse a mí en español cuando yo entré al salón. Me hubiera sentido mucho menos temeroso. Hubiera confiado en ellos más y hubiera respondido con facilidad. Pero me hubiera retrasado, ¿por cuánto tiempo me hubiera retrasado?, en aprender el lenguaje de la sociedad pública. Hubiera evadido aprender la gran lección de la escuela, que tengo una identidad pública.

(3) Afortunadamente, mis maestras no fueron sentimentales acerca de su responsabilidad. Lo que entendían era que yo necesitaba hablar el lenguaje público. Pero no podía creer que la lengua inglesa era mía para usarla. ¿Acaso sospechaba que una vez que hubiera aprendido el lenguaje público, mi agradable vida familiar cambiaría?

(4) Tres meses, cinco, medio año pasó. Sin sonreír, siempre alerta, mis maestras notaron mi silencio. Empezaron a relacionar mi conducta con el difícil progreso que tuvieron mis hermanos mayores. Hasta que la mañana de un sábado tres monjas llegaron a la casa para hablar con nuestros padres. Todas tiesas, se sentaron en el sofá azul de la sala. Escuché una voz que suavemente preguntaba: "¿Sus niños hablan sólo español en casa, señora Rodríguez?". Con mucho tacto, continuaron: "¿Sería posible que usted y su esposo animaran a sus niños a practicar inglés cuando estén en casa?". Por supuesto, respondieron mis padres. ¿Qué no harían por el bienestar de sus hijos? ¿Cómo iban a cuestionar la autoridad de la iglesia que estas mujeres representaban? En un momento, estuvieron de acuerdo en renunciar al lenguaje que acentuaba la intimidad de nuestra familia. Al momento después que los visitantes se fueron, el cambio se observó. "*Now* háblennos *in English*" mi padre y mi madre nos dijeron al unísono.

(5) Al principio, parecía un juego. Semanas después, un día en la escuela levanté la mano para ofrecer voluntariamente una respuesta, y hablé abiertamente con una voz fuerte. Y no pensé que fuera excepcional cuando toda la clase entendió. Ese día, me alejé del niño desfavorecido que había sido días antes. La creencia, la seguridad tranquilizante de que pertenecía al espacio público, al fin me había capturado. **Por fin, a los siete años, llegué a creer que realmente era lo que técnicamente había sido desde mi nacimiento: un ciudadano americano**.

(6) Pero el sentimiento de cercanía en el hogar había disminuido. Permanecimos una familia muy afectuosa, pero con un gran cambio. Según los niños aprendíamos más y más inglés, compartíamos menos y menos palabras con nuestros padres. Era necesario decir las oraciones lentamente cuando alguno de nosotros se dirigía a nuestra madre o a nuestro padre. (A menudo no nos entendían). La joven voz, frustrada, terminaba diciendo 'No importa', el tema estaba cerrado. Las cenas eran

ruidosas sólo con el sonido de los cuchillos y tenedores golpeando los platos. Mi madre sonreía dulcemente entre sus comentarios; mi padre al otro extremo de la mesa masticaba y masticaba su comida mientras miraba fijamente sobre las cabezas de sus hijos.

(7) Mi madre y mi padre, por su parte, respondieron diferentemente, según sus hijos les hablaban menos. Ella se inquietó, parecía molesta y ansiosa frente a la escasez de palabras intercambiadas en la casa. Era ella la que me preguntaba acerca de mi día cuando regresaba a casa de la escuela. Sonreía con mi charla. Se unía a las conversaciones que casualmente escuchaba, pero sus intromisiones a menudo hacian que sus hijos pararan de hablar. Por el contrario, mi padre parecía resignado a la nueva tranquilidad. Aunque su inglés mejoró, de alguna manera se quedó en el silencio. Mi mamá se convirtió en la voz pública de la familia. En los negocios oficiales, era ella, no mi padre, la que usualmente escucharíamos hablar por teléfono o en las tiendas, hablando a los extraños. Sus hijos crecieron tan acostumbrados al silencio de su padre, que años más tarde habitualmente hablaban de su timidez. Pero mi padre no era tímido, me di cuenta, cuando lo vi hablando en español con sus familiares. En español era rápido y efusivo, sobre todo cuando hablaba con otros hombres, su voz era chispeante y radiante, llenos de vida los sonidos. En español, expresaba ideas y sentimientos que rara vez revelaba en inglés. Con sonidos firmes en español, transmitía confianza y autoridad. El inglés nunca se lo hubiera permitido.

(8) Hoy escucho a los educadores bilingües decir que los niños pierden hasta cierto grado 'la individualidad' al estar asimilándose a la sociedad pública. (La enseñanza bilingüe fue popularizada en los años 70, esa década en que las etnias de clase media empezaron a resistirse al proceso de asimilación, de la amalgama estadounidense). Pero simplemente desdeñan el valor y la necesidad de la asimilación. Parece que no se dan cuenta de que hay dos formas para que una persona se individualice. Los bilingüistas insisten en que a un estudiante se le debe recordar su diferencia con los otros en la sociedad, su herencia. Pero equiparan la separación con la individualidad. El hecho es que sólo en lo privado con los más allegados es la separación de la multitud un prerrequisito para la individualidad. **En lo público, por el contrario, la individualidad total se logra, paradójicamente, por aquellos que logran considerarse a sí mismos como miembros de la multitud.**

(9) Así me pasó a mí. Sólo cuando pude considerarme estadounidense, y ya no como un extranjero en la sociedad de los *gringos*, fue que pude buscar los derechos y oportunidades necesarias para una completa individualidad pública. Las ventajas sociales y políticas de las que disfruto son el resultado del día en que llegué a creer que mi nombre en verdad era *Rich-heard Roadree-guess*. Esas etnias de clase media que desprecian la asimilación me parecen llenas de un "pobre yo" decadente, obsesionadas con el peso de la vida pública. Peligrosamente han romantizado la separación pública y han dado poca importancia al dilema de los socialmente desfavorecidos.

(10) La problemática de mi infancia no prueba la necesidad de una educación bilingüe. Mi historia, por el contrario, revela un mito esencial de la infancia: el dolor inevitable. Aquí ensayo los cambios en mi vida privada después de mi americanización, y esto es finalmente para darle énfasis a la ganancia pública. **La pérdida implica la ganancia.**

Preguntas

1. ¿Cierto o falso? Si es falso, explica por qué.

   a. Rodríguez considera que el inglés es el único lenguaje público de Estados Unidos.

      ☑ cierto   ☐ falso

   b. Al autor le hubiera gustado hablar español en la escuela, pero considera que eso hubiera atrasado su adquisición del inglés.

      ☑ cierto   ☐ falso

   c. Los padres insistían que la familia hablara solamente español en la casa.

      ☐ cierto   ☑ falso

   d. No hubo grandes cambios en la casa cuando los niños empezaron a hablar más inglés.

      ☑ cierto   ☐ falso

   e. La tesis de Rodríguez es que la gente tiene que asimilarse para poder desarrollar una individualidad.

      ☑ cierto   ☐ falso

   f. Según Rodríguez, los grupos étnicos de clase media que insisten en no asimilarse son culpables de un "pobre yo" y no están tomando en cuenta a los más pobres y socialmente desfavorecidos.

      ☑ cierto   ☐ falso

2. La primera parte del ensayo acaba con esta idea: "La pérdida implica la ganancia". ¿A qué crees que se refiere?

   Lo que se pierde: _____

   Lo que se gana: _____

3. Vocabulario. Empareja las siguientes palabras con la definición correspondiente.

   _____ 1. "Crecí víctima de una confusión **incapacitante**".

   _____ 2. "Sentía que había **hecho añicos** el vínculo íntimo…".

   > a. convertir en pedazos pequeños (*shattered*)
   >
   > b. hacer incapaz (*crippling*)

Parte II: La pérdida del español

(11) Crecí víctima de una confusión incapacitante. Mientras crecía mi fluidez en el inglés, ya no podía hablar español con confianza. Continué entendiendo el español hablado. Y en la escuela secundaria, aprendí a leer y escribir español. Pero por muchos años no pude pronunciarlo. Una potente culpa obstruía mis palabras habladas; faltaba un pegamento esencial cada vez que trataba de conectar las palabras para formar oraciones. Cuando mis familiares o los amigos de mis padres que hablaban español venían a la casa, mis hermanos parecían reservados para usar el español, pero al menos se las arreglaban para decir algunas palabras necesarias antes de recibir permiso para irse. Yo me sentía agobiado por la culpa. Cada vez que se dirigían a mí en español, no podía responder. Sabía las palabras que quería decir, pero no podía arreglármelas para

decirlas. Trataba de hablar, pero todo lo que decía me parecían horribles anglicismos. Mi boca no formaba las palabras correctamente.

(12) Sorprendía a los que me escuchaban al oírme. Me repetían sus preguntas con voces suaves y afectuosas. Pero yo les respondía en inglés. "No, no", me decían, "queremos que nos hables en español". Pero no podía. "¡Pocho!" murmuró la señora en la tienda mexicana, sacudiendo la cabeza. Mi madre se rió detrás de mí. (Dijo que sus hijos no querían practicar español después de que empezaron a ir a la escuela). La sonriente voz de mi madre me hizo sospechar que esa señora mal encarada no estaba realmente enojada conmigo. Pero no le encontraba ni una leve insinuación de una sonrisa. Avergonzados, mis padres tenían que explicar con regularidad la incapacidad de sus hijos para hablar con fluidez el español. Mi madre se encontró ante el enojo de su único hermano, cuando vino de México un verano con su familia. Conocía a sus sobrinos por primera vez. Después de escucharme, miró en otra dirección y dijo que era una vergüenza que yo no pudiera hablar español, '*su propio idioma*'. Le hizo ese comentario a mi madre, pero noté que miraba fijamente a mi padre.

(13) Relato tales incidentes sólo porque sugieren el poder que el español tiene para muchas de las personas con las cuales me encontré en el hogar; la forma en la que el español se asocia con la cercanía. La mayoría de las personas que me llamaban *Pocho* me podrían haber hablado en inglés. Pero no lo hacían. Parecía que pensaban que el español era el único lenguaje que podíamos usar, que el español permitía nuestra cercana asociación. (Los comerciantes y los políticos se aprovechan de tales personas cuando aprenden un poco de español para ganar su confianza). Por mi parte, yo sentía como si hubiera cometido un pecado de traición al aprender inglés, no a los que visitaban la casa, sino a mi familia inmediata. Sabía que mis padres me habían animado para aprender inglés, y que lo resistía enojado. Pero una vez que hablé en inglés con facilidad, comencé a sentirme culpable. (Este sentimiento de culpa desafía la lógica). Sentía que **había hecho añicos** el vínculo íntimo que alguna vez mantuvo a la familia cercana. Este pecado original en contra de mi familia se ponía en evidencia cada vez que alguien se dirigía a mí en español y yo no respondía, confundido.

(14) Pero la intimidad continuó en el hogar, a pesar de que había menos ocasiones de intimidad. Es cierto que nunca olvidaré el gran cambio de mi vida. Pero también hubo momentos en los cuales sentí la más profunda verdad acerca del lenguaje y la intimidad: **la intimidad no se crea por un lenguaje en particular, se crea con la gente con la que uno es íntimo**. El gran cambio en mi vida no fue lingüístico sino social. Sí, después de convertirme en un estudiante exitoso, ya no escuchaba voces familiares tan seguido como las había escuchado antes. Era porque usaba el lenguaje público la mayor parte del día. Al menos me movía con facilidad, como un ciudadano en una ciudad abarrotada de palabras.

DESPUÉS DE LEER 1

A. ¿Cierto o falso?

1. Cuando ya iba a la escuela secundaria, Rodríguez todavía hablaba bien el español.   ❏ cierto ❏ falso

2. Un tío de Rodríguez lo avergonzó porque no podía hablar "su propio idioma".   ❏ cierto ❏ falso

3. ¿Qué crees que respondería Rodríguez hoy a esta acusación de su tío?

❑ No era "mi" idioma, sino el de mi familia; mi idioma era el inglés.

☑ Mi tío tenía razón, por ser mexicano debo hablar español.

4. Rodríguez insinúa que las familias inmigrantes pueden
   ser íntimas en inglés.   ☑ cierto   ❑ falso

B. Completa el cuadro siguiente con un análisis de esta lectura. Indica en qué párrafo(s) se encuentra cada elemento, si está muy bien (3), bien (2) o no muy bien (1), y describe tu respuesta con cualquier recomendación que tengas. No dudes en dar una calificación baja si realmente te parece débil algún elemento; recuerda que no todo lo que se publica está "perfecto".

	Párrafo(s) n°	¿Bien?	¿Por qué? ¿Tienes sugerencias?
a. Los "se dice" y sus resúmenes (capítulo 2)		1 2 3	
b. La tesis (capítulo 1)		1 2 3	
c. El uso de citas (capítulos 1 y 3)	n/a	1 2 3	

C. Muchas investigaciones sobre las lenguas de los inmigrantes de Estados Unidos dejan una cosa muy clara: los que nacen aquí llegan a ser dominantes en inglés, y muchas veces sus hijos (es decir, los nietos de los que inmigraron) retienen muy pocas habilidades en la lengua de sus abuelos. Es mucho más difícil criar a hijos bilingües en este país de lo que muchos se imaginan. Si piensas tener hijos: ¿te gustaría que aprendieran el español? Si contestaste que sí, ¿cómo lo vas a conseguir? Si ya tienes hijos, ¿aprenden el español?

D. Algunos críticos de Rodríguez proponen que su éxito fue el resultado no principalmente de su cambio al inglés, sino por el hecho de que sus padres tenían la posibilidad de vivir en una zona totalmente anglo y enviarlo a una escuela parroquial de **clase media**. Insisten en que su experiencia es muy poco típica para los latinos en general, y por eso no se le debe usar como "*poster boy*" del valor de una educación solamente en inglés. ¿Qué opinas de este debate?

Enfoque de redacción

Crear buenos títulos e introducciones

El título de un texto es importante por varias razones. Es lo primero que ven los lectores, así que debe **captarles la atención** de manera inteligente. La gente hoy en día tiene más acceso que nunca a un sinfín de textos por Internet y otras fuentes, así que si tu texto tiene un título llamativo, hay más probabilidad de que la gente lo lea.

Obviamente, el título también debe tener alguna relación con el contenido del ensayo, y a veces un buen título sí informa claramente cuál es el contenido. Pero, **a veces, un título llamativo es más interesante que un título estrictamente informativo**. Es decir, podemos dejar la tesis para el párrafo introductorio (en vez de usarla como título) y usar el título como oportunidad creativa de llamar la atención. Veamos unos ejemplos:

Título llamativo	Título estrictamente informativo (qué es realmente la tesis)	¿Cuál te parece mejor?
"Encuentros y desencuentros: de Guillermo a William" (del capítulo 1)	"Esconder tu pasado puede ser dañino"	❏ el llamativo ❏ el informativo
"Roba esta canción"	"Por qué debemos cambiar el modelo de la industria de la música"	❏ el llamativo ❏ el informativo
"Tú dices latino, yo digo hispano"	"¿Latinos o hispanos?: un debate sobre la identidad"	❏ el llamativo ❏ el informativo

Algunos títulos usan una frase llamativa seguida por dos puntos (*colon*) y algo más informativo. Un ejemplo es "¿Latinos o hispanos?: un debate sobre la identidad". Generar un buen título no es siempre fácil; queremos llamar la atención sin ser demasiado "*cute*", irrelevantes o chocantes, y queremos informar sobre el tema del texto sin dar demasiada (o demasiada poca) información. Se puede llamar la atención del lector de varios modos:

Técnica	Ejemplos
a. Un juego de palabras	"*Shift happens*: la pérdida del español en los USA"
b. Símiles y metáforas	"Ahogándonos en un vaso de agua: por qué los términos no importan".
c. Una frase o palabra importante del texto	"Todos somos cómplices"
d. La aliteración (la repetición del mismo sonido al principio de las palabras)	"Bilingüe pero balbuceante"

Para leer más, ve a *www.wikihow.com* y busca "*catchy title*".

Actividad 1

Genera títulos diferentes para llenar el cuadro —tú generas las dos versiones en los últimos dos ejemplos— y después indica cuáles te parecen mejores.

Título llamativo	Título estrictamente informativo	¿Cuál te parece mejor?
a. "Cómplices de los indocumentados"		❏ el llamativo ❏ el informativo
b.	"El spanglish es una manera informal de comunicarse"	❏ el llamativo ❏ el informativo
c.	"Los cambios en Guatemala entre 2000 y 2010"	❏ el llamativo ❏ el informativo
d. "Asfixiados por el salario mínimo"		❏ el llamativo ❏ el informativo

(Continúa)

Título llamativo	Título estrictamente informativo	¿Cuál te parece mejor?
e.	"Hace falta más personal bilingüe en el campo médico"	❏ el llamativo ❏ el informativo
f.		❏ el llamativo ❏ el informativo
g.		❏ el llamativo ❏ el informativo

Ahora, pasemos a considerar **las introducciones** de los ensayos. Supongamos que a un lector muy ocupado le llamó la atención tu título y se detiene a leer tu texto. La próxima oportunidad que tienes para mantener (¡o perder!) su atención es con la introducción, o sea, el primer párrafo. No sólo debe mantener el interés, también su función es hacer una especie de **puente** que transporte a tus lectores de sus propias vidas hacia el "lugar" de tu texto.

Curiosamente, la introducción muchas veces se escribe de **último**, una vez que tienes todo el resto del ensayo acabado. Así puedes asegurarte de preparar bien al lector para lo que viene.

Abajo tienes algunas ideas para comenzar tu ensayo de manera interesante, para que enganche (*hooks*) al lector y sirva de puente al "lugar" de tu texto.

Para comenzar un ensayo

a. Un **hecho** asombroso, extraordinario o alarmante. No tiene que ser totalmente nuevo para tus lectores; puede tratarse simplemente de un hecho relevante que ilustra el punto que quieres hacer.

b. Una **anécdota** (una historia corta que ilustra un punto). Debe ser corta, al grano y relevante.

c. Un **diálogo**. Un diálogo apropiado no necesariamente tiene que identificar a los que hablan, pero el lector debe entender claramente el punto. Normalmente no pasamos de tres intercambios en un diálogo de este tipo.

d. Una **opinión** muy extrema, con la que puedes indicar tu acuerdo o desacuerdo parcial o completo.

e. Una **definición** de un término central de tu tesis. Esto tiene sentido cuando hay desacuerdo sobre lo que quiere decir algún término o a qué se refiere.

f. Una **pregunta** que contestas con tu tesis y a lo largo del ensayo.

Después de usar la técnica de llamar la atención, van a hacer falta dos o tres oraciones más de elaboración con detalles adicionales. Y acabas la introducción con tu tesis.

> **La estructura del párrafo introductorio:**
> Comienzo llamativo (1-2 oraciones)
> Elaboración/detalles adicionales (2-3 oraciones)
> La tesis (1-2 oraciones)

Acaba la introducción con tu tesis.

Actividad 2

Identifica qué tipo de introducción se emplea en cada ejemplo a continuación. Después, inventa dos introducciones adicionales y un compañero de clase identificará qué tipo es.

> a. Un hecho asombroso, extraordinario o alarmante
> b. Una anécdota
> c. Un diálogo
> d. Una opinión extrema
> e. Una definición
> f. Una pregunta

— 1. "Lupita, ¿nos dices la respuesta al problema número cuatro?". Lupita se queda muda, con una expresión vacía. "Lupita, número cuatro, por favor", repite la señorita Ritter, la maestra de cuarto grado. Ninguna respuesta. La maestra suspira y piensa: "Esta niña no sabe hacer matemáticas básicas. A lo mejor necesita servicios de Educación Especial". Pero, en realidad, hace dos años, en Guatemala, Lupita solucionaba problemas aún más avanzados que los de la señorita Ritter. El problema era que, a pesar de poderse llevar en un inglés "social" con sus amiguitos, Lupita no siempre entendía lo que le decían en sus clases. Dejar que los niños como Lupita se ahoguen en una inmersión total en inglés atrasa su desarrollo en las materias escolares y frecuentemente los ubica equivocadamente en clases de Educación Especial que no les corresponden. Aunque algunos denuncian que la educación bilingüe es una especie de "apapachamiento", un programa que ofrece apoyo en la lengua nativa combinado con servicios de ESL es la mejor opción para educar apropiadamente a los inmigrantes.

— 2. Los inmigrantes deben hablar inglés o volver a sus países. En Estados Unidos, el idioma más hablado es el inglés; es el único vínculo que nos une a todos. Grupos como *English First* y *English Only* hacen una importante labor promoviendo el monolingüismo de nuestro país. La educación bilingüe sólo nos divide, no nos une, y por eso debería ser ilegal la educación bilingüe en Estados Unidos.

— 3. En el debate constante sobre los beneficios de la educación bilingüe, siempre surge la noción de la "doble inmersión". La doble inmersión es un programa de estudios en el cual los estudiantes aprenden dos idiomas en una clase que tiene un equilibrio de niños nativos de los dos idiomas. La meta para todos los estudiantes es poder hablar, leer y escribir ambas lenguas a un nivel académicamente alto. Aunque puede parecer costoso al principio, los beneficios a largo plazo hacen que este programa sea la mejor opción para educar a niños bilingües.

— 4. ¿Por qué dejar que un programa hinchado, tambaleante e inefectivo siga conectado a las máquinas de ayuda vital? La educación bilingüe ya tuvo una oportunidad, 30 años de oportunidades, para probar su efectividad y fracasó. Es hora de desconectarlo y dejar que los niños sean inmersos en el inglés.

__ 5. Un 30% de los hispanos abandonan sus estudios secundarios antes de graduarse, comparado con un 12% de afroamericanos y un 9% de anglosajones (US Government Accounting 1997). Esto difícilmente podría deberse a que sean menos inteligentes. Muchos de estos estudiantes entran a la escuela sin saber inglés, y nunca se les brinda, o se les imparte terriblemente mal, la ayuda que les corresponde por ley. Por eso es necesario ofrecer programas educativos bilingües que ofrezcan apoyo en el idioma nativo de estos estudiantes y que a la vez tengan un componente importante de ESL.

__ 6. Sarah sólo hablaba inglés cuando llegó al kindergarten. Pero sus papás la pusieron en una escuela bilingüe de doble inmersión, donde hasta octavo grado estudió la mitad de sus materias en español y la otra mitad en inglés. Ahora, Sarah es una mujer de negocios muy exitosa que viaja a países hispanohablantes representando a su compañía. Sarah es sólo una de las muchas historias de éxito de estos programas de doble inmersión. Si hubiera más de estas escuelas en Estados Unidos, se producirían más profesionales bilingües preparados para competir en el mercado cada vez más global.

Ahora, genera dos ejemplos originales de una introducción, usando las tesis a continuación. Un compañero tratará de determinar qué estrategia usaste.

"La violencia en la televisión no es un problema social".

"Se debe criminalizar el juego (*gambling*) en Estados Unidos".

Actividad 3

Ahora, vuelve a los seis párrafos introductorios de la actividad 2. Indica claramente dónde están los elementos siguientes:

Comienzo llamativo

"Se dice"

Elaboración/detalles adicionales

La tesis

Gramática y uso

Otras palabras con acentos y el pretérito "hablé" vs. el subjuntivo "hable"

Estas tres palabras son verbos en el imperfecto y requieren acento: **tenía**, **sabía** y **hacía**.

Una tenia (*tapeworm*)

tenia vs. tenía	**tenia** = *tapeworm* La **tenia** es un parásito; hay 14 tipos diferentes.
	tenía = *I had*. Del verbo tener. "Lo que necesitaba aprender en la escuela era que yo **tenía** el derecho, y la obligación, de hablar el lenguaje público de *los gringos*".
sabia vs. sabía	**sabia** = *wise* Mi abuela es una mujer muy **sabia**.
	sabía = *I knew*. Del verbo *saber*. **Sabía** que tenía que hacer algo.
hacia vs hacía	**hacia** = *towards* Toma la carretera **hacia** Wisconsin.
	hacía = *did/made*. Del verbo *hacer*. Esa lavadora **hacía** muchísimo ruido.

Otro verbo que requiere acento es "sería", que es el condicional:

seria vs. sería	seria = *serious*. Mi prima es una persona muy **seria.**
	sería = *would be*. Del verbo *ser*. "**¿Sería** posible que usted y su esposo animaran a sus niños a practicar su inglés cuando estén en casa?"

Ahora, miremos el pretérito otra vez. En el capítulo 1, vimos la diferencia entre:

yo gano   Presente simple, primera persona ("yo")

él ganó   Pretérito, tercera persona ("él, ella, usted")

El revisor de ortografía <u>no</u> puede identificar el error si escribimos incorrectamente "él gano" sin el acento en la "o". Por lo tanto, vimos que tenemos que revisar bien los verbos que acaban en "o".

Un problema parecido es la "e" en la forma del pretérito de la primera persona en los verbos que acaban con -AR. Miren las oraciones siguientes:

Pretérito, primera persona ("yo")	Subjuntivo, primera persona ("yo") y tercera persona ("él, ella, usted")
Anoche yo **hablé** con mucha gente.	Quiero que mi hermana **hable** con mucha gente. Mi mamá quiere que yo **hable** con el profesor.
En la quinceañera de mi prima, **bailé** con mis primos.	Mi prima insiste en que yo **baile** con mis primos. Yo insisto en que mi papá **baile** con mi prima.
Nunca **abandoné** mis estudios.	Lucho para que mi hermano no **abandone** sus estudios. Mi mamá lucha para que yo no **abandone** mis estudios.
"Semanas después, un día en la escuela **levanté** la mano para ofrecer voluntariamente una respuesta, y **hablé** abiertamente con una voz fuerte".	Mis maestras quieren que yo **levante** la mano y que **hable** con una voz fuerte.

¿Notas la diferencia entre "**hablé**" y "**hable**"? El acento diacrítico es muy importante porque cambia el significado. Pero el revisor de ortografía <u>no</u> puede identificar el error si escribimos incorrectamente "anoche yo hable con mucha gente" sin el acento en la "e". Por lo tanto, también tenemos que revisar los verbos que acaban en "e".

¿Cuándo se usa el subjuntivo?
En términos muy generales, se usa el subjuntivo en circunstancias de deseo/influencia, emoción/reacción, o duda/falta de existencia. La "falta de existencia" puede ser lo indefinido o algo en el futuro.

POR CIERTO

Aquí hay un truco para determinar si hace falta un acento en la "e" final de un verbo. Pregúntate:

¿Puedo decir "Ayer yo" delante del verbo y suena bien? Entonces **sí** necesita acento.

Ayer yo hablé, ayer yo bailé, ayer yo levanté, etc. → Suenan bien. Sí llevan acento.

Si **no** puedo decir "ayer yo" delante del verbo, no necesita acento. No es el pasado; es el subjuntivo.

Ayer yo <u>levante</u> la mano → No tiene sentido. **No** lleva acento.

Estudia los ejemplos siguientes del subjuntivo. Acaba las oraciones que estén incompletas (la última columna) con una forma del subjuntivo.

Circunstancia	Cláusula principal		Cláusula dependiente —con un cambio de sujeto
Deseo/influencia	Mis padres insisten en…	que	…yo **hable** español en la casa.
	Yo quiero…	que	…mi amigo….
	La profesora prefiere…	que	…nosotros….
Emoción/reacción	Me encanta…	que	…Elena me **visite** cada verano.
	Me sorprende…	que	…mis sobrinos…
"No existencia"			
negación	No hay nadie aquí…	que	…**hable** chino.
duda	No creo…	que	…ellos…
indefinido	Busca un teléfono…	que	…**cueste** menos de $100.
futuro	Voy a hablar más español…		…cuando…

Para unos ejercicios sobre el uso del subjuntivo, consulta *www.wiley.com/college/potowski*

Actividad 1

Elige la forma correcta.

¿Es pretérito o subjuntivo?					
1. Anoche me…	❑ quede	❑ quedé	…dormido a las 10:00.	❑ P	❑ S
2. No quiero que ella…	❑ llegue	❑ llegué	…tarde.	❑ P	❑ S
3. Salgo a las cinco en cuanto…	❑ termine	❑ terminé	…todo el trabajo.	❑ P	❑ S
4. Reconozco que me…	❑ case	❑ casé	…por interés, pero valió la pena.	❑ P	❑ S
5. Busco un novio que…	❑ baile	❑ bailé	…salsa y cumbia.	❑ P	❑ S
6. En la fiesta de anoche…	❑ saque	❑ saqué	…muchas fotos divertidas.	❑ P	❑ S
7. Cuando era niña…	❑ pase	❑ pasé	…tres años en un programa bilingüe.	❑ P	❑ S
8. La profesora quiere que…	❑ hable	❑ hablé	…con ella después de clase.	❑ P	❑ S
9. Anoche en el karaoke…	❑ cante	❑ canté	…mis canciones favoritas.	❑ P	❑ S
10. Mi consejera académica quiere que me…	❑ comunique	❑ comuniqué	…con ella.	❑ P	❑ S

Actividad 2

Vuelve al párrafo 5 de la lectura de Rodríguez y subraya todos los verbos que acaban en "é". ¿Cuántos encontraste en total?

Actividad 3

Agrega los acentos donde hagan falta.

1. Después de comer, **pase** por la oficina de mi papá y le **deje** unos papeles. Pero hoy quiere que me **quede** en casa y que **revise** la tarea de mi hermana.

2. **Seria** bueno que vinieras al debate sobre la educación bilingüe.

3. No **llegue** a tiempo porque **tenia** un compromiso por la mañana. Yo **se** que es importante que mañana **llegue** a tiempo.

4. Me dijo que su hija era muy **seria** y que algún día **seria** abogada.

5. Anoche **estudie** cinco horas, y esta mañana me **levante** temprano, me **bañe** con calma, **desayune** bien, **tome** el autobús y, por todo este esfuerzo, **pase** un examen muy difícil.

6. **Compre** un Mac hace años, así que cuando mi sobrina **compro** uno, yo **sabia** que su decisión era muy **sabia**.

7. Mi tía **hacia** ejercicio cuando se dio cuenta de que **hacia** media hora que su hijo manejaba **hacia** la casa, pero no **tenia** la comida preparada.

ANTES DE LEER 2

A. ¿Aproximadamente qué porcentaje de la población en Estados Unidos crees que es **monolingüe en inglés?**   ❏ 20%   ❏ 40%   ❏ 60%   ❏ 80%

B. Algunos estados han pasado leyes declarando que el inglés es el **único idioma oficial.** ¿Cuántos estados crees que han pasado esta ley?   ❏ 18   ❏ 28   ❏ 38   ❏ 48

¿Es tu estado uno de ellos? Busca en Wikipedia "*English Only movement*".   ❏ Sí   ❏ No

C. Vocabulario. Empareja las siguientes palabras con la definición correspondiente.

— 1. "… todos reciben la etiqueta 'bilingüe', pero **abarcan** metas muy distintas…"

— 2. "Se usa la lengua de casa como **muleta** durante cierto número de años".

— 3. "… los programas bilingües bien diseñados […] resultan en niveles altos de **rendimiento** académico…"

— 4. "Los **sondeos** lo demuestran claramente".

— 5. "… deseo […] de que sus hijos aprendan otras lenguas, como nos **exhortó** el presidente Obama…"

a. provecho, productividad (*achievement*)
b. apoyo, soporte
c. comprender, ocuparse de
d. encuesta, investigación
e. animar, suplicar (*to urge*)

LECTURA 2

"Bilingüe": una palabra dirty *en la educación pública*
por Kim Potowski

Kim Potowski es profesora de lingüística hispana en la Universidad de Illinois, en Chicago. Su investigación se enfoca en el español de Estados Unidos y la enseñanza del español a los hablantes de herencia.

(1) En Estados Unidos, la educación bilingüe moderna empezó con la Ley de Educación Bilingüe (*Bilingual Education Act*) de 1968. Aunque la ley murió joven —a los 34 años— con la llegada de Que Ningún Niño Se Quede Atrás (*No Child Left Behind*) en 2002, la educación bilingüe se sigue practicando. Pero hace 40 años que seguimos en

el mismo debate sobre el propósito de la educación bilingüe: ¿Asimilar a los hijos de inmigrantes, enseñándoles inglés lo más rápido posible? ¿Promover el bilingüismo oral y escrito? ¿Mejorar el rendimiento académico y evitar la deserción escolar? ¿Promover la igualdad social y la autoestima de los alumnos? ¿Acaso perseguir todas estas metas simultáneamente?

(2) Para empezar, conviene explicar lo que se quiere decir con el término "educación bilingüe". El cuadro 1 resume los tipos de programas más comunes en el país, todos los cuales reciben la etiqueta de "bilingüe", pero que abarcan metas muy distintas.

Tipos de programas "bilingües"

Nombre	Descripción y metas	Notas
ESL (*English as a Second Language*, o Inglés como Segundo Idioma)	Se saca a los alumnos del salón principal durante cierto tiempo cada semana para recibir instrucción especializada en inglés.	La mayoría de los programas "bilingües" en el país utilizan únicamente el ESL.
Programa bilingüe de **transición**	Se usa la lengua de casa como muleta durante cierto número de años, cuando el niño pasa al salón "mainstream" de puro inglés. La meta es que hagan la transición lo más pronto posible; no hay meta de mantener la lengua de casa. Muchas veces se combina con el ESL.	En las escuelas públicas de Chicago, el promedio es de 3 años y el máximo es de 5 años.
Programa bilingüe de **mantenimiento**	Se usa la lengua de casa aun después de que el niño puede funcionar académicamente en inglés. La meta es mantener la lengua de casa.	Son relativamente pocos programas.
Inmersión "amparada" (*Sheltered English immersion*)	Se usa el inglés 100%, pero con "intenciones de apoyar el aprendizaje".	Lo que se decretó en California en 1998 cuando un referéndum eliminó la educación bilingüe. Resultados mixtos.
Inmersión dual	Programa bilingüe de mantenimiento en el que se usa la lengua de casa para impartir a veces hasta el 90% del currículo. Aproximadamente la mitad de los alumnos son anglófonos, quienes tienen que aprender la lengua minoritaria.	Hay unos 300 programas de inmersión dual en el país, en una docena de lenguas; el 95% de ellos enseña el español.

(3) Una cosa sí se ha aclarado con el tiempo. Hay una preponderancia de pruebas de que los programas bilingües bien diseñados e implementados resultan en niveles altos de rendimiento académico a largo plazo, sin que signifiquen ningún costo para la adquisición del inglés. A primera vista puede parecer casi ilógico, pero así es: entre más se le enseña al niño en su lengua dominante durante los años escolares tempranos, mejor aprenderá tanto el contenido de las materias como el inglés. Esto suena totalmente contraintuitivo. O sea, si queremos aprender a jugar golf, debemos pasar tiempo jugando golf. Si queremos aprender a usar un microscopio, debemos pasar tiempo usando un microscopio. Pero si queremos que los alumnos aprendan inglés, ¿deben pasar tiempo estudiando en su lengua materna? Sí. Para ver las pruebas, se pueden consultar los estudios de Ramírez et al. (1991), August & Hakuta (1997), Greene (1998) y el recién publicado artículo en el *American Educator* del profesor Claude Goldberg de Stanford University.

(4) Además de la dificultad de convencer a la gente de algo que parece ir en contra del sentido común, la cultura lingüística predominante del país dificulta aún más el asunto. Somos una nación muy monolingüe: el 80% del país habla sólo inglés.

Pero ojo, algunos no consideran suficiente que hables inglés para ser "americano". Para no despertar sospechas sobre tus lealtades, es mejor *no saber* otra lengua. Cuánta gente declara casi con orgullo: "¡Estudié 5 años de francés/español/klingon, pero no puedo decir nada!". Esto nos lleva al siguiente conflicto: a pesar de lo que señalan los estudios sobre la alta efectividad de los programas bilingües, políticamente, la meta de legitimar el bilingüismo no le gusta mucho a la mayoría, ni para los hijos de inmigrantes ni para los niños anglófonos. Esto se demostró claramente en julio de 2008 cuando Barack Obama, cuestionando el movimiento *English Only* y declarando cierta vergüenza por ser monolingüe, insistió en que los niños en este país, para ser más competitivos globalmente, deben aprender otras lenguas:

> *"Estoy de acuerdo en que los inmigrantes deben aprender el inglés. Pero en vez de preocuparse de si los inmigrantes van a aprender inglés —lo van a aprender— deben ustedes asegurarse de que sus hijos sepan español. Deben intentar que sus hijos sean bilingües. Todos los niños deben hablar más de un idioma".*

(5) Y claro, los conservadores entraron en una convulsión colectiva. Que aquel elitista forzaría a que se aprenda español (¿será la primera vez en la historia estadounidense que "elitista" y "español" aparezcan en la misma queja?). Que mi abuelo era inmigrante y triunfó sin clases bilingües, sin recordar que durante muchos años del siglo XX, hasta un individuo analfabeto podía ganarse una vida decente, sin necesidad de una educación formal. Y, más que nada, que somos el país más poderoso del mundo, para qué molestarnos con los idiomas de otros.

Preguntas

Identifica la idea principal de cada párrafo.

Párrafo nº   Idea

__ 1   a. Reacciones de la gente ante la sugerencia del bilingüismo general.

__ 2   b. Definiciones de los diferentes programas bilingües.

__ 3   c. El mayor rendimiento escolar que resulta de la educación bilingüe.

__ 4   d. Estados Unidos es muy monolingüe en su actitud general.

__ 5   e. Historia de la educación bilingüe; las metas nunca han estado claras.

---

(6) Por un lado, hemos presenciado una erosión del apoyo a los programas "bilingües" (a pesar de que, insisto, la mayoría de estos programas tienen como su única meta la adquisición del inglés). Los sondeos lo demuestran claramente. En 1998, los votantes de California decidieron reemplazar la educación bilingüe transicional con la "inmersión amparada en inglés". Hay que señalar que los medios de comunicación jugaron un papel clave en ese voto, repitiendo constantemente unas mentiras sobre el fracaso de la educación bilingüe, y no olvidemos que tan solo un 30% de los niños clasificados como *English Language Learners* en el estado recibían servicios "bilingües". Eliminarla, entonces, fue tirar las frutas frescas con las podridas. También se llevaron a cabo sondeos preguntando a los padres: "¿Quieren que sus hijos aprendan inglés **o** que estudien en español?" Esa "o" fuerza una decisión completamente falsa, ya que estudiar en la lengua materna durante los primeros años de escolarización *favorece* la adquisición del inglés *más* que los programas de puro inglés. Ningún partidario de la educación bilingüe abogaría por sacrificar el aprendizaje del inglés de los niños; todo lo contrario.

(7) Obviamente, los padres de familia tampoco quieren arriesgar el futuro de sus hijos, y ante el miedo de que esto ocurriera, se aprobó la Proposición 227 en California, la Proposición 203 en Arizona y la *Question 2* en Massachusetts, cada una eliminando la educación bilingüe en su estado (fracasó un intento parecido en Colorado).

(8) En parte, el campo pro-educación bilingüe es culpable de no educar mejor al público, explicando cómo funciona la adquisición de lenguas en los niños. Pero, desgraciadamente, los temas complicados no caben en *sound bytes* cortos y bonitos. De ahí que la palabra "bilingüe" ha adquirido un matiz de subversión, casi "antiamericano".

(9) Pero, por otro lado, hemos visto un incremento en los programas para los llamados *heritage speakers* (hablantes de herencia). Cada vez más alumnos de herencia hispana, china, coreana, vietnamita, rusa, etc., se han encontrado con la posibilidad de estudiar su lengua de herencia dentro de programas que toman en cuenta sus conocimientos lingüísticos y culturales. Existen estos programas en las primarias, las secundarias y las universidades por todo el país. Desafortunadamente la mayoría de los distritos escolares no tiene estos programas y espera hasta la edad de 13 años para ofrecer a los alumnos la oportunidad de desarrollar habilidades orales y de lectura y escritura en estas lenguas. Tendría mucho más sentido empezar en las escuelas primarias, período en el que se ha comprobado empíricamente que se aprenden mejor las lenguas.

(10) Quisiera acabar con un ejemplo de excelencia en la educación bilingüe, y aquí reclamo el significado positivo de la palabra, sobre todo la de "bi"-lingüe como "dos" lenguas. La inmersión dual, como lo indica el cuadro 1, es un programa que combina niños que hablan una lengua minoritaria con los que son anglófonos monolingües. La meta es que aprendan unos de otros, acabando todos bilingües y, hasta donde se pueda, biculturales. Según un estudio de Thomas & Collier (1997), este modelo rinde los mejores resultados en los exámenes estandarizados de todos los programas bilingües. En mis visitas a escuelas primarias de inmersión dual en Chicago y en Miami, he visto a maestros bien capacitados logrando cosas maravillosas entre sus alumnos, tanto lingüísticas como en temas afectivos de actitud, visión mundial y autoestima. Leí cuentos cortos escritos en español de alumnos de 10 años de edad sobre las experiencias inmigratorias de sus papás. Escuché a grupos de niños latinos, anglos y afroamericanos debatiendo sobre la pena de muerte o discutiendo novelas juveniles escritas en español. Quedé convencida de que la inmersión dual es la mejor respuesta a la pregunta nacional de la política lingüística-educacional. Pero volviendo al poder de las palabras, recuerdo que el padre de unas niñas, en uno de estos programas, me insistió en que aquello *no* era educación bilingüe, sino inmersión dual. ¿Podremos algún día restaurarle la dignidad a la palabra "bilingüe"?

(11) El crecimiento de la población de *English Language Learners* nos obligará a reexaminar continuamente cómo educarlos mejor. Y si llega a surgir el deseo entre los hablantes de inglés de que sus hijos aprendan otras lenguas, como nos exhortó el presidente Obama, deberemos considerar seriamente lo que propuso Richard Riley en 2000 cuando era Secretario de Educación: que se incremente el número de escuelas de inmersión dual hasta unas 1,000 escuelas en el país. Claro está que hay que evitar programas mal hechos; un buen programa de ESL tendrá mejores efectos que un programa bilingüe de mantenimiento mal hecho. Queda por ver si nuestro país puede fomentar la disposición y el músculo para efectuar cambios importantes en la educación verdaderamente bilingüe, tanto por los hijos de inmigrantes como por los niños monolingües en inglés.

Preguntas

Identifica la idea principal de cada párrafo.

Párrafo nº   Idea

___ 6, 7   f. Los programas para "hablantes de herencia" están aumentando.

___ 8   g. No se le ha explicado bien al público cómo funciona la educación bilingüe.

___ 9   h. Futuras preguntas para la educación bilingüe y la enseñanza de otras lenguas.

___ 10   i. Ejemplos de lo que la autora considera la "verdadera" educación bilingüe.

___ 11   j. La tendencia a eliminar programas bilingües en el país.

DESPUÉS DE LEER 2

A. ¿Cierto o falso, según la lectura? Si es falso, explica por qué.

1. Como resultado de los programas bilingües, los niños aprenden inglés más lentamente.

   ❏ cierto   ❏ falso

2. Cuando se aprobó la Proposición 227 que eliminó la educación bilingüe en California, tan solo un 30% de los niños clasificados como *English Language Learners* estaban en programas bilingües.

   ❏ cierto   ❏ falso

3. En California, explicaban a los papás que sus hijos podían aprender inglés a la vez que mantenían su español.

   ❏ cierto   ❏ falso

B. Cuando el presidente Obama declaró que todos deben aprender otra lengua, algunas reacciones fueron muy negativas. Según la autora, esto es porque:

   ❏ Hay mucho racismo en el país.

   ❏ La idea del bilingüismo no es muy atractiva para muchos estadounidenses.

C. Algunas personas argumentan que cuando sus abuelos inmigraron a Estados Unidos, "no necesitaban clases ni servicios bilingües como exigen los inmigrantes de hoy". ¿Cuál es la respuesta de la autora?

   ❏ No todos tienen la oportunidad de inmigrar con altos niveles educativos; también las actitudes hacia el bilingüismo eran diferentes.

   ❏ Hace unas generaciones, no hacía falta hablar inglés muy bien, ni un diploma de la escuela secundaria, para tener un trabajo decente. Hoy en día, esa gente tendría más problemas.

D. Según Potowski, ¿cuál de los modelos educativos del cuadro 1 resulta en los números más altos en los exámenes estandarizados?

E. La autora hace dos recomendaciones, una en el párrafo 8 y otra en el párrafo 9. ¿Cuáles son?

F. En un estudio (Potowski 2004), se encontró que los jóvenes latinos tenían mucho interés en que sus futuros hijos hablaran español. A pesar de este interés, la realidad es que es muy común que sus futuros hijos **no puedan** comunicarse cómodamente en la lengua de sus abuelos. La autora recomienda que, siempre que sea posible, se lleve a los niños a un país donde solamente se habla español.

¿Qué hace falta para que un niño criado en Estados Unidos llegue a ser bilingüe? Si tienes interés en el tema, puedes consultar libros y páginas web como estos:

1. *7 Steps to Raising a Bilingual Child* de Naomi Steiner y Susan Hayes

2. *The Bilingual Edge* de Kendall King y Alison Mackey

3. "Bilingual/Multilingual Children" en *www.omniglot.com/language/articles*

G. Completa el cuadro siguiente con un análisis de esta lectura. Indica en qué párrafo(s) se encuentra cada elemento, si están muy bien (3), bien (2) o no muy bien (1), y describe tu respuesta con cualquier recomendación que tengas. No dudes en dar una calificación baja si realmente te parece débil algún elemento; recuerda que no todo lo que se publica está "perfecto".

	Párrafo(s) n°	¿Bien?	¿Por qué? ¿Tienes sugerencias?
a. Los "se dice" y sus resúmenes (capítulo 2)		1 2 3	
b. La tesis (capítulo 1)		1 2 3	
c. El uso de citas (capítulos 1 y 3)		1 2 3	
d. El título (capítulo 3)	n/a	1 2 3	
e. La introducción (capítulo 3)		1 2 3	

Why the HELL do I have to Press "1" for ENGLISH?

> **Chiste**
>
> ¿Cómo se llama una persona que habla tres idiomas? *Trilingüe.*
>
> ¿Cómo se llama una persona que habla dos idiomas? *Bilingüe.*
>
> ¿Cómo se llama una persona que habla sólo un idioma? *Estadounidense.*

Enfoque de redacción

Evaluar fuentes electrónicas

En el capítulo 1, estudiamos cómo citar correctamente las fuentes externas en los trabajos escritos. Ahora, nos enfocaremos en qué citas electrónicas (por Internet) son mejores en un trabajo académico. Sabemos que cualquier persona puede crear una página web; entonces, debemos ser muy críticos con la información que encontramos y examinar cuidadosamente los sitios que queremos citar.

A continuación, hay cuatro (4) criterios que podemos aplicar cuando queremos evaluar una página web como posible fuente en un ensayo.

Cuatro criterios para evaluar una página web para un ensayo académico

Criterio 1: Fundamentada. Presenta un argumento profundo y relevante. Fundamenta sus argumentos en fuentes bibliográficas y presenta una bibliografía y una lista de otros recursos en los cuales expandir la investigación.

Criterio 2: Actual. La información es actualizada. Busca el año de publicación y evalúa si los datos que presenta son relevantes para tu argumento.

Criterio 3: Justa. Presenta información objetiva, sin usar lenguaje exagerado ni ataques excesivos. Aun si el artículo presenta una posición particular sobre un tema (y no varios lados de un debate), no debe distorsionar ni falsificar la información con la que no está de acuerdo. *Nota: Puede ser difícil saber si una página distorsiona cierta opinión sin consultar directamente algunas páginas que apoyan esa opinión.*

Criterio 4: Seria/académica. Existen muchos tipos de portales como páginas personales, comerciales, noticias, de intereses específicos, *blogs*, etc. Las más confiables para la investigación académica son los portales académicos como publicaciones periodísticas, universitarias y/o profesionales. Ten en cuenta el dominio al que pertenecen: edu, gov, org, net, com. Si hay una página "Quiénes somos" o algo parecido, examínalo.

¿Se puede citar Wikipedia? *Wikipedia mismo dice lo siguiente:*

El uso normal académico de Wikipedia y otras enciclopedias incluye el consultar los hechos generales de un tema y juntar palabras clave y una bibliografía básica, **no** citarlo como fuente por sí solo. Recuerda que Wikipedia es un Wiki, con lo cual cualquiera lo puede editar, borrando datos e incluso metiendo información falsa, que a lo mejor el lector no reconoce.

Pero con frecuencia, la gente quiere saber cómo citar Wikipedia. Como ocurre con cualquier fuente, se debe ser precavido y estar al tanto de la precisión de la información. Para algunos propósitos, pero particularmente en la academia tradicional, Wikipedia <u>no</u> debe considerarse una fuente aceptable; inclusive algunos profesores han rechazado trabajos con fuentes de Wikipedia. Otros, sin embargo, aceptan su uso e incluso animan a que sus estudiantes contribuyan al Wiki a base de sus propias investigaciones.

Otras fuentes (en español) sobre la credibilidad de las páginas web:

1. Busca "Cinco criterios para evaluar las páginas de la red" en la página web de Eduteka: www.eduteka.org

2. En el sitio web de la historia del siglo XX, que se puede hallar en *www.historiasiglo20.org/curso*, ve a "Tema 5, Criterios para evaluar un sitio web".

Actividad 1

A continuación, hay ocho páginas sobre la educación bilingüe. Elige cuatro (4) de ellas y evalúa cada una según los cuatro criterios. Asigna a cada criterio entre 1 y 5 puntos, según esta escala:

Número de puntos	Descripción
1	Muy mal
2	Mal
3	Regular
4	Bien
5	Muy bien

Páginas para evaluar

Elige 4 de ellas

    a. *en.wikipedia.org/wiki/Bilingual_education*

    b. *www.answers.com/topic/bilingual-education*

    c. *www.theatlantic.com/issues/98may/biling.htm*

    d. *www.inmotionmagazine.com/pollesp.html*

    e. *www.bilingualeducation.org/resources_public_articles.php*

    f. *www.oei.org.co/oeivirt/rie13.htm*

    g. *babybilingual.blogspot.com/*

    h. *www.bilingualforfun.com/blog/*

Modelo

www.rethinkingschools.org/archive/17_02/Bspa172.shtml

	Criterio 1 Fundamentada	Criterio 2 Actual	Criterio 3 Justa	Criterio 4 Seria/académica	Puntos totales (25 máx.)
Modelo "Rethinking Schools"	3 puntos *Cita acontecimientos que se pueden buscar fácilmente, pero no provee bibliografía.*	4 puntos *El artículo es de 2003.*	5 puntos *Presenta sólo un lado, pero objetivamente; no falsifica argumentos.*	5 puntos *Grupo sin fines lucrativos dedicado a la educación; tiene 19 años.*	17
Página (a-h): ___					
Página (a-h): ___					
Página (a-h): ___					

¿Hay alguna página de las opciones a-h de arriba que consideres realmente buena para citar en un ensayo académico? ¿Hay alguna que recomiendas no citar?

Entrando a la conversación

Una carta a los padres de familia

Imagina que eres un director/una directora (*principal*) de una escuela primaria. Elige el tipo de programa que crees que es mejor para los niños que hablan otras lenguas:

- ❏ ESL (English as a Second Language)
- ❏ Un programa bilingüe de transición
- ❏ Un programa bilingüe de mantenimiento
- ❏ Inmersión "amparada" (Sheltered English immersion)
- ❏ Inmersión dual
- ❏ ¿Otro?

Escribe una carta de una página (espacio sencillo) a los padres de niños hispanohablantes para convencerlos de que el programa en tu escuela sería de mucha ventaja para sus hijos. Puedes usar el modelo a continuación o desarrollar otro. No olvides aplicarle un programa de revisión de ortografía. Si decides incluir páginas web como referencias, cerciórate de que las páginas pasen los criterios que hemos estudiado.

Estimados padres de familia de la Escuela _____ [**Nombre de la escuela**] _____:

    Me dirijo a ustedes con el fin de explicarles por qué he elegido un programa _____ [*tipo de programa*] para los niños que están aprendiendo inglés en nuestra escuela. Este programa [*definición del programa, breve explicación de cómo funciona*]. He elegido este modelo por los siguientes dos motivos: _____ [*breve mención de los dos motivos*].

    Primero, _____ [*motivo #1: explicaciones, citas que lo apoyan*]. [*Trata de incluir un "se dice" de la gente que NO apoya el programa que elegiste, y explica por qué se equivocan.*]

    En segundo lugar, _____ [*motivo #2: explicaciones, citas que lo apoyan*]. [*Trata de incluir un "se dice" de la gente que NO apoya el programa que elegiste, y explica por qué se equivocan.*]

    Espero que comprendan mis motivos y que me apoyen en esta decisión tan crucial para el aprendizaje de nuestros alumnos. _____. Para cualquier pregunta o comentario, estoy a la orden, como siempre.

    Muy atentamente,

_____[*tu nombre*]_____

En breve: Las Leyes 101 y 104 en Quebec, Canadá

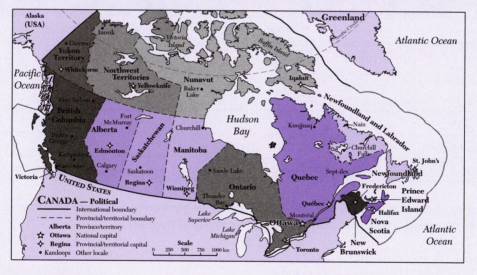

A lo mejor ya sabes que Quebec, Canadá, es una zona altamente francófona (*French-speaking*). En 1977, el *Parti Quebequois* pasó la Ley 101, haciendo el francés la lengua oficial de la región. También dicta que todos los niños en la provincia, incluso los hijos de inmigrantes, están obligados a asistir a escuelas en francés, aunque hay ciertas excepciones (por ejemplo, si uno de los papás es canadiense y recibió su escolarización en inglés, el niño puede asistir a una escuela anglófona). Pero hay una escapatoria (*loophole*): algunas familias envían a sus hijos por un año (o menos) a una escuela anglófona privada, para después tener el derecho de meterlos en una escuela pública anglófona. En 2002, se aprobó la Ley 104 para cerrar esa escapatoria. Pero varias familias pusieron una demanda (*lawsuit*) y, en octubre de 2009, la Corte Suprema de Canadá decidió que la Ley 104 era inconstitucional; le dio a Quebec un año para reescribir la ley de forma aceptable.

¿Qué opinas tú? ¿En qué circunstancias tienen los padres el derecho de decidir en qué lengua estudian sus hijos? ¿Hasta qué punto puede proteger su lengua un grupo minoritario a través del gobierno?

ANTES DE LEER ❸

A. ¿Qué has escuchado sobre el término "spanglish"? ¿Cómo lo entiendes tú? ¿Es generalmente considerado un fenómeno positivo o negativo?

B. Lee las oraciones a continuación. ¿Crees que son posibles? Es decir, ¿alguien las diría?

	Sí	Tal vez	No
1. Estoy muy cansada de trabajar, voy a tomar un breik.			
2. I want the house grande.			
3. No estudiaron so they failed the test.			
4. Pedro got mad and then he salió.			
5. Nos vemos a las diez, right?			
6. Me tengo que ir pero te llamo para atrás.			
7. Juan está bailanding con su novia.			
8. I love your shoes! ¿Dónde los compraste?			
9. He's my brother, pero no confío en él.			
10. Tía, cómprame una bicicleta, please.			
11. I'm doing it porque mis padres are making me.			
12. El lonche está en el fríser.			
13. Por fin Juan realizó lo importante que es ir a la escuela.			
14. She doesn't want to go. Prefiere quedarse.			

¿Están muy de acuerdo los miembros de la clase?   ❏ Sí   ❏ No

C. ¿Si hablamos en dos lenguas a los niños, se llegan a confundir? En *www.bebesymas.com*, busca "bilingüe flexible" para leer un corto artículo titulado "Los niños bilingües son más flexibles para aprender". También en *www.omniglot.com/language/articles* te puede interesar el artículo bajo "Bilingual/multilingual children: Fact or fiction?"

LECTURA 3

¿Traje de baño o traje con corbata?: respetar el "spanglish" en las clases de español

por Kim Potowski

Kim Potowski es profesora de lingüística hispana en la Universidad de Illinois en Chicago. Su investigación se enfoca en el español de Estados Unidos y la enseñanza del español a los hablantes de herencia.

Parte I

(1) Siempre que ha habido contacto significativo entre hablantes de diferentes lenguas, han surgido cambios en las lenguas que hablan. Siempre. Échale azul al amarillo y se vuelve verde. No importa el lugar, el siglo o las lenguas en cuestión. Y cuando una de las lenguas tiene más prestigio y/o hablantes que la otra, normalmente es la que ejerce más influencia en la lengua minoritaria.

(2) El caso del español en Estados Unidos no es excepción. Incluso el español de la primera generación —es decir, los inmigrantes— suele reflejar la influencia de palabras y expresiones del inglés. El español de la segunda y tercera generación (los hijos y nietos de los inmigrantes) demuestra todavía más influencia. Aquí se presenta un resumen de los cuatro fenómenos asociados con las lenguas en contacto: 1. los cambios de código, 2. los préstamos, 3. las extensiones y 4. los calcos, utilizando ejemplos del español de Estados Unidos, o lo que algunos llaman el "spanglish". Y veremos que no tiene sentido criticar el verde por no ser suficientemente azul.

Fenómeno 1: Cambio de códigos

(3) Como el nombre lo indica, cambiar de códigos (*codeswitching*) es cuando un hablante, en una misma conversación, cambia de Lengua A a Lengua B. Algunos ejemplos serían: "Me dijo que llegaría a las cinco *but he's not here yet*". o "¿Nunca has comido en ese restaurante? *The food is delicious*". El primer ejemplo se llama *intraoracional* porque ocurrió dentro de una sola oración, mientras que el segundo ejemplo se denomina *interoracional* porque se produjo entre dos oraciones distintas. Según los lingüistas, cambiar de códigos dentro de una misma oración sin violar las reglas sintácticas de ninguno de los dos idiomas requiere un nivel bastante alto de bilingüismo, todo lo contrario de la "pereza mental" que alegan algunos críticos del "spanglish".

(4) Aunque el cambio de códigos puede parecer caótico o al azar, la verdad es que sigue tendencias lingüísticas empíricamente comprobadas. Por ejemplo, normalmente no cambiamos en medio de una palabra. No se dice, por ejemplo, "Juan está <u>bailanding</u> con su novia". Además, no se suele cambiar en puntos en los que la estructura de las dos lenguas no es igual, de ahí que no decimos "I want the house grande". Tampoco solemos cambiar entre un sujeto y su verbo, tipo "Pedro got mad and then he salió".

(5) Ahora bien, ¿<u>por qué</u> diría alguien "Nos vemos a las diez, right?" cuando existe la palabra "right" en español? ¿Será porque no sabe decirlo? A veces sí, cambiamos de idioma porque desconocemos cierta palabra. Pero no siempre. De hecho, la lingüista Ana Celia Zentella encontró que en todos los casos en que un grupo de cinco niñas bilingües cambiaron de códigos, en un 75% de los casos sabían perfectamente decir en el primer idioma lo que habían producido en el otro idioma.

(6) Si sabemos decir algo de manera monolingüe, entonces ¿por qué cambiar de códigos? Hay muchos motivos: para dar énfasis, crear solidaridad, citar exactamente lo que dijo una persona, respetar el idioma dominante de la persona con la que hablamos, cambiar de tema o hacer comentarios parentéticos. Y a veces, simplemente, no existe una palabra equivalente en la otra lengua que capte exactamente lo que queremos decir. Volveremos a este punto más adelante.

Fenómeno 2: Préstamos

(7) Además de cambiar de códigos, los hablantes bilingües suelen hacer mucho uso de préstamos (*loanwords* o *borrowings*). Un préstamo es una palabra que viene del inglés, pero "suena" al español; se ha "españolizado". Seguramente conoces muchísimos ejemplos: *wachar* (mirar, del inglés *to watch*), *busboi* (persona que limpia mesas en un restaurante, del inglés *busboy*), "Voy a tomar un *breik*", "El *lonche* está en el *fríser*", etcétera. Debemos recordar que de esta misma manera, el español incorporó préstamos del árabe (y no olvidemos que el español se desarrolló de un latín "bastardizado", o sea que no hay lenguas "puras"), y el inglés ha incorporado préstamos del alemán, el francés e incluso el español (como *patio, lasso, plaza* y otros). Se toma prestado también mucho vocabulario especializado o tecnológico, como *jonrón* para *home run* en béisbol y *resetear* (*reset* una computadora).

Fenómeno 3: Extensiones

(8) La diferencia entre una extensión y un préstamo es que la extensión se trata de una palabra que <u>ya existía</u> en español, pero tomó un significado nuevo en Estados Unidos, es decir, su definición se extendió. Por ejemplo, la palabra *aplicar* existe en todos los países hispanohablantes y se refiere a la idea de dedicarse a algo, hacer un esfuerzo. Pero en Estados Unidos, y probablemente debido a su semejanza con el inglés *to apply*, la definición de *aplicar* se ha extendido para también referirse al acto de solicitar un trabajo. Lo mismo ha ocurrido con las palabras siguientes y otras más:

Palabra	Significado, español mundial	Significado extendido, EE.UU.
forma	*Physical parameters*	*Paperwork to be filled out* (formulario)
mover	*To agitate or move a physical object*	*To change residence* (mudarse)
realizar	*To achieve*	*To realize something, figure it out* (darse cuenta de algo)

Fenómeno 4: Calcos

(9) Un calco (*calque*) es la importación de una frase del inglés al español. Los calcos entonces siempre tienen más de una palabra, como "Correr para presidente" (postularse para presidente, del inglés *To run for*) o "Llamar para atrás" (devolver la llamada, del inglés *To call back*).

(10) Muchas veces un préstamo léxico, una extensión semántica o un calco se difunde en el habla de una comunidad bilingüe a pesar de que ya existía una manera de decir el concepto en español. Un motivo es que hay varias maneras de decir algo en diferentes dialectos del español. Por ejemplo, en España lo que es *la tarta* se llama *el bizcocho* en Puerto Rico y *el pastel* en México. Si en Estados Unidos llegan a convivir miembros de estas tres comunidades, ¿cómo se van a referir al objeto en cuestión? En muchos casos, simplemente se importa al español la palabra del inglés, entendida por todos: *el queic* (del inglés *cake*).

Preguntas

1. ¿Cierto o falso, según la autora? Si es falso, explica por qué.

   a. Debemos trabajar para mantener el español puro.

   b. Siempre que la gente cambia entre el español y el inglés, es porque no saben hablar bien el español.

2. Identifica los fenómenos siguientes según las descripciones que da la autora.

   a. Estoy muy cansada de trabajar, voy a tomar un breik.

   ❑ cambio de código   ❑ préstamo   ❑ extensión   ❑ calco

   b. No estudiaron so they failed the test.

   ❑ cambio de código   ❑ préstamo   ❑ extensión   ❑ calco

   c. Nos vemos a las diez, right?

   ❑ cambio de código   ❑ préstamo   ❑ extensión   ❑ calco

   d. Me tengo que ir pero te llamo para atrás.

   ❑ cambio de código   ❑ préstamo   ❑ extensión   ❑ calco

   e. I love your shoes! ¿Dónde los compraste?

   ❑ cambio de código   ❑ préstamo   ❑ extensión   ❑ calco

   f. He's my brother pero no confío en él.

   ❑ cambio de código   ❑ préstamo   ❑ extensión   ❑ calco

   g. Tía, cómprame una bicicleta, please.

   ❑ cambio de código   ❑ préstamo   ❑ extensión   ❑ calco

   h. I'm doing it porque mis padres are making me.

   ❑ cambio de código   ❑ préstamo   ❑ extensión   ❑ calco

i. El lonche está en el fríser.

❑ cambio de código ❑ préstamo ❑ extensión ❑ calco

j. Por fin Juan realizó lo importante que es ir a la escuela.

❑ cambio de código ❑ préstamo ❑ extensión ❑ calco

Parte II

(11) En algunos casos, los préstamos se emplean para nombrar conceptos culturales que son de alguna manera nuevos, y que las palabras españolas no captan adecuadamente. Por ejemplo, en un estudio (Otheguy & García 1993), los hablantes usaron la palabra *edificio* cuando hablaban sobre Latinoamérica para referirse a una estructura de dos o tres plantas donde vivían dos o tres familias, o a una estructura pequeña pero importante en un pueblo o una ciudad. Mientras tanto, para referirse a las enormes, sucias y dilapidadas construcciones de vivienda para la gente de bajos ingresos en Nueva York, utilizaron su nombre en inglés importado al español: *el bildin* (del inglés *building*). Para estas personas, un *bildin* no era la misma cosa que un *edificio*, ni *Easter* igualaba a *Pascua*, ni *lunchroom* era un *comedor*. Una cama *king*, un *master suite* y un *daycare* son ejemplos parecidos.

(12) Además de estos cuatro fenómenos, el español de Estados Unidos tiene otras características, como la simplificación del sistema verbal y un uso más frecuente de pronombres de sujeto (yo, ella, él). Algunas son el resultado de un uso mucho más restringido del español. El patrón suele ser éste: los inmigrantes usan más español que inglés; sus hijos, que estudian casi 100% en inglés en la escuela, llegan a ser dominantes en inglés, aunque es común que retengan fuertes niveles en español; pero sus propios hijos suelen ser casi monolingües en inglés. Es decir, en tres generaciones, el español (y casi todas las lenguas inmigrantes) se pierden en Estados Unidos. Y esto a pesar de que los jóvenes latinos afirman que quieren que sus futuros hijos hablen español. Estudio tras estudio indica que el español se pierde entre los nietos de los inmigrantes. Por ejemplo, en 2000, el 71% de los jóvenes mexicoamericanos de la 3ª generación hablaba sólo inglés en casa. Cabe preguntarse, ¿qué es lo que temen los que apoyan el movimiento "English Only"?

(13) Muchos alumnos latinos se sienten inseguros sobre su bilingüismo. Han sido criticados por su español, y/o lo rechazan porque han interiorizado mensajes de su inferioridad ante el inglés. Consideremos algunos casos: en 1995, un juez en Texas declaró que una madre que le hablaba en español a su hija cometía una especie de abuso infantil y amenazó con quitarle la custodia (Howe Verhovek 1995). En Arizona, una maestra salió en las noticias en 2004 por pegar a los alumnos que hablaban español (Ryman & Madrid). En Nueva York, cinco jóvenes fueron despedidas de su trabajo en Sephora (una cadena de maquillaje) por hablar en español durante los descansos (Usborne 2003). El joven Zach Rubio fue castigado en su escuela secundaria con una suspensión por hablar español en los pasillos (Usborne 2003). Y entre 2006 y 2009, unos seis oficiales en Dallas multaron a 39 hispanohablantes por "no hablar inglés", una multa de $204 por violar una ley que no existe (Baron 2009). Desde luego, es una triste ironía que el español sea el idioma extranjero más estudiado en el país, mientras que sus hablantes nativos sufren esta represión lingüística.

La playa

La boda

(14) Entonces, ¿como debemos tratar el "spanglish"? La siguiente metáfora es muy útil. Cuando vamos a la playa, nos ponemos cierta ropa, como un traje de baño y unas sandalias. Para ir a una boda, nos ponemos un traje formal con corbata o un vestido largo con tacones. ¿Qué pasa si alguien se viste con la ropa de la playa para ir a la boda? Estaría incómodo y se vería ridículo. También el que se ponga un traje con corbata para ir a la playa. Pero ninguna prenda de ropa se puede acusar de inherentemente "incorrecta". **Una camisa, una falda, una corbata no pueden ser "incorrectas".** Lo que pueden ser es *inapropiadas* para un evento determinado. Lo mismo con las formas de hablar. Si mucha gente dice "afordear" (*afford*) o "tener un buen tiempo" (divertirse), quien diga que estas formas son "incorrectas" se equivoca. Pero sí pueden ser inapropiadas para ensayos o discursos formales.

(15) Entonces, tal vez sería justo decir que muchos estudiantes bilingües llegan a la clase de español con un español de la playa, y nuestra meta es ampliarles el vestuario para que puedan vestirse apropiadamente para eventos más formales. Es decir, queremos ayudarles a expandir y pulir el español que ya traen. La meta nunca debe ser la de borrarles el español que tienen, por mucho "spanglish" que contenga, ya que les pertenece a ellos y a sus comunidades, *y lo van a necesitar siempre que se encuentren en esos contextos*. Por eso, no tiene sentido criticar las chanclas (el español informal) por no ser tacones (el español formal). También podemos guiarlos por una exploración crítica de <u>por qué</u> ciertas formas gozan de prestigio, mientras que otras sufren de estigmatización, porque el prestigio de una forma de hablar muchas veces es igual al prestigio social de sus hablantes.

(16) El español continuará cambiando, como todas las lenguas del mundo, aunque algunas personas, en las palabras de Ricardo Soca, quieran "enfundarse en la armadura de Don Quijote y emprender una batalla contra el cambio, que ven como un intimidante molino de viento". Es decir, el préstamo de hoy puede encontrarse en el diccionario de mañana, por mucho que se pelee en su contra. Los educadores nos hallamos en una posición única, si bien bastante desafiante, de fomentar el orgullo en las prendas playeras mientras, a la vez, estimulamos la adquisición de las prendas de gala.

DESPUÉS DE LEER 3

A. ¿Cierto o falso, según la autora? Si es falso, explica por qué.

1. Decir "afordear" es incorrecto.

2. Algunos casos recientes de represión lingüística pueden ayudarnos a entender la inseguridad de algunos jóvenes bilingües.

3. Los jóvenes de hoy dicen que no les importa que sus futuros hijos hablen español.

4. El "spanglish" es una manera informal de hablar. No se le puede llamar "incorrecto", pero muchas veces es *inapropiado* en contextos formales.

B. Se menciona una "triste ironía" en el párrafo 13. ¿Cuál es? ¿Estás de acuerdo con la autora en que es "triste"? ¿Tienes alguna sugerencia de cómo cambiar esta situación?

C. ¿Qué intenta explicar la autora con la metáfora de "la boda vs. la playa"?

D. Completa el cuadro siguiente con un análisis de esta lectura. Indica en qué párrafo(s) se encuentra cada elemento, si están muy bien (3), bien (2) o no muy bien (1), y describe tu respuesta con cualquier recomendación que tengas. No dudes en dar una calificación baja si realmente te parece débil algún elemento; recuerda que no todo lo que se publica está "perfecto".

	Párrafo(s) nº	¿Bien?	¿Por qué? ¿Tienes sugerencias?
a. Los "se dice" y sus resúmenes (capítulo 2)		1 2 3	
b. La tesis (capítulo 1)		1 2 3	
c. El uso de citas (capítulos 1 y 3)		1 2 3	
d. El título (capítulo 3)	n/a	1 2 3	
e. La introducción (capítulo 3)		1 2 3	

E. ¿Estás en **desacuerdo** con (o quieres cuestionar) alguna de las ideas de la autora?

F. *Don Quijote* es considerada la obra más influyente del canon literario en español y está entre los mejores textos de ficción jamás publicado. En un buscador de Internet (como Google), busca "Don Quijote Spanglish" y encontrarás un intento del profesor Ilan Stavans de convertir esta clásica obra al spanglish. Lee los primeros dos párrafos. ¿Te parecen naturales los cambios de código?

G. Para escuchar unos divertidos ejemplos de "spanglish", busca en YouTube los episodios de HBO titulados "Habla ya".

Una representación del Quijote

H Gramática y uso

La identificación de usos informales

La lectura 3 presentó la idea de que hay formas de expresarse formales e informales. En los ensayos escritos académicos, debemos emplear usos **formales** y evitar los usos informales. Con el tiempo y la práctica, y mucha lectura en español, aprenderás a distinguir entre usos formales e informales.

Actividad 1

Vuelve a mirar los cuatro fenómenos del spanglish en la lectura de Potowski. Después, identifica los fenómenos subrayados en cada ejemplo. Por último, reescribe las oraciones en un español más formal.

1. Mañana van a (a) <u>inspectar</u> la casa que compré con la ayuda de mi agente de (b) <u>rilestait</u>.

   a. ❏ cambio de código   ❏ préstamo   ❏ extensión   ❏ calco

   b. ❏ cambio de código   ❏ préstamo   ❏ extensión   ❏ calco

   Más formal: Mañana van a _____ la casa que compré… agente de _____.

2. No creo que llegue (a) <u>en tiempo</u>, (b) <u>but I'll wait a few more minutes</u>.

   a. ❏ cambio de código   ❏ préstamo   ❏ extensión   ❏ calco

   b. ❏ cambio de código   ❏ préstamo   ❏ extensión   ❏ calco

   Más formal: No creo que llegue _____, _____.

3. Muchos estudiantes no (a) <u>toman ventaja de</u> las (b) <u>scholarships</u>.

   a. ❏ cambio de código   ❏ préstamo   ❏ extensión   ❏ calco

   b. ❏ cambio de código   ❏ préstamo   ❏ extensión   ❏ calco

   Más formal: Muchos estudiantes no _____ las _____.

4. Cuando lo (a) <u>realizan</u>, es demasiado tarde para (b) <u>aplicar</u>.

   a. ❏ cambio de código   ❏ préstamo   ❏ extensión   ❏ calco

   b. ❏ cambio de código   ❏ préstamo   ❏ extensión   ❏ calco

   Más formal: Cuando _____, es demasiado tarde para _____.

5. Muchos inmigrantes trabajan de (a) <u>busboi</u> y algunos se convierten en (b) <u>manachers</u>.

   a. ❏ cambio de código   ❏ préstamo   ❏ extensión   ❏ calco

   b. ❏ cambio de código   ❏ préstamo   ❏ extensión   ❏ calco

   Más formal: Muchos inmigrantes trabajan de _____ y algunos se convierten en _____.

Actividad 2

Convierte estos usos informales a usos más formales. Si no conoces una manera más formal para una palabra o expresión, puedes preguntarle a alguien de tu familia u otro hispanohablante que conozcas, o buscarla en wordreference.com.

Uso informal	Uso más formal
1. No <u>estoy relacionada con</u> ella y tampoco sé <u>qué tan</u> inteligente es.	
2. <u>Orita</u> no tengo tiempo, pero hablemos del libro después porque me interesa <u>demasiado</u>.	
3. Esa máquina está <u>fuera de orden</u>.	
4. Te <u>introduzco</u> a mi primo.	
5. Deportaron a Guillermo Vega, pero <u>luego luego</u> se fue <u>para atrás</u> a Estados Unidos.	
6. Me dio la muy buena <u>sugestión</u> de repasar mis notas, no <u>nomás</u> el libro.	
7. No era su <u>tiempo</u> de morir; ahora <u>sueña del</u> día en que tenga nietos.	
8. Los estudiantes que no <u>hacen bien</u> en los exámenes van a estar <u>en probación</u>.	
9. Tenemos que escribir más <u>papeles</u> ahora en el <u>colegio</u> que antes en la escuela secundaria.	
10. A la <u>populación</u> nativa de Cuba no le dieron <u>chanza</u> de sobrevivir.	

ANTES DE LEER 4

A. ¿Quiénes son estos autores? Se mencionan en la lectura 4. Busca un poco de información sobre ellos.

Nombre	País	Una obra famosa
Miguel de Cervantes		
Federico García Lorca		
Gabriel García Márquez		
Octavio Paz		

B. Vocabulario. Empareja las siguientes palabras con la definición correspondiente.

___ 1. "... ha desbordado las calles para **irrumpir** en programas de televisión y campañas publicitarias..."

___ 2. "... porque **carecen** del vocabulario y la instrucción en español suficientes..."

___ 3. "[Hablar spanglish] les concede membresía en la cultura **hegemónica**".

___ 4. "Desde un punto de vista político, sin embargo, el spanglish es una **capitulación**".

___ 5. "... se da cuenta de que no [son en español], sino en un inglés apenas **transpuesto**..."

___ 6. "... las compañías norteamericanas que aspiran a **medrar** en el mercado hispánico".

___ 7. "... los que aparecen en las calles de Nueva York están llenos de errores **risibles**".

___ 8. "... creando así una **Babel** de lenguas híbridas".

a. invadir

b. dominante, de la mayoría

c. la torre bíblica de muchas lenguas incomprensibles

d. rendirse (*surrender*)

e. para reírse

f. les falta (*lack*)

g. prosperar

h. transplantar, cruzar

LECTURA 4

¿Es el spanglish un idioma?
por Roberto González Echevarría

Roberto González Echevarría es Profesor Sterling de literatura hispanoamericana y comparativa en Yale.

(1) El spanglish, esa lengua compuesta de español e inglés que ha desbordado las calles para irrumpir en programas de televisión y campañas publicitarias, es una amenaza para la cultura hispánica y el progreso de los hispanos hacia la cultura dominante en Estados Unidos. Los que lo toleran y hasta fomentan como una mezcla inofensiva no se dan cuenta de que en ningún caso se trata de una relación basada en la igualdad. El spanglish es una invasión del español por el inglés.

¿Cuál es la idea principal del párrafo 1?

a. Las campañas publicitarias promueven el spanglish.

b. El spanglish se trata de una invasión de grave peligro.

(2) La triste realidad es que el spanglish es principalmente la lengua de los hispanos pobres, muchos apenas alfabetos en cualquiera de las dos lenguas. Estos hablantes incorporan palabras y construcciones gramaticales inglesas en su lengua diaria porque carecen del vocabulario y la instrucción en español suficientes para adaptarse a la cambiante cultura en que se mueven.

¿Cuál es la idea principal del párrafo 2?

a. El spanglish se debe a una falta de conocimiento.

b. El spanglish es una forma de comunicación cotidiana.

(3) Los hispanos cultos que hacen lo mismo tienen motivos diferentes: algunos se avergüenzan de su origen y sienten que al usar palabras y giros traducidos literalmente del inglés se aproximan más a la mayoría dominante, ascendiendo así de nivel social. Hacerlo les concede membresía en la cultura hegemónica. Desde un punto de vista político, sin embargo, el spanglish es una capitulación; significa la marginalización, no la adquisición de derechos.

¿Cuál es la idea principal del párrafo 3?

a. Los educados hablan el spanglish por vergüenza de ser hispanos.

b. Algunos políticos consideran el spanglish como un privilegio.

(4) El spanglish trata el español como si el idioma de Cervantes, Lorca, García Márquez y Paz no tuviera sustancia y dignidad propias. No es posible hablar de física o metafísica en spanglish, mientras que el español posee un vocabulario ampliamente suficiente para ambos. Es cierto, a causa de la preeminencia del inglés en campos como los de la tecnología, algunos términos como "bíper", tienen que ser inevitablemente incorporados al español. Pero, ¿por qué rendirse al inglés cuando existen palabras y frases españolas perfectamente adecuadas en otros campos?

> ¿Cuál es la idea principal del párrafo 4?
>
> a. Hay autores muy importantes que han escrito en español.
>
> b. El español es adecuado y bello por sí solo, sin el inglés.

(5) Si, como en el caso de muchas otras modas entre los hispanos en Estados Unidos, el spanglish se extendiera por América Latina, constituiría la peor invasión imperialista, y la imposición definitiva de un modo de vida que es dominante en términos económicos, pero que no es culturalmente superior en ningún sentido. La América Latina es rica en muchos aspectos no mensurables con las calculadoras.

> ¿Cuál es la idea principal del párrafo 5?
>
> a. La llegada del spanglish a Latinoamérica sería un caso de imperialismo.
>
> b. Latinoamérica tiene muchas riquezas de varios tipos.

(6) Por eso me preocupa oír programas de estaciones basadas en Estados Unidos dirigidas a todo el hemisferio. Los noticieros suenan como si fueran en español, pero si uno presta atención, pronto se da cuenta de que no lo son, sino en un inglés apenas transpuesto, ni siquiera traducido, al español. ¿Los escuchan o se mueren de risa en Ciudad de México y San Juan?

(7) El mismo tipo de entrega la cometen las compañías norteamericanas que aspiran a medrar en el mercado hispánico. Me erizo cuando oigo a un dependiente decir, "¿Cómo puedo ayudarlo? (transposición literal del inglés *How can I help you?*"), en vez de decir correctamente "¿Qué desea?" En un vuelo reciente a México, un sobrecargo de vuelo hispano leyó un anuncio por los altoparlantes del avión que no habría sido comprensible para un mexicano, un español, o un hispano de Estados Unidos de cualquier otra región que no fuera la suya. Los anuncios en la televisión norteamericana en español y los que aparecen en las calles de Nueva York están llenos de errores risibles. Me pregunto si los latinoamericanos de reciente llegada pueden siquiera entenderlos.

(8) Supongo que mis amigos medievalistas me dirían que sin la contaminación del latín por las diversas lenguas del imperio romano no habría español (o francés o italiano). Pero ya no estamos en la Edad Media y es ingenuo pensar que podríamos crear un idioma nuevo que llegara a ser funcional y culturalmente rico.

(9) No pido disculpas por mis prejuicios profesorales: pienso que la gente debe aprender bien los idiomas y que aprender el inglés debe ser la primera prioridad entre los hispanos en Estados Unidos si aspiran a llegar a posiciones de influencia.

(10) Pero debemos recordar que somos un grupo especial de inmigrantes. Mientras que las culturas de origen de otros grupos étnicos se encuentran muy lejos en el tiempo y el espacio, las nuestras están muy cerca. La inmigración latinoamericana mantiene a nuestra comunidad en un estado de constante renovación. Lo menos que nos hace falta es que cada grupo específico elabore su propio spanglish, creando así una Babel de lenguas híbridas. El español es nuestro lazo más fuerte, y es vital preservarlo.

DESPUÉS DE LEER 4

A. Identifica la idea principal de cada párrafo.

Párrafo nº	Idea
6	❏ a. Hay emisiones en español de EE.UU. que llegan a todo el hemisferio. ❏ b. El español de EE.UU. es una transposición del inglés y es para burlarse.
7	❏ a. El español de EE.UU. es incomprensible en otros países. ❏ b. Es incorrecto decir "¿Cómo puedo ayudarlo?".
8	❏ a. El spanglish no podrá llegar a ser un idioma con riqueza cultural. ❏ b. No hay literatura escrita en spanglish.
9	❏ a. Los inmigrantes de EE.UU. deben mantener el español. ❏ b. Los inmigrantes de EE.UU. deben aprender inglés.
10	❏ a. El español debe mantenerse uniforme para la unidad de la comunidad hispana. ❏ b. Latinoamérica está muy cerca y los inmigrantes nuevos renuevan la comunidad.

B. Hay diez ideas principales en este ensayo, una en cada párrafo. Elige dos. Indica hasta qué punto estás de acuerdo o en desacuerdo con ellas, y explica por qué.

Mi opinión sobre la idea n°_____ es:

_____

porque

_____

Mi opinión sobre la idea n°_____ es:

_____

porque

_____

C. Completa el cuadro siguiente con un análisis de esta lectura. Indica en qué párrafo(s) se encuentra cada elemento, si está muy bien (3), bien (2) o no muy bien (1), y describe tu respuesta con cualquier recomendación que tengas. No dudes en dar una calificación baja si realmente te parece débil algún elemento; recuerda que no todo lo que se publica está "perfecto".

	Párrafo(s) n°	¿Bien?	¿Por qué? ¿Tienes sugerencias?
a. Los "se dice" y sus resúmenes (capítulo 2)		1 2 3	
b. La tesis (capítulo 1)		1 2 3	
c. El uso de citas (capítulos 1 y 3)		1 2 3	
d. El título (capítulo 3)	n/a	1 2 3	
e. La introducción (capítulo 3)		1 2 3	

D. En una versión de este artículo en inglés, Echevarría propone:

"Literature in Spanglish can only aspire to a sort of wit based on a rebellious gesture, which wears thin quickly. Those who practice it are doomed to writing not a minority literature, but a minor literature".

Sin embargo, las siguientes obras literarias sí están escritas en una mezcla de español con inglés. En un buscador de Internet, investiga un poco sobre ellas:

The Brief and Wondrous Life of Oscar Wao

– Junot Díaz, ganador del premio Pulitzer 2007 (busca el podcast de su presentación del 18 de enero de 2008).

Yo Yo Boing!

– Giannina Braschi, escritora puertorriqueña

La influencia del Spanglish en la literatura norteamericana

– Ruth Cotto (2007)

ANTES DE LEER 5

A. ¿Cuáles son los 5 países más grandes del mundo en cuanto al **número de hispanohablantes**? Usa un buscador de Internet para encontrar la respuesta. ¿Te sorprende el lugar de Estados Unidos en esta lista? ¿Qué implicaciones tiene para el estatus del español que se habla en este país?

B. A continuación hay un texto humorístico. El propósito de incluirlo no es "enseñarles el spanglish" —de hecho, la postura de este libro es que los textos y eventos formales se tienen que realizar en un español formal—, sino aprender más sobre el fenómeno (y reírnos un poco).

LECTURA 5

Pardon my Spanglish - ¡porque because!
por Bill Santiago

(1) Don't try to get away with reducing Spanglish to just *un bonche de* crazy new bastard words. And dissing the *habla* as *puro* slang is really *el colmo del descaro*. Slang is a set of informal words and phrases, *perteneciente a un* subculture, incorporated into an

existing language. Spanglish *es un fenómeno mucho más abarcador*. Certainly Spanglish is a great generator of slang, but nothing gets lost in translation like foreign slang, *por lo tanto es normal adoptarlo* as it is. Sometimes we know more than one way to say something *y podemos escoger la manera* that best suits our needs. Maybe *lo modificamos* just *un chipito* so that it matches its new surroundings.

La cubierta de *Pardon my Spanglish – ¡porque because!*

(2) *Una amiga mía* swears *que* she doesn't speak Spanglish *supuestamente* because she never uses palabras like *parquear* or *troca*, even though she can barely get through a sentence without constant *switcheo* between languages. "*¿Que* what? Who me? *Déjate de bromas* because I would never speak Spanglish", she says. *La mujer está en* total denial. *Pero* it's understandable *que ella no quiera* face the truth, *porque* she's a Spanish teacher.

(3) *Se me hace* hilarious *el hecho de que* Spanglish gets attacked *tanto por los* English fundamentalists *como por los extremistas del español*. Personally, I think of Spanglish as very pro-Spanish. I wage it as an act of *resistencia* against the assimilate-or-else mentality. **We are *lo que hablamos***. Indeed, what we speak formats our reality, *mientras a la misma vez* providing the means to articulate it. We Spanglishistas are often depicted as a bunch of degenerate *incultos* who resort to Spanglish *sólo porque* we don't know English or Spanish very well. OK, *a veces* that's a little true, but it doesn't explain my father, *un abogado* who spoke, read, and wrote both Spanish and English with native fluency *a un nivel muy profesional*. And he went back and forth between the two, *como le daba la gana*. I happen to speak two languages and use them both. What's so lazy-brained about that? I happen to have two legs, too, but nobody ever accuses me of being *perezoso* because I don't hop around on just one!

(4) Not only is Spanglish spoken across the socioeconomic spectrum by individuals of all educational levels, it doesn't even matter *de cual país* your people come from. All roads lead to Spanglish. *A lo largo de los siglos*, languages all change *drásticamente*. Whatever language you speak today is really just *una etapa pasajera* in the evolution of that language. Your grandkids' grandkids' grandkids' *nietos* wouldn't understand a damn thing you were saying *si pudieras hablarles*, because the language *habría cambiado tanto* by then que *no se reconocería*.

(5) *Los enemigos del* Spanglish cannot win. *La suya es una lucha perdida de antemano*. You might be able to stop global warming, but Spanglish just isn't going away *así de fácil*. Grammar Nazis and lexical fascists, take note: Languages change, they evolve. *Sin esta dinámica de transformación, adaptación, experimentación y cambio, no existiría ni* English, *ni* Spanish. We don't have to surrender or apologize to the high priests of any language, especially those who like to chalk up Spanglish to *pereza mental*.

(6) *Debemos siempre tener presente que* Spanglish may not be high falutin', *pero tiene una dignidad propia* that we must defend *con orgullo*. Sprinkle Spanglish wherever you go. Be creative and incorrigible about it. Take a look at these *ejemplos de lo que he escuchado* here and there:

Seriously, *me hicieron una brujería* or something.

Huele a homeless.

Estoy PMSing *algo brutal.*

I want an iPhone. *¿Cuánto te costó esa vaina?*

Don't set the alarm *que mañana tengo el día* off.

¿Cómo de full *está la clase de* spinning?

Siempre le gusta estar showing off.

His lame excuse was, *"No te pude llamar porque mi teléfono se cayó en el* toilet".

And here are the Top 10 Spanglish bumper stickers:

10. My other car *es una porquería también.*

9. Honk *si eres indocumentado.*

8. I'd rather be *hablando español.*

7. *Pendejo* on board.

6. *Amigos* don't let *amigos* eat Taco Bell.

5. *Estamos* there yet?

4. Aliens are from Mars. *Yo soy de Michoacán.*

3. *Changó* is my co-pilot.

2. Forget milk, *dame más gasolina.*

1. *Yo* ♥ Spanglish. Twice the vocabulary, half the grammar.

DESPUÉS DE LEER 5

A. Identifica 1 ó 2 frases de este texto que te llamaron la atención. ¿Por qué te gustaron o no te gustaron? También identifica 3 ejemplos del spanglish de Santiago utilizando los fenómenos de préstamos, extensiones, calcos y cambio de código.

B. Santiago insinúa que es problemático que una maestra de español hable spanglish. ¿Por qué? ¿Estás de acuerdo?

C. ¿Quiénes podrían ser los *"English fundamentalists"* y "los extremistas del español"?

D. Santiago dice que el spanglish es "pro-Spanish" y que es un acto de resistencia. ¿Estás de acuerdo? ¿Hay que defender el spanglish? En caso afirmativo, ¿cómo lo defenderías?

E. ¿Cuál es tu *bumper sticker* favorito? ¿Por qué?

F. Algunos académicos han debatido sobre el uso del término "spanglish". ¿Es un término positivo, o refleja y crea connotaciones dañinas? Los profesores Ana Celia Zentella y Ricardo Otheguy debatieron este tema en el 22° Congreso sobre el Español en Estados Unidos (febrero 2009, Coral Gables, FL). Puedes ver una grabación del debate y su transcripción en el sitio web de la profesora de lingüística hispana en la Universidad de Illinois en Chicago, Kim Potowski, en *potowski.org/debate-spanglish.*

¿Quién dijo qué?

___ 1. "Es inevitable que el término spanglish conlleve la idea de que spanglish no es español. No debemos darles a los jóvenes esta idea de que no hablan español".

___ 2. "Usar el término spanglish es una forma de desafiar el rechazo de los jóvenes. [Vamos a] rescatar esa palabra, darle un sentido más positivo y echársela a la cara a la gente y decir: «No, this is what it really means»".

___ 3. "¿Qué es lo que estamos haciendo para que las políticas de Estados Unidos no sigan oprimiendo y menospreciando la forma de hablar de estos jóvenes?"

___ 4. "No hay ninguna justificación para que la lengua popular de Estados Unidos tenga que tener un nombre especial como spanglish".

___ 5. "Decirle al pueblo que no use esta palabra no va a eliminar el uso de la palabra".

___ 6. "Me parece que es importante poder decirles a esos jóvenes… «Tú hablas español, pero necesitas adquirir… otras maneras de hablar[lo]», eso me parece más positivo a que una persona diga, «I don't speak Spanish, I speak Spanglish»".

a. La profesora Zentella

b. El profesor Otheguy

Entrando a la conversación

Una carta al editor de un periódico

Imagina que en un periódico local de tu ciudad se publica el texto de Echevarría. Escribe una carta al editor del periódico (una página máximo, espacio sencillo) en la que escribes una respuesta. Incluye también tu opinión sobre el **término** "spanglish":

❏ Es un término derogatorio que erróneamente hace a la gente creer que no es español. Debemos dejar de usar este término porque tiene efectos negativos. (Estoy de acuerdo con el profesor Otheguy.)

❏ Es un término positivo que refleja la realidad de los bilingües. Sería mejor educar a la gente sobre lo que es el spanglish, en vez de tratar de erradicar el término. (Estoy de acuerdo con la profesora Zentella.)

❏ Otro: _____

Puedes usar la estructura siguiente:

Párrafo 1: "Se dice" _____. Pero (mi tesis):
_____.

Párrafo 2: Punto 1:
_____.

Párrafo 3: Punto 2:
_____.

Párrafo 4: Conclusión.
_____.

Recuerda todos los puntos que hemos aprendido hasta ahora:

- Resumir fielmente los argumentos, tanto los que apoyan tu tesis como los que la contradicen

- Cómo citar correctamente

- Usar el programa de revisión de ortografía

Conexiones con la comunidad

¿Conoces algún lugar donde se enseña **inglés** como segunda lengua (ESL)? Trata de entrevistar a varios estudiantes o instructores para descubrir cuáles son sus retos (*challenges*) más importantes. Alternativamente, podrías entrevistar a alumnos o instructores que estudian o enseñan **español** como segunda lengua.

Entrando a la conversación

Mi autobiografía lingüística

Paso 1

Preguntas preliminares. ¿Qué es una *biografía*? ¿Qué es una *autobiografía*?

El texto de Richard Rodríguez es un ejemplo de una "autobiografía lingüística". En su ensayo, Rodríguez relata experiencias de su niñez que tienen que ver con el uso del español y el inglés en casa y en la escuela. Después, usa su experiencia como base para argumentar que la educación bilingüe no es deseable y que es mejor que los niños experimenten una inmersión total en inglés.

En esta composición, también vas a escribir una autobiografía lingüística. Es decir, vas a elegir algunas experiencias de tu vida que tengan que ver con la lengua que consideras notables o interesantes de alguna manera. Vas a describir esas experiencias con muchos detalles, y vas a usar tus experiencias como base para *argumentar algo*, es decir, vas a proponer y defender una tesis inspirada por tus propias experiencias. Por último, vas a intentar conectar alguna experiencia tuya con las de Richard Rodríguez.

Paso 2

Lluvia de ideas. Piensa en las experiencias que has tenido con el español y el inglés. Aquí hay sólo algunos ejemplos:

- ¿Cómo aprendiste el inglés? ¿Y el español? ¿Qué recuerdos tempranos tienes de las dos lenguas?

- ¿En alguna ocasión te han comentado: "¡Estás en Estados Unidos, habla inglés!"? ¿Cuántos años tenías y cómo te sentiste?

- En algún momento, ¿alguien te ha criticado el español que hablas?

- ¿Tienes familiares o conocidos latinos/hispanos que no hablan español? ¿Por qué no lo aprendieron? ¿Sabes lo que sienten al respecto?

Saca una hoja de papel y escribe tus ideas preliminares usando un "mapa de ideas" como este. Cada experiencia o idea debe generar por lo menos 2 ó 3 ideas o detalles adicionales.

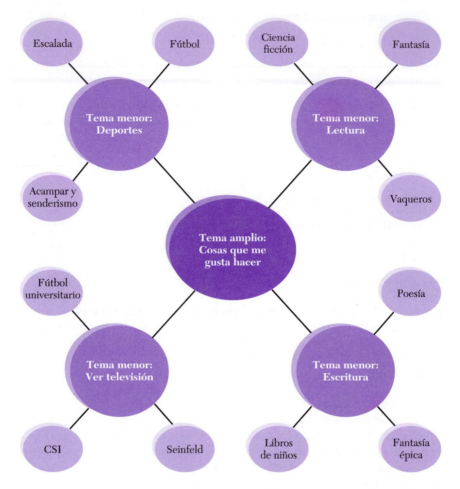

Después de generar ideas, decide cuáles son las que quieres usar en tu ensayo. Recuerda que tu composición final va a tener entre 5 y 8 páginas, así que quieres tener ideas y detalles suficientes.

Paso 3

La organización. Una vez que tengas las ideas que quieres describir, tienes que pensar en cómo las vas a organizar. Aquí hay un bosquejo (*outline*) que te puede ayudar:

I.   Párrafo introductorio: Esto se acaba de escribir *al final, cuando hayas acabado*. Incluye tu tesis.

II. Primera idea/experiencia, cómo apoya tu tesis y/o la relación con el texto de Rodríguez.

III. Segunda idea/experiencia, cómo apoya tu tesis y/o la relación con el texto de Rodríguez.

IV. Tercera idea/experiencia, cómo apoya tu tesis y/o la relación con el texto de Rodríguez.

No tienes que conectar **todas** tus experiencias con las de Rodríguez, pero por lo menos una experiencia sí.

    V. Conclusión. ¿Qué aportan tus experiencias a la conversación sobre el bilingüismo en Estados Unidos y a las ideas de Rodríguez?

Paso 4

A escribir. Escribe una primera versión de tu ensayo. Antes de entregárselo a tu instructor, no olvides usar el revisor de ortografía y mirar todos estos usos:

       hablo vs. habló

       hable vs. hablé

       inglés (con minúscula y acento)

> Otro punto: Para decir "I remember":
>
> ☑ Me acuerdo…
>
> ☑ Recuerdo…
>
> ☒ ~~Me recuerdo~~ (= *I remind myself*)

Paso 4

A revisar. Ahora, revisa tu composición haciéndote estas preguntas:

- ¿Está clara la organización?
- ¿Incluyo detalles suficientes?
- ¿Tiene una tesis clara y debatible?
- ¿Revisé bien la ortografía?
- El título: ¿es llamativo? ¿Capta la atención del lector?
- La introducción: ¿es llamativa? ¿Acaba con la tesis?
- ¿Revisé **todos** los verbos que acaban en e/o para ver si deben acabar en é/ó?

Después de entregar la primera versión de tu composición, tu instructor te va a guiar a hacer una revisión a la composición de un compañero de clase. Estudia bien las rúbricas que se van a usar para evaluar tu trabajo.

En el cuaderno de actividades, hay un ejemplo de una autobiografía lingüística.

Bibliografía

August, D., and Hakuta, K. (Eds). 1997. Improving Schooling for Language-Minority Students: A Research Agenda. Washington, DC: National Academy Press.

Baron, D. (2009). Fined for driving while Spanish in Dallas, fired for working while Spanish in Taos. Consultado el 23 de marzo de 2010 en *https://illinois.edu/db/view/25/14557*

Goldberg, C. 2008. Teaching English Language Learners: What the Research Does—and Does Not—Say. American Educator, Summer 2008. Disponible en *www.aft.org/pubs-reports/american_educator/issues/summer08/goldenberg.pdf*

Greene, J. 1998. A Meta-Analysis of the Effectiveness of Bilingual Education. Claremont, CA: Tomás Rivera Policy Center.

Howe Verhovek, S. (1995). Mother Scolded by Judge for Speaking in Spanish. New York Times, 30 de agosto de 2005. Consultado el 23 de marzo de 2010 en *www.nytimes.com/1995/08/30/us/mother-scolded-by-judge-for-speaking-in-spanish.html?pagewanted=1*

Otheguy, R. & García, O. (1993). Convergent conceptualizations as predictors of degree of contact in U.S. Spanish. In A. Roca & J. Lipski (Eds.), *Spanish in the United States: Linguistic contact and diversity* (135-154). New York: Mouton de Gruyter.

Ramírez, J.D., Yuen, S.D., and Ramey, D.R. 1991. Final Report: Longitudinal Study of Structured English Immersion Strategy, Early-Exit and Late-Exit Transitional Bilingual Education Programs for Language-Minority Children. San Mateo, CA: Aguirre International.

Reid, T.R. (2005). Spanish at school translates to suspension. *The Washington Post*, 9 de diciembre de 2005. Consultado el 23 de marzo de 2010 en *www.washingtonpost.com/wp-dyn/content/article/2005/12/08/AR2005120802122.html*

Ryman, A. & Madrid, O. (2004, Jan. 16). State investigating teacher accused of hitting student. The Arizona Republic. Consultado el 1º de enero de 2008 en *www.azbilingualed.org/AABE%20Site/AABE--News%202004/state_investigating_teacher_accu.htm*

Thomas, W. & Collier, V. 1997. School Effectiveness for Language Minority Students NCBE Resource Collection Series, No. 9, December.

Usborne, D. (2003). Cosmetics chain to face 'English-only' lawsuit. *The Independent*, 13 de diciembre de 2003. Consultado el 23 de marzo de 2010 en *www.independent.co.uk/news/world/americas/cosmetics-chain-to-face-englishonly-lawsuit-576524.html*

Rúbrica de evaluación: Autobiografía lingüística

Nombre: _____   ❏ **Versión preliminar**   ❏ **Versión final**

Recuerda que _no_ se asignará una nota a ninguna composición que no haya pasado por un _revisor de ortografía_.

Categoría	Puntos	Criterios	Comentarios
Contenido	_____ / 30	• Se describen claramente y con suficiente detalle los eventos. • Los eventos se *conectan a un debate más general*. Es decir, apoyan una tesis. • Hay una conexión con el texto de Rodríguez.	
Enfoque de redacción	_____ / 25	• Buen uso de los puntos estudiados hasta ahora (el título; el uso de citas, si se incluyen; el "se dice", etc.)	
Organización	_____ / 20	• La organización es clara y lógica. • Hay transiciones claras de una idea a otra. • El lector sigue las explicaciones sin problemas, sin perderse.	
Gramática y uso	_____ / 15	• Buen uso de los puntos estudiados hasta ahora (acentos, ortografía, tiempos verbales, minúsculas, etc.)	
Vocabulario y expresiones	_____ / 10	• Hay variedad de vocabulario; no se repiten las mismas palabras. Las palabras están utilizadas correctamente.	

Revisión del compañero: Autobiografía lingüística

Nombre del revisor: _____ **Nombre del autor:** _____

Primero, lee la propuesta de tu compañero. Después, contesta estas preguntas, volviendo al texto cuando haga falta.

1. La **tesis** del autor es: _____

2. Las **experiencias** que relata para apoyar su tesis son:

	¿Hay algún detalle que crees que haga falta?
Experiencia 1:	
Experiencia 2:	
Experiencia 3:	

Creo que la experiencia más impactante que da es la nº _____ porque

_____

_____.

3. ¿Hace el autor **una conexión con el debate más general,** por ejemplo, con el texto de Rodríguez?

- ❏ Sí, está muy bien y la conexión es esta:
- ❏ Sí, pero creo que se podría mejorar la conexión de la siguiente forma:
- ❏ No; debe agregarla. Una conexión posible que yo veo es:

Capítulo 4

El mundo laboral

TEMAS

Los derechos de los trabajadores, el salario mínimo (*minimum wage*) y otros temas laborales.

ENFOQUES DE REDACCIÓN

Las palabras de transición. Las buenas conclusiones.

GRAMÁTICA Y USO

Los artículos definidos. El gerundio vs. el infinitivo.

ANTES DE LEER 1

A. ¿Qué tipos de trabajos realizan los trabajadores *agrícolas* en EE.UU.? ¿Qué sabes de la situación de ellos?

B. ¿Alguna vez has escuchado de un **boicoteo** (forma de protesta en que se niega tener relaciones comerciales) o participado en uno? Descríbelo.

C. ¿Cómo se define la **esclavitud**? ¿Existe en el presente?

D. Vocabulario. Empareja las siguientes palabras con la definición correspondiente.

___ 1. "Immokalee es tierra fértil para que la esclavitud **florezca**".

___ 2. "... aceptaron las demandas de los trabajadores agrícolas que **pizcan** los tomates..."

___ 3. "... ha ayudado a investigar y **llevar a juicio** cinco casos de esclavitud moderna".

___ 4. "... **exigía** [...] un centavo más por cada libra de tomates que Taco Bell compraba..."

___ 5. "Esperamos que ese número de **aliados** continúe creciendo..."

> a. del mismo lado (*allies*)
>
> b. reclamar (*to demand*)
>
> c. prosperar (*to flourish*)
>
> d. recoger fruta o verdura de una cosecha
>
> e. traer un caso ante un juez (*judge*) o un jurado (*jury*)

LECTURA 1

Immokalee: tierra fértil para que la esclavitud florezca
por Melody González

(1) Immokalee, Florida, no existía en el mapa. Se considera el corazón de la industria del tomate, pues genera anualmente la cantidad de $600 millones. Pero Immokalee también es considerado una reserva laboral de trabajadores mexicanos, guatemaltecos, centroamericanos y haitianos; quizá por eso, un funcionario del Departamento de Justicia señaló que Immokalee es tierra fértil para que la esclavitud florezca.

(2) El 8 de marzo de 2005, se escribió un nuevo capítulo en la historia de la lucha por los

Un mapa de Florida

derechos de los trabajadores. El boicoteo nacional de tres años en contra de Taco Bell, dirigido por la Coalición de Trabajadores de Immokalee (CIW, por sus siglas en inglés), terminó después de que Taco Bell y la corporación a la que pertenece, Yum Brands, aceptaron las demandas de los trabajadores agrícolas que pizcan los tomates que usan en sus productos.

(3) En los últimos seis años, la Coalición de Trabajadores de Immokalee ha ayudado a investigar y llevar a juicio cinco casos de esclavitud moderna. Durante muchos años, abusos físicos y verbales han ocurrido diariamente en los campos de Immokalee. Los salarios siempre han sido muy bajos y, muchas veces, los trabajadores no alcanzan a pagar la renta al final de una semana pesada de trabajo. No hay ningún tipo de beneficios y la mayoría de los trabajadores no tienen un trabajo fijo. Pero desde 1993, la Coalición de Trabajadores de Immokalee se ha estado organizando y ha formado un movimiento que muchos no esperaban.

(4) El primero de abril de 2001, la Coalición declaró un boicot nacional en contra de Taco Bell, uno de los compradores más grandes de tomate pizcado en Florida y la Costa Este. Debido a su capacidad de compra, Taco Bell y Yum Brands tienen el poder de exigir tomate barato, manteniendo así a los pizcadores en una vida de explotación y pobreza.

(5) La Coalición de Trabajadores de Immokalee exigía lo siguiente: un centavo más por cada libra de tomates que Taco Bell compraba para, de esa manera, incrementar el salario de los pizcadores, que desde 1978 recibían 50 dólares por cada dos toneladas de tomate pizcadas; un código de conducta más estricto que evite la violación de los derechos humanos en los campos y obligue a Taco Bell a suspender sus contratos con compañías de tomate que no respeten el código de conducta; y una mesa de negociaciones entre Taco Bell/Yum, las compañías de tomates y los trabajadores agrícolas.

(6) El acuerdo logrado fue histórico porque nunca antes una organización pequeña de trabajadores agrícolas había traído a la mesa de negociación a una corporación tan grande como Taco Bell y Yum Brands, la corporación más grande de comida rápida en el mundo. Esta victoria no es sólo para los trabajadores de Immokalee, sino para todos los trabajadores inmigrantes de este país.

(7) La Coalición ya está contactando a otras corporaciones como McDonald's y Burger King para que sigan el ejemplo de Taco Bell. Una de las armas más poderosas de la Coalición fue el apoyo que recibió de grupos estudiantiles, de iglesias y de organizaciones de base, que trabajaron duro para presionar a Taco Bell desde el inicio del boicoteo. Esperamos que ese número de aliados continúe creciendo para fortalecer aún más este movimiento.

Tomates

DESPUÉS DE LEER 1

A. ¿Cierto o falso? Si es falso, indica por qué.

1. El boicoteo en contra de Taco Bell dirigido por la Coalición de Trabajadores de Immokalee (CIW) duró 18 meses.

   ❏ cierto   ❏ falso

   _____

2. Este juicio es el segundo que gana una organización pequeña de pizcadores contra una empresa grande.

   ❏ cierto   ❏ falso

   _____

B. ¿Cuáles eran las tres condiciones que exigía la Coalición?

1. _____

2. _____

3. _____

C. La autora escribió este ensayo con el fin de:

a. Persuadir al lector de participar en el boicoteo de Taco Bell.

b. Demostrar que un logro de la CIW es de importancia nacional.

c. Describir la situación actual de los trabajadores agrícolas en Immokalee.

D. Según el texto, ¿cuáles son tres ejemplos de la esclavitud moderna?

1. _____

2. _____

3. _____

En breve: Los sindicatos (*unions*)

1. El porcentaje de la fuerza laboral en Estados Unidos que pertenece a algún sindicato:

   a. 60% en 1950, 30% hoy

   b. 35% en 1950, 13% hoy

   c. 20% en 1950, 9% hoy

2. Alguna **crítica** de los sindicatos (puedes consultar *www.unionfacts.com*, por ejemplo):

   _____

   _____

   _____

POR CIERTO

inglés	español internacional	español EE.UU.
union	sindicato	unión
benefits	prestaciones	beneficios

3. Un argumento **a favor** de los sindicatos (por ejemplo, *www.unions.org*):

_____

_____

_____

4. ¿Qué argumentos te convencen más? ❏ Los antisindicato ❏ Los prosindicato
   ¿Por qué?

_____

_____

_____

5. Walmart es una empresa internacional grande que tiene una postura antisindical.
   Explora el caso de Walmart en Wikipedia con la frase *"Walmart employee and
   labor relations"*. ¿Cuáles son los argumentos **a favor** y **en contra** de las acciones
   de Wal-Mart?

_____

_____

_____

Entrando a la conversación

Un boletín de noticias (*newsletter*) para una empresa o un debate

Imagina que trabajas en Wal-Mart. Los trabajadores están tratando de decidir si quieren
unirse a un sindicato.

Opción A: Decides escribir un boletín de noticias para
tus compañeros de trabajo. Intenta convencerlos de tu
postura. El formato físico debe ser un folleto tríptico
(*tri-fold brochure*).

Recuerda incluir por lo menos tres argumentos "se dice"
y tus argumentos **bien investigados** que contradicen
cada uno. También aplícale un programa de revisión
de ortografía.

Opción B: Tu profesor/a va a organizar la clase para un debate. Todos los miembros de la clase trabajan en Wal-Mart.

El *Grupo Sí* —aproximadamente un 40% del grupo— quiere unirse a un sindicato. El *Grupo No* —que también forma un 40% del grupo— dice que no. El *Grupo Indeciso* —el otro 20%— no sabe qué hacer.

El *Grupo Sí* y el *Grupo No* tienen 10 minutos cada uno para presentar sus argumentos para convencer al *Grupo Indeciso*. Cada miembro del grupo tiene que hablar un mínimo de 30 segundos y no más de 90 segundos en un turno.

Un debate

El *Grupo Indeciso* tiene que reunirse después de clase para evaluar los argumentos y presentar su decisión durante unos cinco minutos, usando el formato siguiente. Si hay desacuerdo entre los miembros del *Grupo Indeciso*, se puede dividir el grupo en dos y cada grupo presenta su decisión final por separado. Cada miembro del grupo tiene que hablar un mínimo de 30 segundos y no más de 90 segundos en un turno.

	Argumento, Grupo Sí	Argumento, Grupo No	El argumento que más nos convenció y por qué
Tema 1			
Tema 2			
Tema 3			
Decisión final:	❑ Sí al sindicato	❑ No al sindicato	

Gramática y uso

Los artículos definidos

En muchos casos, usamos los artículos definidos **el, la, los, las** en las mismas circunstancias que usamos "*the*" en inglés:

Los niños estaban jugando.	*The children were playing.*
Quiero comprar **las** manzanas.	*I want to buy* **the** *apples.*

Sin embargo, hay un uso en español que no es paralelo en inglés: los sustantivos (*nouns*) usados en un sentido general. En inglés no usan un artículo, pero en español sí:

inglés	español
<u>Culture</u> (in general) is a mix of tradition, art, and language.	**La** <u>cultura</u> es una mezcla de tradición, arte e idioma.
<u>Money</u> (in general) can't buy happiness (in general).	**El** <u>dinero</u> no puede comprar **la** <u>felicidad</u>.
<u>Unions</u> (in general) are not as popular as in the past.	**Los** <u>sindicatos</u> no son tan populares como en el pasado.
<u>People</u> (in general) often don't pick up coins on streets.	**La** <u>gente</u> no suele recoger monedas en **la** <u>calle</u>.

Actividad

Traduce las oraciones siguientes, poniendo mucha atención al uso de los artículos definidos.

1. A study found that **bilingual Latinos** in Miami, Jersey City, N.J., and in San Antonio, TX earn an average of $7,000 more per year than **Latinos** that only speak English.

_____

_____

_____

❑ Estoy de acuerdo.   ❑ No estoy de acuerdo.

2. When **students** do not know English, **schools** should provide help so they can learn it.

_____

_____

_____

❑ Estoy de acuerdo.   ❑ No estoy de acuerdo.

3. **Undocumented workers** _do better to accept the low wages that_ **businesses** _offer them rather than remain unemployed._

_____

_____

_____

❑ Estoy de acuerdo.   ❑ No estoy de acuerdo.

4. **Businesses** do not exploit **workers**; they give them much-needed jobs.

_____

_____

_____

❑ Estoy de acuerdo.   ❑ No estoy de acuerdo.

5. **Unemployment** _has reached an all-time high._

_____

_____

_____

❑ Estoy de acuerdo.   ❑ No estoy de acuerdo.

ANTES DE LEER 2

A. El gobierno federal de Estados Unidos establece un salario mínimo (*minimum wage*). Cada estado puede imponer un salario mínimo más alto que el federal, pero no más bajo. Calcula cuánto ganaba la gente trabajando **40 horas por semana** con los salarios mínimos siguientes.

> **POR CIERTO**
> **bruto** = *gross* (antes de restar los impuestos)
>
> **neto** = *net* (después de restar los impuestos)

	1997–2007	2007–presente
Salario mínimo federal	$5.15/hora	$7.25/hora
Ingresos brutos por mes	$	$
Ingresos brutos por año	$	$

Nota que la lectura 2 se publicó en 2005, cuando el salario mínimo estaba en $5.15 la hora.

B. ¿Cuál es el **umbral de pobreza** (*poverty threshold*) federal oficial para una familia de cuatro personas en los 48 estados contiguos? Busca "*Federal poverty guidelines*" en un buscador de Internet.

El umbral de pobreza federal = $_____ / año

Relaciona esta cifra con la pregunta anterior. ¿Qué conclusión sacas de esta información?

C. En tu estimación, ¿qué porcentaje de las personas que ganan el salario mínimo probablemente son adolescentes menores de 20 años?   ❑ 25%   ❑ 50%   ❑ 75%

D. Consideremos la historia del salario mínimo federal. Primero, hay que entender qué son los "dólares constantes". Los dólares constantes nos permiten comparar el valor real de algo a través del tiempo. Por ejemplo, ¿quién ganaba más?

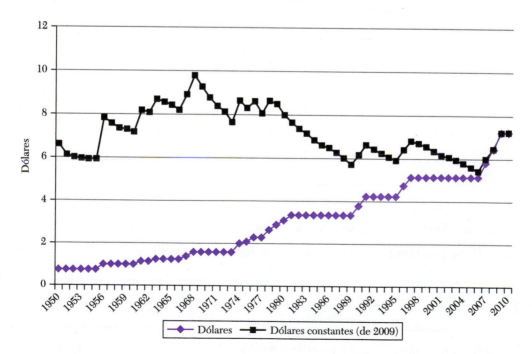

Persona A: Ganaba $5,000 al año en 1957

Persona B: Ganaba $18,000 al año en 1986

Según la calculadora de inflación del *Bureau of Labor Statistics*, los $5,000 en 1957 se traducen en $19,501 dólares constantes de 1986. Es decir, se compraba más con $5,000 en 1957 que con $18,000 en 1986.

Ahora, estudia la gráfica que compara los salarios mínimos en dólares y en dólares constantes, y después contesta las preguntas.

1. En 1959, el salario mínimo era: ❑ $0.50   ❑ $1.00   …y en 2009 eso hubiera valido: ❑ $4.30   ❑ $7.30.

2. En 1980, el salario mínimo era: ❑ $3.00   ❑ $6.00   …y en 2009 eso hubiera valido: ❑ $8.00   ❑ $10.00.

3. En 2001, el salario mínimo era: ❑ $4.15   ❑ $5.15   …y en 2009 eso hubiera valido: ❑ $4.20   ❑ $6.20.

4. ¿Qué tendencia notamos desde 1950 a 2007?

❑ El salario mínimo antes compraba más que ahora; los años 80 vieron las bajadas más grandes.

❑ El salario mínimo antes compraba menos que ahora.

E. Vocabulario. Empareja las siguientes palabras con la definición correspondiente.

__ 1. "… los estadounidenses que reciben el salario mínimo [en] trabajos de camareros, de tiendas **detallistas**…"

__ 2. "En contra del mito que **difunden** las corporaciones estadounidenses…"

__ 3. "Se está **desencadenando** un desastre".

__ 4. "… el salario mínimo ha ido perdiendo **valor adquisitivo** año tras año".

__ 5. "… muchos de los que reciben el salario mínimo **acudan** a despensas de alimentos…"

__ 6. "… **albergues** para gente sin hogar".

__ 7. "… declaran que se oponen a esa ley porque **acarrearía** la destrucción de empleos".

a. soltar (*unleash*)

b. ir a (*turn to*)

c. casa temporal (*shelter*)

d. causa (*give rise to*)

e. que vende productos directamente a los consumidores (*retailer*)

f. extenderse (*spread*)

g. posibilidad de comprar (*buying power*)

LECTURA 2

Asfixiados por el salario mínimo
por Elizabeth Schulte

(1) Más allá de las luces de colores de la decoración navideña y de las estanterías repletas de mercancías en descuento en la tienda Kmart local, uno puede detectar la desesperación en las caras de la gente.

(2) "Parece que lo único que hago es trabajar y nunca me da", dijo una empleada de una tienda del área de Chicago. Estaba comprando con su hija e intentando aprovecharse de las inmensas rebajas de hasta 50 por ciento. Pero añadió: "Se hace más difícil cada año".

(3) No puede ser más obvio: ningún ser humano debería verse obligado a vivir con un salario de $5.15 por hora. En diciembre, incluso los legisladores del estado de Nueva York han tenido que reconocerlo. Forzados por la presión de una campaña pública sobre el asunto, los legisladores aprobaron un incremento del salario mínimo del Estado por primera vez en cinco años de $5.15, el actual salario mínimo federal, a $7.15 en 2007. La votación refleja el reconocimiento, incluso entre los Republicanos que controlan el Senado estatal de Nueva York, de que un salario mínimo de $5.15 la hora no es suficiente para vivir.

(4) Entre 1999 y 2005, catorce estados y el Distrito de Columbia votaron a favor de aumentar sus salarios mínimos por encima del establecido por el gobierno federal. En Florida, el pasado noviembre, un referéndum aprobado por un amplio margen aumentó el salario mínimo a $6.15 la hora. A pesar de la fuerte oposición del gobernador Jeb Bush y sus amigotes de las empresas locales, más del 71% de los ciudadanos de Florida votaron a favor del aumento. En Nevada, el 68% de los votantes apoyaron el incremento.

(5) Además, hay más de cien ciudades y condados que tienen leyes sobre salarios justos (*living wage*) que exigen un salario mínimo en los trabajos con financiación pública, entre ellos los contratos que suscribe el Gobierno con compañías privadas o que se benefician de subvenciones del Estado.

(6) Dos dólares por hora puede no parecer una gran cantidad de dinero, pero desgraciadamente para Ann Marie Grey, sí lo es. Grey trabaja en McDonald's en Binghamton, Nueva York, donde actualmente gana $6 por hora. Ann Marie contó a una emisora de televisión de Nueva York que con su grado universitario "esperaba encontrar un trabajo que pagara de $8 a $10 por hora". En su lugar, todo lo que ha encontrado ha sido salarios mínimos. "Mi hija va a tener un bebé", afirmó. "Voy a ser abuela y no puedo comprarle lo que necesita. Y mi hijo comprende la situación económica en la que nos encontramos, pero quiere un abrigo con capucha y no puedo comprárselo".

(7) El caso de mujeres como Grey es muy frecuente entre los estadounidenses que reciben el salario mínimo y desempeñan trabajos de camareros, trabajadores de tiendas detallistas y oficinistas. En contra del mito que difunden las corporaciones estadounidenses, la mayoría de los trabajadores que reciben el salario mínimo no son adolescentes que buscan ganar un poco de dinero extra después de sus clases. Son hombres y mujeres que tratan de mantener a sus familias. De acuerdo con un informe del Instituto de Política Económica (EPI, por sus siglas en inglés), si el salario mínimo se incrementara hasta $7 por hora:

- el 72% de los beneficiados sería mayor de 20 años.

- el 44% trabajaría a tiempo completo (al menos 35 horas a la semana)

- el 36% de las familias con alguien que recibiría el aumento dependen exclusivamente del salario de esa persona.

(8) Al no tenerse en cuenta la inflación, el salario mínimo ha ido perdiendo valor adquisitivo año tras año. En los años 50 y 60, el salario mínimo federal equivalía al 50% del salario promedio. En los años 70 era sólo el 44%, y en los 80 y 90 bajó al 39%. Hoy, en 2005, la cifra es de 33%. Es decir, un trabajador que gana el salario mínimo recibe tan solo una tercera parte del ingreso mensual promedio en el país.

(9) Teniendo en cuenta que la cifra del umbral de la pobreza se basa en una fórmula anticuada de los años 60, en la que no se tienen en consideración las necesidades que se han añadido a las familias en la actualidad, tales como el aumento en los costos de salud y del cuidado de niños, se está desencadenando un desastre. "El salario mínimo ni se acerca al umbral de la pobreza, que en cualquier caso está lejos de ser lo suficiente para vivir decentemente", afirmó Kern, de ACORN. Por ello, no resulta sorprendente que muchos de los que reciben el salario mínimo acudan a despensas de alimentos (lugares de alimentación gratuita) y a albergues para gente sin hogar.

(10) Las mujeres y las minorías son los grupos más afectados por el salario mínimo. "A principios de este año, estudiamos quiénes serían más afectados por un aumento en el salario mínimo si el Gobierno federal lo subiera a $7", dijo Amy Chasanov, subdirectora del EPI. "Estimamos que 7.4 millones de trabajadores se beneficiarían, y de estos, el 64% son mujeres". Y mientras los trabajadores afroamericanos suponen sólo el 11% de la fuerza laboral, estos constituyen el 15% de las personas afectadas por un incremento del salario mínimo. Los hispanos son el 13% de la fuerza laboral, pero serían el 19% de los beneficiados por cualquier subida.

(11) Los políticos como el gobernador de California, Arnold Schwarzenegger, quien vetó un aumento del salario mínimo estatal a principios de este año, declaran que se oponen a esa ley porque acarrearía la "destrucción de empleos". Su razonamiento se basa en que subir los salarios obligaría a las empresas a despedir trabajadores. Pero hay estudios que demuestran que no es así. Uno, realizado en 1998 por EPI, analizaba el impacto del último aumento del salario mínimo de 1996 a 1997 y concluyó que el mercado basado en el salario mínimo funcionó mejor de lo que lo había hecho en décadas. Otro estudio reciente de los salarios mínimos impuestos por los estados, hecho por el Instituto de Política Fiscal, no encontró evidencia de efectos negativos sobre los empleos en las pequeñas empresas.

DESPUÉS DE LEER 2

A. ¿Cierto o falso, según la lectura? Si es falso, explica por qué.

1. Antes de 2005, los legisladores de Nueva York y Florida luchaban por un incremento del salario mínimo, que por fin se aprobó para entrar en vigor en 2007.

❏ cierto ❏ falso

2. Se estimaba que los adolescentes menores de 20 años de edad formaban tan solo un 28% de los que ganaban el salario mínimo.

❏ cierto ❏ falso

B. En el párrafo 4, la autora usa la palabra "amigotes" ("sus amigotes de las empresas locales"). ¿Qué quiere decir "amigote" y qué efecto tiene este uso?

C. Según la autora, ¿cuál es el problema con la cifra del umbral de la pobreza?

___ a. Se basa en una fórmula de hace 50 años que no incluye el aumento en los costos de salud y del cuidado de niños.

___ b. Se basa en el nivel estatal de los estados con más recursos y no en el federal.

D. Busca el resumen (*abstract*) del estudio "*Living Wage San Francisco Airport Impact Workers' Businesses*". ¿Cuáles fueron los resultados generales?

E. Completa el cuadro siguiente con un análisis de esta lectura. Indica en qué párrafo(s) se encuentra cada elemento, si están muy bien (3), bien (2) o no muy bien (1), y describe tu respuesta con cualquier recomendación que tengas. No dudes en dar una calificación baja si realmente te parece débil algún elemento; recuerda que no todo lo que se publica está "perfecto".

	Párrafo(s) nº	¿Bien?	¿Por qué? ¿Tienes sugerencias?
a. Los "se dice" y sus resúmenes (capítulo 2)		1 2 3	
b. La tesis (capítulo 1)		1 2 3	
c. El uso de citas (capítulos 1 y 3)		1 2 3	
d. El título (capítulo 3)	—	1 2 3	
e. La introducción, ¿qué estilo usa? (capítulo 3)		1 2 3	

Enfoque de redacción

Las palabras de transición

Para unir o relacionar dos ideas, se usan **palabras de transición**. Son palabras que sirven como conectivos, bien para **unir** o para **contraponer** (*contrast*) dos ideas.

Actividad 1

Las palabras de transición a continuación vienen de la **lectura 2**. Decide cuál es la función de cada una: unir o contraponer dos ideas.

Palabra de transición	Párrafo	Función	
A pesar de	4	❑ Unir	❑ Contraponer
Además	5	❑ Unir	❑ Contraponer
En contra de	7	❑ Unir	❑ Contraponer
De acuerdo con	7	❑ Unir	❑ Contraponer
Es decir	8	❑ Unir	❑ Contraponer
Y mientras	10	❑ Unir	❑ Contraponer
Pero	11	❑ Unir	❑ Contraponer

Actividad 2

Escribe oraciones originales sobre cualquier tema con estas palabras de transición.

Ejemplo: En contra de _____, _____.

En contra de lo que dicen algunos políticos, se demostró en el aeropuerto de San Francisco que pagar un salario justo mejora la economía local.

1. A pesar del/de la _____, _____.

2. _____. Además, _____.

3. De acuerdo con _____, _____.

4. _____. Es decir, _____.

5. Mientras el salario mínimo está _____, _____.

Palabras de transición adicionales

Adición	También, además, de acuerdo con
Ejemplos	Por ejemplo, consideremos, específicamente
Elaboración	De hecho (*in fact, actually*), es decir (*that is*), dicho de otra manera
Contrastes	Por el contrario, pero, aunque, mientras/mientras que (*whereas*), en cambio/por otra parte (*on the other hand*), sin embargo (*however*), no obstante (*nonetheless*)
Concesiones	Hay que reconocer que, es cierto que
Causa o motivo	Por eso, puesto que/ya que/dado que (*since, given that*), después de todo (*after all*)
Condición	Con tal que/siempre que (*as long as*)
Resumen	En fin (*in short*), en resumen/en conclusión

Actividad 3

Traduce el texto siguiente. Usa *www.wordreference.com* para las palabras que no conozcas.

(1) In spite of 12 years of relative peace, one Friday in October 2007 more than 1,000 police officers in riot gear (*equipo antimotín*) blocked Mexico City's street vendors (*vendedores ambulantes*) from setting up stands in the Centro Histórico. Mayor Ebrard promised to take back public spaces and improve the quality of life in the city; that is, allow people to move through the streets more easily. It was reported that about 15,000 street vendors were removed from the heart of downtown. However, it was unclear if the city would also clear out street markets in the poor neighborhoods surrounding downtown. While the city will grant vendors a brief opportunity to sell during Christmas, this is only as long as they agree to leave after the New Year and relocate to government-subsidized properties nearby. The vendors argue that the properties offered by the

Comercio ambulante en una calle de la Ciudad de México

city will fail to attract customers, but given that most of them are not represented by unions, they will probably be forced to leave.

(2) Although this cleared the clogged area for the first time in more than a decade, many vendors say they won't go. For example 79-year-old Elena Ramírez, who was selling sweet bread for 25 cents a piece, said she didn't plan to stop selling outside the metro exit. "The politicians have their salaries, but after all if I don't sell, I don't eat," she said, adding that she earns about $3 on a good day, enough to buy some food for her and her sick husband.

(3) On the other hand, Susana Reyes, a 40-year-old clothing store clerk, wasn't sympathetic. She enjoyed the calm walk to work on a street that previously was nearly impassable because it was so clogged with shoppers and sellers. "It's a good idea that they move them somewhere else, since it has taken me and my co-workers up to three hours to drive through four streets."

(4) Although street vendors are a tradition since pre-Hispanic times in Mexico, it's true that earlier administrations created the city's main indoor markets decades ago to help clear the streets. And in fact the strategy worked for a while. Nonetheless, Mexico City is not alone; other major cities like New York and Rome also struggle with illegal vendors. In short, this problem has no easy solution.

Vendedores ambulantes

Actividad 4

Busquen en YouTube estos cortos videos de vendedores ambulantes en la Ciudad de México:

"Ambulantes Avenida Moneda Mexico City" (dura 1:12 minutos)

"Mexico City Unauthorized Street Vendors" (dura 1:18 minutos)

Los "defeños" (habitantes del Distrito Federal) están divididos en cuanto al comercio ambulante. Según una encuesta de Parametría:

- El **49% lo considera positivo**, creyendo que fomenta el empleo, combate la pobreza y baja el costo de los productos.

- Otro **46% opina que es negativo**, ya que fomenta la ilegalidad, la insalubridad y el caos.

¿Qué opinas tú?

ANTES DE LEER 3

A. ¿Cuál es el salario mínimo en otros países? En Wikipedia, busca "*List of minimum wages by country*" y elige tres países. Anota aquí el salario mínimo <u>anual</u> y <u>por mes</u> en tres naciones diferentes y convierte esa cantidad a dólares estadounidenses (recordemos que el costo de vida es más bajo en muchos países).

Nación	Salario mínimo *anual*, moneda local	Salario mínimo *por mes*, moneda local	Equivalencia, salario mensual, en dólares de EE.UU.
			$
			$
			$

B. Vocabulario. Empareja las siguientes palabras con la definición correspondiente.

___ 1. y ___ 2. "Dándoselas de defensores de las masas oprimidas, los políticos **despotrican** contra patrones egoístas y **avaros** que pagan sueldos de hambre a sus trabajadores".

___ 3. "... tanto el patrón como el trabajador [quieren] iniciar una relación de trabajo **a razón de** $4 la hora".

___ 4. "Con más capital invertido en herramientas y **maquinarias**, el trabajador aumenta su productividad".

___ 5. "... una productividad inmensamente mayor que aquel que trabaja con **un pico y una pala**".

> a. equipo de máquinas (*machinery*)
> b. tacaño (*stingy; greedy*)
> c. se quejan fuertemente (*rant and rave*)
> d. a cambio de (*at the rate of*)
> e. *spade and shovel*

LECTURA 3

Salario mínimo: enemigo de los pobres
por Jacob G. Hornberger

(1) Cada vez que algún político quiere ganar puntos con el electorado, recomienda incrementar el salario mínimo. Dándoselas de defensores de las masas oprimidas, los

políticos despotrican contra patrones egoístas y avaros que pagan sueldos de hambre a sus trabajadores. Pero la verdad es que cada vez que se aumenta el salario mínimo, los únicos perjudicados son los que supuestamente se beneficiarían: los más pobres y más débiles de la sociedad.

Escribe en tus propias palabras:

(El "se dice") "_____ dicen que _____".

Pero (la tesis) _____

---

(2) En toda transacción económica voluntaria, las dos partes se benefician. Cada parte entrega algo a cambio de otra cosa que tiene más valor. De no ser así, la transacción no se lleva a cabo. Este principio también se aplica a las relaciones laborales. Cuando un patrón y un trabajador comienzan una relación laboral, ambos se benefician. Para el patrón, tiene más valor el trabajo aportado por el nuevo empleado que el sueldo que le paga. Para el trabajador, el sueldo recibido es más valioso que el tiempo y esfuerzo dedicado al nuevo trabajo.

(3) Asumamos que un patrón ofrece pagar $2 la hora a alguien que solicita empleo y esta persona no lo acepta. Podemos asumir que el trabajador valora su tiempo en más de $2. Y, ¿si el trabajador se ofrece por $5 la hora y el patrón no lo acepta? En este caso el patrón piensa que el aporte de ese trabajador vale menos de $5 para su empresa. Pero los políticos meten la mano y obligan a los patrones a pagar un mínimo de $5 la hora. ¿Se elimina así la "explotación" y se alivia la pobreza? ¿Es esa una ayuda para los trabajadores?

(4) Todo lo contrario. El salario mínimo no obliga a los patrones a darle empleo a nadie, sólo especifica el mínimo sueldo a pagar. Y, ¿cuáles trabajadores cree usted que van a conseguir empleo? Sólo aquellos a quienes los patrones estaban dispuestos a pagarles $5 de todas maneras.

(5) Entonces, ¿cuál es el problema? El problema es que las leyes de salario mínimo le cierran las puertas al empleo de todos aquellos que aporten un trabajo que los patrones consideran inferior a $5 la hora. Supongamos que tanto el patrón como el trabajador están dispuestos a iniciar una relación de trabajo a razón de $4 la hora. La ley de salario mínimo prohíbe tal cosa, por lo que la persona no consigue empleo y la empresa pierde el valor de esos servicios prestados.

(6) Y, ¿cómo suben los salarios en ausencia de leyes salariales (es decir, si no hay un salario mínimo)? A través de la acumulación de capital. Con más capital invertido en herramientas y maquinarias, el trabajador aumenta su productividad. El que maneja un tractor tiene una productividad inmensamente mayor que aquel que trabaja con un pico y una pala. Es esa mayor productividad lo que permite aumentar los sueldos.

(7) Pero, ¿no significa eso que los trabajadores dependerán de la benevolencia del patrón para lograr un mejor salario al producir más? No. El patrón querrá mantener a sus trabajadores más productivos y la manera de lograrlo es pagándoles buenos salarios para que sus competidores no se los lleven.

(8) Que la gran mayoría de los trabajadores reciben salarios superiores al mínimo no es indicativo de la bondad y generosidad de los patrones, sino de la competencia en el mercado de trabajo que los obliga a ello. La clave para que los más pobres mejoren su nivel de vida es prohibirle al gobierno que "ayude a los pobres" confiscando, a través

de altos impuestos, el capital y los ingresos de los ricos y de la clase media, cuyos ahorros significan mayores inversiones en herramientas y maquinarias. Además, hay que prohibir que el gobierno "ayude" a los pobres con regulaciones como el salario mínimo.

(9) Si la pobreza pudiese ser erradicada con una ley de salario mínimo, desde hace tiempo no habría pobreza en el mundo. Lo único que los legisladores tendrían que hacer sería aumentar el salario mínimo.

DESPUÉS DE LEER 3

A. Resumiendo las ideas de Hornberger: El salario mínimo sólo _____ ; no obliga a los patrones a _____. Y el problema con esto es que _____.

B. En el párrafo 8, Hornberger menciona dos maneras para ayudar a los pobres. Una sería eliminar el salario mínimo, y la otra:

❏ Bajar los impuestos a los ricos y la clase media para que puedan invertir en maquinaria.

❏ Incentivar a los patrones a que sean más bondadosos.

C. El autor observa que "la gran mayoría de los trabajadores recibe salarios superiores al mínimo". Haz una búsqueda en Internet (en Wikipedia, puede ser "*minimum wage United States*") para averiguar:

• el porcentaje de la fuerza laboral pagado por hora en EE.UU. que recibe el salario mínimo (o menos): _____ %

• el número de estados que tiene un salario mínimo…

…más alto que el federal: _____

…igual que el federal: _____

…no tiene ninguno: _____

…inferior al federal: _____

D. El autor hace uso de **preguntas y respuestas** en este ensayo. Usar preguntas y respuestas es una manera de ayudar a la comprensión del lector, sobre todo si el autor adivina cuáles podrían ser las preguntas de su público. Anota abajo los detalles de cada pregunta que hace.

Nº de párrafo	Pregunta que hace el autor	Respuesta que ofrece

E. Vuelve a la lectura 3 "Asfixiados por el salario mínimo" y añade una pregunta y respuesta donde crees que apoyarían el texto.

Lectura 3

Nº de párrafo	Pregunta que el autor podría añadir	Respuesta que podría ofrecer a esa pregunta

F. Completa el cuadro siguiente con un análisis de esta lectura. Indica en qué párrafo(s) se encuentra cada elemento, si están muy bien (3), bien (2) o no muy bien (1), y describe tu respuesta con cualquier recomendación que tengas. No dudes en dar una calificación baja si realmente te parece débil algún elemento; recuerda que no todo lo que se publica está "perfecto".

	Párrafo(s) nº	¿Bien?	¿Por qué? ¿Tienes sugerencias?
a. Los "se dice" y sus resúmenes (capítulo 2)		1 2 3	
b. La tesis (capítulo 1)		1 2 3	
c. El uso de citas (capítulos 1 y 3)		1 2 3	
d. El título (capítulo 3)	—	1 2 3	
e. La introducción, ¿qué estilo usa? (capítulo 3)		1 2 3	

G. Las lecturas 2 y 3 presentan dos lados de un debate. Busca "*minimum wage*" en *en.wikipedia.org* (observa el "en" antes de "wikipedia") y examina "*Debate over consequences*" y "*empirical studies*". Después, indica tu opinión sobre el salario mínimo.

ANTES DE LEER 4

A. ¿Conoces algún caso en que una persona ganaba menos dinero que otra por hacer el mismo trabajo? ¿Qué harías tú si descubrieras que otra persona ganaba más que tú por el mismo trabajo?

_____

_____

_____

B. Elige las opciones que crees que son ciertas.

1. Un estudio reciente comparó dos grupos de mujeres —un grupo con hijos y otro sin hijos— ambos con CVs (*curriculum vitae*) idénticos y la misma experiencia profesional. Se demostró que…

❑ Las mamás tuvieron *más* probabilidades de ser contratadas que las mujeres que no eran mamás y, cuando las contrataban, se les ofrecía *más* dinero por el mismo trabajo.

❑ Las mamás tuvieron *más* probabilidades de ser contratadas que las mujeres que no eran mamás, pero, cuando las contrataban, se les ofrecía *menos* dinero por el mismo trabajo.

❑ Las mamás tuvieron *menos* probabilidades de ser contratadas que las mujeres que no eran mamás y, cuando las contrataban, se les ofrecía *menos* dinero por el mismo trabajo.

> **POR CIERTO**
> ....
> Otra palabra para "licencia" en este contexto = **baja**
> "Una baja de maternidad"

2. Estados Unidos…

❑ es líder mundial en proveer una licencia de maternidad (*maternity leave*) pagada.

❑ ocupa el quinto lugar en cuanto a las licencias de maternidad pagadas.

❑ es uno de sólo cuatro países del mundo que no garantiza federalmente una licencia de maternidad pagada.

3. Las licencias por cuestiones de familia reducen la tasa (*rate*) de mortalidad infantil hasta en un 20%. Estados Unidos ocupa el lugar _____ en el mundo en la tasa de mortalidad infantil.   ❑ #1   ❑ #15   ❑ #37

4. La mayoría de los hogares (*homes, households*) en Estados Unidos consiste en parejas casadas con niños.   ❑ cierto   ❑ falso

C. Vocabulario. Empareja las siguientes palabras con la definición correspondiente.

__ 1. "Un hombre joven, de unos dieciocho años, recién contratado, entró por la puerta **murmurando** quejas".

__ 2. "Este **juicio**, *Dukes v. Wal-Mart Stores, Inc.*, aún continúa".

__ 3. "… a las mujeres […] se les ha pagado menos que a los hombres con la misma **antigüedad**…"

__ 4. "La **asunción** inherente parece ser que la mayoría de hogares […] consiste en parejas casadas con hijos…"

__ 5. "Las políticas de familia, tales como las bajas **remuneradas** por causas familiares…"

__ 6. "A una ingeniera civil **se la indemnizó con** $3 millones…"

__ 7. y __ 8. "también significa, querido **contribuyente**, que tus impuestos están **subvencionando** las ganancias…"

a. le ortorgaron/dieron

b. presuposición

c. el que paga impuestos (*taxpayer*)

d. caso legal (*lawsuit*)

e. diciendo en voz baja

f. pagadas

g. tiempo en el trabajo (*seniority*)

h. apoyando (*subsidizing*)

LECTURA 4

El precio de la maternidad

por Joan Blades y Kristin Rowe-Finkbeiner
Selección traducida

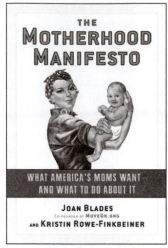

(1) Diane, madre de tres hijos, estaba en la sección de comida del Wal-Mart en el que trabajaba en Florida. Ella y otras dos mujeres se estaban preparando para el día, sacando comida del congelador, abriendo paquetes de carne y preparando bandejas de comida. Un hombre joven, de unos dieciocho años, recién contratado, entró por la puerta murmurando quejas. Diane recuerda: "Decía, «Quieren que haga esto, y quieren que haga lo otro, todo por esta pequeña cantidad de dinero». Y, luego, mencionó su salario. Todos nos quedamos como: «¡Qué! ¿Te han contratado por tanto dinero?»". Su salario era mucho más alto que el de ellas.

La cubierta del libro de Joan Blades y Kristin Rowe-Finkbeiner, *The Motherhood Manifesto*

(2) Al contratarlas, se les decía a las mujeres que era política del establecimiento que todos comenzaran con el mismo salario de $6.50 por hora. Las mujeres sabían que otra nueva empleada de su departamento, una mujer con once años de experiencia, había sido contratada por el mismo salario. Cuando accidentalmente descubrieron que el hombre joven había sido contratado por bastante más, se disgustaron. Al igual que Diane, todas eran madres que desesperadamente necesitaban su salario para mantener a sus hijos y familias. Cuando solicitaron una reunión con la administración, fueron amenazadas con que si volvían a hablar sobre su salario, serían despedidas[1].

(3) A pesar de que los datos muestran claramente la existencia de estas discriminaciones de género, algunas personas ponen en duda que sean reales. Echemos un vistazo a la compañía donde trabaja Diane, Wal-Mart, el empleador privado más grande de nuestra nación, con más de 3,000 establecimientos y hasta 1.6 millones de mujeres empleadas desde 1998. En 2001, seis empleadas actuales y antiguas presentaron una demanda colectiva nacional por discriminación de género, alegando un prejuicio general contra las mujeres con respecto al salario, asignación de trabajos y ascensos. Este juicio, *Dukes v. Wal-Mart Stores, Inc.*, aún continúa. Los propios datos de Wal-Mart revelan que a las mujeres en cada categoría de trabajo se les ha pagado menos que a los hombres con la misma antigüedad cada año desde 1997, a pesar de que las empleadas tienen un promedio más alto en cuanto a rendimiento y menor abandono del empleo que los hombres. Los documentos internos de Wal-Mart también reconocieron que la compañía estaba "atrasada respecto al resto del mundo" en cuanto a ascensos (*promotions*) de mujeres.

(4) Pasemos a otro caso. Audrey, con su bata (*coat, robe*) de laboratorio, entró al cuarto de exámenes, donde un gato llamado Boomer estaba descansando sobre la mesa de metal. Revisó los análisis de la temperatura, pulso y presión sanguínea de Boomer. Audrey se tituló en la Escuela de Medicina Veterinaria de la Universidad de Pensilvania, una de las mejores escuelas veterinarias del país. Examinó a Boomer profesionalmente, empezando por su cabeza y pasando por su cuerpo hasta su cola.

---

1 Muchas veces las compañías asustan así a sus empleados, haciendo que sea muy difícil saber si están siendo discriminados o no, a pesar de que la Junta Nacional de Relaciones del Trabajo (National Labor Relations Board) considera el que los empleados hablen entre ellos sobre su salario un diálogo protegido por la ley. (*www.nlrb.gov/ Workplace_Rights/i_am_new_to_this_website/what_are_protected_concerted_activities.aspx*)

Extrajo un poco de sangre para efectuar un panel de diagnósticos y les dijo a los dueños que se pondría en contacto con ellos al día siguiente. Esta fue tan solo una de las muchas citas de 30 minutos consecutivas que habían comenzado a las 8.30 a. m. y que acabarían a las 6.30 p. m.

(5) Mientras Audrey trabajaba, otra veterinaria con educación y experiencia laboral similares estaba también atendiendo animales en la misma clínica. Trabajaban lado a lado, haciendo el mismo trabajo. Pero había una gran diferencia: el salario. Audrey, madre de dos niñas en la escuela primaria, ganaba 2 dólares menos por hora que su compañera, una mujer que no tenía hijos. En un año de trabajo a jornada completa, (*full-time*) $2 por hora llegan a $4.000.

> ¿Cuál es la técnica de introducción?
>
> ❏ anécdota ❏ hecho sorprendente ❏ pregunta

(6) Estos casos suceden alrededor del país todos los días: por el mismo trabajo, los hombres ganan más que las mujeres, y las mujeres que no tienen hijos ganan más que las madres. ¿Qué conexión hay entre la diferencia salarial por género y la diferencia salarial por maternidad? Esta: la gran mayoría de mujeres estadounidenses (un 82%) se convierte en madres. De hecho, ahora mismo, **la diferencia salarial entre madres vs. mujeres sin hijos es más grande que la diferencia entre hombres vs. mujeres,** y está aumentando. En 1991, las mujeres sin hijos con una media de 30 años ganaban 90 céntimos frente a un dólar para los hombres, mientras que las mujeres casadas ganaban sólo 73 céntimos. Las madres solteras ganaban de 56 a 66 céntimos en comparación con el dólar que ganaba un hombre[2]. Y la diferencia de pago entre madres y mujeres sin hijos se expandió de un 10% en 1980 a un 17.55% en 1991.

(7) Sí, es en la maternidad —período en que las familias necesitan más ayuda económica, no menos, para necesidades básicas, cuidado infantil y asistencia médica— donde las mujeres sufren el mayor impacto económico en forma de un salario inferior. El innovador estudio de la doctora Shelley Correll en 2005 mostró que las madres tenían un 44% menos de probabilidad de ser contratadas para el mismo trabajo que las mujeres sin hijos con exactamente el mismo currículo y experiencia. Su estudio también descubrió que a las madres se les ofrecía considerablemente menor salario inicial; los participantes en el estudio ofrecieron a las mujeres sin hijos $11.000 más que a las madres con la misma capacidad para el mismo trabajo. "Esperábamos encontrarnos con discriminación hacia las madres, pero me sorprendió la magnitud de la diferencia", comenta la doctora Correll. "Otro aspecto digno de mención es que los padres (a diferencia de las madres) incluso tenían ventajas tras el nacimiento de un hijo". Un estudio de Jane Waldfogel de Columbia University, publicado en *Journal of Economic Perspectives*, dio con los mismos resultados: los salarios de los hombres no disminuyen tras tener hijos, a diferencia de los de las mujeres.

(8) Los críticos normalmente asumen que las madres de estos estudios tienen menos educación o experiencia laboral que las mujeres sin hijos, distorsionando así los resultados; pero ambos estudios de Correll y Waldfogel mostraron una buena educación y experiencia laboral constante. Entonces, aquí está ocurriendo algo. Y ese "algo" tiene un impacto tremendo sobre los índices de pobreza para mujeres y familias.

---

2 Waldfogel, Jane. (1998). Understanding the 'Family Gap' in Pay for Women with Children. *Journal of Economic Perspectives, 12* (1), 137–156.

Las mujeres en trabajos de bajo salario no están ascendiendo al mismo ritmo que los hombres[3], y a las mujeres en trabajos mejor pagados se les está ofreciendo menos dinero. El Institute for Women's Policy Research observa que: "si eliminamos esta diferencia salarial, cortaríamos el índice de pobreza de madres solteras por la mitad, y el de familias con dos trabajadores disminuiría un 25%".

(9) La asunción inherente parece ser que la mayoría de hogares hoy en día consiste en parejas casadas con hijos, donde el hombre es la principal fuente de ingresos, y si la mujer trabaja, la familia no tiene gran necesidad de sus ingresos. Pero tal asunción, simplemente, no es cierta. En 2007, el 27% de los hogares consistían en una sola persona (de los cuales un 58% eran mujeres, y un 75% de ellas eran divorciadas o viudas), el 23% consistía en matrimonios con hijos, y el 9% consistía en familias de una madre o un padre sin pareja (de los cuales un 80% eran madres). Incluso en familias con padre y madre, los bajos salarios significan, en muchas ocasiones, que no se pueden permitir ser un hogar con una sola fuente de ingresos; volveremos a este punto más tarde.

Preguntas

1. ¿Cierto o falso?

   a. Se pueden criticar los estudios de Correll y Waldfogel porque combinaron a madres con poca educación formal con mujeres sin hijos que tenían altos niveles de educación formal.   ❑ cierto   ❑ falso

   b. La mayoría de los hogares en EE.UU. consisten en dos papás con sus hijos.   ❑ cierto   ❑ falso

   c. La brecha salarial más grande es la que hay entre hombres y mujeres.   ❑ cierto   ❑ falso

2. Calcula los sueldos siguientes, usando los datos de la lectura.

	% del sueldo de un hombre	Ejemplo de un sueldo anual	Total, sueldo ganado en 20 años	Diferencia, sueldo ganado en 20 años
Hombres	100%	$50,000	$1,000,000	$0
Mujeres sin hijos	−10%	$45,000	$	$
Mujeres casadas con hijos	−27%	$	$	$
Mujeres solteras con hijos	−39%	$	$	$

(10) Esto nos lleva al tema central —y a algunas ideas para posibles soluciones. Waldfogel afirma que un motivo para la creciente diferencia salarial de las madres estadounidenses puede ser el hecho de que nuestro gobierno federal ha ignorado políticas de familia, tales como la baja por maternidad y el cuidado infantil. Otros países industrializados que han implementado políticas de familia junto con las de género han tenido mayor éxito en reducir las diferencias entre géneros y familias. Las políticas de familia, tales como las bajas remuneradas por causas familiares, así como el cuidado

3 Boushey, Heather. (2005). No Way Out: How Prime-Age Workers Get Trapped in Minimum-Wage Jobs. *WorkingUSA: The Journal of Labor and Society*, 8. (*www.cepr.net/publications/labor_markets_2005_05.pdf*)

infantil y la asistencia médica subvencionados, se han demostrado como herramientas efectivas para reducir las diferencias de las madres en otros países. Opciones de trabajo flexibles que incluyan a mujeres y también hombres (para que no se les critique a las mujeres por aprovecharse de arreglos flexibles) también serían importantes.

(11) Finalmente, Audrey cambió de trabajo a una clínica donde ser madre no era una desventaja. Esto causó una diferencia inmensa. Además de ganar más dinero: "Ahora estoy en una clínica que favorece a los niños. Tengo una jefa que tiene hijos y ella es la que mantiene a su familia. Entienden la importancia de la flexibilidad de los horarios y que si mi hijo está enfermo, quizás necesite llamar para cambiar mi horario por el de otro veterinario. Comprenden que si vienes a una reunión en tu día libre, quizás tengas que traer a tu hijo contigo, y escogerán un restaurante adecuado para niños para esa reunión. Ninguna de estas ventajas estaba disponible en el lugar en que trabajaba antes".

(12) Todos hemos escuchado hablar del *glass ceiling*, pero a muchas mujeres las detiene mucho la barrera de la maternidad. Cada vez más, las mujeres están utilizando el sistema legal para luchar contra esta discriminación; los juicios contra la barrera maternal se incrementaron en un 300% entre 1995 y 2000. Por ejemplo, una mujer demandó a su empleador cuando dijo que pensaba que las mujeres no debieran trabajar porque "no veo cómo pueden hacer ninguno de los dos trabajos bien". A una ingeniera civil se la indemnizó con $3 millones por haber sido pasada por alto en los ascensos tras el nacimiento de su hijo. Testificó que el presidente de su compañía le preguntó: "¿Quieres tener hijos o una carrera aquí?". La sección de discriminación laboral de la Ley de Derechos Humanos del Distrito de Columbia (*District of Columbia Human Rights Act*) es la única ley estatal que prohíbe específicamente la discriminación hacia los empleados basada en "responsabilidades familiares". Lo que se necesita son leyes estatales y federales que prohíban específicamente la discriminación contra las mujeres y otros empleados con responsabilidades relativas a cuidados familiares.

(13) Los salarios bajos juegan un papel crucial en todo esto. Algo va terriblemente mal cuando Wal-Mart, el empleador más grande de la nación, tiene un número considerable de empleados que califican para cupones de comida y otras subvenciones gubernamentales para poder mantener a sus familias al mismo tiempo que trabajan tiempo completo (también significa, querido contribuyente, que tus impuestos están subvencionando las ganancias de Wal-Mart). Los $6.50 por hora de Diane suman $13,520 al año si no toma ningún día libre y trabaja las 52 semanas del año por completo. Muy pocas familias pueden vivir con $13,520 al año. Por el contrario, el jefe ejecutivo ("CEO" en inglés) y presidente de Wal-Mart, H. Lee Scott Jr., ganó la sobrecogedora suma de $22,991,599 en 2004. Sí, leíste bien, casi $23 millones. Está claro que Wal-Mart no paga salarios bajos a sus empleados porque le falten ganancias. Si comparamos los salarios de los jefes ejecutivos con el de los trabajadores en Europa occidental, observaremos que los jefes ejecutivos ganan entre 20 y 30 veces más que un empleado normal. Pero en Estados Unidos, los jefes ejecutivos ganan 500 veces más (en 1980, era sólo 40 veces más); en ningún otro país se supera el 50 a 1. A la larga, la creciente brecha entre los ricos y los pobres no es buena para nuestra nación.

(14) Al final, los prejuicios de género y de maternidad son una realidad que debemos tratar si es que valoramos el trato justo en el trabajo, así como las contribuciones de las madres trabajadoras a nuestra economía. **Una madre que trabaja tiempo completo debería ser capaz de mantener a su familia con un salario mínimo.** Ningún padre debería tener que elegir entre cuidar a sus hijos o poder alimentarlos. Ningún padre debiera encontrarse en una posición en la cual sus ingresos sean menores que los

costos de la guardería. Y ninguna mujer debiera ser penalizada con salarios inferiores y menos oportunidades de ascenso por haber decidido formar una familia. Está claro que Estados Unidos necesita niños y que nuestra economía depende de familias saludables. Estados Unidos puede indudablemente diseñar un mundo laboral compatible con un buen cuidado de los hijos.

DESPUÉS DE LEER 4

A. ¿Cierto o falso?

1. Si trabajas tiempo completo en Wal-Mart, el empleador más grande del país, es imposible que necesites subvenciones gubernamentales para mantener a una familia.   ❏ cierto   ❏ falso
2. Estados Unidos es el único país del mundo donde un jefe ejecutivo puede ganar más de 50 veces lo que gana un empleado normal.   ❏ cierto   ❏ falso
3. Muchas familias ahora acuden al sistema legal para combatir prácticas salariales injustas.   ❏ cierto   ❏ falso

B. Hemos visto que los sueldos de las mujeres, por lo general, son más bajos que los de los hombres. Pero también es cierto que las contribuciones económicas de la mujer dentro del matrimonio en Estados Unidos han cambiado entre 1970 y 2007. En un buscador de Internet, busca "Aumenta proporción mujeres ganan más que maridos" y anota dos (2) estadísticas que te llamen la atención.

C. La *American Federation of State, County and Municipal Employees* (*www.afscme.org*) publicó los datos siguientes sobre los salarios promedio (*average*) de diferentes grupos en Estados Unidos. ¿Qué diferencias observas? Por ejemplo, ¿quiénes son los que menos ganan de los ocho grupos?

Grupo	Salario, 2004
Hombres blancos	$45,542
Hombres hispanos	$26,679
Hombres afroamericanos	$31,305
Hombres asiáticos	$45,870
Mujeres blancas	$32,486
Mujeres hispanas	$23,444
Mujeres afroamericanas	$27,730
Mujeres asiáticas	$35,975

Hay que observar lo siguiente: (a) Los datos para los asiáticos puede que no sean representativos debido al pequeño tamaño de la muestra. (b) Los salarios están expresados como los ingresos anuales promedio de trabajadores asalariados de tiempo completo. (c) No se controló por el tipo de empleo; estos datos, entonces, comparan a **todos** los trabajadores en todo tipo de empleos.

D. Completa el cuadro siguiente con un análisis de esta lectura. Indica en qué párrafo(s) se encuentra cada elemento, si están muy bien (3), bien (2) o no muy bien (1), y describe tu respuesta con cualquier recomendación que tengas. No dudes en dar una calificación baja si realmente te parece débil algún elemento; recuerda que no todo lo que se publica está "perfecto".

	Párrafo(s) n°	¿Bien?	¿Por qué? ¿Tienes sugerencias?
a. Los "se dice" y sus resúmenes (capítulo 2)		1 2 3	
b. La tesis (capítulo 1)		1 2 3	
c. El uso de citas (capítulos 1 y 3)		1 2 3	
d. El título (capítulo 3)	n/a	1 2 3	
e. La introducción, ¿qué estilo usa? (capítulo 3)		1 2 3	

E. La lectura 4 viene del libro *The motherhood manifesto*, cuya propuesta se presenta así:

M = *Maternity/paternity leave*

O = *Open flexible work*

T = *TV we choose and other after school programs*

H = *Healthcare for all kids*

E = *Excellent childcare*

R = *Realistic and fair wages*

Elige uno de estos puntos y busca más información en el sitio web de MomsRising (*www.momsrising.org*) bajo M.O.T.H.E.R.S. ¿Hasta qué punto estás de acuerdo con lo que propone este grupo?

F. El 20 de mayo de 2009, el parlamento de Chile aprobó de forma unánime una ley sobre la brecha salarial, que incorpora al Código del Trabajo el principio de igualdad de remuneraciones entre hombres y mujeres. En YouTube, busca "Matinal Chilevisión: Brecha Salarial" (dura 1:58 minutos) para ver un poco de las discusiones que tuvieron lugar *antes* de pasarse esta ley. Escribe un corto resumen del video.

Entrando a la conversación

Carta a la Secretaria de Trabajo

Escríbele una carta de una página (a espacio sencillo) a la Secretaria de Trabajo de Estados Unidos, Hilda Solís, en la que argumentas algo relacionado con el salario mínimo, y/o con las brechas salariales de género o de estado parental. Unos ejemplos de tesis serían estos:

❑ Se debe mantener el salario mínimo federal actual de $7.25 la hora.

❑ Se debe aumentar el salario mínimo federal a $_____

❑ Se debe bajar el salario mínimo federal a $_____

❑ Se debe eliminar completamente el salario mínimo federal.

❑ Se debe/no se debe aprobar la Ley de Igualdad Salarial (*Paycheck Fairness Act*).

❑ ¿Otro?

Tu carta debe incluir lo siguiente:

Párrafo 1: "Se dice" y tu tesis

Párrafo 2: Punto de apoyo 1

Párrafo 3: Punto de apoyo 2

Párrafo 4: Si tus puntos 1 y 2 <u>no</u> refutaron (*refute, challenge*) el "se dice", hazlo aquí.

Párrafo 5: Conclusión

En algún momento, debes incluir por lo menos <u>una</u> "pregunta y respuesta", como en la lectura 4.

Aquí hay un ejemplo de una carta. Los comentarios en otro color son de la profesora. ¿Puedes identificar el "se dice", la tesis y su "pregunta y respuesta"?

Secretaria Solís
U.S. Department of Labor
200 Constitution Ave., NW
Washington, DC 20210

Estimada Secretaria Solís:

Mucha gente piensa que el salario mínimo de $7.25 la hora está bien, y que subirlo causaría una pérdida de empleos. Sin embargo, hace falta ganar bastante más para sobrevivir hoy en día, y un salario mínimo más alto también ayudaría a reducir el crimen en el país. Por eso, se debe subir el salario mínimo federal a $10 la hora.

Primero, el costo de vida, debido a la inflación, se ha incrementado con el paso de los años y el salario mínimo no se ha aumentado con <u>el</u> *Recuerda la diferencia entre el y él del capítulo 1.* Es decir, cuando la inflación sube, el costo de vida también aumenta, pero esperan *¿Quiénes esperan, precisamente?* que la gente sobreviva con ese sueldo tan bajo. Según el Departamento del Trabajo de EE.UU., en Illinois, desde 2004, sólo ha habido un aumento del salario mínimo de $5.15 a $5.50. Aunque la mano de obra aceptó ese aumento con mucho gusto, ni el salario mínimo federal de $7.25 es suficiente para sobrevivir. Según el departamento de Salud y Servicios Humanos, el umbral federal de pobreza para una familia de tres personas es $18,310. Trabajar 40 horas por $7.25 la hora significa $13,290 anualmente, unos $5,000 menos que el umbral de pobreza. Si la persona hubiera ganado $10 la hora, recibiría $19,200 al año, que por lo menos no es un estado de pobreza.

Pero no sólo eso. ¿Qué pasa muchas veces con la gente que está luchando por mantener a su familia? Se ven tentados hacia una vida de crimen para poder comer y satisfacer las necesidades básicas. También, es más posible que tengan que vivir en una zona peligrosa. Si el salario mínimo se subiera a $10, también aumentaría la posibilidad de reducir el crimen en Estados Unidos. *Si puedes citar un ejemplo concreto de un lugar donde se subió el salario mínimo y después bajó la criminalidad, sería importante incluir la referencia aquí.*

La gente que cree que subir el salario mínimo resultará en más desempleo debe consultar los resultados del estudio del Fiscal Policy Institute de 2006, que mostró que los estados con mayor salario mínimo vieron un incremento en la tasa de empleo. *Bien, te acordaste de volver al "se dice" y contradecirlo. Pero estaría bien incluir un detalle más aquí, por ejemplo: ¿en <u>cuánto</u> se incrementó la tasa de empleo?*

Por estas razones, pido que usted tome mis puntos en consideración. Aumentar el salario mínimo tendrá un impacto muy positivo en Estados Unidos.

Atentamente,

Mariana Gamino

Chicago, IL

Fiscal Policy Institute, "States with Minimum Wages Above the Federal Level Have Had Faster Small Business and Retail Job Growth," March 30, 2006.

Gramática y uso

El infinitivo vs. el gerundio

La forma gramatical que se llama gerundio (en inglés *gerund*) se forma de la manera siguiente: (agrega dos ejemplos originales en los espacios vacíos)

infinitivo	gerundio, español	gerundio, inglés
comer	comiendo	*eating*
hablar	hablando	*speaking*
vivir	viviendo	*living*

En muchos casos, el gerundio se usa en las mismas circunstancias en español que en inglés:

Sujeto	Verbo auxiliar	Gerundio	Lo demás
Los sindicatos *The unions*	**están** *are*	**organizando** *organizing*	una protesta *a protest*
Muchos trabajadores *Many workers*	**estaban** *were*	**viviendo** *living*	en condiciones miserables *in squalid conditions*
Mi tío *My uncle*	**andaba** *was*	**pintando** *painting*	cuando se cayó *when he fell*

En estos casos: ¿qué es lo que viene justo antes del gerundio?

❏ Un sustantivo (*noun*)

❏ Un verbo auxiliar

❏ Una preposición

Pero hay algunos casos en los que se usa el gerundio en inglés pero **no** en español. Estudia los ejemplos siguientes:

El inglés usa el <u>gerundio</u>	El español usa el <u>infinitivo</u>, no el gerundio
Working *14 hours a day damaged her lungs.*	**Trabajar** 14 horas diarias le dañó los pulmones. ~~Trabajando~~ 14 horas diarias le dañó los pulmones.
Talking *to her bosses didn't improve her situation.*	**Hablar** con sus jefes no mejoró su situación. ~~Hablando~~ con sus jefes no mejoró su situación.
*She felt that **joining** a union was her only option.*	Sintió que **unirse** al sindicato era su única opción. Sintió que ~~uniéndose~~ al sindicato era su única opción.

En estos ejemplos, la acción expresada por el gerundio en inglés cumple la función de **sustantivo** (*noun*). Sabemos que son sustantivos porque también podemos poner "el" delante:

El trabajar 14 horas diarias   **Trabajar** 14 horas diarias   ...le dañó los pulmones.

El hablar con sus jefes   **Hablar** con sus jefes   ...no mejoró la situación.

En el español formal, normalmente no se usa el gerundio para cumplir la función de un sustantivo, hay que usar el infinitivo. Entonces, si puedes decir "el" delante del verbo, el español formal requiere el infinitivo.

Actividad 1

Elige la opción correcta.

1. La empresa alega que…   ❑ cumplir   ❑ cumpliendo   …con esa ley no es necesario.

2. ❑ Tener   ❑ Teniendo   … seguro médico es un lujo.

3. Estaba…   ❑ visitar   ❑ visitando   …el lugar un abogado de Wal-Mart.

4. ❑ Saber   ❑ Sabiendo   …todos los hechos es importante para tomar una buena decisión.

5. No es aconsejable decidir sin…   ❑ hablar   ❑ hablando   …con un médico.

6. El traslado de tantos trabajos al extranjero puede tener consecuencias negativas, como…   ❑ dañar   ❑ dañando   …la economía.

7. ❑ Trabajar ❑ Trabajando   …con una empresa multinacional me va a permitir viajar por el mundo.

8. Las mujeres andan…   ❑ recoger   ❑ recogiendo   …firmas para hacer unas demandas salariales.

9. ❑ Esperar ❑ Esperando   …hasta acabar los estudios para casarse puede ser una buena opción.

10. El salario mínimo ha ido…   ❑ perder   ❑ perdiendo   …valor adquisitivo año tras año.

11. Gracias por…   ❑ compartir   ❑ compartiendo   …su tiempo con el grupo.

12. Lo único que le importa es…   ❑ ganar   ❑ ganando   …dinero.

Actividad 2

Traduce las oraciones siguientes al español. Pon atención a los verbos subrayados (que son gerundios en inglés).

1. It's difficult _living_ in the United States and _trying_ to maintain Spanish.

2. _Seeing_ is _believing_.

3. _Buying_ on the Internet is a simple process.

4. We hope that the number of members continues _growing_.

5. _Crying_ doesn't do any good.

6. She believes that _fighting_ for equal pay is important.

7. I don't believe that our taxes are _subsidizing_ CEOs' salaries.

8. They're unhealthy because of _eating_ cheap food.

9. I'm thinking about _attending_ a summer program in Guanajuato, Mexico.

10. They were fired for _discussing_ their salaries.

11. It is illegal to fire a woman for _having_ a baby.

12. My hobby is _playing_ the piano.

Enfoque de redacción

Las conclusiones fuertes

En las actividades anteriores, hemos presentado una estructura muy típica para los ensayos argumentativos:

I.   Introducción con la tesis (usando una de las técnicas del capítulo 3)

II. Punto 1, que apoya la tesis, normalmente con un "se dice" relevante

III. Punto 2, que apoya la tesis, normalmente con un "se dice" relevante

IV. Punto 3, que apoya la tesis, normalmente con un "se dice" relevante

V.   Conclusión

En el capítulo 3, vimos que la introducción es una especie de puente que transporta a tus lectores de sus propias vidas hacia el "lugar" de tu texto. Tu conclusión es otro puente que **les ayuda a hacer la transición de nuevo a sus vidas**, a ver por qué tu análisis les debe importar después de acabar con tu texto.

Ahora, nos enfocaremos en qué hace una conclusión fuerte. Tu conclusión es tu **última oportunidad de convencer** al lector de tu argumento, pero **no debe ser un simple resumen** de todo lo que acabas de presentar en tu texto. ¡El lector lo acaba de leer! En vez de simplemente repetir todo, la conclusión debe:

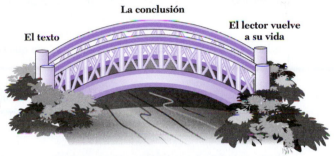

El texto — La conclusión — El lector vuelve a su vida

- Reformular (*restate*) la tesis <u>sin repetirla/copiarla exactamente</u>.

- Volver a mencionar el "se dice" y por qué tus argumentos son más acertados. Por ejemplo:

   "Como sugerí antes, la aserción que _____ se contradice con la evidencia de _____".

   "Aunque _____ tienen razón en que _____, es más importante considerar _____".

- Enseñar al lector **cómo se conectan tus puntos** y cuáles son las implicaciones de tus argumentos.

- Hacerlo sentir bien por haber leído tu texto.

- Evitar regañar o sermonear a los lectores.

- Evitar las palabras "En conclusión" o "Mi ensayo acaba de demostrar…".

- Evitar incluir información nueva en tu conclusión: no uses la conclusión como oportunidad de meter todo lo que no pudiste incluir antes. Si alguna idea brillante se te ocurre al final, debes volver al texto y encontrar la manera de incorporarla.

Cuando estés listo para escribir tu conclusión, **vuelve a leer tu tesis** y pregúntate: ¿logré lo que me propuse? Si te parece difícil reformular tu tesis, puede ser que te hayas alejado de ella. O si encuentras que ahora tu tesis suena vacía o irrelevante, debes revisar tus argumentos y/o rehacer tu tesis. No te preocupes, esto les ocurre de vez en cuando a todos los escritores. Empiezan con un argumento y acaban con otro un poco diferente. Esto es porque escribir, tanto como leer, *es un proceso de descubrimiento*. No tengas miedo de cambiar tus ideas ni tus textos.

Buenas estrategias para las conclusiones

Estrategia	Descripción
a. "¿Y qué?" ("*So what?*")	Enseñar a los lectores por qué es importante el tema y tu texto.
b. Señalar direcciones adicionales	Da a los lectores alguna manera de usar tus ideas en el mundo real; sugerencias específicas, etc.
c. Hacer eco del escenario en la introducción	Si en tu introducción usaste una anécdota u otro escenario, puedes hacer un círculo completo. Pero en la conclusión, los lectores deben *interpretar el escenario de la introducción de otra manera*, debido a tus argumentos; debes haber facilitado una nueva comprensión de la situación.
d. Describir los resultados imaginarios	En caso de tener un texto con alguna recomendación, puedes describir los resultados de implementarla, o los resultados de no implementarla.
e. Incluir una cita provocativa de alguna de tus fuentes	Explica la cita y lo que sugiere.
f. Aportar un cálculo específico	Por ejemplo, si tu ensayo abogó por la eliminación de los sindicatos porque suben el costo de los productos, calcula exactamente cuánto menos costarían dos o tres productos específicos.

Ahora, pasemos a considerar varios problemas comunes de las conclusiones. Busca en Internet "*George Mason writing center conclusions*" y describe los problemas siguientes.

Problemas típicos en las conclusiones

Problema	Definición/ejemplo
a. "El espejo"	
b. "El resumen innecesario"	
c. "El cliché vacío"	
d. "El anuncio innecesario"	
e. "La obviedad trillada"	
f. "El basurero"	
g. "El fundido/la disolvencia"	
h. "La conjetura disparatada"	

Actividad

Analiza las siguientes conclusiones. ¿Qué estrategia(s) usaron los autores? ¿Tienes sugerencias para mejorar estas conclusiones?

1. De la lectura 1 (Jorge Ramos, "Cómplices de los indocumentados") del capítulo 1 de nuestro texto.

"En fin, el caso es que tanto en México como en Estados Unidos —dentro y fuera del gobierno— todos somos cómplices de los indocumentados. Voluntaria o involuntariamente. Y la única forma de acabar con la manera hipócrita y aprovechada con que se trata a los indocumentados en Estados Unidos es dándoles una amnistía, igualita a la de 1986. Eso es algo que el gobierno mexicano se muere de miedo de proponer a Estados Unidos y que aterra a los políticos norteamericanos. Pero alguien va a tener que ponerse bien los pantalones y las faldas.

Los indocumentados disfrutan de nuestra complicidad. Ahora sólo falta que dicha complicidad sea reconocida, legalmente, en ambos lados de la frontera".

Estrategias (a-f): _____ Sugerencias: _____

2. De una estudiante, en un ensayo sobre la represión lingüística en las escuelas públicas en Estados Unidos.

"En conclusión, en las escuelas de Estados Unidos, no deben discriminar contra las diferentes etnicidades. Si esto ocurre, es una injusticia, como en el caso de Zach Rubio y lo que los empleados de la escuela le hicieron. Discriminar en las escuelas puede causar racismo, opresión y segregación. Hay organizaciones que ayudan a personas que son tratadas injustamente. Todos tenemos el derecho de defendernos si la gente nos trata mal".

Estrategias (a-f): _____ Sugerencias: _____

3. De la lectura 4 (Roberto Echevarría, "¿Es el spanglish un idioma?") del capítulo 3 de nuestro texto.

"Pero debemos recordar que somos un grupo especial de inmigrantes. Mientras que las culturas de origen de otros grupos étnicos se encuentran muy lejos en el tiempo y el espacio, las nuestras están muy cerca. La inmigración latinoamericana mantiene a nuestra comunidad en un estado de constante renovación. Lo menos que nos hace falta es que cada grupo específico elabore su propio spanglish, creando así una babel de lenguas híbridas. El español es nuestro lazo más fuerte, y es vital preservarlo".

Estrategias (a-f): _____ Sugerencias: _____

4. De la lectura 2 del presente capítulo (Elizabeth Schulte, "Asfixiados por el salario mínimo").

"Los políticos como el gobernador de California, Arnold Schwarzenegger, quien vetó un aumento del salario mínimo estatal a principios de este año, declaran que se oponen a esa ley porque acarrearía la «destrucción de empleos». Su razonamiento se basa en que subir los salarios obligaría a las empresas a despedir trabajadores. Pero hay estudios que demuestran que no es así. Uno, realizado en 1998 por EPI, analizaba el impacto del último aumento del salario mínimo de 1996 a 1997, y concluyó que el mercado basado en el salario mínimo funcionó mejor de lo que lo había hecho en décadas. Otro estudio reciente de los salarios mínimos impuestos por los estados, hecho por el Instituto de Política Fiscal, no encontró evidencia de efectos negativos sobre los empleos en las pequeñas empresas".

Estrategias (a-f): _____ Sugerencias: _____

5. De la lectura 4 del presente capítulo (Blades & Rowe-Finkbeiner, "El precio de la maternidad")

"Al final, los prejuicios de género y de maternidad son una realidad que debemos tratar si es que valoramos el trato justo en el trabajo, así como las contribuciones de las madres trabajadoras a nuestra economía. Una madre que trabaja tiempo completo debería ser capaz de mantener a su familia con un salario mínimo. Ningún padre debería tener que elegir entre cuidar a sus hijos o poder alimentarlos. Ningún padre debiera encontrarse en una posición en la cual sus ingresos sean menores que los costos de la guardería. Y ninguna mujer debiera ser penalizada con salarios inferiores y menos oportunidades de ascenso por haber decidido formar una familia. Está claro que Estados Unidos necesita niños y que nuestra economía depende de familias saludables. Estados Unidos puede indudablemente diseñar un mundo laboral compatible con un buen cuidado de los hijos".

Estrategias (a-f): _____ Sugerencias: _____

> ## Conexiones con la comunidad
>
> Entrevista a dos personas que formen parte de un sindicato y dos que no. ¿Qué aprendiste de las entrevistas?

Entrando a la conversación

Los vendedores ambulantes

El programa de televisión de Univisión *Aquí y Ahora* quiere destacar el tema de los vendedores ambulantes en Estados Unidos. Los productores del programa están buscando información sobre este tema en diversas ciudades dentro del país y han seleccionado tu ciudad como una de ellas. Por ser bilingüe y educado en el español académico, tu universidad te ha pedido que ayudes a los productores.

Debes escribir un informe de tres a cinco páginas sobre los vendedores ambulantes en tu ciudad, acabando con una o dos **recomendaciones específicas** respecto a los vendedores ambulantes. Puedes utilizar información del presente libro de texto, pero debes llevar a cabo una investigación de las circunstancias específicas de tu comunidad. Debes incorporar información de **tres entrevistas** en tu informe. Las entrevistas pueden ser con los vendedores ambulantes mismos o los individuos u organizaciones que trabajan a favor o en contra de ellos. Debes citar adecuadamente las fuentes de tu información dentro del informe.

El informe debe tener la siguiente estructura:

    I.   Presentación del tema a nivel nacional y local.

    II. Resumen de las circunstancias locales.

    III. Casos específicos (por los menos dos).

    IV. Recomendaciones y sugerencias para enfrentar y mejorar la situación local.

    V.   Conclusión.

Como todos los trabajos escritos en los cuales has trabajado hasta este punto, tu informe debe tener una tesis clara. *Aquí y Ahora* quiere que argumentes algo relacionado con este tema. No están buscando un informe neutral. Con la información que sacas de tu investigación, debes formar una opinión y también articular los argumentos contrarios a la tesis (los "se dice").

Paso 1: Lluvia de ideas

En grupos de dos, hagan una lluvia de ideas sobre el tema de tu informe con lo que ya han aprendido en el capítulo.

Después, hagan otra lluvia de ideas sobre los posibles temas de interés a nivel local.

Cada grupo presentará sus ideas a la clase, y anotarán sus comentarios y sugerencias.

Paso 2: Investigación preliminar

Haz una búsqueda en Internet sobre el tema en tu comunidad. Escribe un bosquejo de los temas relevantes a nivel local y de individuos y/u organizaciones que podrías entrevistar. Asegúrate de utilizar páginas web que tengan información fundamentada, actual, justa y seria/ académica.

Paso 3: Las entrevistas

Antes de llevar a cabo las minientrevistas, debes escribir una serie de preguntas que destaquen el ángulo del tema que quieres investigar. Asegúrate de escribir preguntas que no se puedan contestar con un simple "sí" o "no". Las preguntas deben sonsacar u obtener opiniones y narrativas. Es recomendable mostrar las preguntas a un compañero o a tu instructora antes de hacer las entrevistas.

Paso 4: Organizar el informe

Después de haber juntado toda la información que piensas utilizar en tu informe, forma una tesis clara y escribe un bosquejo de tu informe. Sigue la siguiente estructura:

  I.   Presentación del tema a nivel nacional y local. Los "se dice". Tu tesis.
  II. Resumen de las circunstancias locales.
  III. Casos específicos (por los menos dos).
  IV. Recomendaciones y sugerencias para enfrentar y mejorar la situación local.
  V.   Conclusión.

Paso 5: La redacción

Escribe una redacción de la primera versión de la propuesta.

Paso 6 Revisar el informe

Cuando hayas acabado, antes de entregar la propuesta a tu instructor, revísala bien. Asegúrate de usar el revisor ortográfico y revisa bien la rúbrica que utilizará tu instructor para evaluar tu ensayo.

Paso 7: Escribir una segunda versión

Escribe una segunda versión incorporando los comentarios del instructor y de un compañero de clase.

Rúbrica de evaluación: Los vendedores ambulantes

Nombre: _____   ❏ **Versión preliminar**   ❏ **Versión final**

Recuerda que <u>no</u> se asignará una nota a ninguna composición que no haya pasado por un <u>revisor de ortografía</u>.

Categoría	Puntos	Criterios	Comentarios
Contenido	___ / 50	Se hace una presentación concisa pero convincente de la situación actual a nivel nacional y global. Hay una tesis clara, con un argumento claro. La información de la investigación, incluyendo las entrevistas, es relevante y útil. El autor es convincente al presentar una tesis viable y significativa. El informe presenta por lo menos dos sugerencias y/o recomendaciones bien desarrolladas y basadas en la investigación citada dentro del informe.	
Organización	___ / 20	La organización es clara y lógica. Hay transiciones claras de una idea a otra. El lector sigue las explicaciones sin problemas, sin perderse.	
Enfoque de redacción	___ / 10	Buen uso de los puntos estudiados en los capítulos del libro.	
Gramática y uso	___ / 10	Buen uso de los puntos estudiados en los capítulos del libro.	
Vocabulario y expresiones	___ / 10	Hay variedad de vocabulario; no se repiten las mismas palabras. Las palabras están utilizadas correctamente.	

Revisión del compañero: Los vendedores ambulantes

Nombre del revisor: _____   **Nombre del autor:** _____

Primero, lee la composición de tu compañero. Después, contesta estas preguntas, volviendo al texto cuando haga falta. Puedes escribir tus respuestas en los dos lados de esta hoja y también agregar hojas si hacen falta.

1. En este informe, el autor propone (**tesis/argumento**): _____

2. Para argumentar su tesis, el informe se basa en las siguientes fuentes de investigación:

   a.

   b.

   c.

   d.

3. Comenta sobre los elementos siguientes.

Sección del informe	Descripción breve (una oración)	¿Sugerencias?
Presentación del tema a nivel nacional y local		
Resumen detallado de la situación local		
Presentación de los casos específicos de las entrevistas		
Las recomendaciones y/o sugerencias		
Conclusión		

Capítulo 5

La tecnología

TEMAS

El papel de la tecnología en la vida moderna, incluyendo la "brecha digital" (*digital divide*) y los derechos de autor (*copyright*).

ENFOQUES DE REDACCIÓN

Emplear imágenes para captar la atención del lector. Cómo escribir oraciones complejas.

GRAMÁTICA Y USO

El verbo "haber". Cómo usar "sino" vs. "pero".

ANTES DE LEER 1

A. Busca cómo se refiere a los conceptos siguientes en español. Después, agrega tres palabras adicionales de tu elección. Puedes buscar "Spanish computer terms" o "glosario de informática".

POR CIERTO

Para "web" se pueden observar estos usos:
La web
La red

inglés	español	¿Lo tienes/usas/haces?		
laptop*		❏ Sí	❏ Un poco	❏ No
broadband		❏ Sí	❏ Un poco	❏ No
network		❏ Sí	❏ Un poco	❏ No
web browser		❏ Sí	❏ Un poco	❏ No
operating system		❏ Sí	❏ Un poco	❏ No
IT (information technology)		❏ Sí	❏ Un poco	❏ No
email		❏ Sí	❏ Un poco	❏ No
search engine		❏ Sí	❏ Un poco	❏ No
blog		❏ Sí	❏ Un poco	❏ No
social network		❏ Sí	❏ Un poco	❏ No
Internet user		❏ Sí	❏ Un poco	❏ No
surf the Internet		❏ Sí	❏ Un poco	❏ No

° *La manera más común de decir* computer *es "computadora". En España se dice "ordenador".*

B. Vayan a la página web de Estadísticas Mundiales de Internet (*www.exitoexportador.com/ stats.htm*) y contesten estas preguntas.

a. La región geográfica con el mayor **número** de usuarios de Internet en 2009 era:

❏ Norteamérica ❏ Europa ❏ Asia

b. El 66% de los usuarios **mundiales** están en:

❏ Asia y Norteamérica ❏ Europa y Asia ❏ Norteamérica y Europa

c. Ahora, mira el **porcentaje** de la población que usa Internet ("la penetración"). Busca la penetración de Internet en los lugares siguientes:

Región	% penetración	País	% penetración
Norteamérica	76.2%	Estados Unidos	73.3%
		Canadá	74.9%
Asia		China	
		Japón	
		India	
América del Sur		Argentina	
		Bolivia	
El Caribe		Cuba	
		Puerto Rico	
América Central		México*	
		El Salvador	
África		Etiopía	
		Nigeria	

° *México está en Norteamérica, pero esta página lo ubica en América Central.*

C. Busca la página "*The sad truth about today's Internet population*". Hecha en Suecia, ofrece análisis de los datos de los internautas mundiales. Compara las dos figuras "Porcentaje de la población mundial" y "Porcentaje de internautas mundiales". ¿Qué diferencias notas?

_____

_____

_____

Anota dos (2) detalles adicionales que te llaman la atención de esta página.

a.

b.

D. Cada país tiene un Índice de Acceso Digital (en inglés *Digital Access Index*, o DAI), que es la habilidad general de los individuos para acceder y usar tecnologías de información y comunicación. A continuación, están las cinco categorías que se usan para medir el DAI de un país. Intenta emparejar cada categoría con su descripción.

___ 1. Infraestructura

___ 2. Precios asequibles (*affordability*)

___ 3. Conocimiento

___ 4. Calidad

___ 5. Uso

a. El número de internautas

b. El número de suscriptores fijos y móviles

c. El nivel de alfabetización adulta y tasa de matrícula escolar

d. Amplitud de banda (*bandwidth*) per cápita y número de suscriptores a banda ancha (*broadband*)

e. Costo de acceder a Internet como % del Producto Interno Bruto per cápita

E. Vocabulario. Empareja las siguientes palabras con la definición correspondiente.

__ 1. "... las enormes disparidades entre los países desarrollados y los que están en **vías de desarrollo**..."

__ 2. "Las naciones pobres no pueden pagar los **costos de lanzamiento**..."

__ 3. "... las discrepancias en la amplitud de banda son absolutamente **pasmosas**".

__ 4. "Los ciudadanos no pueden competir a nivel internacional, ni pueden llevar a cabo el **e-comercio**..."

__ 5. "... como estos países no tienen acceso a Internet, entran en un **círculo vicioso**..."

__ 6. "Si los países pobres pudieran desarrollar una **alfabetización** tecnológica mínima…"

__ 7. "... anima a la gente a donar sus computadoras viejas para ser **reacondicionadas**..."

__ 8. "Los grupos **sin fines lucrativos** también sufren por la brecha digital".

__ 9. "... TechSoup [ayuda] a las organizaciones **benéficas** a identificar sus necesidades tecnológicas..."

---

a. mejorado, reconstruido (*refurbished*)

b. comercio electrónico (*e-commerce*)

c. una circunstancia es la causa **y** el efecto de otra (*vicious circle*)

d. que no realizan ganancias (*not for profit*)

e. grupo que ayuda a los demás (*charity*)

f. habilidad de leer (*literacy*)

g. lo que cuesta iniciar un proyecto (*startup*)

h. en proceso de desarrollarse (*developing*)

i. increíbles (*astounding*)

LECTURA 1

Divididos por la tecnología

Fuente: www.dividedbytechnology.co.uk/impacts.html

(1) La "brecha digital global" es un término que describe las enormes disparidades entre los países desarrollados y los que están en vías de desarrollo, en las oportunidades de acceder a Internet y sus posibilidades educacionales y comerciales. Se refiere a los desequilibrios en el acceso físico, así como en los recursos y habilidades necesarias para participar como ciudadano digital. Esta brecha tiene consecuencias muy serias.

(2) Empecemos con algunas estadísticas:

Porcentaje de casas con acceso a Internet:

Reino Unido	61%	[UK Broadband ISP Reviews, 2007]
Estados Unidos	75%[1]	[Website Optimization, 2008]
Mundialmente	30%	[Khaleej Times Online, 2007]

---

1 Pero sólo el 57% tiene una conexión de alta velocidad (http://articlet.com/article791.html).

Número de personas que usaban Internet en 2004:

En el continente africano: 3 de cada 100 (3%)

En los países del G8[2]: 1 de cada 2 (50%)

De los 6,400 **millones** de personas en el mundo: 7%

Número de países con una tasa de penetración
de menos de 1%: 30

Hay más de 8 veces el número de internautas en Estados
Unidos que en todo el continente africano.

Hay más de 2 veces el número de internautas en Japón que en todo el continente
africano.

Hay más de 2 veces el número de internautas en Alemania que en todo el continente
africano.

Hay más internautas en Francia que en todo el continente africano.

Hay más internautas en la ciudad de Londres que en todo Pakistán.

> **POR CIERTO**
>
> Recuerda que "mil millones" en español es *billion* en inglés.

(3) **La barrera económica**

Las naciones pobres no pueden pagar los costos de lanzamiento para poder invertir
en las tecnologías necesarias para mantener el acceso a Internet. Por lo tanto, las
discrepancias en la amplitud de banda son absolutamente pasmosas. La pequeñísima
Dinamarca tiene dos veces la amplitud de banda de todo Latinoamérica y el Caribe
juntos. El alto costo de la amplitud de banda es una constricción importante; muchas
veces los países en desarrollo tienen que pagar el costo entero de conectarse a un *hub*
en un país desarrollado. No tener acceso viable a Internet les pone en una desventaja
considerable; las escuelas no pueden enseñar destrezas de IT, ni pueden aprovechar
la cantidad vasta de información en la web. Los ciudadanos no pueden competir
a nivel internacional, ni pueden llevar a cabo el e-comercio, lo cual les perjudica
profundamente en el mercado global.

(4) **La barrera del idioma**

La web consiste principalmente de páginas en inglés, el 80%
de ellas, concretamente. Y la mayor parte del otro 20% está en
japonés, alemán, francés, español, portugués y chino. Los países
menos desarrollados tienen pocas personas que entienden
inglés; menos del 10% del mundo puede leer en inglés y
2 mil millones hablan lenguas raramente representadas en la
web (Ryder 2005). Pero como estos países no tienen acceso a
Internet, entran en un círculo vicioso: no pueden comprender lo que hay en Internet,
entonces no lo usan y no crece la demanda de páginas en sus propios idiomas. Esto
continuará hasta que los creadores de políticas intervengan.

> **POR CIERTO**
>
> Recuerda que se usan letras minúsculas para las nacionalidades y los idiomas.

(5) **Los efectos de cerrar la brecha digital global**

Ya hemos mencionado varios efectos de la brecha digital: los ciudadanos no pueden
aprovechar la cantidad vasta de información en la web, ni competir laboralmente
a nivel internacional, ni llevar a cabo el e-comercio. Si los países pobres pudieran
desarrollar una alfabetización tecnológica mínima, podrían participar en las corrientes
intelectuales, artísticas y comerciales del mundo. Podría también llevarse al desarrollo
general de sociedades más democráticas, conforme incrementara la participación
pública en las elecciones y decisiones.

(6) **Cómo eliminar la brecha digital**

Hay que contemplar soluciones generales y específicas. Se puede donar a y trabajar con
organizaciones que promueven la educación tecnológica. Una estrategia en particular

2 Canadá, Francia, Alemania, Italia, Japón, Rusia, el Reino Unido y EE.UU. Sus habitantes forman solamente el
15% de la población mundial.

se llama "refrescamiento tecnológico", que anima a la gente a donar sus computadoras viejas para que sean reacondicionadas y usadas en lugares públicos o vendidas a precios bajos a la gente que califica. Algunas ciudades están negociando compras en cantidades grandes para bajar los costos.

(7) Los grupos sin fines lucrativos también sufren por la brecha digital. Para ayudarles, algunas compañías y fundaciones contribuyen a los esfuerzos de otras empresas tecnológicas (también sin fines lucrativos), como CompuMentor, NetCorps, NPower y TechSoup, que ayudan a las organizaciones benéficas a identificar sus necesidades tecnológicas e implementar mejoras.

(8) Pero la brecha digital no se va a solucionar simplemente regalando computadoras. Se trata de comprender los valores y las ventajas de estar en línea. La idea de enviar un mensaje instantáneamente a un ser querido al otro lado del mundo, o de comprar un libro en China desde tu sofá en Guatemala, resulta incomprensible para muchas personas. Incluso hay bastante gente en los países desarrollados que "no ve el punto" de la vida digital; se han inaugurado programas como "Adolescentes enseñan a ancianos" (*Teens teaching seniors*). Varios países han comenzado iniciativas estatales diseñadas para proveer acceso y entrenamiento tecnológico a las comunidades y en las escuelas.

(9) La brecha digital no es el único problema del siglo XXI ni, probablemente, el más urgente. Sin embargo, promete convertirse en uno mucho más grande. Cada ciudadano del mundo debe tener el derecho de aprender y crecer a través del uso de la tecnología, y nos toca desarrollar soluciones de largo plazo para cerrar las brechas digitales.

DESPUÉS DE LEER 1

A. ¿Cierto o falso, según el texto?

a. El 61% de Estados Unidos tiene Internet en casa.   ❑ cierto   ❑ falso

b. 7 de cada 100 personas en el mundo tiene acceso a Internet.   ❑ cierto   ❑ falso

c. Solamente el 20% del mundo puede leer en inglés.   ❑ cierto   ❑ falso

d. Incrementar la participación tecnológica puede incrementar la participación política.   ❑ cierto   ❑ falso

B. Explica el "círculo vicioso" relacionado con la barrera del idioma.

C. Busca la página de CompuMentor, NetCorps, NPower o TechSoup (mencionados en el párrafo 7) o TechMission, Geekcorps o Inveneo. Escribe una breve descripción acerca de lo que descubras.

D. En YouTube, busca *"Bridging the Digital Divide in Uganda"* y mira el video (dura 7:44 minutos). Anota dos (2) cosas que te llamen la atención. ¿Ves alguna conexión con la lectura 1?

a. _____

b. _____

Después, busca "Alta densidad 414, parte I" (dura 9:07 minutos; esta pregunta se basa en los primeros 5:50 minutos solamente). ¿Cómo proponen que la tecnología 3G ayude a reducir la brecha digital?

Unos niños con las famosas laptops verdes "XO" de OLPC

E. El programa "One Laptop Per Child" (OLPC) diseñó una computadora portátil llamada la "XO" para el uso de niños entre 6 y 12 años en los países en vías de desarrollo (*developing*). No hace falta saber leer o escribir para jugar con la XO.

Ve a la página web *www-static.laptop.org/es* y bajo "Visión" lee la "Misión" y, a la derecha, las "Preguntas Frecuentes". Después, escribe un corto resumen de OLPC. (¡Notarás que hay errores de acentuación en las "preguntas frecuentes"!)

Si quieres escuchar una charla del fundador de OLPC, Nicholas Negroponte, ve a *www.ted.com* y busca su charla de 2007.

F. La página *www.bridgethedigitaldivide.com* menciona varias maneras adicionales de cerrar la brecha digital. Describe una que te llame la atención.

ANTES DE LEER 2

A. ¿Tienes Internet en casa?   ❏ Sí   ❏ No

En caso afirmativo, ¿qué tipo de conexión es y cuánto cuesta al mes?

   ❏ Cable   ❏ Fibra   ❏ Por teléfono (*dial up*)

   ❏ DSL   ❏ Satélite   ❏ Banda ancha inalámbrica (*wireless broadband*)

Costo al mes: $_____

B. Lee la historia de dos novatos (*freshmen*) universitarios, David y Joanne, en *www.kristinthomas.net/digitaldivide/face.html*. ¿Conoces casos parecidos?

LECTURA 2

Subvenciones o mercado libre: ¿cómo cerrar la brecha digital?

La lectura 2 explora esta pregunta a través de un diálogo ficticio (basado en varias fuentes verdaderas) entre la señora "No" y el señor "Sí". La señora "No" señala que es mejor dejar que la brecha se cierre sola, sin intervención gubernamental. El señor "Sí", por otro lado, dice que el gobierno debe intervenir para que los grupos más necesitados tengan acceso significativo a Internet.

(1) Señora No: —En febrero de 2002, el Departamento de Comercio (DOC, por sus siglas en inglés) de EE.UU. publicó el informe «A Nation Online: How Americans Are Expanding Their Use of the Internet». El mensaje es que la brecha digital ya no es una preocupación. Según el censo de 2000, 143 millones de estadounidenses (el 54%) ya usan Internet, y este número se incrementa a razón de *(at the rate of)* 2 millones de usuarios por mes, incluyendo a gente de todos los niveles de ingresos y educación formal, edades, razas, etnicidades y géneros. Entonces, el gobierno no necesita involucrarse porque no hay problema.

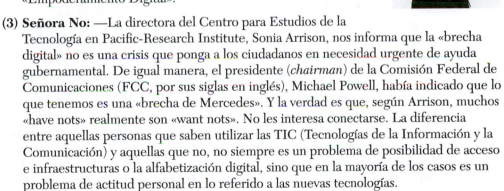

(2) Señor Sí: —Esos resultados positivos son un testamento de la efectividad de varios programas como E-Rate, Technology Opportunities Program, Community Technology Centers Program y los descuentos ofrecidos a las bibliotecas y las escuelas. No es buen momento para cantar victoria y abandonar estas inversiones. De hecho, numerosas organizaciones han luchado para apoyar una continuación de los fondos federales a través de la campaña «Empoderamiento Digital».

(3) Señora No: —La directora del Centro para Estudios de la Tecnología en Pacific-Research Institute, Sonia Arrison, nos informa que la «brecha digital» no es una crisis que ponga a los ciudadanos en necesidad urgente de ayuda gubernamental. De igual manera, el presidente *(chairman)* de la Comisión Federal de Comunicaciones (FCC, por sus siglas en inglés), Michael Powell, había indicado que lo que tenemos es una «brecha de Mercedes». Y la verdad es que, según Arrison, muchos «have nots» realmente son «want nots». No les interesa conectarse. La diferencia entre aquellas personas que saben utilizar las TIC (Tecnologías de la Información y la Comunicación) y aquellas que no, no siempre es un problema de posibilidad de acceso e infraestructuras o la alfabetización digital, sino que en la mayoría de los casos es un problema de actitud personal en lo referido a las nuevas tecnologías.

(4) Señor Sí: —Estar desconectado en la era informática **no** es como estar privado de un Mercedes o algún otro lujo, según Mark Lloyd, Director Ejecutivo de *Civil Rights Forum on Communications Policy*. Significa estar fuera de la economía y de los debates democráticos. Es cierto que algunos no quieren conectarse, pero mire, casi la mitad de las casas en Estados Unidos no tiene acceso a Internet de alta velocidad, y sólo el 25% de las casas pobres tiene alguna conexión (comparado con un 80% de las casas con ingresos mayores de $75,000). Y entre los jóvenes, sólo el 30% de los pobres usa computadoras en casa, comparado con más del 90% en familias con ingresos más altos. Y aún más problemáticos son los datos étnicos: entre los individuos con educación formal limitada, el 32% de los hispanos, el 40% de los afroamericanos y el 60% de los blancos tienen conexión en casa. ¿No ve usted un problema con esta distribución socioeconómica y étnica?

(5) Señora No: —De hecho, el informe del DOC indica que entre 1998 y 2001, el uso de Internet entre los más pobres (menos de $15,000 por año) subió un 25% al año. En 2001, el 25% de la gente de bajos ingresos estaba conectada, y si las cosas continúan así, dentro de poco toda la gente que quiera comunicarse podrá hacerlo.

(6) Señor Sí: —El problema es que <u>no</u> han continuado así. Entre marzo de 2007 y mayo de 2008, el uso de Internet entre los más pobres bajó de 28% a 25%. A diferencia de una televisión, por ejemplo, que se compra una vez y ya, Internet tiene costos mensuales que muchas veces la gente se ve forzada a cancelar.

(7) Señora No: —Recuerde que las compañías de cable y teléfono tienen que invertir mucho dinero para expandir sus redes. Y tienen que analizar cuánto va a costar contra cuántos suscriptores nuevos van a ganar en esas áreas. Ninguna empresa puede operar con pérdidas.

(8) Señor Sí: —¡Justamente por eso debemos seguir las subvenciones gubernamentales! ¿Por qué no insistimos en que cada estudiante tenga acceso a Internet en casa? Algunos dirán, «Juanito fácilmente puede ir a la biblioteca a usar Internet». Pero, ¿a qué distancia le queda de casa? ¿Qué horario tiene? Si es un niño, tiene que ir en autobús y después competir con toda la gente para usar media hora las computadoras compartidas. En cambio, si su amiguito tiene Internet en casa constante y el software más reciente, goza de una ventaja inconmensurable (*unmeasurable*). Y, ¿cuál es nuestra pérdida como sociedad en general, si no posibilitamos el acceso a todos los ciudadanos para que desarrollen sus habilidades y su potencial? Debemos trabajar para instalar Wi-Fi público gratuito por todo el país, subvencionado por el gobierno.

(9) Señora No: —El servicio universal por sí solo no garantiza una sociedad más democrática, económica o política; no afectaría el patrón de la distribución desequilibrada de riqueza en este país, la cual es la causa subyacente de la *verdadera* brecha. El autor Benjamin Compaine[3] sostiene que Internet llegará a todos sin intervención del gobierno, porque el mercado siempre arregla los desajustes. Señala que la supuesta «brecha digital» es solamente una manipulación política y que los pro-intervencionistas hacen más mal que bien con su insistencia paternalista de que saben mejor lo que les conviene a todos los demás.

(10) Señor Sí: —Bueno, también se equivocó Compaine al insistir en que Internet iba a llegar a ser gratuito gracias a los anuncios, pero eso no llegó a pasar, ¿cierto?[4] La industria de las telecomunicaciones tiene una fuerte perspectiva pro-negocios. ¿Por qué hace falta intervención del gobierno? Porque sin su intervención, la construcción de la infraestructura informática será orientada únicamente a los usuarios de alto nivel. Por ejemplo, la industria ha empezado a empaquetar (*bundle*) los servicios básicos con un montón de canales, lo cual sube el costo enormemente. Entonces los servicios básicos han subido en precio, mientras que el costo de los servicios «premium» ha quedado estable. Los usuarios moderados no tienen una opción sencilla y económica.

(11) Señora No: —Los que no pueden conectarse a Internet hoy en día tienen mayores problemas que una computadora, y el acceso a Internet no los va a solucionar. La tecnología no es una vara mágica que puede resolver los problemas socioeconómicos.

---

3 Su libro de 2001 se titula *The Digital Divide: Facing a Crisis or Creating a Myth?* Puedes leer uno de sus textos de 1988 en *compaine.bcompany.com/information_gaps.htm*.
4 Hay una crítica del libro de Compaine en *english.ttu.edu/kairos/7.1/reviews/monroe/index.htm*.

Si quienes luchan en contra de la brecha digital realmente quieren resolver las desigualdades en el mundo, deben dirigir sus esfuerzos a promover el crecimiento económico y una educación que fomente la habilidad para beneficiarse de la tecnología. A menos que la gente pueda leer y comprender lo que encuentra en Internet, todas las computadoras y redes del mundo no serán de mucha ayuda. De todas formas, muchas veces sólo las usan para el entretenimiento, no para participar en los procesos democráticos ni para aprender cosas de valor.

(12) Señor Sí: —Claro, la tecnología no es un remedio total para la pobreza. Pero asegurar que los individuos y comunidades menos privilegiados puedan acceder a las herramientas básicas para mejorar su calidad de vida sí es una parte de una respuesta responsable. La mano invisible del mercado libre no va a solucionar el problema.

(13) Señora No: —Cuando se inventaron la electricidad, el teléfono, los coches y la televisión, la difusión progresó de la misma manera. Los adoptadores tempranos eran los más adinerados porque podían permitírselo. Eventualmente el interés se difundió, se creó más demanda y bajaron los precios. Es cierto que los bienes (*goods*) con costos fijos, como la tele, se difunden más rápido que los servicios con costos continuos, como el teléfono. Internet es un servicio con costos continuos. No todos hoy en día tienen coche, pero nadie sugiere que regalemos coches para cerrar esa brecha. Ni se ha sugerido que se regalen o subvencionen televisores para las familias pobres. La "brecha digital" de hoy era la "brecha de la televisión" en 1955. Pero la diferencia es que los modelos comerciales de hoy eliminan estas brechas muchísimo más rápido.

(14) Señor Sí: —El acceso a Internet, sobre todo para los jóvenes, es mucho más importante que un coche o una televisión. Y lo que usted deja de reconocer es el papel de la política pública en esos resultados que usted misma cita: sin la infraestructura y el apoyo de los gobiernos locales, la electricidad y los teléfonos nunca hubieran llegado a las casas y estos servicios no hubieran estado disponibles. Por eso, muchos todavía se conocen como «servicios **públicos** esenciales» (*public utilities*). En el pasado, los fondos públicos también apoyaban los ferrocarriles y las carreteras, y todavía hoy respaldan el transporte público en muchos lugares. Debemos expandir las economías estatales y federales con el patrocinio gubernamental de Internet.

DESPUÉS DE LEER 2

A. Completa el cuadro a continuación con los argumentos de la lectura.

Tema	Párrafos	Los dos argumentos
¿Realmente existe un problema de brecha digital?	1-6	Señora No: Señor Sí:
¿Hacen falta subvenciones del gobierno?	7-8 y 13-14	Señora No: Señor Sí:
El papel de Internet para mejorar la vida	9-12	Señora No: Señor Sí:

B. El "señor Sí" dijo que debe haber Wi-Fi público gratuito. Ve a *www.wififreespot.com* y anota tres (3) lugares cerca de ti que ofrecen Internet inalámbrico gratuito. ¿Los usas con alguna frecuencia?

C. ¿Estarías dispuesto a pagar para subvencionar Internet inalámbrico gratuito en tu ciudad? ¿Cuánto al mes, digamos?

❏ No, no pagaría nada para subvencionar Internet inalámbrico gratuito en mi ciudad.

❏ Pagaría $10 al mes.

❏ Pagaría $30 al mes.

❏ Pagaría lo mismo que pago ahora por mi servicio de Internet.

D. Para ver una joven que es lo contrario de "Joanne", busca *"Coder girl"* del rapero Dale Chase en YouTube. ¿Cuánto entiendes de la canción? Por ejemplo, ¿sabes lo que quieren decir los términos siguientes?

ALL CAPS	source	Java	sudo make me a sandwich
Hello World	root access	bash shell	runtime

Entrando a la conversación

Ayudar a los jóvenes como "Joanne"

Recuerda la historia de David y Joanne, dos jóvenes con experiencias tecnológicas drásticamente diferentes. En una "carta abierta" de 1 a 2 páginas (espacio sencillo), propón tres cosas específicas que se pueden hacer para ayudar a Joanne y a los futuros estudiantes en su situación. No olvides incluir los argumentos "se dice". Aquí hay algunos modelos que podrías usar:

"La gente que cree _____ pasa por alto (*overlook*) que _____".

"Estoy totalmente de acuerdo con que _____, pero también habría que _____".

"Un análisis superficial puede llevar a la conclusión de que _____. Sin embargo, _____".

Gramática y uso

El verbo "haber"

El verbo "haber" en español es un verbo auxiliar como *have* en inglés. Aquí hay algunos ejemplos con el verbo "haber":

El laboratorio **ha** empezado a ofrecer tutorías sobre los wikis.
*The laboratory **has** begun to offer tutoring sessions about Wikis.*

Para abril de 2009, Apple ya **había** vendido mil millones de aplicaciones para el iPhone.
*By April 2009, Apple already **had** sold a billion iPhone applications.*

Llena el cuadro a continuación con las formas que faltan del verbo "haber":

El verbo "haber" (en estos ejemplos, con el verbo "dar" en el participio pasado):

Persona	Presente indicativo	Presente subjuntivo	Pasado indicativo	Pasado subjuntivo
	Have/has given	*Have/has given*	*Had given*	*Had given*
yo	**he** dado	**haya** dado	**había** dado	**hubiera** dado
tú	**has** dado	_____ dado	**habías** dado	**hubieras** dado
él/ella/usted	_____ dado	**haya** dado	**había** dado	**hubiera** dado
nosotros	**hemos** dado	**hayamos** dado	_____ dado	**hubiéramos** dado
ustedes/ellos/ellas	**han** dado	**hayan** dado	**habían** dado	_____ dado

Vamos a enfocarnos en tres temas relacionados con el verbo *haber*.

H 1. Dos formas que pueden causar confusión son "hubiera" y "viera".

haber = *have*

En tu lugar, yo **hubiera** esperado más tiempo.	*If I were you, I would **have** waited more time.*
Podía **haber** sido un a científica excelente.	*She could **have** been an excellent scientist.*

ver = *to see*

Mi papá quería que yo **viera** la película.	*My dad wanted me to **see** the movie.*
No podía **ver** nada por la niebla.	*He couldn't **see** anything because of the fog.*

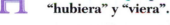

POR CIERTO

Recuerda que la forma de "haber" en el presente del indicativo lleva una "h";
Ella no se **ha** dado cuenta de que su cuenta de Internet fue suspendida.
Esto se presentó en el capítulo 2.

Ten cuidado de no confundir estas formas.

En tu lugar, yo ~~viera~~ esperado más tiempo.	→	En tu lugar, yo **hubiera** esperado más tiempo.
Podía ~~ver~~ sido una científica excelente.	→	Podía **haber** sido una científica excelente.

H 2. Mientras es muy común en el español informal usar la forma "haiga", el español formal emplea "haya".

"Haiga" es una forma antigua que se ha conservado en algunos dialectos y su uso es muy común hoy en día. Sin embargo, los usos más formales requieren "haya":

Es increíble que mi abuelo se ~~haiga~~ **haya** comprado un Blackberry.

Me parece muy triste que ~~haigas~~ **hayas** perdido tu laptop.

No es cierto que las empresas ~~haigan~~ **hayan** bajado los precios.

3. En el español informal, mucha gente pluraliza la forma "había" y dicen "habían" para la existencia de más de una cosa. Pero el español formal requiere "había" siempre en el <u>singular</u>.

Informal: En la fiesta **habían** 250 personas.
Formal: En la fiesta **había** 250 personas.

Actividad 1

Elige la opción correcta.

1. No sé por qué no quería ir a la escuela a veces. Pudo ❏ haber   ❏ ver   …sido porque no me gustaba la clase, o porque era una niña caprichosa.

2. En mi escuela secundaria ❏ había   ❏ habían   …laboratorios con computadoras.

3. No puedo creer que mis padres no ❏ haigan   ❏ hayan   …tenido Internet en casa.

4. Ahora la gente va a ❏ haber   ❏ ver   …la importancia de saber de tecnología.

5. Cuando mis padres eran niños, no ❏ había   ❏ habían   …tantas opciones telefónicas.

6. Es posible que los que ya se han graduado de la universidad nunca ❏ haigan ❏ hayan   …tomado una clase de informática.

7. La razón por la que se congeló la computadora puede ❏ haber   ❏ ver   …sido un virus.

8. Cuando miré en la computadora de mi amigo, encontré que ❏ había ❏ habían   …varias canciones que había bajado de Internet de forma ilegal.

9. Espero que mi profesor ❏ haya   ❏ haiga   …recibido el adjunto que le mandé por correo electrónico.

10. Cuando hice clic en el enlace de la página web que nos mandó la profesora, no se cargó bien la página y no pude ❏ haber   ❏ ver   …las imágenes.

11. ❏ Había   ❏ Habían   …muchos estudiantes que querían aprender a usar la nueva versión de Word.

12. Es probable que ❏ haya   ❏ haiga   …más computadoras per cápita hoy en día que hace 10 años.

Actividad 2

Traduce las oraciones siguientes.

1. After **having used** a Mac for 2 weeks, María decided she didn't like it.

2. So she went **to see** her friend who was an expert in computers.

3. Her friend told her, "Let's go **see** the new PCs that came out this year."

4. María started to regret not **having bought** a PC.

5. Before **having purchased** her Mac, she should **have done** more research.

6. It would have been better to **have consulted** with a computer expert before her purchase.

7. "Maybe it's just a question of getting used to it," she thought to herself. "Let me **see** if I like the Mac better once I am more accustomed to it."

8. A month after **having decided** she didn't like her Mac, she realized that it was growing on her.

9. She decided to go **see** her friend again and told her that she started liking her new Mac.

10. "I could've told you that!" her friend said. "I have a Mac myself. **Having bought** one was the best decision I made!"

Enfoque de redacción

El uso de imágenes

En los capítulos anteriores, vimos cómo presentar tesis fuertes y apoyarlas bien (y sin plagiar). Ahora vamos a enfocarnos en el uso de imágenes para comunicar nuestras ideas con más exactitud y creatividad para captar la atención de los lectores.

Una manera común de usar imágenes es con las metáforas y los símiles.

Definición de **metáfora**:

_____

Definición de **símil**:

_____

Por ejemplo:

Idea sencilla	Idea expresada con una imagen
"Oscar comía mucho".	"El estómago de Oscar era un pozo sin fondo".
"Dolores quería mucho a su nieto".	"El nieto de Dolores era la luz de su existencia".
"Roberto era fuerte y valiente".	"Roberto era como un león".

Actividad 1

Busca una metáfora para comunicar las tres ideas siguientes. Después, genera una idea sencilla original y duplícala usando una imagen o metáfora.

Idea sencilla	Idea expresada con una imagen
"Nos han **cobrado demasiado** durante años".	
"Lars Ulrich **se enoja** cuando la gente baja canciones gratuitamente".	
"Las protecciones de copyright hoy en día se han vuelto **excesivas**".	

Actividad 2

Vuelve a dos de los textos que has leído hasta ahora en este libro. Elige una parte del texto que se beneficiaría de una imagen e inventa una apropiada.

Título del texto	Párrafo n°	Imagen:

ANTES DE LEER 3

Las siguientes lecturas se tratan de los **derechos de autor** (curiosamente, en español se usa también el término "copyright" del inglés).

A. ¿Cómo se define la piratería?

B. El párrafo 2 dice que la piratería genera un "efecto cascada". ¿Qué es un efecto cascada?

C. Adivina cuánto dinero y puestos de trabajo se pierden al año debido a la piratería:

Millones de dólares	Puestos de trabajo
$5	25,000
$9	50,000
$12	71,000

D. Busca en YouTube "Alta densidad 430, parte 2" (dura 6:42 minutos). ¿Qué nos dice acerca de la piratería digital?

LECTURA 3

Lo que cuesta la piratería

Fuente: Baquía Knowledge Center

(1) Un estudio elaborado por el Institute for Policy Innovation (IPI) trata de evaluar el impacto en la economía estadounidense de las descargas de material protegido por derechos de autor. El contenido protegido por propiedad intelectual, en el que se incluyen las grabaciones musicales, es uno de los más importantes factores de crecimiento de la economía de EE.UU., asegura el IPI, responsable del 40% del crecimiento económico y del 60% de las exportaciones del país.

(2) La principal conclusión del estudio se centra en el impacto global en la economía de EE.UU. derivado de la piratería musical, que se estima en 12,500 millones de dólares y 71,000 puestos de trabajo perdidos al año. El estudio destaca que la piratería genera un efecto cascada, con pérdidas directas e indirectas que repercuten en el total de la economía en las cifras mencionadas.

(3) Las consecuencias de las descargas ilegales en la economía estadounidense han sido estimadas en términos de pérdida de ingresos, trabajos, salarios de los trabajadores e impuestos. El desglose (separación de las distintas partes de un todo, para considerarlas por separado; *breakdown*) de las pérdidas es el siguiente:

- Las descargas ilegales provocan que se pierdan 26,800 empleos directos en la industria musical y en los comercios, además de otros 44,200 empleos en industrias relacionadas.

- Los trabajadores de esas mismas industrias dejan de ingresar 2,700 millones de dólares al año por culpa de la piratería, de los que 1,100 millones corresponden a la industria musical y los comercios, y 1,600 a otros sectores.

- Las autoridades federales, locales y gubernamentales dejan de ingresar 422 millones de dólares en impuestos cada año. De esa cantidad, 291 millones corresponden a ingresos personales y 131 millones son ingresos corporativos.

(4) Según Stephen Siwek, uno de los autores del estudio, "la piratería perjudica no sólo a los dueños de la propiedad intelectual, sino también a los consumidores y a las personas que pagan impuestos". Además, el impacto de la piratería musical se está intensificando, según el IPI, que pide al gobierno un esfuerzo para hacer frente al problema.

DESPUÉS DE LEER 3

A. La Asociación de la Industria Discográfica de Estados Unidos (RIAA o *Recording Industry Association of America* en inglés) es una asociación estadounidense que representa a la mayor parte de la industria discográfica. Busca los detalles siguientes sobre este grupo:

La RIAA se formó en el año: _____

Los miembros de la RIAA son: _____

Los miembros de la RIAA crean, producen y distribuyen aproximadamente _____% de todas las producciones sonoras producidas y vendidas en Estados Unidos.

¿Son metas de la RIAA o no?

❏ proteger los derechos de propiedad intelectual por todo el mundo

❏ demandar (*sue*) a los individuos que ilegalmente hacen copias de canciones

❏ llevar a cabo investigaciones sobre la industria de la música

❏ monitorear y revisar las leyes, regulaciones y políticas relevantes

B. Elige una de las lecturas siguientes y escribe un corto resumen en español para compartir con la clase:

a. Busca "Condenan a un año de cárcel a los fundadores de Pirate Bay".

b. En *www.laflecha.net*, busca "marcas que inutilizan las copias".

C. Este texto no tiene un "se dice". Inventa uno que cumpla con los principios estudiados en el capítulo 2.

D. ¿Cuál es tu opinión sobre este artículo? ¿Tienes alguna recomendación sobre lo que se debe hacer para combatir la piratería digital?

ANTES DE LEER ④

A. Piensa en cómo adquieres los medios que escuchas/ves y los costos asociados.

	Formato	Costo	Último título que adquiriste en este formato	¿Cuándo fue?	¿Qué cantidad crees que recibió el artista?
Música	CD				
	iTunes				*
	Otro				
Películas	Comprar DVD				
	Comprar en iTunes				
	Rentar en Netflix o Blockbuster				
	Otro				

° *Puedes buscar esta respuesta en Google usando "iTunes Artist-Producer Royalty Calculation"*

La RIAA ha demandado a algunos individuos por hasta $150,000 por cada canción bajada ilegalmente de Internet. Si has bajado canciones o conoces a alguien que lo ha hecho, ¿te preocupa este hecho?

B. El autor hace mención de la "falacia del hombre de paja" (*straw man fallacy*).

¿Qué es una **falacia**? _____

Busca "*straw man*" en Wikipedia y después genera un ejemplo adicional:

Argumento de Persona A: _____

Respuesta de Persona B: (que representa una falacia del hombre de paja):

_____

C. ¿Qué quiere decir que una obra sea de "dominio público" (*public domain*)? Puedes encontrar alguna información en *es.wikipedia.org/wiki/Dominio_público*.

¿Son de dominio público las obras siguientes? Es decir, ¿podrías usarlas en una película, por ejemplo, sin pedirle permiso a nadie?

❏ El cuento de la Cenicienta ❏ La historia de Harry Potter ❏ El cuento de La Llorona

❏ El libro *Twilight* ❏ Una canción de Michael Jackson ❏ Una canción de Mozart

❏ La imagen de Rihanna ❏ El cuento de Mulán ❏ La imagen de Mickey Mouse

La lectura hace referencia específica al caso de Mickey Mouse. Busca "*copyright term extension act*" en Wikipedia y resume el dilema principal.

D. Muchos DVDs de películas ponen un corto anuncio que alega que hacer downloads de películas es lo mismo que robar un coche, un televisor o el bolso de una señora (si no lo has visto, búscalo en YouTube bajo "Piracy, it's a crime"). ¿Estás de acuerdo con este argumento? ¿De qué maneras son acciones parecidas y diferentes bajar una película y robar un objeto físico?

E. Vocabulario. Empareja las siguientes palabras con la definición correspondiente.

__ 1. "Mi propósito es tratar de manera honesta un tema **espinoso**..."

__ 2. "Con la invención de la **maquinaria de imprenta**, es relativamente fácil copiar tu libro..."

__ 3. "...toda **ganancia** de tu obra te pertenecía a ti".

__ 4. "... es un intento de **inculcar** en el público la impresión de todo lo legal que enmarca su postura".

__ 5. "El mismo término «propiedad intelectual», que es muy reciente, **se acuñó** precisamente con este fin".

__ 6. "... controladas por unas cuantas empresas que **litigan** ferozmente por ellas".

__ 7. "... las leyes se cambiarán antes de que los copyrights **caduquen**".

__ 8. "... la situación del año 1909 cuando las calles de Nueva York estaban llenas de caballos y **carretas**".

__ 9. "... no deberían permitir que una **editorial** malintencionada reproduzca y venda los libros de alguien".

__ 10. "No propongo una **gresca** anárquica radical..."

__ 11. "... para promover el bien social (no la protección de negocios **atrincherados**)".

---

a. crear una frase (*to coin*)

b. beneficio, provecho (*profit*)

c. relacionado con imprimir (*printing*)

d. complicado (*thorny*)

e. dar, meter (*instill*)

f. poner un caso legal (*litigate*)

g. profundos, tenaces (*entrenched*)

h. carro de madera con dos ruedas (*carriage*)

i. dejar de ser válidos (*expire*)

j. negocio que se ocupa de publicar (*publisher*)

k. caos (*free for all*)

LECTURA ④

Sobre la propiedad intelectual y los caballos vs. los automóviles
por Clifford Meece

Clifford Meece es especialista en informática. Escribe sobre la tecnología en la política social en su blog *cliffordmeece.com.*

(1) En cualquier debate, si el propósito es llegar a una verdad razonable, debemos examinar los dos lados profundamente y considerar, hasta intentar *formular*, argumentos de los

dos lados. En la Parte I del presente ensayo, demuestro los errores en varios argumentos a favor de fortalecer las leyes de *copyright*, y presento mis contrapuntos de por qué el alcance de las leyes actuales de propiedad intelectual deben reducirse drásticamente para estar más conformes con su intento original. Durante el camino, presentaré un principio general con el cual debemos juzgar los argumentos de *copyright*: la ventaja para la sociedad en general. Sin embargo, en la Parte II, exploro lo que considero son algunos argumentos razonables del campo "*copyright* fuerte". Mi propósito es tratar de manera honesta un tema espinoso, aunque al final relucirá claramente que estoy a favor de reducir las restricciones actuales sobre la propiedad intelectual.

Parte I: Eliminar el intermediario: un futuro con leyes sensatas de propiedad intelectual

(2) Supongamos que es el año 1703 y escribes un libro. Con la invención de la maquinaria de imprenta, es relativamente fácil copiar tu libro y venderlo sin tu permiso, muchas veces transportado mundialmente por los piratas. En 1710, se establecieron estructuras legales en Inglaterra con el fin de crear derechos de autor limitados a 14 años; después de ese tiempo, las obras pasaban al dominio público. Esto tuvo el efecto de **incentivar la creación**: si no, la gente no sentiría ganas de crear cosas si la piratería iba a acabar con sus ganancias. Estas leyes establecieron que nadie podía copiar tu libro (o tu canción, o una imagen que hubieras creado) durante cierto tiempo, y toda ganancia de tu obra te pertenecía a ti. La clave aquí es que las leyes se hicieron para otorgarle una ventaja temporal al autor, pero una ventaja a largo plazo para la sociedad.

(3) Pero las protecciones de *copyright* hoy en día se han vuelto excesivas y con los cambios recientes que han digitalizado muchas industrias, los argumentos a favor ya no son sostenibles. Los proponentes de *copyright* fuerte intentan varias cosas en sus argumentos. Primero, **describen** las leyes actuales con muchísimo detalle, explicándote lo que sí puedes hacer y lo que no. Debemos notar que esto no es un argumento de verdad, sino una simple descripción disfrazada de argumento; es un intento de inculcar en el público la impresión de todo lo legal que enmarca su postura. El objetivo es meterle miedo al público con los potenciales resultados de su comportamiento, a la vez que despierta su respeto por la autoridad.

(4) Segundo, confunden la ley de *copyright* con otras leyes mejor establecidas. Muchas leyes sobre *copyright* y propiedad intelectual (IP o *intellectual property* en inglés) son relativamente nuevas, o su extensión y castigos han sido recientemente redefinidos. En una situación así, se vuelve esencial ligar el "crimen" a leyes ya existentes que tienen más base emocional. Una de las tácticas más comunes de los proponentes de IP es comparar las violaciones de *copyright* al robo. Hay campañas publicitarias enteras que se basan en este concepto: "No le robarías el bolso a esta señora. Entonces no bajes una canción de Internet". La idea es confundir la violación de *copyright* con el robo físico, valiéndose del tabú fuerte en la sociedad contra el robo y el sentimiento casi instintivo que tiene el ser humano en su contra. El mismo término "propiedad intelectual", que es muy reciente, se acuñó precisamente con este fin. Ya existían muchas leyes sobre los derechos de autor, marcas registradas y el proceso de patentes. "Propiedad intelectual" se creó como término "atrápalo-todo" para referirse a todas estas áreas diferentes y para enfatizar al público que las ideas, sean patentes o *copyrights* o marcas registradas, son una propiedad, como tu bolso o tu coche. Si pueden convencer a la gente de que no hay ninguna diferencia entre tu coche y una canción, pueden justificar

castigos parecidos para los dos. El problema es que hay una diferencia muy importante entre tu coche y una canción. Si te robo el coche, te quedarías sin él. Pero si hago una copia de tu canción, todavía tendrías posesión de ella[5]. Esto normalmente provoca el contrapunto siguiente: "Sí, todavía tendría posesión de mi canción, pero tú me habrías quitado algo de mis ingresos relacionados con ella". Pero esto asume que toda la gente que la hubiera copiado **la habría comprado**, que no es necesariamente cierto. No sé cuántos son los ingresos perdidos por compartir archivos, pero no es posible que cada archivo compartido represente una venta perdida, porque mucha gente que comparte archivos no tiene el dinero disponible.

(5) El tercer argumento típico (pero débil) abarca la **protección de la industria**: "Si no podemos evitar la pérdida de ingresos a los autores individuales, tampoco podemos garantizar los ingresos de la industria en su totalidad, lo cual amenaza su propia existencia". Este argumento, por lo menos, se trata de un bien convincente para la sociedad: señala que proteger la propiedad intelectual con leyes estrictas asegura un mercado robusto para estos materiales y fomenta la creación de obras nuevas porque a los artistas se les garantiza que su trabajo será rentable. Esto sigue el intento original de las leyes de *copyright*. Aunque la premisa es sólida y el argumento es lógico, es incorrecto. ¿Por qué? Porque una vez que los castigos en contra de las violaciones de la propiedad intelectual sean demasiado fuertes, llegamos a un punto en que eliminamos el incentivo de crear obras nuevas: "¿Por qué debo crear otra obra cuando mi obra existente es rentable y retendré el *copyright* para siempre?" En este escenario, veríamos unas cuantas formas de entretenimiento homogeneizadas, controladas por unas cuantas empresas que litigan ferozmente por ellas. La industria estaría dominada por publicistas y distribuidores, no por artistas. Además, incentiva a los artistas no a crecer en sus habilidades, sino a apuntar hacia esa *one hit wonder* que alimenta su fortuna, y la de todas sus futuras generaciones. Este sistema a lo mejor funcionaría bien para unos cuantos artistas, pero **en la mayoría de los casos no son los artistas quienes mantienen los derechos de autor**, sino una corporación que puede retenerlos para siempre y, como en el caso de Mickey Mouse, las leyes se cambiarán antes de que los *copyrights* caduquen. Así, la empresa jamás tiene que innovar o arriesgarse para ganar dinero.

Los tres "argumentos típicos" a favor de los derechos de autor muy estrictos son:

(1) _____

(2) _____

(3) _____

(6) Pero hay una visión aún más global aquí. La suposición es que nuestro modelo actual de intermediarios y distribuidores y publicistas y *one hit wonders* es la única manera de hacer las cosas, y que sería una tragedia si estas empresas dejaran de existir. Sin embargo, este argumento asume que tales empresas tienen *el derecho de existir*, y que sus modelos son los únicos que pueden existir en el mundo. Aunque es un ejemplo un poco cliché, piensa en la situación del año 1909, cuando las calles de Nueva York estaban llenas de caballos y carretas. El automóvil estaba a punto de revolucionar los viajes urbanos, lo cual podría destruir completamente las industrias basadas en los viajes a caballo, incluyendo la gente que construía las carretas, transportaba el alimento, cuidaba a los caballos, los conductores, los dueños de las caballerizas, y la

lista continúa. Claro que toda esta gente se unió para pasar leyes que limitaran el uso de los automóviles y que, por ende, sostuvieran la industria de las carretas. Para todos nosotros, que nacimos después de 1945 y nos criamos con los coches por todas partes, esto nos suena ridículo, a pesar de que esas personas intentaban proteger una industria y la gente que en ella trabajaba. Del mismo modo, tenemos hoy una industria de distribución de medios que, básicamente, **ya no**

Caballos y carreta, 1909

se necesita. La industria te da dinero para escribir un libro (o filmar una película, o grabar un disco) y realiza una ganancia extraordinaria, alegando que es muy caro copiar, distribuir (en aviones, camiones y centros de almacenaje) y promocionar tu obra. Pero **los costos de copiar y distribuir han bajado a cero**. Recuerda a los piratas que vendían tu libro. Habían encontrado una manera de copiarlo y distribuirlo más barata de lo que te costaba a ti hacerlo; es decir, explotaban una ineficiencia en el mercado. Pero las leyes de *copyright* se aprobaron para que tú, el autor, aprovecharas esa diferencia en vez de ellos. Sin embargo, ya no existe esa diferencia porque una copia digital de tu libro cuesta \$0.00 copiar y distribuir; ya no hay ninguna ineficiencia del mercado que requiera protección legal. Entonces, las leyes en contra de copiar digitalmente tu libro están intentando crear una diferencia donde ya no existe ninguna. Esto no es necesariamente una mala idea —los sitios como Napster y Pirate Bay ofenden aún un intento razonable de protección de *copyright*—, pero las leyes deben existir sólo durante un período razonable, y con el fin de incentivar futuras obras.

(7) Y, ¿por qué no ponen los artistas sus canciones en Internet gratuitamente, como lo hace Radiohead? La mayoría de ellos obtienen casi todas sus ganancias de la venta de boletos de conciertos y de camisetas, de todos modos[6]. Pero alguien sí perdería muchísimo dinero: las disqueras. Sí, la disquera invierte en el equipo musical necesario para producir las canciones, pero en vez de un rendimiento del 400%, que se conformen con la tasa de rendimiento de otras inversiones, como los préstamos bancarios a una tasa de interés del 8%. Repito, la distribución no cuesta casi nada, la duplicación no cuesta casi nada, pues la única manera que tiene la industria para dar un valor a estas actividades (y continuar sacando sus exorbitantes ganancias) es de una manera artificial, como la legislación y la psicología: la legislación para dar con el látigo, y la psicología para intentar ganar la moralidad y la ética de la gente. Pero este acercamiento está condenado al fracaso, y mientras más rápido las compañías se den cuenta de esto, más rápido podrán aprovechar mercados nuevos en vez de depender

---

5   Esto **no** es un argumento sobre si copiar una canción está bien o mal; simplemente, señala que la violación de derechos de autor es fundamentalmente diferente del robo físico, y nuestras leyes correspondientes deben también ser diferentes.

de modelos comerciales moribundos. En la Nueva York de principios del siglo pasado, algunos dueños de caballerizas (*stables*) decidieron convertirlas en gasolineras. Los que lo hicieron fueron mucho más inteligentes que las disqueras actuales, que también afirmaron que el VCR acabaría con la industria del cine y que los CD-R acabarían con la industria musical (por cierto, se supone que las bibliotecas y los videoclubs como Blockbuster y Netflix hacen daño a las ventas también. ¿Es inmoral usarlos?). Ninguna pesadilla se hizo realidad.

(8) Estoy de acuerdo con la industria en una cuestión: la piratería verdadera, el copiar y distribuir materiales protegidos por *copyright con fines lucrativos*, debe ser frenada por las leyes de *copyright*. Nuestras leyes no deberían permitir que una editorial malintencionada reproduzca y venda los libros de alguien, o que una fábrica de imitaciones en China reproduzca gafas de sol con etiquetas de diseñadores, o que se vendan DVDs piratas en los mercadillos. Pero las leyes actuales, con el énfasis en penas que extorsionan a los consumidores —tal como la RIAA, que ha demandado a individuos por hasta $150,000 por cada canción bajada de Internet—, sencillamente tienen la intención de dar miedo y de exagerar la severidad del "crimen", y nada más reflejan el poder extraordinario de las industrias relevantes de ejercer presión. **Las leyes de *copyright* no se crearon para incentivar a los artistas (o a las industrias) a ser ricos. Se crearon para incentivar a los artistas a beneficiar a la sociedad.** Su obra, y la inversión de la industria, debe protegerse por un período *razonable pero limitado*, después del cual debe pasar al dominio público. Los defensores de leyes estrictas de IP, no obstante, básicamente han sostenido que las obras artísticas no deben entrar al domino público *jamás*. Piensa en la controversia sobre Mickey Mouse; ¿por qué debe retener Disney ese *copyright* y esas ganancias para siempre? Normalmente, Disney cambia de tema al responder algo como: "Piensa en todas las personas empleadas por Mickey Mouse". En tal caso, la corporación tiene todas la ventajas legales de obtener beneficios económicos de una persona, pero ninguna de las desventajas biológicas de morir.

(9) No propongo una gresca anárquica radical, sino que el *copyright* funcione como se pretendió: la protección sensata pero limitada de las ganancias para promover el bien social (no la protección de negocios atrincherados). Cuando alguien distorsiona esta posición, alegando que no ofrece ningún derecho ni protección a los artistas, debes entender que está cometiendo una falacia de hombre de paja para desacreditar una posición lógica, porque no tiene un mejor argumento. Se tiene que asegurar que haya un incentivo a crear obras y que esas obras acaben, en un período razonable, en el dominio público. Disney se aprovechó del material del dominio público, como los cuentos de hada de los hermanos Grimm y las fábulas de Esopo; las generaciones futuras deben poder hacer lo mismo con Mickey Mouse.

---

6 Pero es muy difícil llegar a distribuir tu canción o tu libro a través de iTunes o el Kindle si no tienes un contrato con una corporación grande. Así, Apple y Amazon colaboran con la industria al establecer un obstáculo, para que la gente escoja regalar su copyright para poder entrar en el canal de distribución. Si una persona cualquiera pudiera poner su obra en iTunes o el Kindle, sólo necesitaría que alguien la promocionara, y eso lo podrían hacer muchas agencias. Además, estaría disponible muchísima más música y tendría que ser muy buena o la gente no la escucharía.

Preguntas

1. ¿Estaría de acuerdo o no el autor con las afirmaciones a continuación? Explica tu respuesta y da el número del párrafo donde la encontraste.

Idea	¿Estaría de acuerdo el autor?	¿Por qué? (incluye n° del párrafo)
a. Describir las leyes actuales de copyright no es un razonamiento sólido a favor de dichas leyes.	❏ Sí ❏ No	
b. Si no estuvieran disponibles gratuitamente canciones por Internet, la mayoría de la gente las compraría aún.	❏ Sí ❏ No	
c. Comprar un DVD pirata debe ser legal.	❏ Sí ❏ No	
d. Si compras una canción, deberías poder dársela a un amigo gratis.	❏ Sí ❏ No	
e. El *copyright* de toda la vida crea incentivos a la creación artística.	❏ Sí ❏ No	
f. La industria musical actual utiliza un modelo comercial moribundo; es por eso que depende de la legislación para asegurar sus ganancias.	❏ Sí ❏ No	
g. Las leyes de *copyright* se crearon para incentivar la capacidad de los artistas de hacerse ricos.	❏ Sí ❏ No	
h. El VCR acabó con la industria del cine.	❏ Sí ❏ No	
i. Las disqueras deben conformarse con ganancias más modestas.	❏ Sí ❏ No	

A. Cuando compras un disco virgen (un CD-R), los fabricantes tienen que dar un _____ del costo a las disqueras (*record companies*).   __ a. 1%   __ b. 2%   __ c. 3%

B. Vocabulario. Empareja las siguientes palabras con la definición correspondiente.

__ 1. "En la primera parte de este ensayo, **descarté** algunos razonamientos erróneos..."

__ 2. "Una posible solución podría ser que hubiera algún tipo de **remuneración** de los ISP..."

__ 3. "No tendríamos que **demandarte** si Comcast nos pagara algo".

__ 4. "... pensando que el público apoyará sus tácticas **draconianas**".

__ 5. "... durante su **apogeo**, 60 millones de personas utilizaban Napster..."

__ 6. "... las políticas y las leyes formadas en el **crisol** de la opinión pública..."

a. excesivamente severo (*draconian*)

b. poner un pleito legal (*sue*)

c. vaso para fundir metales (*crucible*)

d. rechazar (*rule out*)

e. pago (*compensation*)

f. punto más alto (*height*)

Parte II: Razones por las cuales unas leyes de copyright *fuertes podrían, de hecho, ser necesarias*

(1) En la primera parte de este ensayo, descarté algunos razonamientos erróneos a favor de aumentar las leyes de IP o mantener el statu quo. Ahora paso a considerar algunos de los mejores argumentos del otro lado de la cuestión: razones por las que las leyes fuertes de *copyright* podrían ser, de hecho, necesarias.

(2) Anteriormente afirmé que los únicos argumentos válidos sobre IP son los que incorporan la idea de los beneficios a la sociedad y rechacé varios argumentos sobre la necesidad de proteger la industria porque, en realidad, sostener una industria moribunda puede ser perjudicial al final. No obstante, se debe considerar un matiz adicional. Si una industria es enormemente grande e importante, cualquier daño que sufra constituye un daño a la sociedad. De hecho, se podría argumentar que este es precisamente el caso de la industria del espectáculo en EE.UU. Con el declive de la manufacturera tradicional, la industria del espectáculo ha seguido siendo una joya del comercio estadounidense. Además de contribuir un porcentaje alto a la economía nacional (en el 2002, el 6% del producto nacional bruto fue generado por industrias basadas en el *copyright*, o *core copyright industries*)[7], emplea mucha gente (el 4% de la fuerza laboral estadounidense) en campos diversos, pero relacionados. Entonces, es posible que, en vez de hacerle daño a una industria ilegítima, resulte mejor emplear una legislación pragmática.

> La idea principal del párrafo 2:
>
> _____
>
> _____

(3) También distinguí entre los piratas, quienes operan con fines lucrativos, y los sitios como Napster, que no lo hacen. Si Juan Fulanito copia un archivo musical de Napster, o compra un CD, y le manda por Internet una copia a un amigo, no gana dinero personalmente. Sin embargo, una parte sí saca provecho: la compañía que proporciona el acceso a la red a Juan, y entre Juan y su amigo. Habría menos demanda de la amplitud de banda si hubiera menos cosas que compartir a través de ella. De esta manera, los proveedores de acceso a la red se benefician directamente del contenido valioso que se comparte "gratuitamente". Visto así, sí hay un costo de distribución. Una posible solución podría ser que hubiera algún tipo de remuneración de los ISP a los que proveen el contenido. Obviamente, esta medida causaría profunda controversia entre los ISP, pero este modelo ha tenido un éxito razonable en el pasado: por ejemplo, los fabricantes de videocasetes y discos vírgenes pagan el 3% por unidad a las disqueras.

---

7 "The Economic Contribution of Copyright-Based Industries in USA": *http://www.wipo.int/export/sites/www/ip-development/en/creative_industry/pdf/ecostudy-usa.pdf*

La idea principal del párrafo 3:

_____

_____

(4) En diciembre de 2009, el Reino Unido empezó a obligar a los ISP a que suspendieran o hicieran más lentas las conexiones de los clientes que se negaron a dejar de intercambiar ilegalmente material protegido por *copyright*. Los ISP replicaron que tal interferencia con las conexiones de sus clientes añadiría $35 por año al costo de cada suscripción de banda ancha. Entonces, aunque este es un caso de un ISP proveyendo remuneración a la industria/los artistas, como acabo de argumentar que quizás deberían hacer, le pasaron el costo al

Godzilla

consumidor para pagar las pérdidas percibidas de la industria. Lo que ocurre es una batalla entre dos gigantes —los proveedores de contenido (los estudios, etcétera) y los ISP— sobre qué forma deben tener la legislación y las tarifas futuras. Pero la RIAA sigue siendo Godzilla, presentando argumentos como: "No tendríamos que demandarte si Comcast nos pagara algo", pensando que el público apoyará sus tácticas draconianas.

La idea principal del párrafo 4:

_____

_____

(5) Para el tercer y último argumento, recuerda la comparación entre los coches y las carretas a principios del siglo XX. Debemos acordarnos de que el problema no se solucionó de inmediato; hubo legislación que prohibía varios usos de automóviles, su velocidad, y cómo cargarlos y descargarlos. Sólo la lente de la historia sugiere que fue un cambio fácil, pero probablemente tuvieron las mismas batallas legales que en la industria musical hoy en día. Tal vez estamos en medio de ella y todavía no podemos ver la solución claramente. Ya que la tendencia parece ser la de aumentar las leyes de IP, puede que esta sea la solución correcta para nuestra sociedad.

Conclusión

(6) Vivimos en una democracia, y por el momento la gente parece aceptar el argumento de que la propiedad intelectual debe ser considerada igual a la propiedad física. Por otro lado, durante su apogeo, 60 millones de personas utilizaban Napster, mientras que en el año 2000 tan solo 50 millones votaron por Bush o Gore. Si la gente quiere compartir archivos, quizá se deba cambiar la ley para permitírselo. Es un razonamiento darwinista que "el ganador tenía que ganar", pero al final, lo único importante es el consenso. Aunque a muchos de nosotros nos gustaría decidir qué leyes y políticas sociales nos gustaría tener, lo que aguanta el paso del tiempo son las políticas y las leyes formadas en el crisol de la opinión pública. Pero hemos de aplicar lógica sólida a este y a todo debate, para que no acabemos con una política mal diseñada.

DESPUÉS DE LEER ④

A. Completa el cuadro siguiente con un análisis de esta lectura. Indica en qué párrafo(s) se encuentra cada elemento, si está muy bien (3), bien (2) o no muy bien (1), y describe tu respuesta con cualquier recomendación que tengas. No dudes en dar una calificación baja si realmente te parece débil algún elemento; recuerda que no todo lo que se publica está "perfecto".

	Párrafo(s) nº	¿Bien?	¿Por qué? ¿Tienes sugerencias?
a) Los "se dice" y sus resúmenes (capítulo 2)		1 2 3	
b) La tesis (capítulo 1)		1 2 3	
c) El uso de citas (capítulos 1 y 3)		1 2 3	
d) El título (capítulo 3)	n/a	1 2 3	
e) La introducción, ¿qué estilo usa? (capítulo 3)		1 2 3	
f) La conclusión, ¿qué estilo usa? (capítulo 4)		1 2 3	
g) Imágenes (capítulo 5)		1 2 3	

B. Si compras un CD, ¿cuántas copias tienes el derecho de hacer y para qué usos? Ahora, imagina que invitas a algunos amigos a tu casa y quieren escuchar un álbum juntos que compraste. ¿Deberías tener que pagar una cantidad de dinero al poseedor del copyright para que lo escuchen tus amigos?

C. Mira el video "Download this song" (*Baja esta canción*) de MC Lars en YouTube y también busca y lee las letras (*lyrics*). Las citas a continuación vienen de la canción. Si estas ideas se mencionan en la lectura de Meece, indica en qué párrafo.

Cita de la canción	¿Se menciona o no? (nº de párrafo)
"La música era un producto, ahora es un servicio".	
"Sony vende los quemadores que graban los CD-Rs".	
"Llevas tu empresa disquera como si fuera 1992". / "Todavía vives de tu catálogo de 1982".	
"¿Los contratos de ayer? No tienen sentido. Son una esclavitud por endeudamientos (*indentured servitude*), los costos son inmensos".	
"No intentes resistir el cambio de paradigma. La revolución de música no se puede rechazar".	
"Ustedes nos han cobrado demasiado por la música durante años y ahora sólo intentamos encontrar un equilibrio justo".	
"Tienen el dedo en la presa, pero el hoyo sigue creciendo. No puedes vender agua en botella cuando corre libremente".	

D. Ahora, mira el video "Don't download this song" (*No bajes esta canción*) de Weird Al Yankovic en YouTube y escribe una descripción de:

- Lo que pasa en el video

- Lo que significa la canción

- La pelea que tuvo Weird Al con MTV (se describe en Wikipedia)

Antes de ver el video, busca las letras de la canción, léelas bien y asegúrate de saber quiénes son:

Grupo/persona	¿Quién es?
El "R-I-double A"	
Lars Ulrich (y su caso contra Napster)	
Gertrude Walton	
Tanya Andersen	

Una cita de Lars Ulrich:

"*Tomamos nuestro oficio —la música, la letra, las fotos y el arte— muy en serio, como muchos artistas. Entonces es asqueroso saber que nuestro arte se intercambia como una mercancía en vez del arte que es. Desde una perspectiva comercial, esto es piratería, o sea, tomar algo que no es tuyo, y está moral y legalmente mal. El intercambio de estas cosas, sea la música, videos, fotos, lo que sea, es, en efecto, traficar con mercancía robada*".

Una foto de Lars Ulrich en concierto

E. Ya que hemos mencionado a Weird Al Yankovic, consideremos las parodias, el *sampling* y los *covers* (nuevas versiones).

1. ¿Qué ejemplos conoces de parodias de canciones y cómo se relaciona la parodia con el tema de los derechos del autor y el dominio público? Busca en Internet algunos casos legales basados en la parodia.

2. Comenta sobre un caso de *sampling* en la música contemporánea. Por ejemplo, Rihana, en "Don't Stop the Music", utilizó una parte de la canción de Michael Jackson "Wanna Be Startin' Somethin'", y Shakira, en "Hips Don't Lie", usó una melodía de la canción de Jerry Rivera "Amores como el nuestro". ¿Cómo cabe el tema de *sampling* en una discusión sobre la propiedad intelectual, los derechos de autor y el dominio público? Busca en Internet algunos casos legales basados en el *sampling*.

3. Por último, ¿qué sucede con los *covers* (nuevas versiones)? El Copyright Act de 1909 estableció el derecho de grabar nuevas versiones pagando unas regalías al poseedor de los derechos de autor, quien no puede negar la petición. Es muy común que salga una canción que la gente ni sabe que se trata de una nueva versión de una canción vieja. ¿Conoces algún ejemplo?

Entrando a la conversación

H **Una carta a la RIAA**

Elige cuál de las oraciones a continuación describe mejor tu opinión (o escribe una tesis original).

❏ La industria musical debe cambiar su modelo y _____ (lo que deben hacer).

❏ La industria musical debe seguir con el mismo modelo, y la RIAA y otros grupos deben seguir iniciando procedimientos criminales en contra de la gente que viola la ley.

❏ ¿Otro? _____

Ahora, escríbele una carta a la RIAA de 1 a 2 páginas en la que indicas lo que, en tu opinión, deben hacer.

Gramática y uso

Sino vs. pero

La palabra en inglés *but* tiene dos posibles traducciones en español: "pero" y "sino". Las dos palabras se usan para juntar ideas contrastivas, pero tienen una diferencia importante. Estudia los ejemplos siguientes para ver si puedes determinar la diferencia entre "pero" y "sino".

pero	sino
Sara no se compró una Mac, **pero** quiere hacerlo.	Sara no se compró una Mac, **sino** un PC.
Los iPhones son fantásticos, **pero** cuestan mucho más que los teléfonos regulares.	No tengo un iPhone **sino** un Blackberry.
No quiero inscribirme en Twitter, **pero** sí me divierto en Facebook.	No tengo cuenta en Twitter **sino** en Facebook.
Muchos aeropuertos ofrecen Internet, **pero** en el de Portland es gratuito.	Muchos aeropuertos no ofrecen Internet gratuito, **sino** que cobran por hora.

"Pero" se usa: ❏ para **negar o corregir** la información que viene antes. Es como *but rather*.

❏ para juntar dos ideas contrastivas.

"Sino" se usa: ❏ para **negar o corregir** la información que viene antes. Es como *but rather*.

❏ para juntar dos ideas contrastivas.

Actividad 1

Elige "pero" o "sino" en las oraciones siguientes.

1. Uno de los aspectos más recientes que han sido analizados sobre la brecha digital tiene que ver no solamente con el acceso a Internet, ❏ pero ❏ sino ...con la calidad de dicho acceso y la disponibilidad de conexiones de banda ancha que permitan acceder a contenidos multimedia en tiempos y costos adecuados al contexto de los usuarios.

2. Por eso, creo, que los programas bilingües son importantes, no sólo para que los niños que no hablan inglés puedan triunfar en la vida, ❏ pero ❏ sino ...también porque necesitamos establecer una solución para que el español no se borre de las generaciones siguientes.

3. Ahora que soy mayor, le doy gracias a mis padres por darme el regalo del español. No sólo puedo comunicarme con los que yo amo, ❑ pero ❑ sino …también lo uso en mi vida social.

4. La calidad de los videos en YouTube no sólo depende de la computadora en la que los ves, ❑ pero ❑ sino …también de la velocidad de la conexión a Internet.

5. No tengo Internet en casa, ❑ pero ❑ sino … sí en el trabajo.

6. Las clases en línea son convenientes para algunos, ❑ pero ❑ sino …yo personalmente creo que se pierde algo al no tener contacto humano.

7. No es que un Mac sea ni mejor ni peor que un PC, ❑ pero ❑ sino …que simplemente se maneja diferente.

8. Hoy en día, algunos profesores aceptan un trabajo final en versión electrónica, ❑ pero ❑ sino …algunos todavía exigen una copia en papel.

9. Los programas de traducción en línea no sólo hacen el trabajo que deben hacer los estudiantes, ❑ pero ❑ sino …que también tienen muchos errores.

10. No es que no me guste MySpace, ❑ pero ❑ sino …que Facebook simplemente me parece más fácil de usar y más divertido.

Actividad 2

Traduce las oraciones siguientes.

1. Some people prefer Macs, but I like PCs.

2. Not only are PCs easier for me to use, but they also seem more efficient.

3. It's not that I'm against using a Mac, but I am not as comfortable with them as I am with PCs.

4. Knowing about computers is not only important for school, but also in almost all careers.

5. Technology is supposed to make our lives easier, but sometimes it ends up complicating them.

6. Piracy harms not only the owners of intellectual property, but also consumers and taxpayers.

En breve: La generación (*class*) de 2013

Muchos estudiantes universitarios de primer año (*freshmen*) que se graduarán en el año 2013 nacieron en 1992, más o menos al mismo tiempo que la Red Mundial (*World Wide Web*). Esto quiere decir que dieron sus primeros pasos cuando Clarence Thomas entró en función como Juez de la Corte Suprema, Freddy Krueger y Freddie Mercury siempre han estado muertos, y las máquinas de karaoke siempre han existido en sus vidas.

Cada año, Beloit College publica una lista para ayudar a los profesores y administradores universitarios a comprender el marco de referencia de los nuevos *freshmen*. Quizás algunos de estos hechos sorprendan a tus profesores o a los miembros de tu familia… Puedes enseñar esta lista a alguien que tenga más de 40 años y preguntarle qué puntos le parecen más llamativos.

Para la generación de 2013…

1. Los sistemas de navegación de GPS siempre han existido.
2. Siempre se ha podido leer libros en una pantalla y el texto siempre ha sido híper.
3. Podrían haber jugado con un Nintendo Game Boy en la cuna.
4. Martha Stewart siempre ha impuesto la moda doméstica.
5. Las películas nunca se han clasificado de "X", sino de NC-17.
6. Siempre ha habido más mujeres que hombres estudiando en las universidades.
7. IBM nunca ha fabricado máquinas de escribir; siempre ha habido una computadora en la Casa Blanca.
8. McDonald's y Burger King siempre han usado aceite vegetal para freír las papitas.
9. Pearl Jam siempre ha existido.
10. Siempre se ha podido rendir la declaración de impuestos (*file tax returns*) electrónicamente.
11. La identificación de llamadas (*caller ID*) siempre ha existido y los teléfonos celulares casi siempre.
12. Nunca han conocido la vida sin *Seinfeld*.
13. El telescopio Hubble siempre ha estado orbitando en el exterior de la atmósfera de la Tierra.
14. Siempre se ha vendido más salsa que *ketchup* en Estados Unidos.
15. Earvin (Magic) Johnson siempre ha sido seropositivo (*HIV positive*) y siempre han pasado anuncios para los condones en la televisión.
16. La música rap siempre ha sido popular.
17. Coke y Pepsi siempre han usado botellas de plástico reciclado.
18. La Unión Europea siempre ha existido.
19. Los sistemas de televisión por cable siempre han ofrecido servicio telefónico y vice versa.
20. Cartoon Network y los programas de realidad (como *Cops*) siempre han existido y siempre se han podido ver en las teles de pantalla plana (*flat screen*).

Enfoque y redacción

Las oraciones complejas

A veces cuando escribimos, sobre todo cuando apenas empezamos a desarrollar nuestras ideas, es importante simplemente poner las ideas en la hoja. En esos momentos, no debemos preocuparnos por las expresiones, la ortografía y ni siquiera la gramática; después, volvemos a pulir (*polish*) estas cosas.

Una de las cosas que debemos pulir después es la estructura de las oraciones. Nuestros textos formales se vuelven más sofisticados cuando juntamos oraciones sencillas y eliminamos palabras innecesarias.

Juntar dos oraciones sencillas

Hay varias maneras de juntar dos oraciones:

Con "y":

ORACIÓN SENCILLA + ORACIÓN SENCILLA	"Los trabajadores no tienen ningún tipo de prestaciones". + "La mayoría de los trabajadores no tiene un trabajo fijo".
= ORACIÓN COMPLEJA	= "No hay ningún tipo de prestaciones y la mayoría de los trabajadores no tiene un trabajo fijo".

Con "porque" o "pues":

ORACIÓN SENCILLA + ORACIÓN SENCILLA	"Immokalee es considerado el corazón de la industria del tomate". + "Genera anualmente la cantidad de $600 millones".
= ORACIÓN COMPLEJA	"Immokalee es considerado el corazón de la industria del tomate, porque/pues genera anualmente la cantidad de $600 millones".

Con una conjunción subordinada

Tiempo:	cuando, al + inf., mientras, después de que, antes de que
Lugar:	donde, adonde, por donde, en donde, desde donde
Modo:	como, según, conforme, como si, de la forma, manera, modo que
Comparación:	tan... como; más... que; menos... que
Causa:	porque, ya que, por + inf.
Consecuencia (seguimiento lógico):	así que, por tanto, pues, así pues, de forma, manera o modo que
Concesión (consecuencia inesperada o no deseada):	aunque, por más que, a pesar de que
Finalidad:	para que, a fin de que, con la intención o el propósito de que, a fin de + inf.
Condición:	si, caso que, en el caso de que, de + inf., como

ORACIÓN SENCILLA + ORACIÓN SENCILLA	"A los cinco años, mis padres me inscribieron en el jardín de niños". + "Mi padre decidió inscribirme en la clase para niños bilingües".
= ORACIÓN COMPLEJA	"A los cinco años, mis padres me inscribieron en el jardín de niños, **donde** mi padre decidió inscribirme en la clase para bilingües".

Eliminar palabras innecesarias

También es buena idea intentar eliminar palabras innecesarias. Estas son palabras repetidas o que representan cosas demasiado obvias. Consideremos un ejemplo.

Versión A: "Los trabajadores bilingües reciben sueldos más altos que los trabajadores monolingües. Esto es debido a que ellos tienen más facilidad para mantener negocios con esa comunidad".

¿Qué palabra se repite? "Trabajadores". Además, "Esto es debido a que" se puede reducir a "debido a que":

"Los trabajadores bilingües reciben sueldos más altos que los ~~trabajadores~~ monolingües. ~~Esto es~~ debido a que ~~ellos~~ tienen más facilidad para mantener negocios con esa comunidad".

Entonces miremos la versión B y comparémosla con la Versión A:

> → **Versión B**: "Los trabajadores bilingües reciben sueldos más altos que los monolingües, debido a que tienen más facilidad para mantener negocios con esa comunidad".

Actividad

Convierte los textos siguientes en oraciones más complejas combinando oraciones y eliminando palabras innecesarias.

Modelo: "Muchos tenían el pensamiento que ser latino significaba ser un cholo. Muchos pensaban que porque yo venía de Chicago, iba a ser una pandillera". →
"Muchos pensaban que ser latino significaba ser un cholo y, porque yo venía de Chicago, iba a ser una pandillera".

1. "Mi hermana mayor era la primera hija de una pareja inmigrante de México. Ella había tenido algo de dificultad para aprender inglés. Pero mi hermana aprendió inglés y mi hermano tuvo menos dificultad para aprender inglés".

2. "Mis padres, como muchos, tenían la ambición de venir a Estados Unidos para tener un futuro mejor. Cuando llegaron a Estados Unidos mis padres ya tenían familiares viviendo en este país. Los familiares de mis padres ya estaban estabilizados cuando ellos vinieron. Aunque llegaron solamente con la ropa que tenían puesta, por lo menos tenían el apoyo y ayuda de sus familiares".

3. "No fue hasta el octavo grado cuando mejoré en escribir el inglés. La razón de por qué mejoré en inglés fue porque mi maestro enseñaba bien inglés y era bilingüe".

4. "Continué entendiendo español, pero no lo practicaba. Sin práctica, el español lentamente se me olvidó. Se me olvidó tanto que mi vocabulario si hizo tan pobre que no podía pronunciar ciertas palabras".

5. "Mi mamá puede hablar español e inglés. Mi mamá tuvo la oportunidad de vivir unos años en México. Ella nació aquí, en Estados Unidos".

6. "Mi abuela y yo nos pusimos a ver novelas en la cadena Univisión. La cadena fue importante en mi desarrollo de la comprensión del español".

7. "Cuando empecé el programa bilingüe, no había muchos niños en el programa. Todos los niños que estaban en el programa bilingüe no tenían muchos amigos. De los niños que tenían amigos, la mayoría de esos amigos eran compañeros de la clase donde estábamos aprendiendo a hablar inglés".

8. "Hay mucha gente en contra del salario mínimo. También hay mucha gente a favor del salario mínimo. Yo creo que el salario mínimo debe existir. El salario mínimo debe ser de $8.00 la hora".

> ## Conexiones con la comunidad
>
> Llama a una o dos bibliotecas públicas cerca de tu casa o en un área que te interese. Pregúntale al director/a la directora sobre sus servicios, demandas y necesidades de computadoras. Por ejemplo, ¿cuántas computadoras públicas tienen? ¿Cuáles son las horas de uso máximo, cuántos clientes usan las computadoras y cuánto tiempo tienen que esperar para hacerlo? ¿Qué considera esa persona que es la mayor necesidad de la biblioteca en cuanto a las computadoras públicas?

Entrando a la conversación

Una propuesta para HUD

En este capítulo hemos aprendido sobre la brecha digital a nivel global y a nivel local. Además, hemos visto varios programas que intentan cerrar esta brecha, como las organizaciones sin fines lucrativos (TechSoup), las comunidades internacionales (*bridgingthedigitaldivide.com*), y las comunidades locales (Teens teaching Seniors). Ahora, vas a utilizar esta información para escribir una propuesta.

En la lectura 2 se debate el papel del gobierno en cuanto a cerrar la brecha digital en Estados Unidos. La agencia federal Housing and Urban Development (HUD, por sus siglas en inglés, o el Departamento de Vivienda y Desarrollo Urbano) ya tiene años de proporcionar fondos federales a comunidades en Estados Unidos que no tienen acceso a la tecnología. La misión de HUD es proveer "una vivienda digna, segura y salubre y un entorno de vivienda adecuado para cada norteamericano"[8]. El objetivo de esta misión es promover el desarrollo económico en vecindarios deprimidos. HUD desea "ayudar a las comunidades locales a satisfacer sus necesidades de desarrollo".

> Para leer más sobre HUD, visita su página web en español: *www.español.hud.gov* o en inglés: *www.hud.gov.*

Imagina que la ciudad donde vives ha conseguido fondos de HUD para desarrollar la tecnología dentro de los vecindarios de tu ciudad. Tu ciudad va a distribuir diez (10) subsidios (*grants*) de $50,000. Tu universidad quiere conseguir estos fondos para dirigir un proyecto para un vecindario local necesitado. Estás en el comité de la universidad que está organizando este proyecto y es tu trabajo escribir la propuesta de unas 3 a 4 páginas.

Para conseguir los fondos, cada propuesta tiene que definir un proyecto concreto que se puede implementar dentro de un año. Cada propuesta debe seguir el siguiente esquema:

1. Definir el problema y el grupo humano: ¿por qué es necesario tu proyecto?

2. Descripción del proyecto: describe las metas y objetivos.

3. Implementación: describe la implementación del proyecto paso por paso dentro del espacio de un año.

4. El presupuesto: define cómo van a gastar el dinero y justifica los costos.

5. Los beneficios a largo plazo de tu proyecto.

Paso 1

En grupos de dos, hagan una lluvia de ideas sobre proyectos potenciales y las comunidades en donde se implementarían. Puedes buscar en la web ejemplos de proyectos exitosos y puedes usar como ejemplos los proyectos citados anteriormente en este capítulo.

8 *http://espanol.hud.gov/library/bookshelf12/mission.cfm*

Para leer ejemplos de solicitudes de propuestas para HUD, visita *www.hud.gov* y busca *"neighborhood network grant"*.

Para leer sobre un proyecto exitoso que haya conseguido fondos de HUD, busca en Google *"Success Story Illinois Model Center"*.

Paso 2

Comparte tus ideas sobre proyectos potenciales con toda la clase. Después de escuchar sus comentarios sobre cuáles serían los proyectos más fuertes, escoge tu proyecto.

Paso 3

Escribe un esquema detallado, definiendo cada sección de tu proyecto según el criterio de la solicitud de HUD:

I.   Definición del problema y del grupo humano

II. Descripción concreta del proyecto

III. Implementación del proyecto

IV. Descripción del presupuesto

V.   Las ventajas para la comunidad a largo plazo

Paso 4

Escribe la primera versión de la propuesta.

Paso 5

Cuando hayas acabado, antes de entregar la propuesta a tu instructor, revísala bien. Asegúrate de usar el revisor ortográfico y revisa bien la rúbrica que utilizará tu instructor para evaluar la propuesta. También debes **leerla en voz alta;** si puedes, leésela a otra persona.

Paso 6

Escribe una segunda versión incorporando los comentarios del instructor y de un compañero de clase.

Rúbrica de evaluación: Propuesta para el Departamento de Vivienda y Desarrollo Urbano

Nombre: _____   ☐ **Versión preliminar**   ☐ **Versión final**

*Recuerda que **no** se asignará una nota a ninguna composición que no haya pasado por un **revisor de ortografía**.*

Categoría	Puntos	Criterios	Comentarios
Contenido	___ / 30	Se hace una presentación concisa pero convincente del problema. Hay una propuesta clara, con objetivos bien definidos. Se desarrollan los elementos, estrategias y actividades del proyecto. La propuesta describe el presupuesto del proyecto. El autor es convincente al presentar una propuesta viable y significativa.	
Enfoque de redacción	___ / 25	Buen uso de los puntos estudiados en los capítulos del libro: se dice/yo digo; el título y la introducción; las páginas web citadas; el uso de imágenes; oraciones complejas.	
Organización	___ / 20	La organización es clara y lógica. Hay transiciones claras de una idea a otra. El lector sigue las explicaciones sin problemas, sin perderse.	
Gramática y uso	___ / 15	Buen uso de los puntos estudiados en los capítulos del libro: la acentuación, "a" vs. "ha", artículos definidos, el infinitivo vs. el gerundio; el verbo *haber*; sino vs. pero.	
Vocabulario y expresiones	___ / 10	Hay variedad de vocabulario; no se repiten las mismas palabras. Las palabras están utilizadas correctamente.	

Revisión del compañero

Nombre del revisor: _____   **Nombre del autor:** _____

Primero, lee la composición de tu compañero. Después, contesta estas preguntas, volviendo al texto cuando haga falta.

1. En este ensayo, el autor propone (**acción/proyecto**) _____
   para beneficiar a (**grupo humano/vecindario**) _____.

2. ¿Cuáles son los pasos de la implementación de su propuesta? Escríbelos aquí.

Paso de implementación	Descripción breve	¿Algún detalle adicional que crees que debe incluir?
Paso 1:		
Paso 2:		
Paso 3:		
Paso 4:		
Paso 5:		

3. Consulta la rúbrica de evaluación y fíjate en los enfoques de redacción y los puntos de gramática y uso estudiados hasta ahora. ¿Tienes sugerencias concretas sobre algún aspecto de esta composición?

Capítulo 6

Lo biológico y lo social del género

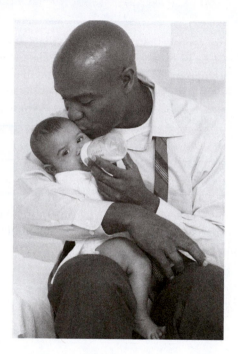

TEMAS

La construcción del género (*gender*) y lo que la sociedad dominante espera de las mujeres y de los hombres.

ENFOQUES DE REDACCIÓN

Usar palabras precisas. Las oraciones complejas (segunda parte, continuación del capítulo 5).

GRAMÁTICA Y USO

El futuro simple. El pasado del subjuntivo (y la acentuación del futuro vs. el pasado del subjuntivo).

ANTES DE LEER 1

A. ¿Tienes algún recuerdo específico de tu niñez en que otra persona te dio un mensaje acerca de cómo te debías portar según tu género? Por ejemplo: "¡Los niños/las niñas no hacen eso!". ¿Cuál fue tu reacción?

_____

_____

_____

B. ¿Puedes pensar en cuatro (4) actividades que normalmente se crea que están bien para un grupo, pero mal para otro?

Cómo está visto en nuestra sociedad	Acción
Para hombres se ve bien, pero para mujeres se ve mal	1.
	2.
Para mujeres se ve bien, pero para hombres se ve mal	1.
	2.

¿Crees que estos casos constituyen una "doble moral" (*double standard*) injusta, o crees que son justos y defendibles? Explica tu respuesta.

C. Vocabulario. Empareja las siguientes palabras con la definición correspondiente.

__ 1. "... nos dan muñecas para que juguemos, nos **riñen** si nos ensuciamos".

__ 2. "Que las mujeres seamos más **sensibles** y los hombres más agresivos, no es biológico".

__ 3. "… en algunos pueblos aborígenes, hacer **canastos** se considera una tarea de mujeres…"

Español	Inglés
sensible	sensitive
sensato	sensible
sensitivo	sensory

a. canasta de boca estrecha (*basket*)

b. regañar (*scold*)

c. que tiene capacidad para sentir emociones (*sensitive*)

LECTURA 1

Sólo la sociedad crea el género
por Ofelia Musacchio

(1) En general, hay dos tipos biológicos de seres humanos: algunos tienen dos cromosomas X y otros tienen un X y un Y. Esto conduce a diferencias sexuales desde mucho antes del nacimiento. Ya en la quinta semana de gestación, se comienzan a formar los órganos sexuales y se terminan de formar entre la octava y novena semana. Cuando nacemos, la diferencia sexual es evidente: si hay dos cromosomas X, tenemos vulva[1] y si hay un X y un Y, tenemos pene. Es decir, nacemos biológicamente hembras o machos. Pero las

1 La vagina es una estructura interna específica; la vulva se refiere a toda la genitalia exterior.

diferencias biológicas entre mujeres y hombres son mucho más pequeñas de lo que nos imaginamos. La mayoría de las mujeres somos menos corpulentas y físicamente fuertes que los hombres, tenemos menos vello en el cuerpo y órganos sexuales diferentes. La diferencia más grande es que nosotras podemos embarazarnos, parir y amamantar. Estas diferencias también se dan entre los animales mamíferos hembras y machos. Entre los humanos, se mantienen en todos los lugares y tiempos. Estas diferencias naturales componen el "sexo biológico" de cada persona.

(2) Al momento de nacer, todos los seres humanos actuamos igual. Hayamos nacido con vulva o pene, tenemos las mismas necesidades de alimento, cuidado y afecto. Pero a medida que vamos creciendo, nos van educando para que seamos diferentes. A quienes nacimos con vulva nos tratan como "niñas". A quienes nacieron con pene los tratan como "niños". A quienes nacimos con vulva nos visten de rosa, nos dan muñecas para que juguemos, nos riñen si nos ensuciamos. A quienes nacieron con pene los visten de azul, les dan pelotas para jugar, los riñen si lloran. Así, nos van haciendo diferentes. A todas esas diferencias que no son biológicas las llamamos "género" y tanto a hombres como a mujeres nos inculcan ideas de género desde la familia, la escuela, la religión, etcétera.

(3) Dicho de otra manera: *nacemos sin ningún género*. Que las mujeres seamos más sensibles y los hombres más agresivos no es biológico. Que seamos más inseguras y ellos más autoritarios no es biológico. Que nosotras tengamos más habilidad para los trabajos domésticos y cuidar niños y ellos para usar herramientas y manejar vehículos no es biológico. Todo esto pertenece a una construcción social de género.

(4) Sabemos que las diferencias de género no son naturales porque varían en diferentes lugares y tiempos. Y algo que es natural no cambia; no puede ser de otra manera. Por ejemplo, es una característica natural que a las mujeres nos crezcan los pechos a partir de los 10 ó 12 años. Eso ocurre aquí y en la China. Eso ocurre hoy y ocurría hace 10,000 años. Pero las diferencias de carácter o de formas de ser entre hombres y mujeres <u>no</u> son naturales. Por ejemplo, en nuestra sociedad no está bien visto que un hombre se maquille para arreglarse porque no es "masculino". En cambio, en algunas tribus los únicos que podían pintarse el cuerpo eran los guerreros más bravos, los más "machos". Esta es una diferencia de género.

(5) Tampoco es natural que algunas tareas las tengamos que hacer las mujeres y otras los hombres. Las tareas que se consideran "femeninas" y las tareas que se consideran "masculinas" cambian en distintas sociedades. Por ejemplo, en algunos pueblos aborígenes, hacer canastos se considera una tarea de mujeres, ¡ningún hombre haría eso! ¡Sería vergüenza! En cambio, en otros pueblos, hacer canastos es una tarea sólo de hombres, prohibida para mujeres. De modo parecido, la famosa antropóloga, Margaret Mead, estudió la división sexual del trabajo en varias sociedades. Los trabajos que hacía cada sexo variaban de cultura a cultura, pero una cosa era constante: los trabajos que hacían los hombres se consideraban más importantes y más cruciales para el funcionamiento de la comunidad. Por ejemplo, en una cultura donde los hombres pescaban, pescar se consideraba un trabajo difícil y esencial, pero donde las mujeres eran las pescadoras, se consideraba un trabajo sin importancia y aburrido.

(6) Entonces, como depende de cada sociedad, decimos que las diferencias de género son sociales. Esto quiere decir que no son biológicas y que se pueden cambiar.

(7) Desde muy pequeñas nos enseñan cómo tenemos que relacionarnos con los hombres, cómo nos tienen que tratar y cómo tenemos que tratarlos nosotras a ellos. A muchas nos enseñan, nos hacen sentir y creer, que a los hombres hay que obedecerlos y

servirlos. Aprendemos esto cuando vemos que nuestro padre da órdenes a nuestra madre, cuando la reta o la golpea; cuando nos hacen servir la mesa o lavar la ropa mientras nuestros hermanos descansan; cuando festejan si el recién nacido es varón. Vivimos en una sociedad machista que beneficia a los hombres y nos perjudica a las mujeres. Los hombres tienen más oportunidades de estudiar y de manejar dinero que nosotras. Los oficios que suelen ser de hombres son mejor vistos y pagados que los que solemos hacer las mujeres. Cuando hacemos el mismo trabajo, nos pagan menos. Se nos hace responsables a nosotras del cuidado de los niños, pero es el padre el que decide las cosas importantes. Nos enseñaron a ser más débiles, pacientes y cariñosas. ¡Y realmente somos más débiles, pacientes y cariñosas que los hombres! Pero no porque hayamos nacido así, sino porque nos criaron así.

(8) Así, a las diferencias sexuales naturales (haber nacido con vulva o pene) esta sociedad las convierte en desigualdades de género (tener mayores o menores oportunidades en la vida). No nacemos niños o niñas; nos *hacemos* niños y niñas como una construcción social. La célebre pensadora francesa Simone de Beauvoir dijo aquella frase que se convertiría en piedra angular del pensamiento feminista: "No nací mujer, me hice".
Y tanto hombres como mujeres estamos sujetos a una "dictadura de género", sin importar la clase social a la que pertenezcamos, la educación que hayamos recibido o el cargo que ocupemos en la sociedad. El género traspasa toda estructura social y está presente en los lugares más íntimos y en los más públicos. Por eso, siempre hay que tomarlo en cuenta. Analizar sus causas y sus efectos nos ayudará a no caer en el error de aceptar ciegamente los estereotipos de hombre y de mujer que nos presentan.

> **POR CIERTO**
> ayudará es el **futuro simple**. Lo vamos a estudiar en este capítulo.

DESPUÉS DE LEER ● 1

A. Según la autora, ¿las siguientes ideas y características pertenecen al **sexo biológico** o al **género social**?

1. A los hombres les crece barba.	❑ sexo	❑ género
2. Las mujeres son más limpias.	❑ sexo	❑ género
3. Los hombres entienden mejor los vehículos.	❑ sexo	❑ género
4. Las mujeres pueden embarazarse.	❑ sexo	❑ género
5. Los hombres juegan mejor los deportes.	❑ sexo	❑ género
6. Las mujeres son más pacíficas.	❑ sexo	❑ género

B. Según este texto, ¿por qué no se consideran naturales (biológicas) las diferentes formas de ser entre los hombres y las mujeres?

1. Porque las mujeres tienen menos poder que los hombres.

2. Porque lo que se considera "masculino" y "femenino" cambia de una cultura a otra.

3. Porque los cromosomas X y Y traen material biológico diferente.

C. La autora dice que las características siguientes se deben *totalmente* al género, es decir, que son producto de la sociedad. ¿Estás de acuerdo, o crees que pueden deberse, en parte, a un componente biológico?

1. Las mujeres son más sensibles.	❑ Estoy de acuerdo en que es totalmente social/de género. ❑ Creo que puede haber un componente biológico.
2. Los hombres son más autoritarios.	❑ Estoy de acuerdo en que es totalmente social/de género. ❑ Creo que puede haber un componente biológico.
3. Los hombres usan mejor las herramientas.	❑ Estoy de acuerdo en que es totalmente social/de género. ❑ Creo que puede haber un componente biológico.
4. Las mujeres cuidan mejor a los bebés.	❑ Estoy de acuerdo en que es totalmente social/de género. ❑ Creo que puede haber un componente biológico.

D. Completa el cuadro siguiente con un análisis de esta lectura. Indica en qué párrafo(s) se encuentra cada elemento, si están muy bien (3), bien (2) o no muy bien (1), y describe tu respuesta con cualquier recomendación que tengas. No dudes en dar una calificación baja si realmente te parece débil algún elemento; recuerda que no todo lo que se publica está "perfecto".

	Párrafo(s) n°	¿Bien?	¿Por qué? ¿Tienes sugerencias?
a. Los "se dice" y sus resúmenes (capítulo 2)		1　2　3	
b. La tesis (capítulo 1)		1　2　3	
c. El uso de citas (capítulos 1 y 3)		1　2　3	
d. El título (capítulo 3)	—	1　2　3	
e. La introducción, ¿qué estilo usa? (capítulo 3)		1　2　3	
f. La conclusión, ¿qué estilo usa? (capítulo 4)		1　2　3	
g. Imágenes (capítulo 5)			

ANTES DE LEER 2

A. La palabra "feminista" parece tener varias connotaciones hoy en día. ¿Qué ideas y definiciones has escuchado? El feminismo es…

❑ para mujeres feas que tienen envidia de las guapas.

❑ para mujeres que quieren derechos iguales que los hombres.

❑ para mujeres que odian a los hombres.

❑ para lesbianas.

❑ para mujeres que no quieren tener hijos.

❑ para mujeres que trabajan en casa limpiando, cocinando y criando hijos.

❑ para mujeres y hombres que quieren derechos iguales para hombres y mujeres.

❑ Otro: _____

¿Cuál es la definición que usas tú?

B. Vocabulario. Empareja las siguientes palabras con la definición correspondiente.

__ 1. "El libro **desacredita** gran parte de la mitología feminista ..."

__ 2. "... los feministas a menudo **reivindican** que estas diferencias se deben a expectativas sociales ..."

__ 3. "... existen evidencias de que estas diferencias son **heredadas** ..."

__ 4. "A diferencia del pensamiento **ilusorio** de los feministas, bisexuales y transexuales, hay profundas diferencias entre hombres y mujeres ..."

__ 5. "... tales diferencias están programadas en el **ADN** desde el momento de la concepción".

---

a. Desmentir, contradecir

b. Engañoso, irreal, ficticio

c. Vienen biológicamente de los progenitores

d. Ácido desoxirribonucleico; en inglés *DNA*

e. Reclamar, insistir

LECTURA 2

Las diferencias de género son reales
por Frank York

(1) ¿Son los hombres y las mujeres diferentes? Anatómicamente lo son, claro, pero ¿son diferentes en otros aspectos? ¿Tienen sus diferencias hormonales alguna influencia sobre sus comportamientos y actitudes? ¿Procesan la información de manera diferente? Los feministas y teóricos gay suelen responder que "no" a estas preguntas. Mantienen que las diferencias entre hombres y mujeres son en su mayor parte el resultado de una socialización en sociedades dominadas por el hombre y que es la opresión patriarcal la que ha relegado a la mujer a roles de género femenino. Se dice que la biología tiene poca relación con las habilidades o los roles sexuales en nuestra sociedad.

(2) Algunos escritores feministas creen que la idea de los "dos sexos" (hombre y mujer) es un mito. La doctora Anne Fausto-Sterling, en *The Five Sexes: Why Male and Female Are Not Enough*, dice que la cultura occidental está desafiando a la naturaleza al mantener un "sistema sexual de dos grupos" ya que, "en términos biológicos, hay muchas gradaciones entre el hombre y la mujer, y dependiendo de cómo se mire, uno podría decir que a lo largo de este espectro existen por lo menos cinco sexos, quizás incluso más".

(3) El profesor Steven Goldberg de City College of New York escribió un libro con el provocativo título *Why Men Rule: A Theory of Male Dominance*. En el libro, desacredita gran parte de la mitología feminista respecto al tema de las diferencias entre hombres y mujeres. Goldberg mantiene que aunque los hombres y las mujeres son diferentes en su genética y comportamientos hormonales, esto no significa que un sexo sea superior o inferior al otro. Cada género tiene diversos puntos fuertes y débiles. De todos modos, Goldberg cree que la evidencia neuroendocrinológica es obvia: el alto nivel de testosterona en los hombres les dirige a la dominación, mientras que la menor cantidad de tal hormona en las mujeres crea un impulso natural y biológico hacia los roles menos dominantes y más colaborativos y educativos de la sociedad.

(4) Los teóricos feministas mantienen que la socialización es la razón principal por la que los hombres han dominado las culturas del mundo, pero Goldberg contrarresta diciendo que "…si la socialización por sí sola explica por qué las sociedades son patriarcales, debiera haber algún número de sociedades en las que el liderazgo y la autoridad estuvieran asociadas con las mujeres, y en cambio no ha habido ninguna excepto en mitos y literatura".

(5) Decir que los hombres y las mujeres son "iguales" es negar una realidad física. La ciencia deja claro que los hombres y las mujeres son diferentes desde el momento de su concepción. Las hormonas sexuales, principalmente estrógeno y testosterona, tienen un impacto considerable en el comportamiento de hombres y mujeres. Un programa especial de ABC, *"Boys and Girls are Different"*, expuso varios estudios llevados a cabo por diferentes universidades respecto a lo que parecen ser diferencias innatas (*innate*) entre hombres y mujeres. En la Universidad de Wisconsin, varios investigadores inyectaron testosterona a monas (*female monkeys*) que aún no habían nacido. Los monos adoptan comportamientos sexuales muy estereotípicos; los machos son agresivos y pelean, mientras que las hembras normalmente cuidan y alimentan a los jóvenes. Ya adultas, las monas a las que se les inyectó testosterona no cuidaron ni alimentaron a sus hijos. Peleaban y se comportaban como machos. De modo similar, en uno de cada 100,000 embarazos humanos, un defecto genético provoca que los bebés humanos hembra estén expuestos a un baño de andrógenos, una hormona masculina. Estos pequeños nacen mujeres, pero se comportan como "marimachos" porque la hormona masculina influencia sus comportamientos y deseos.

(6) Los hombres y las mujeres no son marcadamente diferentes; únicamente en las hormonas que les influyen, sus mentes están organizadas de modo diferente. El profesor Robert Nadeau, de la Universidad George Mason, autor de *S/he Brain: Science, Sexual Politics, and the Feminist Movement*, describe diferencias significativas entre mentes masculinas y femeninas. El hemisferio izquierdo controla el lenguaje y los movimientos corporales, mientras que el hemisferio derecho es responsable de las relaciones espaciales, expresiones faciales, estímulos emocionales y entonaciones vocales. Los hombres y las mujeres procesan información de modo diferente debido a las diferencias en una parte del cerebro llamado esplenio, el cual es mucho más grande en las mujeres que en los hombres y tiene una mayor actividad cerebral. Varios estudios han demostrado que la resolución de problemas se procesa en ambos hemisferios en el cerebro femenino, mientras que el cerebro masculino utiliza tan solo un hemisferio.

(7) Las diferencias en los modos en que hombres y mujeres se comunican también es una función de las áreas específicamente sexuales del cerebro. Las mujeres parecen ser más conscientes de "detalles emocionalmente relevantes, señales visuales, matices verbales y significados ocultos", según escribe Nadeau. De igual modo, mientras que los niños están más interesados en objetos que en personas, las niñas reaccionan más fácilmente a la voz humana que los niños.

(8) La diferencia entre el cerebro del hombre y de la mujer no es ninguna evidencia de superioridad o inferioridad, sino de especialización. Michael Levin, al escribir *Feminism and Freedom*, observa que, en general, los hombres tienen mejores habilidades espaciales y matemáticas que las mujeres. A pesar de que los feministas a menudo reivindican que estas diferencias se deben a expectativas sociales —y que si se alentara a las chicas a ser matemáticas, tendrían la misma habilidad que los chicos— existen evidencias de que estas diferencias son heredadas y aparecen en la niñez, aumentando durante la pubertad. Por otro lado, las chicas tienden a ser más habladoras que los chicos, escuchan mejor las altas frecuencias y también hacen

exámenes de lectura y vocabulario mejor que ellos. Los hombres tienen una habilidad altamente superior a la de las mujeres para visualizar un objeto tridimensional. Esto otorga al hombre sus a menudo mencionadas habilidades superiores en matemáticas y razonamiento geométrico. Además, los chicos tienen una mejor habilidad que las chicas para los movimientos motores en general.

(9) Finalmente, no sólo son los hombres y las mujeres fundamentalmente diferentes en sus hormonas y en el modo en que sus cerebros están organizados, sino que también son vastamente diferentes respecto a fuerza física y resistencia. Levin observa que las mujeres tienen tan sólo un 56% de la fuerza de la mitad superior de los hombres y como promedio tienen sólo un 80% de la fuerza de un hombre de idéntico peso. Las diferencias sexuales también aparecen a los tres años en la habilidad de los hombres y mujeres para lanzar una pelota lejos y con precisión. Los líderes feministas creen inocentemente que las diferencias físicas entre hombres y mujeres no debieran tenerse en consideración al contratar a mujeres para ser policías, bomberos o soldados de combate. Pero como observa Levin, las mujeres simplemente no tienen ni la fuerza ni la resistencia necesaria para ser soldados efectivos. Aun así, a fin de acomodar a mujeres que quieren ser soldados, el servicio militar ha diseñado estándares y ejercicios físicos menos estresantes.

(10) A diferencia del pensamiento ilusorio de los feministas, bisexuales y transexuales, hay profundas diferencias entre hombres y mujeres, y tales diferencias están programadas en el ADN desde el momento de la concepción. Los cerebros de las mujeres y los hombres están claramente "sexualizados" y la testosterona y los estrógenos son los fluidos que aumentan la masculinidad y la feminidad. Sin duda, existen anomalías prenatales que distorsionan el género afectando a algunos individuos, y pueden aumentar la probabilidad de que dichos afectados más tarde se autoidentifiquen como transgéneros o transexuales (y en algunos casos, homosexuales). Pero, salvo tales desafortunados errores de desarrollo, que no debiéramos normalizar como si no fueran disrupciones en el crecimiento y desarrollo normales, permanece la simple verdad: la masculinidad y la feminidad son partes innatas e integrales de nuestro diseño humano.

DESPUÉS DE LEER 2

A. ¿Cuál de las definiciones de "feminista" que vimos antes de leer el artículo parece adoptar este autor?

B. ¿Cuáles son las diferencias entre los sexos que describe el autor?

	Cuerpo	Cerebro
Hombres		
Mujeres		

C. Según el autor, ¿cuáles de las características siguientes *probablemente* tienen una raíz biológica?

❏ Las mujeres son más sensibles.

❏ Los hombres son más autoritarios.

❏ Los hombres usan mejor las herramientas.

❏ Las mujeres cuidan mejor a los bebés.

D. En el párrafo 4, el autor afirma que no ha habido ninguna sociedad donde las mujeres sean las líderes. En YouTube, busquen el trailer de "Blossoms of Fire", un documental sobre la comunidad de Juchitán en el estado de Oaxaca, México. ¿Qué papel tienen las mujeres en esta sociedad?

E. Completa el cuadro siguiente con un análisis de esta lectura. Indica en qué párrafo(s) se encuentra cada elemento, si están muy bien (3), bien (2) o no muy bien (1), y describe tu respuesta con cualquier recomendación que tengas. No dudes en dar una calificación baja si realmente te parece débil algún elemento; recuerda que no todo lo que se publica está "perfecto".

	Párrafo(s) n°	¿Bien?	¿Por qué? ¿Tienes sugerencias?
a. Los "se dice" y sus resúmenes (capítulo 2)		1 2 3	
b. La tesis (capítulo 1)		1 2 3	
c. El uso de citas (capítulos 1 y 3)		1 2 3	
d. El título (capítulo 3)	—	1 2 3	
e. La introducción, ¿qué estilo usa? (capítulo 3)		1 2 3	
f. La conclusión, ¿qué estilo usa? (capítulo 4)		1 2 3	
g. Imágenes (capítulo 5)			

En breve: Las mujeres en la política

Tarja Halonen, Finlandia

Cristina Fernández de Kirchner, Argentina

Ellen Johnson Sirleaf, Liberia

1. Mira los sitios de Wikipedia en inglés *women heads of state* y *women heads of government*.

a. Anota aquí los nombres de 5 mujeres que han sido líderes (Presidentas o Primeras Ministras) de sus países. Incluye por lo menos tres (3) países latinoamericanos.

Nombre	País	Años
1.		
2.		
3.		
4.		
5.		

b. Ahora, anota el número actual (*current*, o *incumbent*) de:

Mujeres Jefas de Estado (*Heads of State*, como una Presidenta): _____

Mujeres Jefas de Gobierno (*Heads of Government*, como una Primera Ministra): _____

Total, mujeres Presidentas y Primeras Ministras **actualmente** en todo el mundo: _____

Y las mujeres forman _____% de la población mundial.

¿Cuál es tu conclusión de estos datos? _____

2. Ahora, busca "*CBC map women in politics worldwide*". Verás un mapa interactivo donde puedes hacer clic sobre varios países y ver la representación femenina en el gobierno federal.

Anota el porcentaje de mujeres en la representación política federal en los siguientes países:

País	Porcentaje
Estados Unidos	
España	
Costa Rica	
Otro:	

Por último, mira el enlace titulado "G8": Estados Unidos ocupa el lugar **número** _____ mundialmente en términos de representación femenina en el gobierno.

ANTES DE LEER 3

A. ¿Cuáles fueron tus juguetes favoritos de niño/a?

B. Estudia la lista de juguetes y productos a continuación. ¿A **quiénes** crees que está dirigida su promoción?

Juguete/producto	Promocionado dirigida a...		
Muñecos G.I. Joe	❏ Niños	❏ Niñas	❏ Los dos
"Mi cocinita"	❏ Niños	❏ Niñas	❏ Los dos
Instrumentos musicales	❏ Niños	❏ Niñas	❏ Los dos
Un camión Tonka	❏ Niños	❏ Niñas	❏ Los dos
Libro de piratas y ninjas	❏ Niños	❏ Niñas	❏ Los dos
X-Box 360	❏ Niños	❏ Niñas	❏ Los dos
Muñecas Barbie	❏ Niños	❏ Niñas	❏ Los dos
Coche de bomberos	❏ Niños	❏ Niñas	❏ Los dos
Materiales de arte	❏ Niños	❏ Niñas	❏ Los dos
Tocador de CDs *Hello Kitty*	❏ Niños	❏ Niñas	❏ Los dos
Plastilina (*Play Doh*)	❏ Niños	❏ Niñas	❏ Los dos

C. Supongamos que una niña quiere jugar con juguetes de espadas (*swords*) y pistolas, o un niño quiere jugar con una muñeca de Dora la exploradora. ¿Cuáles son dos reacciones <u>posibles</u> de los papás?

Reacciones posibles	Porque...
1.	
2.	

D. David Reimer nació como niño, pero debido a un accidente quirúrgico (*surgical*), lo criaron como niña durante los primeros 14 años de su vida. Lee sobre su historia en Wikipedia. ¿Cuál podría ser una conclusión de su caso?

❏ Lo biológico pesa más que lo social.

❏ Lo social pesa más que lo biológico.

❏ El doctor de Johns Hopkins representaba fielmente el desarrollo del caso de David.

LECTURA ③

Empecemos con los niños
por Kim Potowski y Cliff Meece

Los autores están criando a dos hijos, lo cual les hace comprender la fuerte presencia del género en muchos aspectos de la sociedad.

(1) A muchas niñas recién nacidas les ponemos aretitos en las orejas y les aplastamos un moño con velcro en la cabeza, todo lo cual anuncia: "Atención, soy una niña. Trátenme de forma apropiada". Efectivamente, un estudio de 1969 de los psicólogos Goldberg y Lewis reveló que las mamás tratan diferente a sus niños que a sus niñas; a las niñas las mantienen más cerca, las tocan más y les hablan más que a sus niños, y premian (muchas veces de manera subconsciente) la dependencia en sus hijas, pero la independencia en sus hijos. Entonces, la socialización de género comienza muy temprano con los papás.

(2) Y esto lo continuamos a lo largo de su niñez. Esperamos que las niñas se mantengan limpiecitas, sobre todo en esos lindos vestidos que a veces ni les permiten moverse libremente para jugar, y les enseñamos el valor de la belleza y la imagen. Juegan adentro más que los niños y de manera menos brusca. Aprenden que las actividades atléticas y bruscas son para los niños solamente; a una niña que prefiere actividades "de niños" se le critica de "machetona" o "marimacha". A los niños, en cambio, los animamos a tener un comportamiento independiente, libre y fuerte. "Los niños no lloran", les recordamos, y si quieren jugar con muñecas o cocinitas nos espantamos ante la idea de que sean "afeminados" o "mariquitas".

(3) No sólo los papás participan en la socialización de género de los niños. Los medios de comunicación son, **a la vez, ventanas y espejos** de nuestra sociedad. La tele, sobre todo, enseña y refuerza actitudes culturales, y para los niños es una fuente poderosa de la socialización. Tanto en los programas como en los anuncios, encontramos roles de género muy rígidos. Sobre todo en los anuncios, las mujeres jóvenes semidesnudas intentan vendernos todo, desde coches hasta planes de teléfono de larga distancia (muchas niñas, por cierto, aprenden a juzgarse con estos modelos de belleza, con resultados muy tristes que incluyen la anorexia y la depresión). Pero beneficiaría a la sociedad presentar una gama más amplia de expresiones de género. Es cierto que hemos avanzado. En los años 50, por ejemplo, las mujeres no solían participar en equipos deportivos internacionales, y los hombres "de veras" no solían ser enfermeros ni exhibir características hoy en día comunes entre los "metrosexuales". Pero todavía podemos ampliar las representaciones en los medios para incluir más variedad humana.

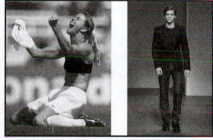

Antes   *Ahora*

(4) Se nota inmediatamente en los pasillos de Target o cualquier otra tienda que los juguetes vienen de dos mundos diferentes. Si las personas representadas en las cajas y en los anuncios nos dicen a quiénes se dirige la promoción de qué productos, a los niños se les ofrecen vehículos (camiones, aviones, coches de carrera o de policía, barcos, naves espaciales), armas (espadas, un sinfín de pistolas, arcos y otros proyectiles extravagantes), figuras de acción, equipo deportivo, sistemas de construcción como los Legos y videojuegos. A las niñas se les ofrecen miles de muñecas con vestimenta adicional, casitas, juegos de princesa y equipos para maquillarse, peinarse y pintarse las uñas. Los juguetes neutros de género como las bicicletas, los juegos de mesa y los instrumentos musicales se encuentran mucho menos. En su totalidad, a las niñas se les venden juegos que promueven la belleza y la domesticidad, y a los niños los que se basan en la acción, el poder, la aventura y hasta la violencia. ¿Alguna vez en Halloween has visto a una niña disfrazada de policía, astronauta o bombero? ¿O a un niño disfrazado de enfermero, príncipe o bailarín?

(5) Ahora bien, no se puede negar que las empresas venden lo que el público pide, y parece ser que incluso los niños muy chiquitos, aun a los 2 años de edad, demuestran

ciertas inclinaciones hacia un estilo de juego y clase de juguetes (Ramsey 2006). Las niñas suelen sentirse atraídas por las muñecas y un estilo de jugar cooperativo, mientras que los niños tienden a preferir vehículos, disparar armas de cualquier tipo y competir. Se autosegregan en grupos de niños o niñas para jugar y se vuelve muy difícil integrarlos. No hay nada de malo en que existan estas preferencias, sobre todo si son biológicamente predeterminadas[2]. Pero sí somos culpables en la sociedad de engendrar tres problemas particulares. Uno, promocionamos ciertas visiones de género a los niños desde que nacen, sin dejarles tiempo para desarrollar independientemente sus propias ideas sobre cómo quieren ser. Recordemos el moño pegado a la cabeza de la recién nacida.

(6) Dos, si bien es cierto que los juguetes van al son de ciertas tendencias innatas de las niñas y los niños, debemos considerar los efectos a largo plazo de *reforzar* esas tendencias. Por ejemplo, hay una falta notable de mujeres en las ciencias, las matemáticas y la política, y de hombres en el cuidado de niños, enfermos y ancianos, y como maestros. Si queremos cambiar esto, es válido preguntarnos si nuestro sistema actual de reforzar las tendencias de género entre los niños debe modificarse.

(7) Finalmente, es un problema gravísimo que los juguetes promocionados para las niñas se presenten como antiintelectuales y/o hipersexualizados. En un caso relativamente famoso de 1992, la muñeca *Teen Talk Barbie* estaba programada para decir, entre un total de 270 frases posibles: "La clase de matemáticas es difícil". Ante las fuertes protestas de la *American Association of University Women*, Mattel eliminó la frase y ofreció un cambio de muñeca a quien lo pidiera. Representando un cambio muy positivo, en el invierno de 2010 llegará al mercado la Barbie programadora de computadoras, con lentes y una camiseta *geeky* en código binario, dos monitores, un laptop color rosa que corre Linux y un teléfono inteligente con auricular *bluetooth*. Al otro lado del espectro, están las muñecas Bratz con sus microfaldas y medias de red (*fishnet*).

"Aunque estas muñecas no necesariamente sobrepasan la sexualización cotidiana que encontramos en los videos de MTV", aclara un informe de la Asociación Estadounidense de Psicología, "es de preocuparse que un producto específicamente diseñado para niñas entre los 4 y 8 años de edad se asocie con una sexualidad adulta objetualizada".

(8) No creemos que el desarrollo de comportamientos de género sea un 100% determinado por la sociedad y la mercadotecnia; la realidad, probablemente, se trata de una combinación de factores sociales y biológicos. Lo que sugerimos es que, como sociedad, pongamos mayor atención a los mensajes que reciben los niños y jóvenes sobre lo que pueden hacer y lograr. Por ejemplo, hay una tendencia exitosa ahora en la literatura juvenil para chicas adolescentes que presenta a jóvenes espías como protagonistas activas y arriesgadas (aunque también se preocupan por pintarse las uñas); hace falta más de esto en el

La nueva muñeca Barbie ingeniera en informática (*computer*)

2   Para un ejemplo de la fuerte influencia del género biológico, examina el caso de David Reimer.

cine y los juguetes. Aparte de *Mulan*, ¿ha hecho Disney alguna película para niños que tenga como protagonista central una mujer que no sea princesa y a quien ningún hombre tenga que rescatar? De hecho, ¿alguna película reciente para adultos la tiene? Intenta aplicar la "prueba Bechdel" a las próximas películas que veas: ¿hay dos mujeres (cuyos nombres se dan a conocer) que hablen entre ellas sobre algún tema que no se trate de un hombre? Si queremos que los hombres y las mujeres aporten sus características positivas particulares a una gran variedad de profesiones, empecemos con los niños. Así, los papeles de género se efectuarán en más puntos sobre **la continuidad de posibilidades**.

DESPUÉS DE LEER 3

A. Completa el cuadro siguiente con un análisis de esta lectura. Indica en qué párrafo(s) se encuentra cada elemento, si están muy bien (3), bien (2) o no muy bien (1), y describe tu respuesta con cualquier recomendación que tengas. No dudes en dar una calificación baja si realmente te parece débil algún elemento; recuerda que no todo lo que se publica está "perfecto".

	Párrafo(s) nº	¿Bien?	¿Por qué? ¿Tienes sugerencias?
a. Los "se dice" y sus resúmenes (capítulo 2)		1 2 3	
b. La tesis (capítulo 1)		1 2 3	
c. El uso de citas (capítulo 1 y 3)		1 2 3	
d. El título (capítulo 3)	—	1 2 3	
e. La introducción, ¿qué estilo usa? (capítulo 3)		1 2 3	
f. La conclusión, ¿qué estilo usa? (capítulo 4)		1 2 3	
g. Imágenes (capítulo 5)			

C. Los autores preguntan si hay alguna película reciente "que tenga como protagonista central una mujer que no sea princesa y a quien ningún hombre tiene que rescatar". ¿Conoces alguna película así o que tenga por lo menos una mujer en una posición poderosa? Después, piensa en dos películas que hayas visto recientemente y aplícales la "prueba Bechdel". ¿Pasan la prueba?

D. Compara las tres lecturas del capítulo hasta ahora, llenando el cuadro a continuación con las siguientes opciones:

a. No lo menciona.

b. El autor dice, opina, propone, concluye, argumenta, sugiere _____ en el párrafo nº _____.

En la última columna, agrega tu opinión.

Concepto	Lectura 1 Ofelia Musacchio	Lectura 2 Frank York	Lectura 3 Potowski & Meece	Mi opinión
1. Determinismo biológico: el género está determinado 100% por los **cromosomas**.				
2. Influencia social: el género está determinado más que nada por la **sociedad**.				
3. Se asignan **valores diferentes** a las actividades que se consideran exclusivas de un género u otro.				
4. Se **limitan** las actividades de las personas según su género.				

D. Elige **uno** de los cuatro "conceptos" del cuadro en la pregunta anterior. Usa la fórmula siguiente para demostrar el punto de vista de dos autores y el tuyo.

"[Autor 1] dice _____. Esto [es igual, diferente] a lo que dice

[autor 2], _____. Yo opino [igual, diferente] porque creo que

_____.

Usa las siguientes expresiones de transición.

Acuerdo	Desacuerdo	Contraste
Estar de acuerdo	Diferir	Sin embargo
De acuerdo con	No concordar	Aunque
Tener la misma opinión	No estar de acuerdo	A pesar de lo dicho anteriormente
Concordar en	Discrepar	Debido a
Coincidir en afirmar	Oponerse	Por otra parte
Convenir	Discordar	Contrario a
Corresponder	Diferenciarse	No obstante
Coincidir	Disentir	
	Divergir	

Entrando a la conversación

¿Qué juguetes comprarle?

Unos amigos tuyos latinos van a tener un bebé. Han escuchado algo sobre el papel de los juguetes en el desarrollo de los niños y te escriben un *email* pidiéndote tu opinión. ¿Qué les recomiendas? Contesta su *email* con tus consejos y explica por qué tienes esas opiniones. Las notas son del instructor.

POR CIERTO

¿Has visto alguna vez la palabra "latin@"? Es un intento de combinar "latina" y "latino" en una palabra.

Ejemplo de una carta

Los comentarios son de la profesora.

Amigos:

Los quiero felicitar una vez más porque muy pronto llegará su bebé. Espero que estén muy entretenidos decorando su cuarto. Me pidieron un consejo sobre qué juguetes son los mejores. Mi opinión es que los juguetes deberían ser adecuados para el sexo del bebé. A las niñas les gustan juguetes como las muñecas y cosas para jugar a la casita, ~~etc.~~, *Es mejor evitar "etc". porque no aporta nada* y a los niños les gustan juguetes como pelotas y carritos. Deberían empezar comprándole al bebé juguetes que le gusten, como a los demás niños de su edad.

Pero, por otro lado, *Buena frase de transición* no es justo que le prohíban totalmente jugar con juguetes que no sean para su género. No le hará daño ~~al bebé que juegue con diferentes juguetes~~, *repetetivo* al contrario ~~pienso que~~ *Recuerda que muchas veces sobra decir esto* le ayudará a aprender diferentes cosas. Los juguetes son muy significativos para el desarrollo y son más que entretenimiento para los niños; les ayudan a que crezcan y sean activos. Así que, no se preocupen, muchas cosas ~~influencian~~ *influyen* en cómo es cada ~~individual~~ *individuo*. Disfruten este tiempo que les queda mientras llega el bebé. Hagan muchas cosas juntos para estar preparados para todo lo que necesitará el bebé y diviértanse comprándole sus juguetes.

Suerte,
Su amiga Inés.

Gramática y uso

El futuro simple

En español, hay dos formas verbales para referirnos a eventos que van a tener lugar en el futuro.

El futuro *perifrástico* usa **ir + a + infinitivo**. El futuro *simple* usa terminaciones que se pegan al infinitivo.

Futuro perifrástico	Futuro simple	
Mañana **voy a comprar…**	Mañana **compraré…**	…una bicicleta rosada para mi hija.
El autor **va a presentar…**	El autor **presentará…**	…su teoría del desarrollo del género.
Los estudiantes **van a leer…**	Los estudiantes **leerán…**	…varios artículos sobre la homosexualidad.
¿Por qué **vas a asistir…**	¿Por qué **asistirás…**	…a la charla de ese grupo feminista?

Hay varias formas *irregulares* del futuro simple, entre ellas: (llena los espacios vacíos con la conjugación correcta):

Infinitivo	Conjugaciones				
	yo	tú	él, ella, usted	nosotros	ustedes, ellos/as
tener	tendré	tendrás	tendrá	tendremos	tendrán
decir	diré	dirás	dirá	diremos	dirán
poner	pondré				
salir		saldrás			
hacer			hará		
poder				podremos	

querer					querrán
valer	valdré				
saber		sabrás			
venir			vendrá		
caber				cabremos	

¿Cuáles de las formas del futuro simple tienen un **acento escrito**? _____

Actividad 1

El siguiente párrafo describe la diferenciación de sexos en la historia y hace predicciones para el futuro.

Paso 1: Convierte las formas del futuro perifrástico al futuro simple.

Hace millones de años, la diferenciación de sexos marcó la evolución de dos tendencias, de dos formas de enfrentarse al mundo. Hoy, intentamos averiguar hasta dónde ha influido esa división en el fondo de nuestras conductas sociales y hasta dónde (1) **va a influir** _____. El hombre primitivo se comunicaba por señales de humo, ruidos extraños y gestos. El hombre actual tiene a su disposición toda la tecnología que él mismo ha desarrollado; se puede comunicar por celular, correo electrónico y la televisión. Los hombres del futuro (2) **van a tener** _____ un mayor grado de conocimiento de la tecnología, pero (3) **van a volver** _____ a actuar como el hombre primitivo, ya que tanta tecnología les (4) **va a atrofiar** _____ (*weaken*) el cerebro.

La mujer en el año 2030 (5) **va a saber** _____ ser realista, optimista y se (6) **va a sentir** _____ cómoda con su incorporación a todos los ámbitos de la vida social. (7) **Va a formar** _____ una familia distinta de la tradicional, basada en las nuevas relaciones de pareja; el hogar (8) **va a dejar** _____ de ser el "reposo del guerrero" y su pareja (9) **va a compartir** _____ las labores domésticas. Las cualidades que más (10) **van a valorar** _____ las mujeres en sus parejas (11) **van a ser** _____ la ternura, la inteligencia y el sentido del humor. (12) **La mujer va a rechazar** _____ el papel de *superwoman* y no (13) **va a querer** _____ ser perfecta. En el trabajo (14) **va a acceder** _____ a puestos de mayor responsabilidad, pero no (15) **va a sufrir** _____ su calidad de vida porque todos los empleadores (16) **van a ofrecer** _____ seguro médico, bajas (*leave*) por maternidad y horarios flexibles.

Del párrafo anterior, ¿qué predicciones se cumplirán o no se cumplirán? ¿Por qué o por qué no?

Actividad 2

Ahora escribe cuatro predicciones originales sobre la vida de la mujer y el hombre en 2075.

1.

2.

3.

4.

Enfoque de redacción

Usar palabras precisas

En el capítulo 5, estudiamos el uso de imágenes para comunicar mejor nuestras ideas. Ahora, vamos a trabajar con una idea relacionada: las palabras **precisas (fuertes)** y las palabras **imprecisas (débiles)**. Estudia los ejemplos a continuación.

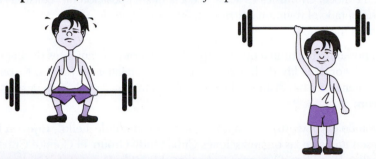

Palabras imprecisas (débiles)	Palabras precisas (fuertes)
Griselda **miró** a Iván.	Griselda **contempló** a Iván.
Marcos se veía **diferente**.	Marcos se había **transformado**.
Me hizo sentir **mal**.	Me causó una **humillación** profunda.
En ese restaurante **hacen** recepciones **grandes**.	Ese restaurante **ofrece** recepciones **para 300 personas**.
Tuvo una **gran** influencia.	Tuvo una influencia **sustancial/considerable**.

¿Por qué decimos que son más fuertes ciertas palabras? Porque **cargan más significado** que las palabras débiles. Son más precisas y nos permiten proveer mayores detalles en nuestros ensayos. Un buen diccionario de sinónimos nos puede ayudar a usar palabras precisas. El de *wordreference.com* es buen lugar para comenzar.

OJO: tengamos cuidado de no meter palabras rebuscadas simplemente porque "suenan fuertes"; debemos asegurarnos de que realmente queden bien en la oración.

Actividad 1

Cambia todos los usos del verbo "decir" (dijo, dijeron, dice, etc.) a palabras más precisas. Puedes usar el diccionario de sinónimos en *wordreference.com* para buscar alternativas.

Exiliados apoyan el concierto de Juanes

Extracto de un artículo publicado en el Miami Herald el jueves 21 agosto de 2009

(1) Una treintena de activistas políticos y de derechos humanos en Miami respaldó el miércoles el polémico concierto que el cantante colombiano Juanes va a ofrecer en Cuba el próximo 20 de septiembre.

El cantante colombiano Juanes

(2) "Lo apoyamos basándonos en nuestras propias experiencias a lo largo de estos 50 años de tiranía, y en reconocer el escenario real de un pueblo incomunicado del resto del mundo, que siempre ha reaccionado con alegría y agradecimiento profundo a sus visitantes libres", **dijeron** en un comunicado.

(3) El grupo **dice** que impedir al intérprete de "A Dios le pido" y a otros artistas expresarse y dar a conocer su música es adherirse a la misma posición de "censura" que ha implementado el régimen castrista en 50 años y que viola la Carta Universal de los derechos humanos.

(4) "Estamos ante una tiranía que siempre ha censurado a cantantes distinguidos por sus letras a favor de la libertad, pero acepta hoy la iniciativa de Juanes. Es porque le es muy difícil rechazar a tan distinguida personalidad internacional, pero deseos no le faltan", **dijeron**.

(5) "Apoyando el concierto de Juanes, estamos colaborando a ello", **dijeron** los representantes de las organizaciones Cuba Study Group, el Comité Cubano Pro Derechos Humanos, Consenso Cubano y el Partido Demócrata Cristiano, entre otras.

(6) Esos grupos y artistas cubanos han coincidido en **decir** que Juanes, en vez de cantar por la paz en un país que no está en guerra, debe ofrecer un concierto por la libertad de los cientos de presos políticos de la isla caribeña, por la convocatoria a elecciones y el respeto a los derechos humanos.

(7) Juanes se ha defendido **diciendo** que el evento, a realizarse en la Plaza de la Revolución, en La Habana, carece de (*lacks*) tintes políticos y que es un "concierto blanco" producto del amor que le tiene a Cuba.

Actividad 2

Lee el texto siguiente sobre la "nueva imagen del buen padre" (que se basa en un texto de Artemisa noticias, escrito por Carina Lupica el 23 de junio de 2009). Cambia cinco de las palabras subrayadas a otras más fuertes.

"En los últimos cuarenta años, se ve que el padre va alejándose de su antigua imagen autoritaria para hacer una nueva, más activa en la crianza de los hijos y vinculada a los sentimientos. Es sobre todo en la década de los 70 cuando empezó una imagen paterna distinta, la del hombre sensible que toma conciencia de su responsabilidad con los hijos y comparte con la madre algunas tareas de cuidado y atención de la familia. Esa generación de padres descubrió que podía cambiar al bebé, acariciarlo, darle de comer y jugar con él sin perder su virilidad. Esto dio lugar a cambios en diversas costumbres: se incluyó al padre en el momento del parto y en algunas sociedades se instituyó la licencia por paternidad (*paternity leave*)".

"El modelo nuevo de paternidad está caracterizado por la *interacción*, o el tiempo que el padre comparte con su hijo; la *accesibilidad* al padre que tiene el niño para interactuar con él y la *responsabilidad* o funciones que hace el padre en lo referente a las actividades de los niños. Todo esto es una demanda creciente sobre los varones para que hagan más en las tareas domésticas y de crianza. Hoy se valora más la imagen de un padre implicado en el bienestar emocional de sus hijos e hijas que la del proveedor del dinero poco interesado en los afectos".

¿Qué te parece este cambio en la visión del papel del padre? _____

_____

ANTES DE LEER 4

A. Según algunos investigadores, hay tres componentes o expresiones de la orientación sexual: la **atracción** sexual/romántica, la **conducta** sexual y la **identidad** sexual. No necesariamente están presentes los tres en el mismo individuo; podemos tener cierta atracción sin conducta ni identidad, o cierta conducta sin atracción. También se propone que la sexualidad existe en un **continuo** (*continuum*): en un extremo está "100% heterosexual", en el otro extremo "100% homosexual" y entre los dos hay gran variedad de puntos intermedios, y la gente puede moverse libremente sobre este continuo.

Teniendo en cuenta esto, ¿aproximadamente qué porcentaje de la población en Estados Unidos crees que es abiertamente 100% homosexual en su identidad? _____%

Una fuente: *www.gallup.com/poll/6961/what-percentage-population-gay.aspx*

B. Piensa en las representaciones en los medios masivos (*media*) sobre los homosexuales. ¿Qué ejemplos conoces en la televisión, el cine, etc.? ¿Qué nos representan estas imágenes? ¿Hay una variedad de personajes y expresiones de la homosexualidad? Por ejemplo, ¿hay representaciones de hombres homosexuales muy "exuberantes" (*flamboyant*) y otros que no lo son? En tu opinión, ¿son justas y realistas las representaciones que conoces? ¿Hay diferencias entre los medios en inglés y los medios en español?

C. Lee las declaraciones recientes de la Asociación de Psicología de Estados Unidos (APA, por sus siglas en inglés) sobre la homosexualidad —y la reacción del grupo NARTH— en *www.narth.com/docs/deemphasizes.html*.

D. En *www.univision.com*, busca "Don Francisco presenta el homosexual nace o se hace". Hay un clip del 10 febrero de 2010 (7:05 minutos) con un debate entre el doctor Domínguez y el doctor Salazar (entre otros).

¿Quién dijo qué?

Doctor Domínguez (DD): El homosexual nace y se hace

Doctor Salazar (DS): El homosexual se hace

_____ La cultura, las presiones sociales, las religiosas, la educación y las experiencias, influyen sobre la manifestación de lo que uno trae hereditariamente.

_____ La cultura es capaz de revertir nuestra natura.

_____ Hay aspectos biológicos comprobados sobre la existencia de la orientación sexual diferente.

_____ La homosexualidad es un trastorno de la conducta sexual.

_____ La homosexualidad es patológica.

_____ La predisposición no significa que sea natural.

_____ No se puede decir que la homosexualidad es una condición innata.

_____ Existe una "mafia rosa".

_____ La existencia de la homosexualidad desde culturas primitivas evidencia su carácter natural.

LECTURA 4

Cambiar, para los homosexuales, es posible

Fuente: Dignidad humana (Sí)

(1) Un psicólogo especializado en terapia reparativa con homosexuales dice que es posible cambiar para aquellos que se sienten atraídos por personas de su mismo sexo, a pesar de las campañas ideológicas dirigidas por intereses especiales que afirman lo contrario. Joseph Nicolosi, fundador y director de la clínica Santo Tomás de Aquino, es psicólogo clínico y anterior presidente de la Asociación Nacional para la Investigación y el Tratamiento de la Homosexualidad (NARTH, por sus siglas en inglés).

(2) Nicolosi explicó que NARTH ha estado trabajando activamente en un proyecto de investigación, reuniendo datos científicos con los que **rebatir la teoría oficial de la APA** sobre la homosexualidad, apuntando a tres suposiciones (*assumptions*) no científicas que forman la base de la postura de la APA: (a) Que la psicoterapia no pueda cambiar la homosexualidad, (b) Que intentar cambiar a un homosexual sea perjudicial para él/ella, y (c) Que no haya más patología en los homosexuales que en los heterosexuales. El científico afirmó que "la APA no está dirigida por científicos, sino por intereses políticos. No ha habido datos que justifiquen sus posturas, y tienden a ceder ante la presión política y social". Por ello, "NARTH ha estado presionándolos para que respalden científicamente su postura sobre el origen biológico de la homosexualidad". Como resultado, según Nicolosi, la APA "ha atenuado su postura que la homosexualidad viene determinada biológicamente, abandonando las referencias a un supuesto «gen (*gene*) gay»". En otras palabras, están empezando a reconocer que la homosexualidad se debe también a factores ambientales, y no sólo a factores biológicos. "La información científica más importante aporta mucha más evidencia a favor de las causas ambientales de la homosexualidad que a favor de las biológicas"[3]. El terapeuta afirmó que ha podido comprobar esto en su propia consulta privada.

(3) Nicolosi, autor de "Curar la homosexualidad: historias de casos de terapia reparativa" y "Guía para padres para prevenir la homosexualidad", asegura que muchas personas han adoptado las posturas erróneas de la APA, pero que existe una necesidad de asistencia y de consejo espiritual para las personas que buscan ayuda para abandonar la homosexualidad. "Tantas veces les han dicho «Bueno, es que has nacido así», y apuntan a la APA como autoridad". Expresó su esperanza de que, a medida que la APA reconozca la eficacia de la terapia con los homosexuales, más psicólogos se animarán a involucrarse en este tipo de tratamientos.

(4) El terapeuta enfatizó la necesidad de que todo el mundo comparta con los homosexuales el mensaje de que: "No tienes por qué ser gay. Si sigues por este camino, serás más propenso a tener más depresión (y de mayor nivel), ansiedad, relaciones fracasadas, promiscuidad sexual, y abuso de drogas y alcohol que la gente heterosexual. Esta noción de que vas a enamorarte de una persona de tu mismo sexo y luego van a ser felices para siempre es puro Hollywood. La verdad es que es un estilo de vida muy duro". Si usted conoce a un homosexual, dijo, "anime a esa persona, dele información, aproveche la oportunidad para hacerle saber que es posible cambiar. Necesitan creerlo". Enfatizó que: "es una terapia muy dura. Es necesario cavar muy hondo en los problemas emocionales. La homosexualidad no es un asunto sexual, sino emocional.

---

3   Por ejemplo, busca "La homosexualidad no nace, se hace; lo vivido en la infancia influye" para ver los resultados de un estudio reciente.

Es a los fundamentos y causas emocionales a los que se debe prestar atención. Y además, está la otra batalla que te presenta un ambiente que te dice «eres homófobo, eres ingenuo; no estás afrontando la realidad; no eres más que un cristiano acomplejado por su sentido de culpa». Estás luchando contra una cultura que no te apoya, además de tu propia batalla individual. Es una guerra en dos frentes".

(5) Nicolosi subrayó la importancia de ayudar a los homosexuales que quieren cambiar, porque "si eres cristiano, tienes que creer que estás destinado a estar con el sexo opuesto", y que "l complementariedad sexual es parte de la ley natural. Es sorprendente la cantidad de gente que está confundida acerca de esto. En realidad creen, o quieren creer, ya sea por razones personales o políticas, que Dios los hizo así y ya está". El psicólogo apeló a los sacerdotes para que no se sientan intimidados a la hora de predicar sobre la homosexualidad desde el púlpito.

Polémica por una terapia para volver heterosexuales a los gays
por Sandra Boodman (No)

(6) El norteamericano Nicholas Cavnar dijo haber probado todo lo imaginable en 30 años para volverse heterosexual. Hizo años de terapia y pagó miles de dólares de tratamiento para superar su homosexualidad. Asistió regularmente a reuniones de autoayuda de grupos cristianos, destinadas a gente como él. Se casó, incluso, y fue padre de tres hijos. Su caso llegó a aparecer en la tapa de una revista católica norteamericana.

(7) Aun así, este ejecutivo de Washington de la industria editorial, de 54 años, recuerda que todos los días debía reprimir sus sentimientos más profundos sobre quién era en realidad. Después de una búsqueda interior desencadenada por los ataques terroristas del 11 de setiembre, decidió poner fin a sus días de lucha interna. "Le dije a mi esposa que ya no podía dejar de ser gay", recuerda Cavnar. Admite que lo que más lamenta es el fuerte golpe que fue para su mujer poner fin a un matrimonio de 26 años.

(8) La odisea de Cavnar está íntimamente ligada a su relación con la denominada "terapia reparadora", una polémica forma de psicoterapia <u>cuyo</u> objetivo es convertir a los gays en heterosexuales. Si bien sus defensores citan historias de éxito basándose en sus prácticas clínicas, así como en un estudio reciente muy debatido que muestra que la terapia de la conversión puede funcionar, **se oponen a este tratamiento virtualmente todas las organizaciones médicas y de salud mental**, incluidas la Asociación Médica Estadounidense, la Oficina del Cirujano General de Estados Unidos y la Asociación Psiquiátrica Estadounidense (APA, por sus siglas en inglés), que eliminó en 1973 la homosexualidad de su lista de desórdenes mentales y que desde 2009 urge a los profesionales de salud mental a que <u>no</u> inviten a sus clientes a cambiar su orientación sexual. Catherine Wulfensmith, de 46 años y residente de Monrovia, California, confiesa haber intentado el suicidio varias veces luego de que la terapia reparadora no logró modificar la atracción que sentía por las mujeres.

> **Cuyo**="whose"
> Vamos a estudiar
> esto en el capítulo 8.

(9) Hasta principios de los años 90, el tratamiento, conocido también como "terapia de reorientación", estaba relegado a grupos religiosos o a los márgenes de la profesión de la salud mental que consideraban la homosexualidad una preferencia patológica forjada durante una infancia conflictiva. Estos terapeutas rechazan las opiniones de una abrumadora (*overwhelming*) mayoría de profesionales del área de la salud mental y de científicos, quienes sostienen que se trata de una orientación innata (*innate*) que se ve influenciada de manera significativa por factores biológicos como la genética y

la exposición a las hormonas dentro del vientre materno[4]. Los especialistas en salud mental están alarmados por el resurgimiento de un tratamiento que ha quedado desacreditado por la APA, que indica que los estudios sobre los efectos y beneficios tienen "fallos serios de diseño".

DESPUÉS DE LEER 4

A. NARTH indica que "la APA no está dirigida por científicos" y que "tienden a ceder ante la presión política y social". Busca mayor información sobre la APA para ver si estás de acuerdo o no.

B. Resume cada una de las páginas web en las notas de pie de página (*footnotes*).

Nota	Resumen
1. El estudio realizado en Dinamarca	
2. El estudio sobre los hermanos menores	
3. El caso de los hermanos gemelos	

¿Hasta qué punto te convencen estos estudios? Por ejemplo, respecto al estudio en Dinamarca, ¿es lo mismo una *correlación* y una relación de *causa y efecto*? ¿Es posible que la depresión, el alcoholismo, etc. se deban a otras causas, como el rechazo de la familia y la sociedad por ser gay, más que al hecho de ser gay?

Observa que el artículo en la nota 3 contesta la pregunta: **¿por qué** es importante determinar si la homosexualidad tiene un componente biológico? ¿Cuál es la respuesta que ofrece?

C. Aunque niega que la gente nazca gay, el portavoz del grupo cristiano *Family Research Council*, Peter Sprigg, ha admitido que no cree que la gente elija su *atracción* sexual (Family Research Council 2007). Es decir, incluso muchos grupos conservadores reconocen algún componente biológico de la *atracción*, aun cuando condenan la *conducta* homosexual.

En tu opinión, ¿la terapia de "reorientación" sexual para los homosexuales es buena idea? Algunas palabras que pueden ayudar en la discusión:

las **estadísticas**

la **tasa** (de divorcio, etc.) (*rate*)

vivir en **negación** (*denial*)

D. Si te consideras heterosexual, vamos a hacer un pequeño ejercicio de ciencia ficción: ¿Qué pasaría si el día de mañana te despertaras y el comportamiento <u>normativo</u> fuera homosexual? ¿Te interesaría volverte gay para estar conforme con la mayoría? ¿Sería fácil hacerlo?

> **POR CIERTO**
> ....
> Aquí no decimos "normal", sino "normativo" o lo que hace la mayoría.

4   Por ejemplo, un estudio de 2006 encontró un componente prenatal de la homosexualidad (busca "*Study suggests homosexuality begins in womb*") y un caso de hermanos gemelos también sugiere un componente biológico (busca "*Boston Globe what makes people gay?*")

E. Un aspecto relacionado con el rechazo de la homosexualidad es el comportamiento de la gente que parece querer esconder sus atracciones y comportamiento homosexuales. Busquen detalles sobre algunos de estos casos prominentes de políticos en Estados Unidos.

Nombre	Puesto	Postura oficial hacia los homosexuales	"Escándalo"
Ted Haggard			
Roy Ashburn			
Troy King			

Si tienes interés en este tema, puedes mirar el documental *Outrage*.

Gramática y uso

El pasado del subjuntivo

¿Qué es el subjuntivo? Es un modo verbal que expresa circunstancias de deseo/influencia, emoción/reacción, o duda/falta de existencia. Vuelve al capítulo 3 para ver una breve explicación de los usos del subjuntivo.

> **POR CIERTO**
> ....
> En inglés, "modo verbal" = *verbal mood*. El modo refleja cómo el hablante se siente respecto a la acción.

Formas

Dos formas del subjuntivo son el **presente** y el **imperfecto** (*past*).

Presente:	Quiero que te <u>calmes</u>.	*I want you to calm down.*
Imperfecto (pasado):	Quería que te <u>calmaras</u>.	*I wanted you to calm down.*

El pasado del subjuntivo se forma así: usamos la raíz del verbo en la forma de "ustedes" en el pretérito.

Infinitivo	Forma "ustedes" del pretérito	Raíz
trabajar	trabaj**aron**	trabaj-
comer	com**ieron**	com-
leer	ley**eron**	ley-
caminar		
perder		
vivir		

Una vez que tenemos la raíz, le agregamos las terminaciones siguientes

	Trabajar	Comer	Leer	Caminar	Perder	Vivir
Raíz	**trabaj-**	**com-**	**ley-**			
Yo	trabajara	comiera	leyera			
Tú	trabajaras	comieras	leyeras			
Él/ella/usted	trabajara	comiera	leyera			
Nosotros/ nosotras	*trabajáramos*	*comiéramos*	*leyéramos*			
Ellos/Ellas, ustedes	trabajaran	comieran	leyeran			

¿Qué formas tienen acento escrito?

Uso

Cuando el primer verbo está en el pasado y expresa duda, emoción o deseo, el subjuntivo también normalmente está en el pasado:

Mariela **sugirió**   …que **hiciéramos** un viaje.
Duda, emoción o deseo en el pasado   Pasado del subjuntivo

Dudaban   …que Eduardo **viniera.**
Duda, emoción o deseo en el pasado   Pasado del subjuntivo

Actividad 1

Elige la forma correcta.

1. El ejército de EE.UU. exigía que los soldados no… ❑ digan ❑ dijeran …si eran homosexuales.

2. Las mujeres de los años 20 deseaban que… ❑ hubiera ❑ había …más igualdad entre los sexos.

3. Le pregunté por qué quería que yo le… ❑ compre ❑ comprara …una muñeca a su hijo.

4. Un día mi amigo homosexual me pidió que… ❑ hablara ❑ hable …con sus padres sobre la homosexualidad.

5. Las madres esperaban que sus hijas no… ❑ tomaban ❑ tomaran …a la muñeca Barbie como prototipo de la belleza ideal femenina.

6. En las primeras elecciones en este país, estaba prohibido que las mujeres… ❑ voten. ❑ votaran.

7. Era importante para los chilenos que su nueva presidenta les… ❑ haga ❑ hiciera …caso.

8. Las feministas se empeñaban en que los hombres las… ❑ trataran ❑ traten …como iguales.

9. Los residentes del D.F. insistían en que el gobierno… ❑ aprobaba ❑ aprobara …el matrimonio gay.

10. Antes, mucha gente dudaba que la homosexualidad… ❑ fuera ❑ era …biológica.

Actividad 2

Completa las oraciones de manera original.

1. Los feministas de los años 70 querían que…

2. En los años 70, los homosexuales suplicaban que la sociedad…

3. Yo nunca creí que en mi familia…

4. Las primeras mujeres políticas esperaban que…

5. En el pasado, los hombres machistas no dejaban que las mujeres…

Actividad 3

Completa las oraciones de manera original.

1. Yo <u>creería</u> más en una teoría específica de la homosexualidad si…

2. Los fabricantes <u>producirían</u> más juguetes "neutros de género" si…

3. Yo <u>dejaría</u> a un niño jugar con muñecas si…

4. A lo mejor la terapia de reorientación <u>funcionaría</u> con más frecuencia si…

5. El feminismo <u>tendría</u> mejor reputación si…

> **POR CIERTO**
>
> Esta forma (**creería, producirían**, etc.) se llama el **condicional**. Se forma igual que el futuro simple, pero con estas terminaciones:
>
> | Futuro | Condicional |
> |--------|-------------|
> | -é | -ía |
> | -ás | -ías |
> | -á | -ía |
> | -emos | -íamos |
> | -án | -ían |
>
> Normalmente se traduce como "would":
> Yo **creería** más
> *I <u>would</u> believe more*

Entrando a la conversación

¿Como vecino?

Manuel González y Esteban Pinar son una pareja gay que llevan siete años juntos. Quieren subarrendar (*sublet*) un condominio dentro de un edificio en el que vives. Formas parte de la Asociación de Dueños (*Homeowners Association*). La Asociación pide a todos los miembros que escriban sus opiniones para poder decidir si van a rentar el condo a esta pareja o no. ¿Qué les escribirías?

Ejemplo de una cartas

Los comentarios son de la profesora.

> **Carta 1**
>
> A la Asociación de Dueños de Condominios, de la Calle Central, nº 423:
>
> Me dirijo a ustedes con respecto al caso de Manuel González y Esteban Pinar, una pareja gay que ha solicitado un condominio en nuestro edificio. En los 12 años que llevo viviendo aquí, nunca creí que esto se considerara un problema. ¡Por supuesto que debemos dejarlos alquilar un apartamento en nuestro edificio! No hay ninguna razón lógica para prohibírselos; sólo es la religión la que tiene un problema respecto a la homosexualidad, la cual no es una enfermedad contagiosa y está protegida por la ley.
>
> La única razón, disfrazada como argumento lógico, que puede haber para no dejar a la pareja alquilar un condominio es porque la homosexualidad contradice la religión predominante en nuestra sociedad, la cristiana. Pero en realidad, la Biblia lo deja ambiguo. Unos creen que el cristianismo aceptaría la homosexualidad porque la lección más importante que nos enseña la Biblia es tener compasión y aceptación de todos. Otros sienten que las escrituras específicamente dicen que la homosexualidad no está aceptada por el cristianismo. Y, de todas formas, no todos en el país siguen la misma religión. *Necesitas una frase de transición aquí.* Aunque la Asociación de Psicología de Estados Unidos (APA) antes creía que la homosexualidad era una enfermedad, los estudios modernos han indicado que la homosexualidad *Repetitivo* resulta de combinaciones biológicas y ambientales. ¿Cómo podemos juzgar a una pareja por una preferencia que resultó de algo que no podían controlar? Es tan absurdo como no dejar a una mujer ser abogada porque no es hombre o como no darle trabajo de recepcionista a un discapacitado porque no puede caminar.

Pero el argumento más relevante en nuestro caso es que el Acta de Prevención de Crímenes de Odio Matthew Shepard hizo ley que no se pueda discriminar contra una persona por su raza, orientación sexual o etnicidad. Entonces, no dejar que esta pareja alquile el condominio sería tan ilegal como no dejárselo por ser hispanos. Yo, como miembro de esta comunidad, les presto mi apoyo total a Manuel y Esteban, y me ofrezco a darles una cordial bienvenida.

Muy atentamente,

Carlos Martínez

Carta 2

A la Asociación de Dueños de Condominios, de la Calle Central, n° 423:

Quisiera ofrecer mi opinión acerca de la pareja gay que quiere vivir en nuestro edificio. No me gustaría que estuvieran aquí, donde algunos de nosotros tenemos niños en la casa. Dejando de lado el por qué de su homosexualidad (si es biológico o resultado del ambiente, en realidad no me importa), simplemente no me parece bien que los niños vean este estilo de vida. Sabemos que el medio ambiente tiene una influencia en el desarrollo de la orientación sexual de los niños, entonces, no quiero crear un ambiente donde se acepte como normal este tipo de relación.

No es que yo piense que los hombres homosexuales los vayan a acosar sexualmente —de hecho, está comprobado que la mayoría de los abusos de niños son perpetrados por hombres "straight"—, pero aun así, me parece arriesgado. *Empleaste bien aquí la estrategia de aclarar lo que <u>no</u> estás diciendo*. Siento que mi opinión no sea muy "políticamente correcta", pero honestamente así lo veo. *La carta está bien. Me pregunto, ¿hubiera sido diferente tu respuesta si, en vez de tratarse de dos hombres, la pareja hubiera sido de dos mujeres?*

Atentamente,

Mariza Olivares

Lee lo que propone esta página "10 mitos sobre los gays":

www.terra.com/todogay/articulo/html/vid2998.htm

¿Algún punto te sorprende o discrepas de él?

Una pareja gay
paseando por la playa

Enfoque de redacción

Oraciones complejas (Parte 2)

En el capítulo 5, vimos algunas maneras de hacer las oraciones más complejas. Vimos que no debemos repetir palabras innecesariamente:

"Los trabajadores bilingües reciben sueldos más altos que los ~~trabajadores~~ monolingües. ~~Esto es~~ debido a que tienen más facilidad para mantener negocios con esa comunidad".

También vimos cómo combinar oraciones con conjunciones subordinadas:

"A los cinco años, mis padres me inscribieron en el jardín de niños". + "Mi padre decidió inscribirme en la clase para niños bilingües". →

*"A los cinco años, mis padres me inscribieron en el jardín de niños, **donde** mi padre decidió inscribirme en la clase para bilingües".*

Ahora vamos a estudiar dos estrategias adicionales para mejorar nuestras oraciones: no repetir el **pronombre** de sujeto si no hace falta, y evitar **oraciones corridas**.

No repetir el pronombre de sujeto si no hace falta

En inglés, siempre hay que mencionar el pronombre de sujeto de cada verbo. En español, lo podemos usar u omitir:

Inglés	Español
I think gay marriage should be prohibited.	a) **Yo** pienso que se debe prohibir el matrimonio gay. b) [∅]Pienso que se debe prohibir el matrimonio gay.
She thinks that **we** should vote against Proposition 8.	a) **Ella** cree que **nosotros** debemos votar en contra de la Proposición 8. b) [∅] Cree que [∅] debemos votar en contra de la Proposición 8.

En español se entiende quién es el sujeto de la oración porque el verbo casi siempre nos lo dice: "pienso" siempre corresponde a "yo", "cree" corresponde a "él, ella, usted" y "debemos" corresponde a "nosotros", etc. Entonces, repetir el pronombre cuando no hace falta muchas veces suena raro en español. Comparen las dos versiones siguientes:

Suena raro	Suena mejor
"Mi amigo Benny tiene dos niños y **él** no deja que **ellos** jueguen con muñecas porque **él** cree que **ellos** no aprenderán a comportarse como deben hacerlo los hombres. Pero **yo** pienso que **él** debe dejar que **ellos** experimenten con todo lo que les interese".	"Mi amigo Benny tiene dos niños y no deja que jueguen con muñecas porque cree que no aprenderán a comportarse como deben hacerlo los hombres. Pero pienso que debe dejar que experimenten con todo lo que les interese".

Sin embargo, en ciertos casos, es preferible usar los pronombres de sujeto. Aquí hay tres ejemplos:

1. Para **evitar confusión**. Si no está claro por el contexto quién es el sujeto, es mejor usar el pronombre.

   "Sara y Mario son hermanos. Ella es bisexual". → Aquí el verbo "es" podría referirse tanto a Sara como a Mario, entonces usar "ella" aclara quién es bisexual.

2. Para **enfatizar** algo. Esto también lo hacemos en inglés, poniendo mayor énfasis en el pronombre.

   "¿Has visto «Brokeback Mountain»?"

   "Yo no pienso ver ninguna película que vaya en contra de mi moral".

3. Cuando hay un **cambio de sujeto**.

   "Ellos han aceptado que su hijo es gay, pero ella lo ve como un trastorno".

POR CIERTO

Para ver la divertida historia de un joven cubano que "sale del closet" a su mamá, busca "Habla ya parte I" en YouTube (minuto 6:15; se titula "Out").

Actividad

Indica dónde sería mejor quitar los pronombres de sujeto y dónde es mejor dejarlos.

En 2009, el Cardenal mexicano Javier Lozano Barragán dijo que él estaba seguro de que los homosexuales eran pecadores y que ellos nunca entrarían al cielo. Sin embargo, él dijo que esto no justificaba ninguna forma de discriminación porque el juicio le correspondía sólo a Dios. Él señaló que a nosotros sobre la Tierra no nos toca condenar y que como personas nosotros tenemos todos los mismos derechos.

Combinar correctamente las oraciones

Salvo en casos excepcionales, no se pueden unir dos (o más) oraciones sin ninguna conexión. Vamos a ver de qué maneras podemos combinar estas dos oraciones.

Oración 1: Estaban nerviosos.

+

Oración 2: Se querían salir rápidamente.

Opciones	Estrategia
Como estaban nerviosos, se querían salir rápidamente.	Conjunción subordinada
Estaban nerviosos**;** se querían salir rápidamente.	Punto y coma
Estaban nerviosos **y** se querían salir rápidamente.	Conjunción
Estaban nerviosos, **entonces,** se querían salir rápidamente.	Adverbio

Lo que **no** se puede hacer es juntar dos oraciones con sólo una coma:

~~Estaban nerviosos, se querían salir rápidamente.~~

Esto es porque **una coma no es suficiente para juntar dos oraciones independientes**. En inglés este error se llama *comma splice*.

Actividad

Todas las oraciones siguientes son ejemplos de oraciones combinadas incorrectamente. Reescríbelas para que estén combinadas correctamente (o para que sean dos oraciones independientes).

Walter Mercado

Amanda Simpson

Muñecas vestidas de novia para una boda gay.

1. Walter Mercado es un enigma, muchos creen que es gay, pero nunca lo ha declarado.

2. No es cierto que todos seamos o 100% homo o 100% hétero, hay gente que se encuentra en algún punto intermedio del continuo.

3. Mi tío dice que el cantante Juan Gabriel es "un putazo", pero va a verlo y hasta llora con algunas canciones, no entiendo esta incongruencia.

POR CIERTO
....
"Puto" y "putazo" son palabras despectivas para referirse a los hombres homosexuales. ¿Qué otras palabras despectivas has escuchado? ¿Te parecen igual de ofensivas que los insultos *mojado, greaser, spic*, etc.?

4. No me parece bien que el Papa haya denunciado la homosexualidad, Jesucristo no dijo nada al respecto.

5. El Presidente Obama recientemente nombró a Amanda Simpson como Asesora Técnica del Departamento de Comercio, es una mujer transexual, esto quiere decir que nació hombre, pero se convirtió después en mujer.

6. El *Acta de Prevención de Crímenes de Odio Matthew Shepard* fue aprobada en 2009, es la primera ley federal de derechos civiles que protege en serio a lesbianas, gays, bisexuales y transexuales.

7. En inglés se usan las siglas (*acronym*) "LGBT" para *Lesbian, Gay, Bisexual, Transgendered*, no sé si también se usan estas siglas en español.

8. No estoy en contra de los homosexuales, pero no me gusta que sean tan exuberantes, ¿por qué tienen que andar siempre echando en la cara que son gay?

ANTES DE LEER 5

A. ¿Cuáles son los dos argumentos más comunes a favor y en contra del matrimonio entre los homosexuales?

A favor	En contra
1.	1.
2.	2

B. Busca definiciones de estos conceptos:

falacia de la pendiente resbaladiza (*slippery slope fallacy*)

el argumento ardid (*red herring*)

LECTURA 5

El matrimonio entre los gays

A continuación, hay un debate entre el "señor Sí", quien cree que los homosexuales deben tener el derecho de casarse, y el "señor No", quien opina que no.

(1) **Señor No:**
El matrimonio se define como una unión legal entre un hombre y una mujer. Las parejas homosexuales no debieran tener el derecho legal de casarse porque no se adhieren a esta definición. Cambiar la definición del matrimonio amenaza el matrimonio tradicional, alterando milenios de educación moral.

(2) Señor Sí:

En 2001, Holanda se convirtió en el primer país en permitir el matrimonio homosexual. Desde entonces, otros seis países han seguido su ejemplo y otros veinte han permitido uniones o matrimonios civiles. En Estados Unidos, seis estados ya permiten el matrimonio homosexual y otros nueve tienen uniones civiles. En estos lugares, la sociedad y el matrimonio tradicional *no se han derrumbado*. Es más, no hay evidencias de que el reconocimiento del matrimonio homosexual haya tenido efecto adverso alguno en el matrimonio tradicional.

(3) Señor No:

Cualesquiera (*whatever*) que hayan sido los efectos reales, el matrimonio es una institución religiosa, un ritual sagrado judeocristiano con un significado específico. Cambiar la definición del matrimonio derrocaría miles de años de tradición en nombre de la corrección política y, en el proceso, desantificaría la institución.

(4) Señor Sí:

Las tradiciones cambian constantemente. El matrimonio homosexual no es un concepto nuevo, ni ha sido siempre universalmente mal visto. Existen documentos sobre matrimonios homosexuales en tribus africanas como los kikuyu y los nuer, en la antigua China y en la Europa medieval. El concepto de que el matrimonio implique "un hombre y una mujer" es, de hecho, más reciente; han sido muy comunes los matrimonios entre un solo hombre y múltiples mujeres en África e incluso, aunque no oficialmente, en Estados Unidos. La tradición no es suficiente; la esclavitud y la discriminación racial también eran costumbres tradicionales, incluso consentidas en la Biblia y, sin embargo, ahora todos estamos de acuerdo en que eran inmorales e injustas. El matrimonio homosexual no cancela el matrimonio heterosexual, por lo que, ¿cómo podría desantificarlo?

(5) Señor No:

No es el lugar de usted ni de las cortes decidir lo que desantifica una tradición religiosa. Es una institución cristiana y el gobierno no debería permitir una redefinición de la naturaleza de una religión, es un asunto de separación entre iglesia y estado, un principio plasmado en la constitución de Estados Unidos.

(6) Señor Sí:

Sí, pero, de igual modo, la doctrina religiosa no debería poder dictar qué derechos y responsabilidades legales confiere o niega el estado. La ceremonia religiosa llamada "matrimonio" es también un contrato civil que conlleva muchos derechos y responsabilidades, desde el derecho de visita en un hospital o la custodia conjunta de los niños hasta la herencia y los impuestos. La institución del matrimonio está firmemente integrada en la estructura del gobierno. Si la religión quiere mantenerse independiente del gobierno, debería quedarse al margen de las leyes de los matrimonios civiles. O los derechos legales del matrimonio deben estar disponibles para todo el mundo, o deberían ser negados a todos. Hay otro principio constitucional en juego: el hecho de que todo el mundo tiene derecho a una misma protección legal.

(7) Señor No:

Sólo porque una institución religiosa haya evolucionado hacia una legal no significa que haya dejado de ser sagrada. Claro, a las parejas del mismo sexo debiera permitírseles unos derechos igualitarios. Pero como veinte países y nueve estados en Estados Unidos han mostrado, pueden crearse uniones o matrimonios civiles que proporcionan todos y cada uno de los derechos legales del matrimonio. Es tan sólo una cuestión de aprobar las leyes adecuadas. La demanda por parte de los defensores LGBT para apropiarse de la palabra "matrimonio" no tiene nada que ver con los derechos, sino con conseguir una victoria simbólica en una guerra cultural.

(8) **Señor Sí:**

Las leyes aprobadas para proporcionar los mismos derechos a las uniones civiles nunca llegan al mismo nivel que el matrimonio. Siempre hay huecos y lagunas jurídicas que no tienen en cuenta la existencia de las parejas homosexuales. El movimiento por los derechos civiles en los años 1950 y 1960 en Estados Unidos demostró que las cosas "distintas pero iguales" (*separate but equal*) nunca son realmente iguales. Y, de cualquier modo, los símbolos son importantes. Al rechazar el uso del término "matrimonio" para las uniones homosexuales, estamos imponiendo un estigma en estas relaciones, ya que transmitimos el mensaje de que no se merecen el término "matrimonio".

(9) **Señor No:**

Definir lo que es bueno y moral en una sociedad es importante, y por eso es relevante mantener las tradiciones. De lo contrario, la moralidad se irá poco a poco a la deriva. Si permitimos el matrimonio homosexual ahora, la siguiente campaña será para el matrimonio entre un hombre y diez mujeres, o diez hombres y diez mujeres, u hombres con niños, u hombres con animales. Cuando caiga esta barrera, ¿donde fijaremos los límites?

(10) **Señor Sí:**

El error en ese argumento se conoce como la falacia de la pendiente resbaladiza (*slippery slope fallacy*): que ocurra el Evento 1 no significa necesariamente que los numerosos pasos intermedios entre Evento 1 y Evento 2 vayan también a ocurrir. Por ejemplo, cuando el alcohol era ilegal en Estados Unidos, la gente se quejaba de que "si legalizamos el alcohol, entonces todas las drogas se volverán legales". Pero, obviamente eso no ha ocurrido. Los niños y los animales no tienen capacidad de consentimiento, por lo que ese argumento es un ardid.

Además, ¿por qué es la religión, específicamente el cristianismo, la única institución con derecho a decidir lo que es o no es moral? No todo el país comparte la misma religión y, de hecho, un 10% de la población estadounidense no tiene ningún tipo de religión. Podemos observar un matrimonio gay hoy en día y decidir que dos adultos que se aman con consentimiento mutuo deberían tener el derecho a comprometerse el uno con el otro. Mañana podemos observar otros asuntos y examinarlos bajo la misma perspectiva. ¿Qué pasaría si diez hombres y diez mujeres quisieran compartir todas sus propiedades en común? Podríamos decidir entonces si hay razones por las que deberíamos impedirles que lo hicieran. La moralidad es un concepto fluido y cambiante que evoluciona con el tiempo. No podemos quedarnos paralizados para siempre en conceptos de moralidad que, de todos modos, aparecieron en los últimos pocos cientos de años.

(11) **Señor No:**

Acabaré mis argumentos con una apelación al papel tradicional del matrimonio: la procreación. Como ni dos mujeres ni dos hombres pueden procrear, no tiene sentido que se casen.

(12) **Señor Sí:**

Entonces, ¿solamente las parejas heterosexuales que quieren tener hijos deben tener el derecho de casarse? Si después de varios años de tratar no nace ningún niño, ¿debemos exigir que se divorcien? Y hablando del divorcio, recordemos que muchas parejas cristianas juran ante Dios que se quedarán con su esposo/a hasta que la muerte los separe, pero acaban divorciándose; ¿no constituye esto una "desantificación" del matrimonio? Concluyo con lo que presentaron en 2006 la Asociación Estadounidense de Psicólogos, la Asociación Estadounidense de Psiquiatras y la Asociación Nacional de Trabajadores Sociales a la Corte Suprema del Estado de California: "Los hombres gays y las lesbianas forman relaciones estables y con compromisos que son equivalentes a las relaciones heterosexuales en los aspectos esenciales. La institución del matrimonio ofrece beneficios sociales, psicológicos y de salud. Al negar a las parejas homosexuales el derecho a contraer matrimonio, el estado refuerza y perpetúa el estigma históricamente asociado a la homosexualidad". Además, fíjese que la Asociación Estadounidense de Pediatras apoya que las parejas gays adopten y tengan niños. Usted dirá que estos grupos están respondiendo a presiones políticas de los activistas gays, pero no creo que sean tan débiles, poco profesionales ni que se dejen influir tan fácilmente.

DESPUÉS DE LEER 5

A. El señor sí señala que ha existido la **poligamia** (matrimonios entre un solo hombre y múltiples mujeres) en África "e incluso, aunque no oficialmente, en Estados Unidos". ¿Sabes a qué grupos en Estados Unidos se puede estar refiriendo?

B. Dejando de lado un momento tus opiniones, anota dos (2) argumentos que te llamaron la atención y por qué.

1. _____

2. _____

C. Busca en YouTube los video siguientes, del año 2009:

"Matrimonios Gay aprobados en la Cd de México" (3:06 minutos) ·

"Aprobación del matrimonio gay en la Ciudad de México (con CC)" (2 minutos)

¿Cómo salió el voto final en la Ciudad de México y qué dijeron los opositores?

_____ votos a favor   _____ votos en contra   _____ abstenciones

Y, ¿cuál fue el primer país latinoamericano en aprobar las uniones civiles entre homosexuales? _____

D. Anota dos cosas que te llamen la atención del mapa siguiente que demuestra las leyes sobre la homosexualidad en el mundo.

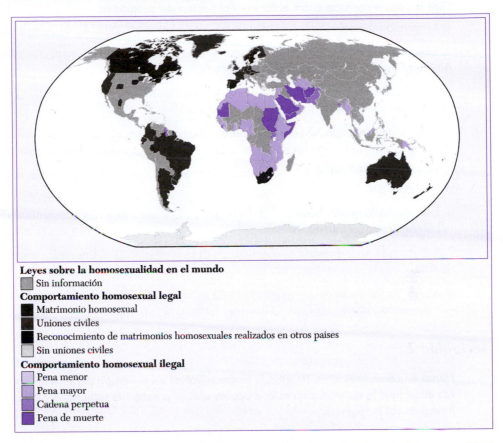

Leyes sobre la homosexualidad en el mundo
- Sin información

Comportamiento homosexual legal
- Matrimonio homosexual
- Uniones civiles
- Reconocimiento de matrimonios homosexuales realizados en otros países
- Sin uniones civiles

Comportamiento homosexual ilegal
- Pena menor
- Pena mayor
- Cadena perpetua
- Pena de muerte

(**Fuente:** *es.wikipedia.org/wiki/Homosexualidad*)

Gramática y uso

El futuro simple vs. el pasado del subjuntivo

Ahora que hemos repasado el futuro simple y el pasado del subjuntivo, es importante poderlos distinguir. ¿Qué diferencia notas entre estas formas?

Futuro simple	Pasado del subjuntivo
Ella **hablará** mañana. Carlos **comprará** una casa cuando tenga dinero. En 2050, más mujeres **trabajarán** fuera de casa.	Yo quería que ella **hablara** ayer. Me sorprendió que Carlos **comprara** una casa el mes pasado. En 1950 no querían que las mujeres **trabajaran** fuera de casa.

La diferencia entre las formas del futuro simple y del pasado del subjuntivo es
_____.

Actividad 1

Elige la opción correcta entre el futuro y el pasado del subjuntivo.

1. Mi primo salió del clóset y quería que yo... ❏ hablara ❏ hablará ...con mis tíos.

2. Si le toca la lotería a mi vecina, seguramente... ❏ donara ❏ donará ...algo a la *American Association of University Women*.

3. Mi sobrina está muy interesada en la historia de las mujeres. Creo que... ❏ estudiara ❏ estudiará ... *Women's Studies* en la universidad.

4. A principios del siglo XX, era más común que las mujeres... ❏ se quedaran ❏ se quedarán ...en casa y que los hombres... ❏ trabajaran ❏ trabajarán.

5. Pronto, todos los estados... ❏ votaran ❏ votarán ...sobre la legalización del matrimonio gay.

6. Era necesario que Rebeca... ❏ denunciara ❏ denunciará ...la discriminación que había sufrido en su trabajo.

7. A Fernanda no le gustaría que su hija... ❏ se limitara ❏ se limitará ...a ser ama de casa.

8. Algún día, las mujeres... ❏ ganaran ❏ ganarán ...el mismo sueldo que los hombres por el mismo trabajo, pero... ❏ tomara ❏ tomará ...tiempo.

Actividad 2

Piensa en cómo eras a los 10 años. Si pudieras volver en el tiempo para hablar con tu "yo" a esa edad, ¿qué le dirías? Observa que puedes usar el pasado del subjuntivo y otras veces el futuro en tus respuestas.

Modelos: Yo le diría que **comprara** acciones de Google y Yahoo. *pasado subjuntivo*

Yo le diría que **habrá** computadoras que caben en una mochila. *futuro*

Yo le diría que....

1.

2.

3.

4.

Conexiones con la comunidad

Si hay una organización pro o antihomosexual en tu campus o en tu comunidad, investiga su página web y/o entrevista a varios miembros para aprender sobre las metas del grupo.

Ejemplos de grupos para gays latin@s:	Ejemplos de grupos antihomosexuales
Amigas latinas, Chicago	*American Family Association*
Mano a Mano, Nueva York	*The Christian Coalition*
Unid@s, Washington D.C.	*Americans for Truth about Homosexuality*

Entrando a la conversación

Tema abierto

En este capítulo, hemos leído varios textos acerca del género y de los orígenes de la homosexualidad. En esta composición, vas a elegir un tema relacionado con el contenido del capítulo y a desarrollar una composición de tres a cuatro páginas que defienda una tesis. También vas a proponer un público específico para tu ensayo.

Paso 1: Repasar el material leído

Si no tienes clara la tesis que quieres defender en tu ensayo, repasa los puntos principales de las lecturas del capítulo.

Lectura	Puntos principales
1. "Sólo la sociedad crea el género".	
2. "Las diferencias de género son reales".	
3. "Empecemos con los niños".	
4. "Cambiar la orientación sexual, ¿es posible?"	
5. "el matrimonio entre los gays"	

Paso 2: La tesis

Ahora, piensa en cuál podría ser tu tesis. A continuación, hay algunos ejemplos; puedes agregar lo tuyo al final del cuadro, pero recuerda que estos elementos (sobre todo el título) pueden cambiar a lo largo del proceso de redacción.

Título	Tesis	"Se dice"	Público
"Libertad de religión, de expresión y de sexualidad"	Aun si la homosexualidad no implicara factores biológicos, se merecería una protección como las de religión o de expresión.	La gente elige ser homosexual y, como es una postura minoritaria, la sociedad no les debe ninguna protección especial.	La American Family Association
"Juntos sí, con derechos también, pero casados no"	Los homosexuales no tienen el derecho de casarse y el país no se los debe conceder.	Prohibir el matrimonio a los gays les niega un derecho fundamental.	El grupo Mano a Mano
"Por qué hay que tomar en serio los juguetes"	Se deben regular más estrictamente los juguetes promocionados hacia las niñas.	Los juguetes sólo entretienen a los niños; los feministas, para variar, exageran su importancia.	Los ejecutivos de Mattel, la empresa que fabrica juguetes

Paso 3: La organización

Una vez que tengas algunas ideas de la tesis, tienes que pensar en cómo las vas a organizar. Aquí hay un bosquejo (*outline*) que te puede ayudar:

I. Párrafo introductorio. Esto se acaba de escribir *al final, cuando hayas acabado.* Incluye tu tesis y el "se dice". Consulta el capítulo 3 sobre cómo escribir una buena introducción.

II. Primera idea. ¿Tienes buenos puntos de apoyo? Consulta los capítulos 1, 2 y 3 sobre cómo citar y resumir.

III. Segunda idea. ¿Tienes buenos puntos de apoyo? Consulta los capítulos 1, 2 y 3 sobre cómo citar y resumir.

IV. Tercera idea. ¿Tienes buenos puntos de apoyo? Consulta los capítulos 1, 2 y 3 sobre cómo citar y resumir.

V. Conclusión. Consulta el capítulo 4 sobre las conclusiones.

Paso 4: A escribir

Escribe una primera versión de tu ensayo. No olvides usar el revisor de ortografía y leer tu ensayo en voz alta antes de entregarlo.

Es posible que tu instructor te pida que hagas una revisión del texto de un compañero de clase.

Paso 5: A revisar

Ahora, revisa tu composición, haciéndote estas preguntas:

- ¿La organización está clara?

- ¿Incluyo detalles suficientes?

- ¿Tiene una tesis clara y debatible?

- ¿Revisé bien la ortografía?

- ¿He escrito mi texto pensando específicamente en el público que propuse?

Rúbrica de evaluación: El género y la tendencia sexual

Nombre: _____ ☐ **Versión preliminar** ☐ **Versión final**

Recuerda que <u>no</u> se asignará una nota a ninguna composición que no haya pasado por un <u>revisor de ortografía</u>.

Categoría	Puntos	Criterios	Comentarios
Contenido	___ / 30	La composición evidencia la postura del autor. La posición es clara. Hay una tesis clara que encapsula la posición del autor. Los puntos de apoyo están bien elegidos. El público elegido es apto y el texto está bien diseñado para ese público.	
Enfoque de redacción	___ / 25	Buen uso de los puntos estudiados en los capítulos del libro.	
Organización	___ / 20	La organización es clara y lógica. Hay transiciones claras de una idea a otra. El lector sigue las explicaciones sin problemas, sin perderse.	
Gramática y uso	___ / 15	Buen uso de los puntos estudiados en los capítulos del libro.	
Vocabulario y expresiones	___ / 10	Hay variedad de vocabulario; no se repiten las mismas palabras. Las palabras están utilizadas correctamente.	

Revisión del compañero: El género y la tendencia sexual

Nombre del revisor: _____   **Nombre del autor:** _____

Primero, lee la composición de tu compañero. Después, contesta estas preguntas, volviendo al texto cuando haga falta.

1. La tesis del ensayo: _____

   El público: _____

   ¿Está el ensayo diseñado específicamente para ese público?

   • Sí → Nombra uno o dos puntos donde se nota esto.

   • No → Sugiere una manera en que se puede ajustar el texto para el público propuesto.

2. Analiza los elementos siguientes de la composición.

	Descripción breve	¿Algún detalle adicional que crees que debe incluir el autor?
Párrafo introductorio		
Idea 1 y puntos de apoyo		
Idea 2 y puntos de apoyo		
Idea 3 y puntos de apoyo		
Conclusión		

3. Consulta la rúbrica de evaluación y fíjate en los enfoques de redacción y los puntos de gramática y uso estudiados hasta ahora. ¿Tienes sugerencias concretas sobre algún aspecto de esta composición?

Capítulo 7

El bienestar y la salud

TEMAS

Los retos (*challenges*) para mantener una vida saludable y algunos
problemas de salud que plagan muchas comunidades latinas.

ENFOQUES DE REDACCIÓN

Cómo escribir para lectores diferentes. Cómo desarrollar un
"¿Y qué?" convincente.

GRAMÁTICA Y USO

El futuro y el condicional de probabilidad. El uso de diccionarios para
buscar expresiones.

ANTES DE LEER 1

A. ¿Qué comiste ayer? Si puedes, descríbelo en términos generales de la cantidad de proteína, carbohidratos, grasa, etc.

B. Ahora, piensa en tu estilo de vida en general. Compara tus respuestas con las de un compañero de clase.

¿Tomas vitaminas? ❏ No ❏ Sí → ¿Con qué frecuencia? _____

¿Haces ejercicio? ❏ No ❏ Sí → ¿Con qué frecuencia? _____

¿Comes verduras y frutas frescas? ❏ No ❏ Sí → ¿Con qué frecuencia? _____

¿Comes carne? ❏ No ❏ Sí → ¿Con qué frecuencia? _____

¿Comes azúcar? ❏ No ❏ Sí → ¿Con qué frecuencia? _____

¿Comes comida chatarra (*junk*)? ❏ No ❏ Sí → ¿Con qué frecuencia? _____

¿Fumas cigarros? ❏ No ❏ Sí → ¿Con qué frecuencia? _____

Por lo general, considero que llevo una vida…

❏ Altamente saludable. ❏ Moderadamente saludable. ❏ No muy saludable.
❏ Muy poco saludable.

C. Busca una definición o más detalles sobre los cuatro conceptos siguientes:

grasas saturadas, insaturadas y trans

la dieta mediterránea

hidratos de carbono (también conocidos como *carbohidratos*)

omega 3

> ¿Sabías que hay cápsulas de omega 3? Es buena opción si no te gusta el pescado.

D. Vocabulario. Empareja las siguientes palabras con la definición correspondiente.

__ 1. "… los pescados **antaño** baratos, hoy no lo son tanto por su **escasez**".

__ 2. "… el humilde sería mucho más **magro**".

__ 3. "Son carísimas las **hortalizas** como el tomate, las judías verdes y los guisantes".

__ 4. "Pero a esta **carestía** monetaria, se une la escasez de tiempo".

__ 5. "… la gente que más horas **curra** para sacar adelante la familia…"

__ 6. "Esto sin contar con que **la factura** es radicalmente distinta…"

__ 7. "… los canales de distribución de **perecederos**".

---

a. precio alto

b. los costos

c. alimentos que se echan a perder (*perishable*)

d. verduras

e. trabajar (es una palabra informal como "chambear")

f. delgado (*lean*)

g. anteriormente // poca disponibilidad (*scarcity*)

LECTURA 1

Comer sano ¿es más caro o no?

Estos textos (editados ligeramente) vienen del siguiente blog en España:

www.pistoynopisto.com/index.php/ 2008/05/18/comer-sano-es-caro

El posteo original

(1) Hace cien años, se podía identificar fácilmente a un ciudadano próspero de uno humilde, no sólo por sus vestimentas o el cuidado de sus manos y sus cabellos, sino también porque el próspero tendría unas buenas reservas de grasa (léase: estaría gordo), mientras el humilde sería mucho más **magro**. La situación hoy está al revés. Probablemente el rico tendrá una alimentación mucho más saludable basada en grasas de calidad, pescados y verduras, mientras el pobre se alimentará de hidratos de carbono de alto contenido en azúcares rápidos y platos precocinados.

Salmón, esparragos y ensalada

Una hamburguesa y patatas fritas

(2) Comer sano es caro. Es caro el pescado, e incluso los pescados **antaño** baratos, hoy no lo son tanto por su escasez. Son caras las verduras, salvo que uno tenga la fortuna de vivir a la vera de la huerta y pueda comprar directamente al granjero. Son carísimas las **hortalizas** como el tomate, las judías verdes y los guisantes.

(3) Pero a esta **carestía** monetaria, se une la escasez de tiempo. La bandeja de lasaña por cuatro euros que da para una familia, no sólo es más barata que comprar guisantes para esa misma familia (que, en fresco, costaría el triple), sino que la gente que más horas **curra** para sacar adelante a la familia son precisamente los que menos horas pueden dedicar a la cocina.

> 4 euros = $5.20 U.S.

(4) A todo esto, se añade el hecho de que los hábitos alimenticios son, como su propio nombre indica, hábitos y, por tanto, difíciles de cambiar. Y difícil es convencer a quien le encantan las patatas precortadas, prefritas y precongeladas que el lunes debe comer verduras al vapor, el martes una ensalada verde y el miércoles unas lentejas cocidas en vinagreta. Esto, sin contar con que **la factura** es radicalmente distinta, aunque ni siquiera estamos hablando del plato principal sino de una guarnición. Aquí es donde las autoridades deberían tomar medidas. Las verduras son baratas en origen; son los intermediarios los que multiplican sus precios hasta llegar al consumidor final. No estamos a favor del intervencionismo, pero sí de la vigilancia del regulador ante las situaciones de abuso de poder en los canales de distribución de **perecederos**.

(5) Además, es necesario retomar la educación alimenticia y ya no confiarla al comedor del colegio. Al fin y al cabo, un país mal alimentado es un país poco productivo. Y cuanto menos productivos, menos prósperos, y cuanto menos prósperos, peor comeremos. Hay que romper el círculo vicioso y convertirlo en un círculo virtuoso en el que comiendo sano seremos más productivos, más sanos y esto nos permitirá comer aún mejor. No entenderlo así nos llevará a una factura farmacéutica intolerable, pues son caros los medicamentos que tendremos que comprar para curar las enfermedades provocadas por una alimentación deficiente a lo largo de nuestras vidas.

¿Cierto o falso, según este autor? ¿Y en tu opinión?

1. Comer bien, aunque caro, es más barato que los costos médicos debidos a las enfermedades; comer bien es *preventivo*.   ❏ cierto   ❏ falso

2. Los más pobres siguen siendo los más delgados.   ❏ cierto   ❏ falso

3. Mucha gente con pocos ingresos tampoco tiene tiempo disponible para cocinar.   ❏ cierto   ❏ falso

4. Las autoridades deberían regular la distribución de las hortalizas.   ❏ cierto   ❏ falso

5. Los colegios enseñan bien qué forma parte de una dieta sana.   ❏ cierto   ❏ falso

Ahora, lee las siguientes respuestas de varios lectores del blog. Primero, asegúrate de conocer el siguiente vocabulario:

__ 1. "Hay pescados baratos **rebosando** omega 3..."

__ 2. "**Paladares** insensibles debido al abuso de comida basura..."

__ 3. "... son la **panacea** nutritiva por ser una gran fuente de nutrientes y proteínas".

__ 4. "... una dosis más que generosa para una persona (250 gramos) **ronda** 1€".

__ 5. "«**Soso**, pobre, insustancial», se le critica".

__ 6. "... para que revisen la normativa sobre el **etiquetado** de alimentos..."

__ 7. "... la especie ha decidido que es más **rentable** alimentar vehículos de motor que a las personas".

__ 8. "En mi **lega** opinión, todo va camino de acabar más o menos como en el juego del Monopoly".

a. acercarse, aproximadamente

b. remedio; "curalotodo"

c. sin sabor

d. laico; no profesional

e. provechoso; lucrativo

f. clasificación por escrito en la envoltura

g. desbordarse; brotar

h. la parte de la boca que percibe los sabores

El pescado

Las leguminosas

Respuesta 1

(6) Comer sano no es necesariamente caro. Las leguminosas (judías, garbanzos, lentejas), huevos, patatas, pasta de trigo, arroz, verduras, hortalizas (berenjenas, pimientos, calabacines, tomates), pollo, conejo, pescado fresco (sardinas, caballas, bacalao) y aceite de oliva son productos que se pueden calificar como económicos. Y las recetas más saludables son precisamente las más simples. Hay pescados baratos rebosando omega 3 y preparaciones sencillas que están al alcance de cualquiera. Hay verduras que no tienes más que cortarlas y comértelas o simplemente echarlas a la olla. Comerse una fruta no es caro ni complicado. Pero, a veces, se prefiere el postre industrial.

(7) No, me temo que el problema para no comer sano no es el precio, ya que **son todas esas cositas precocinadas y llenas de aditivos las más caras**. Veo tres problemas: (1) La falta de cultura culinaria. No se conoce la forma de preparación de ingredientes corrientes, aunque sea sencillísima. (2) Paladares insensibles debido al abuso de comida basura, que no aprecian la delicadeza de los sabores auténticos. (3) Confusión generada por la publicidad de alimentos "sanos", adicionados de toda clase de productos de moda (soja, omegas, vitaminas, fibras) mucho más caros y que hacen que el que se come una simple verdura bien hecha y llena de vitaminas, o un vaso de leche corriente, pueda sentir que le falta algo.

(8) Por ejemplo, si se trata de comer sano, las leguminosas (los garbanzos, las judías o las lentejas) simplemente cocidas con aceite de oliva y un poco de pimienta, son la panacea nutritiva por ser una gran fuente de nutrientes y proteínas. Si no se dispone de tiempo, se pueden comprar ya cocidas y aún así, una dosis más que generosa para una persona (250 gramos) ronda 1€. Es imposible encontrar algo más económico, práctico y saludable. El problema es que esta preparación no es apetecible para la mayoría. "Soso, pobre, insustancial", se le critica. Sí, se trata de falta de cultura y de paladares insensibles.

(9) Claro que para comer sano sin gastar mucho, hay que cocinar algo. No se trata de que todo el mundo sea aficionado a la cocina; para comer bien, tienes que saber prepararte tres cosas sencillas. Conozco a muchas personas que lo hacen.

Respuesta 2

(10) No alcanzo a comprender cómo un regulador vigilante, pero no interviniente, como has propuesto, puede modificar la situación. A mi juicio, este asunto, como tantos otros, es un asunto político: lo que tú interpretas como una desviación o malfunción del mercado, yo lo veo como *el funcionamiento* propio del mercado. Lo que conduce a nuestra mala alimentación es, precisamente, el funcionamiento normal de un mercado no intervenido.

(11) Las fuerzas que mueven ese mercado (no me refiero a productores ni consumidores) tienen como objetivo la maximización del beneficio, no la buena alimentación del consumidor. Los defensores de la política liberal insisten en que una cosa conduce a la otra; es decir, que quien quiera obtener un mayor beneficio habrá de proporcionar un buen producto al consumidor. Pero este no es el caso: el mercado ofrece un mal producto, aunque más barato. Cuando los consumidores exijan otra cosa, el mercado tendrá que responder. Sé que este es un blog de cocina, no de política, pero creo que no se puede hablar de alimentación sin hablar de la causa del problema.

(12) Otra cosa: llevo años escribiendo periódicamente al Ministerio de Sanidad y Consumo para que revisen la normativa sobre el etiquetado de alimentos y obliguen a precisar qué grasas llevan. No me vale "grasas vegetales". Esto no debería ser tan complicado. Y si además ponen, como en el tabaco: "El aceite de palma eleva los niveles de colesterol y puede provocar bla, bla, bla", seguro que ayudaría a que la gente se preocupara por comer mejor.

Respuesta 3

(13) Siento <u>deciros</u> que en mi opinión la batalla de la alimentación sana en los países desarrollados está perdida. Las tasas de incidencia de obesidad en Estados Unidos y Gran Bretaña están creciendo fuera de control y nadie sabe cómo detenerlas. También pasa en España, país de la dieta mediterránea. Paradójicamente, también se está produciendo una crisis mundial de disponibilidad de alimentos en los países subdesarrollados. Parece como que la especie ha decidido que es más rentable alimentar vehículos de motor que a las personas. Un cambio de cultura en los hábitos alimentarios es poco probable, así que los niños seguirán aprendiendo a comer mayoritariamente en el colegio o en la tienda de chuches de enfrente. Los mercados se ajustan a sus propias leyes oportunistas. En mi lega opinión, todo va camino de acabar más o menos como en el juego del Monopoly. Personalmente, estoy aprendiendo a cultivar hortalizas porque quizás sea útil en un escenario Mad Max, con guerras por el agua, cereales transgénicos, crisis de energía y migraciones masivas.

> **POR CIERTO**
>
> "Deciros" contiene la forma "os," que pertenece a la forma "vosotros" usada en España para el "tú" plural.

DESPUÉS DE LEER 1

A. Resume muy brevemente las opiniones de las tres respuestas y agrega tu opinión.

	Resumen
Respuesta 1	
Respuesta 2	
Respuesta 3	
Mi opinión	

B. En un buscador de Internet, busca el artículo "*Who can afford to eat right? ABC News*" (Lee Dye, 19 de diciembre de 2007), que se enfoca en Estados Unidos. Escribe un resumen en español que incluya estos conceptos:

• Los resultados del estudio de la Universidad de Washington

• El valor calórico (calorías por gramo) del azúcar, de los granos, del pescado y de las verduras

• El papel de los biocombustibles en el costo de la comida

• Las tres cosas que hacen falta para comer bien

C. Empareja las comidas siguientes con las fotos correspondientes.

a    b   c    d    e

1. garbanzos (*chickpeas*): la base del *humus*

2. lentejas (*lentils*)

3. quinoa: el "supergrano" de Sudamérica

4. edamame: frijol de soya (*soy*)

5. tofú: cuajada a base de soya

Después, anota aquí los valores nutritivos (en Google puedes poner "*calories tuna*", por ejemplo, o usar *calorieking.com*) y los precios de las comidas siguientes, que podrían ser consideradas como platos principales para un adulto en un almuerzo o una cena. Agrega una comida principal adicional que a ti te guste. ¿Cuál es tu conclusión respecto a la pregunta de que si comer sano es caro o no?

8 oz = 1 taza

Comida	Calorías	Grasa (gramos)	Proteína (gramos)	Precio
Big Mac				$
3 tacos de carne asada				$
6 oz. de filete de salmón				$
8 oz. de pavo molido (*ground turkey*)				$
15 oz. de garbanzos				$
1 hamburguesa vegetariana				$
8 oz. de tofú				$
4 oz. de pechuga de pollo				$
19 oz. de sopa de lentejas				$
8 oz. de quinoa (cocida)				$
6 oz. de atún				$
8 oz. de edamame				$
Otra: _____				$

D. Si alguien te robara 40 dolares y te devolviera 20 dolares, ¿te sentirías "enriquecido" (*enriched*)? La harina "enriquecida" se trata de algo parecido: le quitan un montón de nutrientes y le agregan después una porción reducida. Si te interesa comer harina integral (*whole wheat*), asegúrate de que la etiqueta ponga *whole wheat* y no *enriched*.

LECTURA 2

Dos videos sobre la nutrición y las corporaciones

La lectura 2 se trata, en realidad, de mirar dos **videos**. Están en inglés, pero vamos a discutirlos en español.

El primer video de 20 minutos es sobre la comida en las escuelas públicas de Estados Unidos, presentado por Jamie Oliver, cuyo programa "Food Revolution" se estrenó en CBS en marzo de 2010.

El segundo video es un documental titulado "Food Inc.". Dura 1 hora 30 minutos.

Video 1: La charla de TED de Jamie Oliver

Antes de ver el video

A. Si comías con regularidad en el comedor escolar de tu escuela primaria o secundaria, ¿qué comidas servían regularmente? ¿Cuáles te gustaban y cuáles no?

B. Si comes con regularidad en el comedor de tu universidad, ¿qué comidas sirven regularmente? ¿Cuáles te gustan y cuáles no?

Durante el video

A. En *www.ted.com*, bajo "*Talks*", busca "*Jamie Oliver*". La charla es de febrero de 2010 y se titula "Enseñarles a todos los niños acerca de la comida." Activa los **subtítulos en español** y completa las oraciones siguientes. Según este video…

1. somos la primera generación cuyos hijos van a vivir _____.

2. lo que mata a más gente en Estados Unidos son _____.

3. el ____% de nuestros gastos médicos tienen raíz en la obesidad, y ese número se va a duplicar dentro de ____ años.

4. el tamaño de las porciones de comida en Estados Unidos es: ❏ demasiado grande ❏ muy pequeño

5. el etiquetado (*labelling*) de información nutricional es _____.

6. un total de ____ millones de niños comen en la escuela a diario, 180 días por año.

7. los programas de almuerzo escolar son dirigidos por personas que

   _____.

8. la falta de cubiertos en los comedores conduce a _____.

9. los supermercados deben poner _____ en cada local.

10. las empresas de alimentación grandes deben poner _____ al centro de su negocio.

11. las empresas de comida rápida, junto con el gobierno federal, deben

    _____.

12. cada niño debe graduarse de la escuela sabiendo _____.

> YouTube tiene varios clips del programa de Jamie Oliver, "*Food Revolution*". Trata de ver uno.

Después de ver el video

A. ¿Qué fue lo que más te llamó la atención de esta charla?

B. En Google, busca "*Time Magazine School Lunches in France*" para leer un corto artículo de Vivienne Walt del 10 de febrero de 2010. ¿Crees que se podría hacer algo parecido en EE.UU.? Después, mira los detalles del programa *Farm to School* (*www.farmtoschool.org*) y descríbelo brevemente. ¿Qué te parece este concepto?

C. Una maestra (que prefiere guardar el anonimato) se ha dedicado a comer lo que ofrecen en el comedor de su escuela en Estados Unidos durante un año entero y a sacar fotos y escribir informes en su blog. Ve a *fedupwithschoollunch.blogspot.com* e informa sobre tres "días", uno en los primeros 15, otro entre los días 20 y 29, y otro en los 30 (por ejemplo: días 12, 26 y 31).

	Lo que sirvieron	Comentarios
Día _____		
Día _____		
Día _____		

También lee algunos de sus comentarios generales. ¿Qué impresión te da lo que sirven en esa escuela? ¿Crees que será parecido en el país, en general?

D. En *www.arthritis.org*, busca "comida mexicana saludable". ¿Qué recomendaciones ofrece la *Arthritis Foundation* sobre…

el arroz: _____

los frijoles: _____

los refrescos: _____

E. ¿Conoces un platillo típico de Latinoamérica que sea muy saludable? Describe uno que te llame la atención y qué precisamente lo hace tan saludable. Podrías mirar el libro *Platillos latinos ¡Sabrosos y saludables!*, publicado por *National Institutes of Health* en *http://www.nhlbi.nih.gov//health/public/heart/other/sp_recip.pdf*

Video 2: El documental "Food Inc."

Antes de ver el documental

Una granja del pasado

Las "granjas" de hoy

¿Con qué frecuencia lees la lista de ingredientes de los alimentos que compras o comes? Los ingredientes afectan el hecho de que compres determinado alimento o qué cantidad comas de él? _____ Siempre _____ A veces _____ Nunca

Este documental (de 2008, director Robert Kenner) está disponible en Blockbuster y Netflix.

Durante y después de ver el documental

Parte I. De comida rápida a toda la comida
(Duración: 12:52 minutos)

A. Como consumidores, ¿tenemos derecho a saber cómo se tratan los animales que comemos? ¿A ti te interesa saberlo?

B. ¿Se te ocurren otras situaciones paralelas en las que los consumidores querían determinados productos o experiencias y la industria respondió para satisfacer la demanda? (Por ejemplo: la ropa, los automóviles, el tabaco.)

C. Lo que más me impactó de esta sección, o una pregunta que me inspiró:

Parte II. Un maizal de opciones
(Duración: 7:54 minutos)

A. El profesor de ciencias alimenticias, Larry Johnson, afirma: "Si miras en el estante del supermercado, puedo apostarte que el 90% [de los productos] contienen un ingrediente de maíz o de soja". ¿Por qué podría ser un problema?

B. La icónica comida estadounidense compuesta por una hamburguesa con queso, papas fritas y una malteada (*shake*) incluye muchos ingredientes a base de maíz. Intenta adivinar (*guess*) qué producto tiene qué forma de maíz.

__ la carne de la hamburguesa   a. sólidos de jarabe de maíz y goma de celulosa

__ el queso   b. almidón (*starch*) de maíz

__ el pan   c. aceite de maíz

__ la salsa de tomate   d. jarabe (*syrup*) de maíz con alto contenido de fructosa

__ las papas fritas   e. carne de ganado alimentado con maíz

__ una malteada

C. Lo que más me impactó de esta sección, o una pregunta que me inspiró:

Parte III. Consecuencias imprevistas
(Duración: 13:56 minutos)

A. Empareja los conceptos.

__ 1. Cada año, son hospitalizados aproximadamente 325,000 estadounidenses (y mueren unos 5,000, como el niño Kevin) debido a enfermedades transmitidas por alimentos. Alimentar las reses con maíz ha aumentado su incidencia porque el maíz aumenta los niveles de esto en los intestinos de las vacas.

__ 2. Se pide a los consumidores que devuelvan productos que posiblemente sean inseguros a cambio de un reembolso; generalmente, esto se hace como resultado del brote de una enfermedad.

__ 3. Este proyecto de ley (*bill*) bipartidista fue diseñado a fin de aumentar la autoridad del USDA, para establecer y hacer cumplir estándares de seguridad alimentaria para la carne y las aves. Por ejemplo, si una planta de envasado de carne no pasara las pruebas de contaminantes en repetidas ocasiones, el USDA podría clausurarla. Algunas personas sostienen que dichas normas no son prácticas y que están basadas en pruebas de contaminantes que no otorgan un panorama correcto de la seguridad de carnes y aves de corral.

__ 4. Si diéramos esto durante 5 días a las vacas, se eliminaría un 80% de la bacteria *E. coli* de sus sistemas. En vez de hacerlo, algunos envasadores (*packers*) de carne usan amoníaco para limpiar la carne destinada al consumo humano.

---

a. la Ley de Aplicación y Reducción de Patógenos en Aves y Carnes (*Meat and Poultry Pathogen Reduction and Enforcement Act*), también conocida como la "Ley de Kevin"

b. una retirada del mercado (*recall*)

c. pasto (*grass*)

d. *E. coli*

B. ¿Quién tiene la responsabilidad por la muerte de Kevin? Imagínate que fueras un trabajador de la planta de envasado de carne, dueño del restaurante que le vendió la hamburguesa a la madre de Kevin, uno de los distribuidores de carne que le vendieron la carne al restaurante. ¿Eres también responsable?

C. La madre de Kevin dijo: "A veces, pareciera que la industria tiene más protección que mi hijo". ¿Qué te parece esta opinión? ¿Qué medidas se podrían tomar para que jamás vuelva a producirse una muerte como la de Kevin?

D. Escribe sobre la cosa que más te impactó de esta sección, o sobre una pregunta que te inspiró.

Parte IV. El menú de un dólar
(Duración: 5:12 minutos)

A. La familia González dice que tiene que elegir entre los medicamentos del papá diabético y comer bien. Gastaron $11 en un almuerzo para 4 personas en Burger King, y decidieron que el brócoli y las peras eran demasiado caros.

1. ¿Qué otras cosas podían haber comprado por esos $11, que hubieran alimentado bien a los cuatro?

_____ Precio: $ _____

_____ Precio: $ _____

_____ Precio: $ _____

_____ Precio: $ _____

2. Según Schlosser, los alimentos basados en maíz y azúcar salen más económicos porque _____.

Y, ¿quién paga esos subsidios?   ❏ las empresas   ❏ nosotros los contribuyentes (*taxpayers*)

B. Algunos alegan que con los alimentos "económicos", nuestra sociedad paga en por lo menos dos áreas: con nuestros impuestos que se destinan a subsidios, y con nuestra disminuida salud y productividad. Si estás de acuerdo, entonces **¿quién** se beneficia de la comida económica y rápida? Si no estás de acuerdo, explica por qué no.

C. ¿Se deben otorgar incentivos para cultivar y comprar frutas, verduras, granos integrales y otros alimentos más saludables?

D. Lo que más me impactó de esta sección, o una pregunta que me inspiró:

Parte V. En la tierra
(Duración: 13:44 minutos)

Nota: esta sección muestra unas imágenes inquietantes de la matanza de animales.

A. La planta Smithfield procesa _____ cerdos por día, o _____ cerdos por hora en una jornada de 16 horas. Los trabajadores de mataderos pueden ganar un mínimo de US$8 por hora por el trabajo que se muestra en este documental[1]. ¿Por cuánto dinero estarías tú dispuesto a realizar este trabajo?

B. La industria del envasado de carne ha cambiado mucho desde la década de 1980. Se redujeron salarios, se aceleró la producción y se hizo que los trabajadores realizaran la misma tarea una y otra vez, a fin de aumentar la eficiencia. Según el documental, esta necesidad de recortar costos se debe primordialmente a que:

❏ el costo de maíz ha subido.

❏ la industria de la comida rápida exige más carne a menores precios.

C. El sindicalista Eduardo Peña afirma: "Queremos pagar el precio más barato por nuestra comida. No entendemos por qué esto tiene un precio". ¿Están de acuerdo o no? ¿Qué observaste en el documental que te llevó a tus conclusiones? ¿Tienes pruebas en tu propia vida que confirmen tu postura? Otra persona alegó: "Tienen [las empresas] la misma mentalidad con los trabajadores que con los cerdos". ¿Qué opinas de esta afirmación?

D. Lo que más me impactó de esta sección, o una pregunta que me inspiró:

Parte VI. El precio oculto
(Duración: 8:00 minutos)

A. El propietario de una granja orgánica alegó que los alimentos industriales no son "honestos" porque no incluyen los costos ambientales, sociales y de salud asociados. El movimiento de la comida orgánica disminuye los sacrificios ambientales relacionados con la agricultura, usando fertilizantes naturales y pequeñas granjas. Pero muchas empresas pequeñas exitosas son compradas por corporaciones grandes: Stonyfield Yogurt ahora es de propiedad de Groupe Danone; Tom's of Maine es de propiedad de Colgate; Kashi, de Kellogg, y Burt's Bees, de Clorox. ¿Cómo crees que reaccionarían los consumidores al descubrir que los productos son fabricados por grandes corporaciones? ¿Cuáles podrían ser las repercusiones de eso, tanto positivas como negativas?

B. Lo que más me impactó de esta sección, o una pregunta que me inspiró:

1 Departamento de Trabajo de EE.UU., Oficina de Estadísticas Laborales (2007). "Occupational Employment & Wages, 2007: Slaughterers and Meatpackers." *www.bls.gov/oes/current/oes513023.htm*

Parte VII. Desde la semilla hasta el supermercado
(Duración: 10:07 minutos)

A. Los agricultores solían guardar semillas del cultivo de un año para

_____. Pero Monsanto ha patentado unas semillas de soja

desarrolladas mediante _____ (sobre todo para resistir las

_____) y ahora son las que más se usan en Estados Unidos.

La empresa, entonces, tiene el derecho legal de proteger su patente y evitar que los

agricultores guarden las semillas. Vimos los casos de tres agricultores diferentes y el

propietario de una pequeña empresa de _____ de semillas,

y cómo Monsanto los _____ (sue) o investigó debido a supuestas

violaciones.

Esto nos puede recordar el tema de propiedad intelectual del capítulo 5. ¿Cuáles son
algunos argumentos a favor y en contra de patentar las semillas? ¿Cuál es tu opinión?

A favor de patentar las semillas	En contra de patentar las semillas
• Las empresas gastaron dinero y recursos.	• Otorga a las empresas un poder excesivo sobre algo vital para todos.

B. La tecnología GMO[2] ofrece los posibles beneficios de obtener mayores rendimientos,
una mejor nutrición y una mayor resistencia a sequías (*droughts*) para ayudar a alimentar
a los pobres del mundo. Al mismo tiempo, también presenta inquietudes respecto de
la resistencia a los antibióticos y otros impactos sobre la salud humana, la transferencia
imprevista de genes a través de la polinización cruzada, la pérdida de biodiversidad y el
control de la producción mundial de alimentos por parte de empresas privadas. ¿Tienes
una opinión acerca de los alimentos GMO?

C. Lo que más me impactó de esta sección, o una pregunta que me inspiró:

Parte VIII. Abrir los ojos
(Duración: 7:59 minutos)

A. Elige y explica uno de los conceptos siguientes que más te interesa.

La "ley de la hamburguesa" (*Cheeseburger Law*)

Las leyes contra la difamación de alimentos (por ej., el caso de Oprah Winfrey en 1999)

Las leyes de etiquetado de alimentos y por qué la industria alimentaria tiende a combatirlas

B. Las personas que han estado en la industria son expertas en dicha industria. ¿Cuáles son las
ventajas y desventajas de que comiencen a trabajar como **reguladores** para el gobierno?

C. ¿Una empresa debería tener la autoridad para decidir qué información brindar a los
consumidores acerca de los alimentos que produce o debería estar obligada a darles
cierta información?

D. Lo que más me impactó de esta sección, o una pregunta que me inspiró:

---

2 "What are genetically modified foods?" Human Genome Project Information. *www.ornl.gov/sci/techresources/ Human_Genome/elsi/gmfood.shtml*

Parte IX. Choques al sistema
(Duración: 7:07 minutos)

A. La forma en que se producen y comercializan nuestros alimentos afecta no sólo nuestra salud personal, sino también la de nuestra sociedad y nuestro planeta. Si te parece que hace falta un cambio, ¿cuáles de las siguientes maneras te parecen más eficaces para efectuarlo? Explica tu respuesta.

❏ Cambiar lo que compramos

❏ Apoyar las opciones más saludables para el almuerzo en la escuela

❏ Exigir el uso de mejores etiquetas

❏ Exigir mejores condiciones de trabajo y alimentos más seguros

❏ Otro:

B. ¿Crees que sería posible alimentar a los cientos de millones de personas que viven en nuestro país sin el tipo de sistema industrializado que tenemos ahora?

C. Elige la idea que más (o menos) te gustó de esta sección, y por qué.

___ a. "Imaginen cómo sería si, como política nacional, afirmáramos que sólo tendríamos éxito si el año próximo fueran al hospital menos personas que las que fueron el año pasado".

___ b. "Necesitamos cambios a nivel de políticas para que las zanahorias sean más baratas que las papas fritas". (Pero si los alimentos saludables y sostenibles en cuanto al medio ambiente costaran menos que otros alimentos, ¿creen que las personas los comerían más? ¿Por qué?)

___ c. Hay muchas investigaciones que demuestran que los alimentos saludables hacen que las personas se sientan mejor, tengan más energía y se mantengan bien. ¿Creen que si más personas supieran de esta investigación harían elecciones alimentarias diferentes? ¿Por qué sí o por qué no?

Enfoque de redacción

Cómo escribir para lectores diferentes

Cuando escribimos un texto argumentativo, es importante tener en cuenta quiénes van a ser, por lo general, nuestros lectores. Por ejemplo, a lo largo de este libro, todas las cartas que has escrito te han especificado quién era el lector: "el señor Ramos", "unos amigos a punto de ser papás", "la RIAA", etc.

Ahora vamos a considerar de qué maneras el lector (también conocido como "el público") debe influir el texto que escribimos. Si no elaboramos el texto para cierto público, se pueden presentar los siguientes **problemas** entre los lectores:

• se aburren

• se confunden

• no entienden o interpretan mal lo que presentas

• se sienten abrumados con demasiados datos o estadísticas

• se ofenden y rechazan tus argumentos sin considerarlos bien

Ahora, imagina que formas parte del comité comunitario de una escuela primaria local. El comité ha notado que un 30% de los niños en la escuela tiene sobrepeso y contempla varias opciones para **mejorar la salud en general del alumnado**. Decides escribir algo para mejorar la situación, pero, ¿cómo serían diferentes tus tácticas según los públicos a continuación?

POR CIERTO
....
En español, *"the principal"* de una escuela es *"el director/la directora"*.

¿Quiénes son?	Padres de familia	Director(a) de la escuela	Director(a) del programa de alimentación del distrito escolar	Niños de la escuela
a. ¿Qué **saben** ya del tema? (¿Son expertos o no?)				
b. ¿Qué otros **temas** les importan?				
c. ¿Qué **detalles** necesitan?				
d. ¿Cuántos **datos** querrán?				
e. ¿Por qué **medios** es más eficaz comunicarse con ellos? (carta, cómic, etc.)				
f. ¿Qué **vocabulario** sería más eficaz? (especializado o no)				
g. ¿Qué **tono** hay que usar? (formal o informal)				

Entrando a la conversación

La comida del colegio local

Ampliemos el tema de la actividad anterior: imagina que formas parte de un comité comunitario de una escuela primaria (un colegio) local. El comité ha notado que un 30% de los niños en la escuela tiene sobrepeso y, entonces, contempla varias opciones para **mejorar la salud en general del alumnado**.

Tu instructor(a) te asignará <u>uno</u> de los cuatro públicos de la actividad anterior (padres de familia, director(a) de la escuela, director(a) del programa de alimentación del distrito escolar, niños de la escuela). Decide qué tipo de publicación quieres producir (una carta formal de una página; una "Hoja informativa" (*Fact Sheet*), un cómic, etc.) y escríbelo. Puedes pensar en los conceptos siguientes como componentes de la salud general:

- los alimentos servidos en el comedor

- el recreo y las clases de educación física

- la educación alimenticia, es decir, clases para los niños sobre la buena alimentación

- ¿Otro?

Comparte tu documento con un compañero de clase, *sin decirle quién era tu público*, para ver si lo puede identificar.

Gramática y uso

El futuro y el condicional de probabilidad

En el capítulo 5 estudiamos el <u>futuro simple</u>:

Las cafeterías **prepararán** todos los alimentos este año.	*will prepare*
Los niños **ingerirán** mucho azúcar en una semana.	*will ingest*

También vimos unos usos del <u>condicional</u>:

En una granja, las gallinas **tendrían** más tiempo para crecer.	*would have*
Habría más fibra en ese plato si usaras arroz integral.	*would be*

Ahora, vamos a mirar otro uso del futuro y del condicional: **la probabilidad**. El futuro puede expresar probabilidad en el presente, y el condicional puede expresar probabilidad en el pasado. Veamos unos ejemplos:

Probabilidad en el presente con el futuro simple
El niño <u>probablemente tiene</u> (*ahora*) unos 8 años. → El niño **tendrá** unos 8 años. (***must be*** *8 years old*)
La señora Báez <u>probablemente sufre</u> de diabetes. → La señora Báez **sufrirá** de diabetes. (***must suffer*** *from diabetes*)

Actividad 1

Cambia las oraciones para emplear el futuro de probabilidad y después traduce el verbo que pusiste en el futuro.

Modelo: ¿Qué hora es? No sé, probablemente son las 3:00.

<u>serán</u> las tres.   → *it must be 3:00.*

1. A Miguel no le gustó el documental "Food Inc.". <u>Probablemente tiene</u> opiniones muy distintas.

   _____ opiniones muy distintas.   → _____

2. Sara no quiere comer las chuletas de cerdo. <u>Probablemente es</u> vegetariana.

   _____ vegetariana.   → _____

3. En Estados Unidos, McDonald's <u>contrata aproximadamente</u> a un millón de personas por año.

   _____ a un millón de personas por año.   → _____

4. <u>Debe haber</u> unos 40 restaurantes orgánicos en Chicago.

   _____ unos 40 restaurantes...   → _____

5. Una libra de quinoa <u>probablemente cuesta</u> unos $3.00.

   _____ unos $3.00.   → _____

Probabilidad en el pasado con el condicional
El niño <u>probablemente tenía</u> (*en el pasado*) unos 8 años. → El niño **tendría** unos 8 años. (***must have been** 8 years old.*) La señora Báez <u>probablemente sufría</u> de diabetes. → La señora Báez **sufriría** de diabetes. (*must have suffered from diabetes.*)

Modelo: ¿A qué hora llegaste? No sé, <u>probablemente eran</u> las 11:00.

   <u>serían</u> las once.   → *it must have been 11:00.*

1. La primera vez que comí *edamame*, <u>probablemente tenía</u> 15 años.

_____ 15 años.   → _____

2. <u>Probablemente había</u> unas 20 botánicas[3] en el vecindario de Jackson Heights, NY en 2005.

_____ unas 20 botánicas…   → _____

3. El abuelito de Ramón <u>vivió</u> con la familia durante <u>aproximadamente</u> unos 12 años.

_____ unos 12 años.   → _____

4. En 2005 el movimiento *slow food* <u>debía contar</u> con unas 80,000 personas en 104 países del mundo.

_____ con unas 80,000 personas…   → _____

5. Mis tíos <u>gastaron unos $50</u> en la tienda orgánica.

_____ unos $50 en la tienda orgánica.   → _____

En breve: El movimento *slow food*

En 1986, el italiano Carlo Petrini fundó el movimiento *slow food* como respuesta a la invasión homogeneizada del *fast food* y al frenesí de la *fast life*. Los seguidores profesan una filosofía en la que se combina el placer, la cultura culinaria y el poder deleitarse a través del sentido del gusto sin prisa. Prefieren variados productos locales de las más diversas regiones del mundo, en los que se utilizan fórmulas artesanales de elaboración. También les interesa proteger la biodiversidad como parte del conocimiento humano.

Busca la página web de *"slow food USA"* y en el menú a la derecha, elige tu estado. ¿Qué eventos y lugares están asociados con este movimiento en tu área?

---

3 Para leer más sobre las botánicas: *www.indypressny.org/nycma/voices/196/news/news_1/*

Actividad 2

Escribe lo que crees que probablemente es/fue verdad.

1. <u>Ahora mismo</u>, es probable que en los restaurantes de mi campus…

a. …**haya** 200 estudiantes comiendo.   *there must be*

b.

c.

d.

2. <u>El año pasado</u>, en el McDonald's más cerca de mi casa….

a. **venderían** unos 18,000 Big Macs.   *they must have sold*

b.

c.

d.

ANTES DE LEER 3

A. ¿Has vivido con tus abuelos, o conoces a alguien que haya vivido con los suyos? Describe la experiencia.

B. ¿Has visitado alguna vez una clínica geriátrica (*nursing home*)? ¿Cómo era?

LECTURA 3

Más ancianos latinos en clínicas geriátricas

por Yurina Rico

(1) Normalmente, los abuelitos en los países latinoamericanos viven en la casa de alguno de sus hijos y sus familias. Esta costumbre había prevalecido (*prevailed*) con los viejitos hispanos en Estados Unidos. Sin embargo, un nuevo estudio revela que la cantidad de hispanos que viven en clínicas geriátricas es cada vez mayor.

Una niña y su abuela

(2) Entre 2000 y 2005, la cantidad de hispanos que utiliza este tipo de espacios aumentó de 5% a 6.4%, mientras que la proporción de los ancianos en *nursing homes* que son anglosajones no hispanos se redujo de 83% a 79.4%. Pero el principal problema que señala la investigadora Mary Fennell, quien estuvo al frente de la investigación publicada en la revista *Health Affairs*, se basa en que los ancianos hispanos están recibiendo atención médica de menos calidad, comparada con la que reciben los anglosajones.

(3) Fennell encontró que es más probable que los ancianos de origen hispano vivan en clínicas u hogares de cuidado permanente que tienen problemas con sus instalaciones (*facilities*), dificultades financieras o problemas de disciplina del personal. "Lo más asombroso fue descubrir la existencia de disparidades en la atención geriátrica que se proporciona en instalaciones que atienden en su mayoría a blancos, en comparación con las residencias donde había una mezcla de blancos e hispanos", declaró Fennell a la revista *Health Affairs*.

(4) Según Fennell, el nuevo estudio dedicado a la población hispana tuvo como objetivo determinar el tipo de clínicas geriátricas en que viven los hispanos y de qué forma se puede comparar la atención que reciben con la que se da a los blancos. Lilibeth Navarro, directora ejecutiva del centro *Communities Actively Living Independent and Free* (*CALIF*), una organización que aboga por los derechos de las personas con discapacidades, estuvo alrededor de 60 días en dos clínicas geriátricas mientras se recuperaba de una cirugía, y describe la estadía como una de las experiencias más tenebrosas que ha tenido en su vida. "Fue horrible. Escuchaba gritos, malos tratos, se sentía olor a excremento humano y, para colmo, se equivocaron con mi medicina. Tuve que pelear para que me dieran el medicamento correcto", recordó Navarro, quien dijo que, en lugar de llamarse *nursing home,* debería llamarse *nursing hell*.

(5) La investigación señala que los residentes que ingresan a estas clínicas, generalmente, ya han estado hospitalizados durante algún tiempo o han sufrido problemas de salud que exigieron una atención de alta calidad. Una vez que ingresa en una de estas residencias médicas, la persona sufre una espiral de menor calidad de vida a largo plazo, con episodios múltiples de mala salud y trastornos crónicos, de la cual no puede salir.

(6) Para Mike Conners, defensor de los derechos de los ancianos de la asociación *California Advocates for Nursing Homes Reform*, esta investigación es preocupante porque los latinos están perdiendo la costumbre de hacerse cargo de sus ancianos. "Vemos que cada vez son más las personas que optan por enviar a un ser querido a un *nursing home* porque tienen que trabajar y no pueden darle el cuidado que necesitan en sus casas, y se enfrentan a que la única opción que tienen es algún centro que no ofrece controles de calidad", explicó. "En nuestra experiencia, las personas pobres tienen menos opciones. Los ancianos con más posibilidades económicas pueden decidir si contratan ayuda para permanecer en su hogar o pueden ser exigentes en el tipo de centro que escogen", agregó Conners.

(7) Tradicionalmente, los hispanos eran el grupo étnico que menos utilizaba los servicios de las clínicas geriátricas en comparación con otros grupos, indica el estudio. En general, ese cuidado lo daban las hijas mayores de la familia. Según Fennell, otro factor que ha influido en la creciente cantidad de ancianos hispanos en las residencias geriátricas es el resultado de la asimilación de la cultura estadounidense, además de los problemas financieros, que han obligado a las mujeres hispanas a trabajar fuera de casa cada vez en mayor número.

(8) Según los autores del estudio, el uso de clínicas geriátricas ha bajado en los últimos 25 años y se ha modificado la mezcla racial/étnica de sus residentes. La investigadora espera que las autoridades federales y locales presten atención al estudio y que los datos sean tomados en cuenta en la reforma de salud que se discute en el Congreso estadounidense.

DESPUÉS DE LEER 3

A. ¿Cuáles eran los problemas que se veían más comúnmente en las clínicas y hogares de cuidado permanente donde estaban los ancianos de origen hispano? ¿A qué crees que se debe la disparidad con los ancianos anglosajones?

B. ¿Por qué crees que hay una disminución en la cantidad de familias latinas que cuidan a los ancianos en casa?

C. ¿Has considerado o discutido con tus hermanos qué hacer con tus papás o tíos/tías cuando ya no se puedan cuidar solos?

D. Lee el artículo "Hispanos cuidan de sus ancianos", del 18 de noviembre de 2008 en *www.univision.com/content/content.jhtml?cid=1747707*. Después de leerlo, contesta las preguntas a continuación.

1. Más del _____% de hogares hispanos cuenta con una persona que se dedica tiempo completo al cuidado de un ser querido.

2. El _____% de estos cuidadores tuvieron que hacer cambios en su trabajo, ya sea reduciendo las horas o dejándolo del todo.

3. El _____% de las personas que prestan el cuidado considera que es lo que se espera de ellos, dada su educación.

4. Es importante que se sepa cuidar de la diabetes, ya que un _____% de las personas hispanas requiere cuidados debido a esta enfermedad.

5. Un _____% de los latinos que cuida a ancianos en casa trabaja, frente a 57% entre los no hispanos.

6. Uno de cada _____ proveedores hispanos cuida a dos familiares ancianos al mismo tiempo, y más o menos _____ de estos proveedores, además, cuidan a niños menores de 18 años.

7. El _____% de las personas que prestan el cuidado entre los hispanos son mujeres.

De estas cifras, ¿cuál te pareció más sorprendente? ¿Por qué?

Entrando a la conversación

¿Qué hacer con los abuelitos?

Un periódico local publicó recientemente una historia sobre una familia con un abuelo mayor de 82 años de edad. Vive en la casa, pero últimamente se ha puesto muy delicado y necesita cuidado constante. La familia está estresada y no sabe qué hacer. Decides escribir una carta (máxima extensión de una página, espacio sencillo) al periódico con tu opinión. Utiliza la información que has leído en este capítulo y quizás una o dos fuentes secundarias. No olvides incluir algún tipo de "se dice", como, por ejemplo:

"Se dice"	Pero yo digo	
"Se ha vuelto más común _____". [*Desarrolla la idea un poco*]	"Aunque estoy de acuerdo en que _____, también creo que _____".	*Después vienen tus puntos de apoyo.*
"Toda mi vida me habían dicho que _____". [*Desarrolla la idea un poco*]	"Pero este punto de vista ignora _____. Por eso, la mejor decisión es _____".	

ANTES DE LEER 4

A. Elige la palabra de la lista a continuación que completa cada oración.

Se dice que una persona _____ de SIDA —el Síndrome de Inmunodeficiencia Adquirida—, cuando su organismo, debido a la inmunodeficiencia provocada por el VIH (Virus de la Inmunodeficiencia Humana), no es capaz de ofrecer _____ contra las infecciones típicas de los seres humanos. Hay una diferencia entre estar infectado por el VIH y padecer de SIDA. Una persona infectada por el VIH se categoriza como "_____" y pasa a desarrollar un cuadro de SIDA cuando su nivel de linfocitos _____ por debajo de 200 células por mililitro de sangre.

El VIH se transmite a través de los siguientes _____: sangre, semen, secreciones vaginales y leche materna.

1. fluidos corporales

2. seropositiva

3. padece (*suffers*)

4. desciende

5. una respuesta inmune adecuada

B. Los latinos forman un 14% de la población en Estados Unidos, pero <u>no</u> forman un 14% de los casos de SIDA en el país. ¿Crees que componen un porcentaje *mayor* o *menor*?

LECTURA 4

Los latinos y el SIDA
por Dr. Anthony S. Fauci

Dr. Anthony S. Fauci, director del Instituto Nacional de Alergias y Enfermedades Infecciosas de los Institutos Nacionales de Salud en Bethesda, Maryland.

(1) El 15 de octubre celebramos el cuarto Día Nacional Latino por la Concientización del SIDA. Este es un día para concentrarnos en el impacto que el VIH/SIDA ha tenido en la población latina, y para volver a comprometernos a trabajar en equipo con el fin de poner freno a los efectos devastadores del VIH/SIDA en esta comunidad y en otras comunidades de minorías en Estados Unidos.

Un cartel sobre el SIDA

(2) Es gratificante saber que las organizaciones comunitarias de lucha contra el VIH/SIDA a nivel nacional, regional y local, al igual que las organizaciones federales, los científicos, los activistas, los líderes religiosos y comunitarios, y la gente que vive con el VIH/SIDA trabajan en equipo para lograr una mayor concientización de esta enfermedad y detener sus efectos devastadores (*devastating*) en todo el mundo. Hoy, nos centramos específicamente en el impacto del VIH/SIDA en la comunidad latina, que se ha visto afectada desproporcionadamente por esta pandemia (*pandemic*).

(3) Los latinos constituyen aproximadamente un 14% de la población de Estados Unidos, pero, desde 1981 hasta 2004, representaron un 19% de todos los casos de SIDA documentados en los Centros para el Control y la Prevención de Enfermedades de Estados Unidos. Hacia fines de 2004, cerca de 93,000 latinos con SIDA habían muerto en Estados Unidos. El SIDA ocupa el tercer lugar entre las causas de muerte de hombres latinos entre los 35 y los 44 años, y el cuarto lugar entre las causas de muerte de las mujeres latinas del mismo grupo de edades. Sin embargo, a pesar de estas estadísticas alarmantes, una encuesta reciente del *National Institute of Allergy and Infectious Diseases (NIAID)* mostró que sólo un 11% de los latinos mencionaron el VIH/SIDA como el problema de salud más urgente.

(4) Varios factores culturales, socioeconómicos y de salud contribuyen a la carga desproporcionada que representa el VIH/SIDA en la comunidad latina. Además de la barrera del idioma, los latinos se enfrentan a un conjunto excepcional de dificultades como la pobreza, los asuntos relacionados con inmigración, el estigma cultural frente al reconocimiento de las conductas riesgosas, los pocos conocimientos sobre el VIH/SIDA y la falta de acceso a una atención médica adecuada y que tenga en cuenta los aspectos culturales.

(5) Para superar estos obstáculos, es necesario animar a los latinos y a las personas de todas las condiciones sociales a que aprendan más sobre el VIH/SIDA y a que contribuyan a la lucha para poner fin a este flagelo. No hay soluciones fáciles, pero no debemos perder las esperanzas. Colectivamente, debemos hacer más para asegurar que los latinos aprendan sobre la prevención y los tratamientos, para lograr que las investigaciones sobre el VIH/SIDA sean pertinentes a su comunidad. Podemos y debemos mejorar en este sentido, ya que los latinos cuentan con una representación muy baja entre los participantes en estudios clínicos del SIDA.

(6) En especial, para garantizar que una vacuna contra el VIH funcione para toda persona independientemente de su raza, grupo étnico o género, todas las poblaciones deben participar en el proceso de investigación. Desafortunadamente, en la encuesta del NIAID mencionada anteriormente, se determinó que los latinos muestran el menor interés en averiguar más sobre la investigación de la vacuna contra el VIH. Para informar más a los latinos y a otras personas, la Iniciativa de Educación sobre la Investigación para la Vacuna contra el VIH del NIAID, que es una nueva fase de la Campaña de Comunicaciones sobre la Vacuna contra el VIH, trabaja en colaboración con organizaciones comunitarias sin fines de lucro y con la Red de Estudios Clínicos para la Vacuna contra el VIH del NIAID, con el fin de realizar actividades de concientización y educación sobre esta vacuna en las distintas comunidades que dichas organizaciones atienden (ver *bethegeneration.nih.gov*).

(7) Esperamos que, a medida que más estadounidenses se informen mejor sobre el VIH/SIDA, más personas apoyarán la investigación de la vacuna contra este virus y muchos de ellos se ofrecerán de voluntarios para algún estudio. Se están realizando 22 estudios clínicos de vacunas contra el VIH y, hasta el momento, cerca de 23,000 personas se han

ofrecido de voluntarias para estudios clínicos de investigación de la vacuna que cuentan con el apoyo del NIAID. Sin embargo, debido a que hay otras 12 posibles vacunas en proyecto, la necesidad de más voluntarios, entre ellos latinos, nunca ha sido mayor. Una vacuna segura y eficaz para prevenir la infección por el VIH es nuestra esperanza más grande de poner fin a la pandemia mundial de SIDA. Les ruego a los latinos que participen en el esfuerzo investigativo.

(8) A medida que probamos nuevas estrategias de tratamiento y prevención, debemos sentirnos orgullosos de estar progresando gracias a la colaboración y asociación con la comunidad latina. Aplaudo el incesante trabajo y el apoyo de la comunidad latina en la lucha contra el VIH/SIDA, y espero que sigamos trabajando juntos para hacer frente a esta crisis que nos afecta a todos.

DESPUÉS DE LEER 4

A. En el párrafo 4, el autor menciona varias causas de la alta tasa de infección por VIH/SIDA entre los latinos. ¿Cuál te parece más difícil de combatir?

B. El autor hace un llamado a los latinos para que participen en los estudios clínicos de investigación de vacunas contra el VIH. Hay otros problemas importantes alrededor del tema del VIH/SIDA. De la lista a continuación, elige los (o el) que te parecen más urgentes y busca mayor información para discutirlos en clase.

❏ Informar al público de la necesidad de usar **condones**.

❏ Proveer **jeringas** (*needles or syringes*) gratuitas para que los drogadictos no las compartan.

❏ Educar al público para reducir el estigma asociado con el SIDA, para que la gente se haga **pruebas** regulares de VIH.

❏ Recaudar fondos para más **investigaciones** científicas.

❏ Se informa de casos de hombres casados que mantienen relaciones **extramaritales** homosexuales, y que luego infectan a sus mujeres, quienes pasan la enfermedad a sus hijos.

❏ Otro:

Si deseas revisar cómo prevenir el SIDA, haz una búsqueda sobre "prevención SIDA".

C. A pesar de que existe un mayor acceso al tratamiento antirretroviral, la epidemia de SIDA costó aproximadamente 2 millones de vidas en el año 2008, de las cuales, un 14% (280,000) eran niños. En otras palabras… calcula los datos que faltan:

Datos del SIDA/VIH, 2008

De la organización mundial de SIDA AVERT. Puedes encontrar la información en su página web
www.avert.org/worldstats.htm, una organización mundial de SIDA

	Muertes en general: 2,000,000	Muertes de niños: 280,000	Casos nuevos de VIH, adultos: 2,700,000	Casos nuevos de VIH, niños: 430,000
Por día	5,479			
Por hora		32	308	
Por minuto				.8

D. Completa el cuadro siguiente con un análisis de esta lectura. Indica en qué párrafo(s) se encuentra cada elemento, si está muy bien (3), bien (2) o no muy bien (1), y describe tu respuesta con cualquier recomendación que tengas. No dudes en dar una calificación baja si realmente te parece débil algún elemento; recuerda que no todo lo que se publica está "perfecto".

	Párrafo(s)	¿Bien?	¿Por qué? ¿Tienes sugerencias?
a. Los "se dice" y sus resúmenes (capítulo 2)		1 2 3	
b. La tesis (capítulo 1)		1 2 3	
c. El uso de citas (capítulos 1 y 3)		1 2 3	
d. El título (capítulo 3)	—	1 2 3	
e. La introducción, ¿qué estilo usa? (capítulo 3)		1 2 3	
f. La conclusión (capítulo 4)		1 2 3	
g. Imágenes y palabras fuertes (capítulo 5)		1 2 3	
h. Palabras precisas (capítulo 6)		1 2 3	
i. El público (capítulo 7)		1 2 3	

ANTES DE LEER 5

A. ¿Conoces a alguien que haya hecho traducciones entre un doctor y un paciente? ¿Lo has hecho tú alguna vez? ¿Cuál es tu opinión de esta práctica?

B. Vocabulario. Empareja las siguientes palabras con la definición correspondiente.

___ 1. "Es sólo a través de una comunicación clara y eficaz que el doctor puede **aseverar** los síntomas..."

___ 2. "En algunos casos, **se ha valido de** las nuevas tecnologías para facilitar la comunicación".

___ 3. "Este sistema permite un **despliegue** más eficaz de servicios de traducción..."

> a. extensión, realización
> b. utilizar, usar
> c. afirmar

LECTURA 5

El acceso a servicios de salud para los latinos hispanoparlantes en Estados Unidos

por Glenn Martínez

Glenn Martínez es profesor de español en la University of Texas Pan American y director del programa *Medical Spanish for Heritage Learners*, un programa de especialización para estudiantes de medicina y de enfermería, diseñado para aumentar la competencia en terminología médica, las destrezas en traducción e interpretación y el conocimiento del impacto del dominio limitado en inglés sobre la salud.

(1) La comunicación es un aspecto imprescindible del cuidado médico. Es sólo a través de una comunicación clara y eficaz que el doctor puede aseverar los síntomas y signos de un paciente y así llegar a un diagnóstico preciso y a un pronóstico realista. Entre la población latina en Estados Unidos, sin embargo, el acceso a los servicios de salud a menudo se restringe debido a las barreras en la comunicación. Los latinos en Estados Unidos son más propensos a ignorar los cuidados preventivos y a acudir a la sala de emergencia como la primera, y muchas veces única, fuente de servicios médicos.

(2) Hace un par de años, una mujer latina falleció en la sala de espera del departamento de emergencia de un hospital en Los Ángeles. La causa de defunción fue una perforación intestinal que, según los médicos, es una condición que tiene cura si es detectada a tiempo[4]. Los latinos que no dominan el idioma inglés, además, suelen ser el segmento de la población latina con mayor incidencia de complicaciones por enfermedades fácilmente curables. En el estado de Arizona, por ejemplo, se registra el caso de una niña de trece años de edad, hija de inmigrantes mexicanos, que tras sufrir una noche de intenso dolor abdominal fue llevada a la sala de emergencia. La niña, como muchos jóvenes latinos, acostumbraba servir de intérprete para sus padres. Esa noche, debido a su dolor intenso, la niña no pudo traducir para sus padres. Como los padres de la niña no hablaban inglés y el personal del hospital no hablaba español, la niña fue observada por una noche y despachada al día siguiente. Los doctores advirtieron a los padres que si la condición empeoraba durante las siguientes 48 horas, deberían acudir inmediatamente a la sala de emergencia. Los padres, sin embargo, entendieron que debían esperar 48 horas antes de regresar al hospital. El dolor de la niña se intensificó durante las siguientes 24 horas hasta que los padres, desesperados, regresaron al hospital. Allí los doctores descubrieron que era un caso agudo de apendicitis y que era mejor transferirla a un hospital pediatra en Phoenix. Tres horas después, la niña falleció[5]. La falta de comunicación en casos como este puede determinar la vida o la muerte de una persona.

(3) Durante los últimos diez años, el problema de la barrera del idioma en la salud ha sido motivo de preocupación para los médicos y para los políticos. En el año 2000, el Presidente Bill Clinton firmó la Orden Ejecutiva 13166 con el fin de asegurar que toda agencia que recibe fondos del gobierno federal cumpla con la responsabilidad de proveer servicios de traducción e interpretación a aquellos que no entienden el idioma inglés[6]. El Departamento de Salud y Servicios Humanos de Estados Unidos, en respuesta a la orden del Presidente Clinton, desarrolló una serie de normas nacionales para la provisión de servicios de traducción e interpretación en hospitales, clínicas

4 Ornstein, C. (2007, June 15). How a hospital death became a cause célèbre. *Los Angeles Times*. Retrieved November 26, 2009, from *www.latimes.com/news/local/la-me-king15jun15,1,633441.story?page=1*.

5 Chen, A., Youdelman, M. & Brooks, J. (2007). The legal framework for language access in healthcare settings: Title VI and beyond. *Journal of General Internal Medicine* 22(Suppl 2): 362-7.

6 *www.lep.gov*

y consultorios médicos. Estas normas, conocidas como CLAS, por sus siglas en inglés (*National Standards for Culturally and Linguistically Appropriate Services*), indican que los servicios de traducción e interpretación se deberán proveer al paciente gratuitamente; que los pacientes deberán ser notificados de su derecho de recibir servicios de traducción e interpretación; que los anuncios, carteles y material escrito en los lugares de servicio deberán estar disponibles en los idiomas que comúnmente se hablan en la zona, y que los amigos, familiares y, especialmente, los niños no deberán proveer servicios de traducción para los pacientes[7]. Estas nuevas políticas intentan evitar las consecuencias trágicas de las barreras de comunicación en los centros de servicios de salud.

(4) Gracias a estas políticas, los hospitales y las clínicas a lo largo de la nación han comenzado a tomar medidas muy importantes para mejorar la comunicación entre pacientes que no dominan el idioma inglés y el equipo de cuidado médico. En zonas con mayor concentración de población latina, por ejemplo, se aprecia un aumento en la presencia de enfermeras y doctores que hablan español. En zonas con menor concentración, por otra parte, se aprecia la presencia de intérpretes profesionales para ayudar a quienes no hablan inglés.

(5) En algunos casos, se ha valido de las nuevas tecnologías para facilitar la comunicación. Por ejemplo, actualmente, la compañía AT&T ofrece un servicio de interpretación por vía telefónica, que ha sido de gran ayuda cuando no se encuentra un intérprete o cuando se trata de un idioma poco conocido. Algunas redes de hospitales, por otra parte, se han valido de Internet para crear un sistema de interpretación por videoconferencia[8]. El *Healthcare Interpreter Network* establecido en California utiliza el sistema de videoconferencia vía Internet para asegurar que los pacientes y proveedores en los hospitales puedan tener acceso inmediato a los servicios de interpretación con la ayuda del componente visual. La imagen en pantalla del intérprete y el paciente y doctor supera la interpretación por vía telefónica, ya que el canal visual a menudo es parte integral de la comunicación.

(6) Además de estos usos innovadores de la tecnología, las políticas también han incitado la implementación de nuevas prácticas en hospitales y clínicas a lo largo del país. La iniciativa *Speaking Together*, auspiciada por la fundación Robert Wood Johnson y dirigida por la Escuela de Salud Pública de George Washington University, por ejemplo, ha desarrollado un sistema de declaración de idioma preferido, que incluye la preferencia lingüística del paciente dentro del historial clínico[9]. Este sistema permite un despliegue más eficaz de servicios de traducción y reduce el tiempo de espera, que muchas veces se alarga cuando se solicita la ayuda de un intérprete.

(7) En el año 2009, el campo de la interpretación médica dio un salto gigantesco al conseguir la implementación de un sistema nacional de certificación para los intérpretes médicos[10]. La certificación, disponible inicialmente sólo en español, acredita el dominio lingüístico de los intérpretes médicos y asegura su competencia en la terminología médica y en asuntos legales relacionados con la privacidad de la información médica. La existencia de esta certificación representa una creciente profesionalización de los intérpretes en el campo médico y apunta a una futura integración total del intérprete profesional dentro del equipo de cuidado médico. Se espera que, de esta manera, las barreras de comunicación en el entorno médico se eliminen y que las consecuencias trágicas de la falta de comunicación desaparezcan.

7 Office of Minority Health. (2001). National Standards for Culturally and Linguistically Appropriate Services. Washington, DC: US Department of Health and Human Services.
8 *http://www.youtube.com/watch?v=Yp-F7WLBRJw*
9 *http://www.speakingtogether.org*
10 *http://www.certifiedmedicalinterpreters.org*

DESPUÉS DE LEER 5

A. Completa las oraciones con los datos correctos sobre los *National Standards for Culturally and Linguistically Appropriate Services* (CLAS).

1. Son una respuesta a la Orden Ejecutiva 13166, firmada por _____ en _____.

2. Estipula que toda agencia que recibe _____ tiene que:

   • proveer servicios de traducción e interpretación gratuitos.

   • notificar a los pacientes de su derecho de recibir servicios de traducción e interpretación.

   • proveer anuncios, carteles y material que _____.

   • prohibir que _____ provean traducciones para los pacientes.

B. Completa el cuadro siguiente con un análisis de esta lectura. Indica en qué párrafo(s) se encuentra cada elemento, si está muy bien (3), bien (2) o no muy bien (1), y describe tu respuesta con cualquier recomendación que tengas. No dudes en dar una calificación baja si realmente te parece débil algún elemento; recuerda que no todo lo que se publica está "perfecto".

	Párrafo(s)	¿Bien?	¿Por qué? ¿Tienes sugerencias?
a. Los "se dice" y sus resúmenes (capítulo 2)		1 2 3	
b. La tesis (capítulo 1)		1 2 3	
c. El uso de citas (capítulos 1 y 3)		1 2 3	
d. El título (capítulo 3)		1 2 3	
e. La introducción, ¿qué estilo usa? (capítulo 3)		1 2 3	
f. La conclusión (capítulo 4)		1 2 3	
g. Imágenes y palabras fuertes (capítulo 5)		1 2 3	
h. Palabras precisas (capítulo 6)		1 2 3	
i. El público (capítulo 7)		1 2 3	

C. Busca la página web del programa "*UTPA medical Spanish for heritage learners*". Escribe un resumen de dos a tres oraciones del programa. ¿Podría funcionar un programa parecido en tu universidad/comunidad?

D. Busca el artículo "Promotoras de salud son vitales para inmigrantes", de Araceli Martínez Ortega (*La Opinión*, 15 de enero de 2010). ¿Quiénes son las promotoras y cuál es su objetivo principal?

E. ¿En qué otros trabajos es una ventaja hablar bien español? Puedes buscar en la biblioteca el libro *Best Careers for Bilingual Latinos: Market Your Fluency in Spanish to Get Ahead on the Job* (Graciela Kenig, 2008).

Entrando a la conversación

¿Pagarles a las promotoras de salud?

En una clínica de tu ciudad, hay un grupo de cinco mujeres que trabajan voluntariamente como "promotoras de salud". Un grupo comunitario ha escrito una propuesta para que la clínica ofrezca una compensación a estas señoras. Escríbele una carta (máxima extensión de una página, espacio sencillo) **a la directora de la clínica** en la que abogas por algún curso de acción específico:

- Pagarles a las promotoras de salud (¿Cuánto? ¿De qué fondos? ¿Por qué?)

- No pagarles (¿Por qué no?)

- Ofrecerles cuidado médico gratuito a cambio de sus horas de servicio (¿A razón de cuánto?)

- ¿Otra opción?

No olvides incluir algún tipo de "se dice", como, por ejemplo:

"Se dice"	Pero yo digo	
"En el tema _____, algunos insisten en que _____". [*Desarrolla la idea un poco*]	"Pero la evidencia sugiere _____, lo cual indica que lo que se debe hacer es _____".	*Después vienen tus puntos de apoyo.*
"Un tema controvertido es _____. Por un lado, _____. Por otro, _____". [*Desarrolla la idea un poco*]	"Mirando bien el asunto, mi conclusión es que debemos _____".	*Después vienen tus puntos de apoyo.*

Si no encuentras un "se dice" real, es decir, argumentos verdaderos hechos por individuos o grupos que se oponen a tu tesis, recuerda que debes inventarlos.

Enfoque de redacción

Desarrollar un "¿Y qué?" convincente

En el capítulo 1 y a lo largo de este libro, hemos trabajado con el concepto de la **tesis** argumentativa. Vimos que las buenas tesis son debatibles; se pueden afirmar con hechos, observaciones y ejemplos; y son específicas, yendo más allá de la simple descripción.

También vimos que es importantísimo incluir el elemento "**se dice**" en nuestros textos, porque indica a qué "conversación" estamos contribuyendo. Para hacerle justicia a las opiniones de los demás, tenemos que poner atención a lo que dicen y resumir honesta y completamente sus puntos.

A pesar de tener un "se dice" y un "yo digo" claros, todavía nos puede faltar algo, lo que podríamos llamar el ¿y qué? (*so what?*). Se mencionó brevemente este concepto en el capítulo 4.

Consideremos el ejemplo siguiente. Puede ser muy interesante un debate sobre el etiquetado (*labeling*) de los alimentos en los restaurantes de comida rápida, como en el ejemplo siguiente:

"McDonald's pone advertencias muy claras en los juguetes que acompañan sus *Happy Meals*, porque la empresa tendría que responder (léase: pagar) si estos juguetes le causaran daño a algún niño. Pero el daño más palpable de ese *Happy Meal* no es el juguete, sino la cantidad de grasa, que lleva directamente a

> "Se dice"

la obesidad infantil. <u>En este tema, la industria alega dos cosas: que la única causa de la obesidad infantil es la falta de responsabilidad de los padres, y que la información nutricional está disponible por Internet y en cada restaurante.</u> Sin embargo, en la película «Supersize Me», el protagonista no logró que ningún local le proporcionara estos datos. <u>Una manera responsable de combatir la obesidad y la diabetes sería pasar una ley que exija que la cantidad de calorías y grasa esté fácilmente visible mientras los clientes esperan en la cola para ordenar".</u>

> La tesis

Pero, ¿a quién le importa (o debe importar) esto? ¿Por qué? Para contestar esta pregunta, piensa bien en el público a quien diriges tu texto, y trata de conectar tu tesis con algo que sabes que les importa. Al ejemplo anterior, podríamos agregar lo siguiente:

> "¿Y qué?" de la tesis

"Deben <u>abogar fuertemente por este cambio los padres latinos, cuyos hijos tienen</u> una doble probabilidad de contraer la diabetes Tipo 2".

Actividad

Elige dos de los textos de este capítulo que sientes que se podrían beneficiar de un "¿Y qué?" más contundente (y quizás también de un "se dice" más evidente) y escríbelos.

Lectura	"Se dice"	Tesis	"¿Y qué?"
N° _____			
N° _____			

Gramática y uso

Buscar expresiones y dichos en el diccionario

A veces puede aparecer en un texto una expresión que no entendemos. Por ejemplo:

"**A ojo de buen cubero**, había unas 150 personas en la clínica".

¿Qué quiere decir "a ojo de buen cubero"? ¿Qué debemos buscar en el diccionario para averiguarlo? A veces la búsqueda de expresiones y dichos no es tan fácil como parece. La lógica indica buscarlas por este orden: primer nombre, segundo nombre, verbo, adjetivo, adverbio.

En este caso, si metemos "ojo" en *wordreference.com* bajo "Spanish to English", aparece un montón de definiciones y usos. Más abajo, en las "Forum discussions with the word(s) «ojo» in the title:", vemos "A ojo de buen cubero". Quiere decir "roughly, at a guess".

Pero si metemos "cubero", sólo sale una cosa: "ojo de buen cubero". Eso fue un poco más fácil. A veces, resulta más fructífero buscar la palabra *menos común* de una frase. Pero, a veces, todas las palabras de una frase son bastante comunes y, en ese caso, hay que ser diligentes y buscar bien entre todas las acepciones y "forum discussions".

Actividad 1

Usando *wordreference.com*, busca las definiciones de estas expresiones.

Frase/dicho	Significado	¿Qué palabra usaste para encontrarla?
Mi papá **se mantuvo (siguió) en sus trece**		
Le **pagó con la misma moneda**		
Ya **te bajarás del burro**		
Los trabajadores le **vieron las orejas al lobo**		
Mira, ella es **otra que tal baila**		
Cuídate de **poner los puntos sobre las íes**		
Hiciste este ensayo **a marchas forzadas**		
Fueron **tiempos de las vacas gordas**		
Me quisieron **dorar la píldora**		
El equipo **no dejó títere con cabeza**		
Pero **¡quién te ha visto y quién te ve!**		

Ahora, trata de buscar traducciones de estas frases en inglés:

Hindsight is 20/20.
The apple doesn't fall far from the tree.

Actividad 2

Vuelve a mirar un texto que has escrito para este curso. Encuentra un buen lugar donde introducir una expresión o un dicho.

ANTES DE LEER 6

A. Busca en YouTube "El problema de la diabetes en la población latina de USA" (3:07 minutos).

1. El doctor Rey alega que "Todos somos diabéticos en potencia". ¿Por qué lo dice?

2. Hay _____ mil pacientes de diabetes nuevos cada año en Estados Unidos, y es la causa nº _____ de muerte en el país.

3. Según el doctor Rey, los latinos en Estados Unidos se ven afectados _____ veces más frecuentemente por la diabetes que el resto de la población. ¿Qué razón da el doctor por este hecho? ¿Qué consejos da para evitar las complicaciones relacionadas con la diabetes?

B. Busca en YouTube el video que se titula "glucose animation" (56 segundos) y otro video que se titula "Animation about diabetes and the body" (8 minutos 41 segundos). Elige las mejores respuestas en el texto siguiente. Algunas palabras se usan más de una vez.

(a) infecciones　　(b) sobrepeso　　(c) absorban　　(d) glucosa　　(e) orinar

(f) visión　　　　　(g) insulina　　　(h) dieta　　　　(i) páncreas

Los carbohidratos se convierten en _____ en el estómago. El nivel de glucosa en la sangre está regulado por el _____, que produce y secreta la hormona _____. Esta hormona funciona como una llave que permite que las células de los músculos _____ la glucosa para usarla o almacenarla como energía. En la diabetes tipo I, el páncreas no produce casi nada de insulina, y como consecuencia suben los niveles de _____ en el torrente sanguíneo. La gente con esta enfermedad suele tener mucha sed y tiene que _____ frecuentemente porque los riñones están tratando de eliminar toda la glucosa en la sangre. También se tardan en sanar las heridas y se les puede borrar la _____.

En la diabetes tipo II, el cuerpo no produce suficiente _____ o la que produce no funciona correctamente. Esto se puede deber al _____ porque la grasa corporal complica la absorción de la glucosa. Pero los efectos son iguales que en la diabetes tipo I: demasiada _____ en la sangre, lo cual lleva a problemas serios con los ojos y con el sistema nervioso en las extremidades; mayor susceptibilidad a las _____; y funciones inmunológicas disminuidas. A diferencia del tipo I, los síntomas del tipo II aparecen de manera más lenta. El tipo II frecuentemente se puede controlar a través de cambios en la _____ junto con un régimen de ejercicio, pero, muchas veces, en algún momento harán falta inyecciones de _____.

C. ¿Qué es NCLR? Ve a su página web (*www.nclr.org*) y escribe un resumen de dos a tres frases sobre su misión.

LECTURA 6

Hoja informativa del Consejo Nacional de La Raza
Fuente: National Council of La Raza

(1) Panorama general de la diabetes
Casi 21 millones de estadounidenses (un 7% de la población) tiene diabetes y dos millones de latinos mayores de 20 años padecen de esta enfermedad. La diabetes tipo 2 es la de mayor incidencia, representando un 95% de todos los casos. Los hispanos, en general, tienen 1.5 veces más probabilidades que los blancos no hispanos de padecer de la diabetes tipo 2, pero los mexicano–americanos tienen 1.7 veces más probabilidades, y los residentes de Puerto Rico, 1.8 veces más.

(2) ¿Por qué es importante para los latinos?
Los latinos representan el grupo minoritario del país que crece con mayor rapidez. Sin embargo, también registran las tasas más bajas de cobertura médica y, al no disponer de acceso a cuidados de salud adecuados, la diabetes puede evolucionar y crear una serie de problemas médicos: derrame cerebral (*stroke*), enfermedades cardíacas,

amputaciones, ceguera (*blindness*), enfermedades renales y dentales. Si no se recibe el tratamiento adecuado, la diabetes puede incluso resultar mortal.

Casi la mitad de los niños hispanos nacidos en el año 2000 presentan posibilidades de padecer esta enfermedad a lo largo de su vida. Del 25 al 30% de los latinos mayores de 50 años tiene diabetes.

(3) ¿Qué pueden hacer los hispanos para tratar de evitar o disminuir el riesgo de desarrollar diabetes tipo 2?
Los factores de riesgo de la diabetes tipo 2 incluyen la edad avanzada, obesidad, familiares con diabetes, historial previo de diabetes gestacional, inactividad física y raza/grupo étnico. Deben mantenerse físicamente activos, haciendo por lo menos 30 minutos de ejercicio físico al día. Algo tan simple como caminar 30 minutos resulta enormemente beneficioso. También deben comer sano. La base de la alimentación latina es rica en granos, frutas y verduras; debemos aprovechar y comer más de estos alimentos y bajar el consumo de alimentos altos en grasas y calorías. También es importante preparar los alimentos de forma saludable. Por ejemplo, prepare los alimentos al horno, a la parrilla o hervidos, en vez de freírlos.

(4) ¿Qué está haciendo NCLR para ayudar a la comunidad a combatir la diabetes?
NCLR trabaja junto con sus afiliados en un proyecto de educación en salud a través de promotores de salud. NCLR capacita a los promotores y éstos, a su vez, comunican la información sobre la prevención de la diabetes a los miembros de sus comunidades. El programa, llamado "De Casa a Casa", se inició en 2003 con el apoyo de la empresa de asistencia médica Novo Nordisk en tres localidades: Washington D.C., Texas y California. Desde entonces, el proyecto se ha ampliado a dos localidades más: otra en Texas y una en Maryland. De Casa a Casa ofrece a los promotores de salud capacitación y materiales educativos culturalmente adecuados para que puedan difundir su mensaje: la prevención de diabetes tipo 2. Estos materiales educativos incluyen un video y una guía que explica paso a paso cómo difundir esta valiosa información.

(5) ¿Cuáles han sido los resultados del programa De Casa a Casa?
Durante los últimos dos años y medio, NCLR ha entrenado a cincuenta y cinco promotores de salud para poner en práctica el programa para la prevención de la diabetes tipo 2. Estos promotores han llevado el mensaje de prevención a más de 9,000 hispanos desde 2004. Asimismo, NCLR continúa ofreciendo información sobre la diabetes a la comunidad a través de su conferencia anual y otros materiales que ha ido creando.

DESPUÉS DE LEER 6

A. ¿Ha tenido tu familia alguna experiencia con la diabetes? ¿Cuántas personas en tu familia la tienen? ¿Son coherentes las estadísticas del primer párrafo con la experiencia que tu familia ha tenido con la diabetes?

B. Según la lectura (párrafo 2), ¿cómo puede evolucionar la diabetes? Escribe tres ejemplos.

C. Según el párrafo 3, ¿cuáles son tres pasos que uno podría tomar en su vida diaria para prevenir la diabetes? ¿Estos pasos forman parte de tu vida diaria?

D. La lectura nos dice que NCLR ofrece información acerca de la diabetes en su conferencia anual. Ve al siguiente enlace de la conferencia anual de NCLR (*www.nclr.org/section/events/conference/*) y busca la lista de talleres que se ofrecerá en la conferencia este año. Busca todos los talleres que tienen que ver con la diabetes y cuestiones de salud. ¿A qué taller te gustaría asistir? ¿Por qué? Después, escribe un resumen de una a dos oraciones sobre el propósito de este taller.

> ### Conexiones con la comunidad
>
> Investiga los servicios de traducción y promoción de salud en español que existen en la clínica de salud a la que vas con regularidad o en el hospital de tu comunidad. Describe estos servicios (o falta de servicios).

Entrando a la conversación

Propuesta "Líderes" NCLR

Después de haber leído toda la información de este capítulo acerca del tema de los retos por mantener una vida saludable y algunos problemas de salud que plagan a muchas comunidades latinas, quieres llevar esta información a un público más grande y decides utilizar la organización NCLR para hacerlo.

La junta directiva del programa *Líderes* de NCLR está solicitando propuestas para los talleres que forman parte de su congreso anual. El programa *Líderes* está diseñado especialmente para involucrar a los jóvenes latinos con los retos que enfrenta la comunidad latina. El programa tiene su congreso anual junto con la conferencia anual de NCLR y ofrece a los jóvenes la oportunidad de desarrollarse para poder guiar a sus comunidades. Para saber más sobre este programa, ve a *lideres.nclr.org* y lee "*About lideres*".

Utilizando la información de las lecturas y documentales de este capítulo, formula una propuesta de tres a cuatro páginas, con el propósito de educar a los jóvenes latinos acerca de un reto y/o problema de salud en las comunidades latinas. Tu propuesta debe tener la forma de un ensayo argumentativo y:

1. justificar la relevancia del tema en la comunidad latina y

2. subrayar la urgencia de educar a los jóvenes acerca de este problema de salud.

La junta directiva sólo aceptará cinco propuestas. Para asegurarte de que tu propuesta sea fuerte, debes seguir los siguientes pasos:

Paso 1

Escoge uno de los temas a continuación:

    a. El costo de una dieta sana

    b. El cuidado de los ancianos latinos

    c. La necesidad de tener servicios de traducción/promotoras de salud

    d. El SIDA en la comunidad latina

    e. La diabetes en la comunidad latina

Paso 2

Identifica los debates que existen dentro de este tema. ¿Cuáles son los diferentes "se dice" cuando se habla de este tema en el contexto de la comunidad latina?

    a. Identifica las lecturas del capítulo que hablan de este tema.

    b. Identifica fuentes adicionales que tienen mayor información sobre el tema.

    c. Consulta la información del capítulo 1 sobre las buenas páginas web (las fuentes pueden ser artículos académicos, artículos de la prensa o artículos en Internet, pero de fuentes serias, como periódicos virtuales, no de Wikipedia o portales así).

Paso 3

Identifica tu tesis (la postura que quieres comunicar a los jóvenes latinos) en cuanto al tema:

a. ¿Cuáles son los argumentos contrarios a tu postura?

b. ¿Cómo se relaciona tu postura con las lecturas y fuentes adicionales?

c. Utilizando la información de tus respuestas a las preguntas anteriores, escribe una tesis con un "se dice".

d. Acuérdate de las características de una buena tesis: es debatible, se puede apoyar y es específica.

e. Usa las siguientes expresiones de transición en tu tesis:

Acuerdo	Desacuerdo	Contraste
Estar de acuerdo	Diferir	Sin embargo
Tener la misma opinión	No concordar	Aunque
Concordar en	No estar de acuerdo	A pesar de lo dicho anteriormente
Coincidir en afirmar	Discrepar	Debido a
Convenir	Oponerse	Por otra parte
Corresponder	Discordar	Contrario a
Coincidir	Diferenciarse	No obstante
	Disentir	
	Divergir	

Paso 4

Después de escribir tu tesis, organiza tu ensayo. Este es un modelo, pero puedes organizarlo de otra manera.

I Introducción al tema; los "se dice"; la tesis

II. Argumento 1 en contra de la tesis; tu respuesta al argumento

III. Argumento 2 en contra de tu tesis; tu respuesta al argumento

IV. Argumento 1 que apoya tu tesis

V. Argumento 2 que apoya tu tesis

VI. Argumento 3 que apoya tu tesis

VII. Reformulación de la tesis y conclusión

Paso 5

Escribe la introducción y la conclusión. Acuérdate de que la introducción muchas veces no se escribe sino hasta el final.

También consulta el capítulo 4 sobre cómo escribir una buena conclusión. Tu conclusión debe recalcar la relevancia de este tema para la comunidad latina en general y la necesidad de presentar este taller a los jóvenes latinos en el congreso del programa *Líderes*.

Paso 6

Genera un título llamativo para tu taller.
Consulta la información en el capítulo 3 sobre los buenos títulos. Una idea sería usar un dicho.

Paso 7

Al final de la propuesta, incluye una descripción corta, de uno a dos párrafos, sobre algunas estrategias creativas que utilizarías en el taller para presentar la información de una manera interesante y llamativa a los jóvenes.

Rúbrica de evaluación: Propuesta para informar a los jóvenes latinos de los retos de salud

Nombre: _____ ☐ **Versión preliminar** ☐ **Versión final**

Recuerda que __no__ se asignará una nota a ninguna composición que no haya pasado por un revisor de ortografía.

Categoría	Puntos	Criterios	Comentarios

Contenido	___ / 30	• Se escogió uno de los cinco temas.
		• Se reflejan claramente los dos objetivos de la propuesta:
		  • justificar la relevancia del tema a la comunidad latina.
		  • subrayar la urgencia de educar a los jóvenes acerca de este problema de salud.
		• Explica los argumentos (los "se dice") relevantes.
		• La postura del autor se refleja claramente en una tesis.	

Enfoque de redacción	___ / 25	• Buen uso de los puntos estudiados en los capítulos del libro.	
Gramática y uso	___ / 15	• Buen uso de los puntos estudiados en los capítulos del libro.	
Vocabulario y expresiones	___ / 10	• Utiliza expresiones de transición en la tesis. • Hay variedad de vocabulario; no se repiten las mismas palabras. • Las palabras están utilizadas correctamente.	

Revisión del compañero: Propuesta para informar a los jóvenes latinos sobre los retos de salud

Nombre del revisor: _____ **Nombre del autor:** _____

Primero, lee la composición de tu compañero. Después, contesta estas preguntas, volviendo al texto cuando haga falta.

1. El **título** de la propuesta: _____

¿Tienes sugerencias sobre el título?

2. Analiza los elementos siguientes de la composición.

	Descripción breve	¿Algún detalle adicional que crees que debe incluir el autor?
La tesis del autor		
Los "se dice" y los argumentos que los refutan		
Idea 1 y puntos de apoyo		
Idea 2 y puntos de apoyo		
Idea 3 y puntos de apoyo		
Conclusión		

3. Consulta la rúbrica de evaluación y fíjate en los enfoques de redacción y los puntos de gramática y uso estudiados hasta ahora. Ofrece una o dos sugerencias concretas sobre algún aspecto de esta composición.

La literatura hispana en EE.UU.

TEMAS

Obras literarias escritas en español en Estados Unidos.

ENFOQUES DE REDACCIÓN

Conceptos literarios básicos. Cómo desarrollar y defender una tesis sobre una obra literaria.

GRAMÁTICA Y USO

La voz pasiva. Los pronombres relativos.

ANTES DE LEER 1

A. En tú opinión, ¿qué papel juega la religión en la cultura latina en Estados Unidos? Explica.

_____

_____

_____

B. Puedes encontrar los siguientes datos buscando "Latinos salvan a iglesia católica en Estados Unidos" u otro sitio en la web.

¿Qué porcentaje de los latinos en Estados Unidos son católicos? _____%

El _____% de todos los católicos mayores de 25 años de edad en Estados Unidos son latinos.

C. Algunas celebraciones en la cultura latina de Estados Unidos representan el paso de una etapa a otra en la vida de uno (*un rito de paso*). También, tienden a tener connotaciones religiosas. ¿Qué sabes de las siguientes celebraciones? ¿Las has celebrado dentro de tu familia? Describe brevemente tu experiencia.

un bautismo   la primera comunión   una quinceañera   una boda

D. Describe un momento en el cual sentiste que habías pasado de una etapa de tu vida a otra.

E. Vocabulario. Empareja las palabras siguientes de la lectura con su definición:

____1. "... también me acuerdo de lo que vi en la **sastrería** que estaba a un lado de la iglesia".

____2. y ____ 3. "... ahora, ya saben cuáles son los **pecados mortales** y los **veniales**..."

____4. y ____ 5. "Porque si se les olvida uno y van a **comulgar**, entonces, eso sería un **sacrilegio**..."

---

a. Recibir un cristiano la comunión.

b. Transgresión muy grave que causa la condenación.

c. Establecimiento donde se cosen, arreglan o venden prendas.

d. Transgresión ligera.

e. Profanación de lo sagrado o lo que se tiene por sagrado.

LECTURA 1

Primera comunión
por Tomás Rivera

Tomás Rivera nació en Crystal City, Texas. Durante su niñez, acompañaba a sus padres, que trabajaron en la pizca, en sus viajes por el país. En los años cincuenta estuvo de trabajador migratorio. Sus obras incluyen ... *y no se lo tragó la tierra* (1971); *The Harvest* (1989), una colección de cuentos cortos; y *The Searchers* (1973), un volumen de poesía.

Lo que leerán a continuación es una viñeta de su obra galardonada … *y no se lo tragó la tierra.*

Una imagen muy típica de las invitaciones
de Primera Comunión

Primera comunión

(1) La primera comunión siempre la hacía el padre a mediados de la primavera. Yo
siempre recordaré aquel día en mi vida. Me acuerdo de lo que llevaba puesto, de
mi padrino y del chocolate con pan que desayunamos después de la comunión, pero
también me acuerdo de lo que vi en la **sastrería** que estaba a un lado de la iglesia. Yo
creo que todo pasó porque me fui muy temprano a la iglesia. Es que no había podido
dormir la noche anterior tratando de recordar los pecados que tenía y, peor, tratando
de llegar a un número exacto. Además, como mamá me había puesto un cuadro del
infierno en la cabecera y como el cuarto estaba empapelado de caricaturas del fantasma
y como quería salvarme de todo mal, pensaba sólo en eso.

(2) —Recuerden, niños, ya han aprendido bien los rezos, ahora ya saben cuáles son los
pecados mortales y los **veniales**, ahora ya saben lo que es un sacrilegio, ahora ya saben
que ustedes son almas de Dios, pero que pueden ser almas del diablo. Pero cuando
vayan a confesarse tienen que decir todos los pecados, tienen que tratar de recordar
todos los que hayan hecho. Porque si se les olvida uno y van a **comulgar**, entonces eso
sería un **sacrilegio** y si hacen un sacrilegio van al infierno. Diosito sabe todo. A él no
le pueden mentir. A mí sí, al padrecito sí, pero Dios sabe todo, así que si no tienen el
alma purificada de pecados entonces no deberían de comulgar; sería sacrilegio. Así que
a decir todos los pecados. A recordar todos los pecados. ¿No les daría vergüenza venir
a comulgar y después acordarse de algún pecado que se les olvidó? A ver, practicar con
pecados. ¿Quién quiere empezar? Vamos a empezar con los pecados que hacemos con
las manos cuando nos tocamos el cuerpo. ¿Quién quiere empezar?

(3) A la monjita le gustaba que dijéramos los pecados del cuerpo. La mera verdad es
que ensayábamos mucho sobre los pecados y también la mera verdad era que yo no
comprendía muchas cosas. Lo que sí me daba miedo era el infierno porque unos
meses antes me había caído en un baño de brasas que usábamos como calentador en el
cuartito donde dormíamos. Me había quemado el chamorro. Bien me podía imaginar

lo que sería estar en el infierno para siempre. Eso era todo lo que comprendía. Así que esa noche, vísperas de primera comunión, me la pasé repasando todos los pecados que había cometido. Pero lo más difícil era llegar a un número definitivo como lo quería la monjita. Sería ya la madrugada cuando por fin llegué a un punto de conciencia justificada. Había hecho ciento cincuenta pecados pero iba a admitir doscientos.

(4) —Si digo ciento cincuenta y se me han olvidado algunos me va mal. Mejor digo doscientos y así por muchos que se me pasen no hago ningún sacrilegio. Sí, he hecho doscientos pecados... Padrecito, confesar... ¿Cuántos? ...doscientos… de todas clases... ¿Los mandamientos? Contra todos los diez mandamientos... Así no hay sacrilegios. Es mejor así, diciendo de más queda uno más purificado.

(5) Recuerdo que ese día me levanté más temprano aun de lo que esperaba mamá. Mi padrino iba a estar esperándome en la iglesia y no quería llegar ni un segundo tarde.

—Ándele, mamá, arrégleme los pantalones, yo creía que ya lo había hecho anoche.

(6) —Es que no pude ver más anoche. La vista me está fallando ya y por eso lo dejé mejor para esta mañana. Oye, y ¿qué prisa tienes esta mañana? Es muy temprano todavía. No se van a confesar hasta las ocho y apenas son las seis. Tu padrino no va a estar allí hasta las ocho.

—Ya sé, pero no pude dormir. Ándele, mamá, que ya quiero irme.

—Y ¿qué vas a hacer tan temprano?

—Pues, quiero irme porque se me hace que se me olvidan los pecados que tengo que decirle al padre. Estando en la iglesia puedo pensar mejor.

—Bueno, ahorita acabo. No creas, si nomás pudiendo ver, puedo hacer bastante.

(7) Me fui repasando los pecados y sacramentos de la comunión. Ya estaba bien claro el día, pero todavía no se veía mucha gente en la calle. La mañana estaba fresca. Cuando llegué a la iglesia la encontré cerrada. Yo creo que el padre se había quedado dormido o andaba muy ocupado. Por eso me fui andando alrededor de la iglesia y pasé cerca de la sastrería que estaba a un lado de la iglesia. Me sorprendieron unas risotadas y luego unos gemidos porque no creía que hubiera gente por allí. Pensé que sería un perro pero luego ya se oye como gente otra vez y por eso me asomé por la ventanita que tenía la puerta. Ellos no me vieron pero yo sí. Estaban desnudos y bien abrazados en el piso sobre unas camisas y vestidos. No sé por qué, pero no podía quitarme de la ventanita. Luego me vieron ellos y trataron de taparse y me gritaron que me fuera de allí. La mujer se veía toda desgreñada y como que estaba enferma. Yo, la mera verdad, me asusté y me fui corriendo para la iglesia, pero ya no me podía quitar de la cabeza lo que había visto. Pensé entonces que esos serían los pecados que hacíamos con las manos en el cuerpo. Pero no se me quitaba de la vista aquella mujer y aquel hombre en el piso. Cuando empezaron a venir los demás compañeros les iba a decir, pero pensé mejor decirles después de que comulgaran. Me sentía más y más como que yo había cometido el pecado del cuerpo.

(8) —Ya ni modo. Pero, no puedo decirles a los otros, si no van a pecar como yo. Mejor no voy a comulgar. Mejor no me confieso. No puedo ahora que sé, no puedo. Pero qué dirán mi papa y mi mamá si no comulgo, y mi padrino, ni modo de dejarlo plantado. Tengo que confesar lo que vi. Me dan ganas de ir otra vez. A lo mejor están en el piso todavía. Ni modo, voy a tener que echar mentiras. ¿A lo mejor se me olvida de aquí a cuando me confiese? ¿A lo mejor no vi nada? ¿Y que no hubiera visto nada?

(9) Recuerdo que cuando me fui a confesar y que me preguntó el padre por los pecados, le dije solamente que doscientos y de todos. Me quedé con el pecado de carne. Al regresar a casa con mi padrino se me hacía todo cambiado, como que estaba y no estaba en el mismo lugar. Todo me parecía más pequeño y menos importante. Cuando vi a papá y a mamá me los imaginé en el piso. Empecé a ver a todos los mayores como desnudos y ya se me hacían las caras hasta torcidas y hasta los oía reír o gemir, aunque ni se estuvieran riendo. Luego me imaginé al padre y a la monjita por el piso. Casi ni pude comer el pan dulce ni tomarme el chocolate y nomás acabé y recuerdo que salí corriendo de la casa. Parecía sentirme como que me ahogaba.

(10) —Y ¿este que tiene? ¡Qué atenciones!

—Ándele, déjelo, compadre, no se apure por mí, yo tengo los míos. Estos chicos, todo lo que piensan es en jugar todo el tiempo. Déjelo, que se divierta, hoy es su primera comunión.

—Sí, sí, compadre, si yo no digo que no jueguen. Pero tienen que aprender a ser más atentos. Tienen que tener más respeto a los grandes, a sus mayores, contimás a su padrino.

—No, pos, eso sí.

(11) Recuerdo que me fui rumbo al monte. Levanté unas piedras y se las tiré a unos nopales. Luego quebré unas botellas. Me trepé en un árbol y allí me quedé mucho rato hasta que me cansé de pensar. Cada rato recordaba la escena de la sastrería y allá solo hasta me entraba gusto al repasar. Hasta se me olvidó que le había echado mentiras al padre. Y luego me sentía lo mismo que había oído hablar al misionero acerca de la gracia de Dios. Tenía ganas de saber más de todo, pensé que a lo mejor era lo mismo.

DESPUÉS DE LEER 1

A. ¿Cierto o falso? Si es falso, explica por qué.

a. El narrador del cuento es un niño.   ❑ cierto   ❑ falso
b. La confesión no es importante en la preparación
para la primera comunión.   ❑ cierto   ❑ falso
c. Al narrador no le importa pensar en sus pecados.   ❑ cierto   ❑ falso
d. El día de la primera comunión es un día tranquilo
para el narrador, sin acontecimiento alguno.   ❑ cierto   ❑ falso

B. El cuento de Rivera trata de...

❑ a. La importancia de la religión en la vida de los latinos.
❑ b. El conflicto interno de un joven latino y el papel de las tradiciones religiosas en su vida.
❑ c. La importancia de la familia en la cultura latina en Estados Unidos.

Explica tu respuesta.

C. El lenguaje del cuento tiene una cualidad oral. Es decir, algunos pasajes del cuento reflejan el lenguaje oral. Un ejemplo del lenguaje oral/informal se encuentra en el párrafo 3:

> "La mera verdad es que ensayábamos mucho sobre los pecados y también la mera verdad era que yo no comprendía muchas cosas."

¿Cuál es otro ejemplo de este lenguaje oral/informal?

Nº de párrafo: _____

Selección del texto:

_____

_____

¿Por qué crees que el autor decidió escribir el cuento de esa manera?

D. El libro de Tomás Rivera ... *y no se lo tragó la tierra* (del cual viene esta selección) fue publicado en el año 1971 y fue la primera obra en ganar el Premio Quinto Sol. La novela se ha convertido en una obra canónica del movimiento chicano de los años 60 y 70. Haz una búsqueda en *Google* para investigar las siguientes preguntas:

1. ¿Qué es el "movimiento chicano"?

2. ¿Qué es el Premio Quinto Sol?

3. ¿Cuáles son otras obras importantes del movimiento chicano de los años 60 y 70? ¿Has leído alguna?

Enfoque de redacción

Elementos básicos del análisis literario (Parte 1)

Así como cada disciplina tiene su propio corpus de léxico (existen términos específicos para la medicina, las leyes, la ingeniería), cuando se hace un acercamiento a un texto literario, es necesario tener en cuenta los conceptos básicos de sus elementos constitutivos. En esta unidad, vamos a ver cuatro grupos de términos que debemos identificar antes de generar cualquier respuesta a un texto literario. Esos cuatro grupos son:

1. Contenido

2. Forma

3. Voces

4. Tipo de texto

En esta sección, miraremos los primeros dos grupos, **contenido** y **forma**. Después, miraremos **voces** y **tipo de texto**.

Algunos términos que se relacionan con el contenido

Cuando te refieres al contenido de una obra, es importante que conozcas la diferencia entre estos cuatro términos.

Tema: es el concepto que le da unidad a la obra. En la mayoría de los casos, este concepto es abstracto y tiene que ver con cuestionamientos filosóficos universales, por ejemplo: la justicia, el amor, la muerte, etcétera.

Subtemas: cuando escribes un ensayo crítico, puedes referirte al tipo de subtemas e ideas que presenta el autor y cómo éstas se relacionan con el tema central. Muchas veces, estos subtemas se refieren a otras disciplinas, por ejemplo: el arte, la ética y el comportamiento humano, la historia, la sociedad, la religión, la ciencia, etcétera.

Argumento: es el elemento narrativo anecdótico, es la serie de hechos que se narran en la obra. Para escribir el argumento, debes seleccionar las acciones o acontecimientos esenciales y reducir su extensión conservando los detalles más importantes. El argumento puede desarrollarse en uno o dos párrafos. Recuerda que quien lee tu ensayo crítico ya ha leído la obra o va a leerla en el futuro, por lo tanto, no hay necesidad de que se la cuentes completa. (Imagínate a alguien que te recomienda una película, pero además de darte todos los detalles también te cuenta el final.)

Trama: la trama tiene que ver con cómo está organizada la narración, en general o para lograr un efecto buscado. Este término se relaciona con el argumento, ya que explica la lógica de enlace de los diferentes hechos. Cuando se explica la trama de un texto, se habla de causa y consecuencia. Para hablar de la trama, debes responder preguntas como ¿por qué ocurrió? y ¿cómo este hecho se conecta con toda la obra?

Actividad 1

Temas y subtemas

Paso 1

Haz una segunda lectura de la viñeta de "Primera comunión" de Tomás Rivera. Lee los temas que se dan a continuación y marca aquellos que aplican a la obra.

Paso 2

Define cuál es el tema central de la obra. Puedes escoger uno de los temas a continuación o generar uno nuevo si lo consideras necesario.

- ❏ La extrema inflexibilidad del discurso del pecado y sus incongruencias
- ❏ La relación entre la iglesia y los entes de poder político
- ❏ La relación entre la iglesia y la comunidad
- ❏ El respeto hacia lo sagrado
- ❏ El trabajo infantil y la explotación laboral
- ❏ La pérdida de los valores religiosos y familiares
- ❏ Los valores del catolicismo como elemento fundamental en la preservación de la cultura tradicional
- ❏ Las diferencias de la vida entre México y Estados Unidos
- ❏ El despertar a la sexualidad y la formación de una ética individual
- ❏ Dilema entre el ideal de lo inculcado y la experiencia de la realidad
- ❏ La discriminación racial y sus consecuencias
- ❏ El papel de la escuela en la formación del individuo

Actividad 2

Argumento y trama

Paso 1

Escribe en una lista los principales hechos de la viñeta.

Paso 2

Escribe en un párrafo el argumento de esta viñeta.

Paso 3

¿Qué es lo que genera el conflicto principal de la trama de la obra?

Algunos términos que se relacionan con la *forma*

Estructura: ¿Cómo organiza el autor lo que quiere decir en unidades coherentes relacionadas entre sí?

Estructura interna: A medida que se va desarrollando la historia, la tensión se va intensificando. En la *exposición,* el autor plantea un problema y nos ofrece los antecedentes de la situación en que se hallan los personajes; en el *nudo*, se presentan los acontecimientos que van incrementando la tensión; el *clímax* señala la parte de mayor tensión en la obra; y el *desenlace* es la resolución final, ya sea feliz o trágica.

Desarrollo de los hechos: Además del tiempo cronológico, la narrativa moderna utiliza otras disposiciones para presentar los acontecimientos:

Lineal: los elementos aparecen uno detrás de otro hasta el final.

Circular: se vuelve al inicio al final de la historia.

Retrospectiva: se salta constantemente del presente al pasado y viceversa.

Convergente: todos los elementos convergen en la conclusión.

Dispersa: los elementos no tienen aparentemente una estructura definida.

Abierta y aditiva: los elementos se añaden unos a otros y se podría seguir añadiendo más.

Cerrada: la historia tiene un desenlace final que no permite continuación.

Subestructura de un texto: dentro de una obra extensa, encontramos subdivisiones que nos permiten organizar la información: partes, divisiones, capítulos, párrafos, actos, escenas, viñetas, etcétera.

Actividad 3

Responde las siguientes preguntas sobre el texto de "Primera comunión".

¿Presenta este texto una estructura tradicional de presentación, nudo y desenlace?

¿Qué tipo de disposición de los hechos presenta este texto: lineal, circular, etc.?

Haz una lista de los hechos, para demostrar el tipo de disposición que presenta el texto.

Investiga: ¿a qué se refiere el término **viñeta**? ¿Por qué crees que el autor decidió utilizar la viñeta como subestructura de su texto?

¿En qué otros textos escritos se utiliza la viñeta?

Entrando a la conversación

Ritos de paso (*Rites of Passage*)

Para muchos latinoamericanos y latinos en Estados Unidos que practican el catolicismo, hacer la primera comunión representa un **rito de paso**. Vas a describir y comparar dos ritos de paso que conoces o que hayas presenciado.

Paso 1

Primero, piensa en todos los ritos de paso que conoces. Aquí hay unos ejemplos.

Ritos de paso religiosos	Ritos de paso laicos (*secular*)
El bautismo La quinceañera	*Sweet 16* Graduarse de la escuela secundaria

Paso 2

Ahora, elige qué tipo de comparación quieres hacer en tu composición.

❏ Un rito de paso religioso comparado con otro rito laico (*secular*)

❏ Un rito de paso en Estados Unidos comparado con el mismo rito en otro país

❏ Un rito de paso en una generación anterior (tus papás, tus abuelos…) comparado con el de ahora

❏ Un rito de paso latino comparado con otro rito anglo/estadounidense

❏ Otro: _____

Paso 3

Usando el esquema a continuación, compara y contrasta dos ritos de paso que conoces o que hayas presenciado. Ofrece ejemplos concretos siempre que puedas.

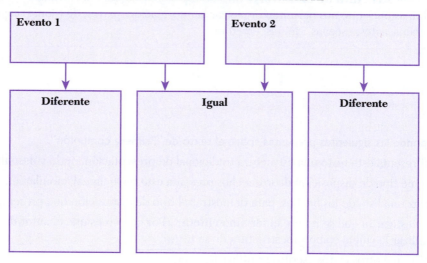

MAPA DE COMPARACIÓN Y CONTRASTE

Paso 4

La tesis. Para esta composición, la tesis puede tener varias formas. Aquí hay tres ejemplos de tesis que tienen que ver con las quinceañeras:

"Las quinceañeras en México tienen más conexión con la religión que en Estados Unidos".

"Las quinceañeras de hoy son mucho más comerciales que en el pasado".

"Los *sweet sixteen* carecen del significado religioso de la quinceañera".

Paso 5

El público. Ahora, piensa en un público para tu composición. ¿Quién te gustaría que la leyera? Aquí tienes unos ejemplos de públicos *posibles* para la composición sobre la quinceañera:

- Unas muchachas y sus familias que están planeando una quinceañera en Estados Unidos

- Unas muchachas anglo/estadounidenses que tienen curiosidad sobre las quinceañeras

- Unas mamás criadas en Latinoamérica que están criando a sus hijas en Estados Unidos

El público de mi composición es:

_____

Paso 6

Escribe una composición de comparación y contraste de dos ritos de paso diferentes o de dos ritos de paso entre dos generaciones. La composición debe tener unas tres páginas de extensión.

Gramática y uso

La voz pasiva

La voz pasiva es una manera de expresar acciones de manera indirecta. Es común usar la voz pasiva cuando no sabemos (o no queremos enfatizar) quién hizo alguna acción. En español, se puede expresar la voz pasiva de tres maneras:

- con "se"
- con la tercera persona plural
- con "ser" + el participio

Pero no siempre funcionan las tres maneras. Mira los ejemplos en el cuadro a continuación y completa las expresiones que faltan en la última columna (ejemplo 4).

Tipo de expresión	Ejemplo 1	Ejemplo 2	Ejemplo 3	Ejemplo 4
Voz activa	El policía arrestó al ladrón.	Elena rompió los lentes.	El maestro me colocó en una clase de ESL.	Los árbitros contaron los votos.
Voz pasiva con "se"	Se arrestó al ladrón.	A Elena se le rompieron los lentes.	[no funciona]	
Voz pasiva con tercera persona plural	Arrestaron al ladrón.	[no funciona]	Me colocaron en una clase de ESL.	
Voz pasiva con "ser" + participio	El ladrón fue arrestado.	Los lentes fueron rotos por Elena.	Fui colocado en una clase de ESL.	

Es natural que los bilingües usen la voz pasiva con "ser" + participio porque es muy común en inglés, pero a veces suena raro en español. Por ejemplo, mira las oraciones en la Actividad 1; suenan bastante raras.

Actividad 1

Estas oraciones con "ser" + participio suenan raras. Cámbialas a otro tipo de expresión pasiva.

1. <u>Es dicho</u> que la comunidad latina es más religiosa que otras comunidades étnicas.

2. Mucho dinero <u>fue regalado</u> al niño para su primera comunión.

3. La quinceañera <u>es celebrada</u> mucho en la comunidad mexicana.

4. El español <u>es hablado</u> en muchas misas en Estados Unidos.

5. Un bar mitzvah <u>es considerado</u> un rito de paso en la religión judía.

6. La niña <u>fue mandada</u> a clases de religión antes de su primera comunión.

Actividad 2

Traduce las oraciones siguientes con "se".

1. Mariela was baptized in Mexico as a baby.

2. Different rites of passage are celebrated in many countries throughout the world.

3. Rodrigo was given the sacrament of First Communion when he turned 7.

4. When Latin American countries were conquered by the Spanish, the Catholic religion was imposed upon them.

5. It is said that nowadays, Latin American countries in general are more religious than Spain.

ANTES DE LEER 2

A. ¿Qué quiere decir "odisea"? ¿Qué será una "odisea al norte"? ¿Cómo se aplica el término *odisea* a la experiencia migratoria de los inmigrantes en Estados Unidos?

_____

_____

_____

B. Haz una búsqueda en Internet sobre la población latina en Washington, D.C. ¿De qué países proviene la mayoría de los inmigrantes latinos en D.C.? ¿Cuáles son los barrios del distrito con la mayor cantidad de latinos?

_____

_____

C. Vocabulario. Empareja las siguientes palabras con la definición correspondiente.

____1. "La metálica voz del transmisor de la central de policía los sacó de sus **cavilaciones**..."

____2. "Ordenaron a la gente que se apartara y pudieron entonces apreciar la causa del **tumulto**..."

____3. "Pero **se vino a pique** y cayó de cabeza sobre el cemento..."

____4. "El **intendente** del edificio observaba la escena desde el vestíbulo".

___5. "De pronto, Calixto **se percató** de que solamente en cosa de minutos se había quedado sin empleo…".

___6. "… y no tuvo más remedio que regresar a su **morada**: un apartamento de un dormitorio que ocupaban veinte personas".

---

a. administrador, gerente

b. darse cuenta de algo, tomar conciencia de ello

c. alboroto, desorden

d. caerse (*to plummet*)

e. casa, hogar, vivienda

f. reflexiones profundas

LECTURA 2

Odisea del Norte (fragmento)
por Mario Bencastro

Mario Bencastro nació en El Salvador, donde empezó su carrera artística como pintor. Después de emigrar a Estados Unidos durante la guerra civil que sufrió su país, Bencastro empezó a escribir y a publicar poesías y cuentos. Sus libros han ganado premios en España, El Salvador y México.

(1) "¡Hoy será un precioso día en Washington!" exclamó la voz de la radio. "Cielo azul despejado, con temperatura en los 70 grados, soleado sin pronóstico de lluvia. ¡Perfecto día de primavera!".

(2) Dos agentes de la policía hacían sus rondas por el barrio Adams Morgan, con las ventanas del carro-patrulla abiertas para recibir la brisa fresca que, al acariciar la arboleda del parque Rock Creek, acarreaba perfume de flores de múltiples colores proyectadas sobre el delicado cielo azul.

(3) La metálica voz del transmisor de la central de policía los sacó de sus **cavilaciones**, ordenándoles dirigirse de inmediato a un edificio en la calle Harvard situado frente al parque zoológico, a escasos minutos de donde se hallaban.

(4) Cuando llegaron al lugar indicado, tuvieron que abrirse paso entre los numerosos vecinos que habían acudido a los gritos desesperados de una mujer.

(5) Ordenaron a la gente que se apartara y pudieron entonces apreciar la causa del **tumulto**: un cuerpo despatarrado como pegado al cemento caliente. Cabeza demolida. Rostro de facciones desfiguradas en mueca de dolor. Ojos aún abiertos, de mirada enigmática. Brazos y piernas dispuestos en forma incoherente, discordes con la simetría normal del cuerpo humano. Una pierna doblada con el pie a la altura del cuello. Un hombro completamente sejuntado como por la fuerza de un solo tajo.

—¡El hombre araña! —exclamó alguien.

Uno de los policías se acercó al que había gritado.

—¡Oye, más respeto, que esto no es broma!

(6) El hombre dio la vuelta y se marchó cabizbajo. Pero cuando ya estaba fuera del alcance del agente, se volvió y gritó: "¡El hombre araña! ¡El hombre araña!", y corrió en dirección del parque zoológico para esconderse entre unos arbustos.

(7) El policía tuvo la intención de perseguirlo, pero se conformó con pensar en un insulto, mordiéndose los labios para que no se le escapara por la boca.

—¿Hay alguien aquí que conozca a la víctima? —interrogó el otro agente, escrutando con la mirada indecisa al grupo de curiosos. Nadie se atrevió a decir nada.

—¿Usted? —preguntó a un hombre de piel bronceada—. ¿Lo conoce?

—No hablo inglés —contestó temeroso.

—¿Tú, conocer, muerto? —insistió el agente titubeando un castellano con fuerte acento.

—Tampoco hablo español —precisó el hombre en un burdo inglés—. Soy de Afganistán.

(8) El policía mostró gran desconcierto ante el silencio de la gente. Un fuerte rugido de león vino del zoológico.

Una mujer finalmente se acercó al uniformado, con voz presa de ansiedad.

—Yo regresaba de la tienda y, cuando subía las gradas para entrar en el edificio, oí un grito… Luego, vi la figura de un hombre en el cielo… Con los brazos extendidos como si volara… Pero **se vino a pique** y cayó de cabeza sobre el cemento… Quedó hecho una bola de carne y sangre… No se movió más…

(9) La gente observaba con la boca abierta a la mujer que, aterrorizada, describía el suceso. El policía anotaba los detalles en una diminuta libreta. Un reportero tomaba incontables fotos por segundo, como si su propósito fuera satisfacer el hambre voraz de la cámara.

(10) Volvieron a escucharse los gritos "¡El hombre araña! ¡El hombre araña!", pero esta vez fueron ignorados por completo.

(11) Calixto se encontraba entre los espectadores, atemorizado, boquiabierto, lívido, sin poder decir una palabra sobre la tragedia; incapaz de atestiguar que cuando limpiaban el lado exterior de las ventanas del octavo piso, la cuerda atada a la cintura de su compañero se rompió. Temía que lo culparan a él por la muerte y terminara en la cárcel, si es que no lo deportaban por indocumentado. "Entonces", pensaba, "¿quién va a mantener a mi familia?"

(12) El **intendente** del edificio observaba la escena desde el vestíbulo. Tampoco estaba dispuesto a abrir la boca. Temía perder el trabajo por permitir que limpiaran ventanas a semejante altura sin disponer del equipo apropiado para tan peligrosa faena. Descubrirían que empleaba indocumentados y les pagaba una tercera parte de lo que una compañía de limpieza normalmente cobraba.

(13) La sirena de la ambulancia irrumpió en el vecindario con tal estridencia que asustó a los animales del zoológico. El león rugió como si protestara por el bullicio.

(14) Los enfermeros se abrieron paso y extendieron la camilla en el suelo cerca del cuerpo. Al cabo de un corto examen, uno de ellos dijo secamente: "Ya está muerto", confirmando lo que todos sabían.

—¿Quien era? —preguntó un enfermero al policía—. ¿Cómo se llamaba?

—No se sabe. Nadie parece reconocerlo.

—Por las facciones de la cara diría que era latino —afirmó el otro enfermero al observar de cerca al cadáver.

—Quizás lo era —comentó el agente—. Esos siempre andan metidos en problemas.

—Posiblemente era de Centroamérica —dijo una señora, apretando la cartera contra su pecho. En este barrio viven muchos de ellos. Ustedes saben, vienen huyendo de los problemas en sus países...

—Si no era de El Salvador seguramente era de Guatemala —afirmó un enfermero—. Aunque ahora vienen de todas partes. De Bolivia, Perú, Colombia. En el pasado éramos nosotros los que invadíamos sus países, ahora ellos invaden el nuestro. Muy pronto Washington parecerá Latinoamérica.

—Pobres diablos —dijo el otro enfermero—. Mueren lejos de su tierra, desconocidos.

(15) En el zoológico, mientras tanto, el fuerte rugido del león fue correspondido por el de la leona. La pareja de felinos, ajena a los conflictos que se desarrollaban en sus alrededores, consumaba la reproducción de su especie, parte del antiguo ritual de primavera.

(16) Los enfermeros metieron el cadáver en la ambulancia. Se marcharon los policías. Los curiosos desaparecieron. Una extraña mancha roja quedó dibujada en el cemento.

(17) Calixto se internó en el zoológico y caminó distraídamente entre las jaulas de los animales, pensando en su compañero que tan sólo media hora atrás le comentaba que ya había comprado el boleto del avión para regresar a su país, donde planeaba abrir una tienda de abarrotes con los ahorros de cinco años de intenso trabajo en Estados Unidos.

(19) De pronto, Calixto **se percató** de que solamente en cosa de minutos se había quedado sin empleo, lo cual le afligió sobremanera al recordar que para conseguir el trabajo de limpiar ventanas, le había tomado cerca de mes y medio de constante búsqueda.

(20) Permaneció en el zoológico el día entero y, mientras se debatía internamente entre regresar a su país o continuar buscando fortuna en Washington, recorrió el lugar varias veces de extremo a extremo. Cuando cerraron el parque se echó a caminar por largas calles con extraños nombres, hasta que por fin anocheció y no tuvo más remedio que regresar a su **morada**: un apartamento de un dormitorio que ocupaban veinte personas.

(21) "Por lo menos estoy vivo", dijo para sí. "Con eso tengo bastante".

DESPUÉS DE LEER 2

A. ¿Cierto o falso? Si es falso, explica por qué.

1. Los policías pasaban a pie por el barrio Adams Morgan cuando se encontraron con el cadáver. ❏ cierto ❏ falso

2. Uno de los policías intenta hablar en español con un fuerte acento. ❏ cierto ❏ falso

3. Los espectadores culparon a Calixto del incidente. ❏ cierto ❏ falso

4. Cuando llegó la ambulancia, ya había muerto el hombre. ❏ cierto ❏ falso

5. Después del incidente, Calixto decide regresar a su país. ❏ cierto ❏ falso

B. ¿Por qué está en Washington, D.C. el protagonista, Calixto?

_____

_____

C. ¿Cómo sobreviven Calixto y el "hombre araña" en este país?

_____

_____

D. Al final del fragmento, uno de los enfermeros dice:"En el pasado éramos nosotros los que invadíamos sus países, ahora ellos invaden el nuestro. Muy pronto Washington parecerá Latinoamérica". (295). ¿Por qué dice esto? ¿Creen que esta opinión es compartida por la población estadounidense? ¿Están de acuerdo con lo que dice el enfermero? ¿Por qué sí o no? Den ejemplos y justifiquen sus opiniones.

_____

_____

_____

_____

E. ¿Qué simbolismo pueden tener el zoológico y la actividad de la pareja de leones?

_____

_____

_____

Enfoque de redacción

Elementos básicos del análisis literario (Parte 2)

En la Parte 1, vimos que hay cuatro grupos de términos relacionados con los textos literarios:

1. Contenido

2. Forma

3. Voces

4. Tipo de texto

En esta sección, miraremos con detalle el tercer grupo, **voces**. Específicamente, miraremos las funciones del autor, del narrador y de los personajes.

> **Algunos términos que se relacionan con las diferentes <u>voces</u>**
>
> **Autor**: el autor/escritor es quien escribe la obra. En un texto de ficción, el autor no se refiere a sí mismo sino a una historia, a un mundo alterno o al mundo del escritor. Entonces, nunca debemos asumir que quien nos habla en el texto es realmente el autor.
>
> **Narrador**: en una obra de ficción, no se debe confundir al **autor** del texto con la **voz del narrador** que existe en el texto mismo. El narrador es la voz que cuenta la historia o una parte de la historia.
>
> Existen distintos tipos de narrador que representan diferentes perspectivas sobre lo que se narra en la obra. A continuación, se describen diferentes tipos de narrador:

Tercera persona

- *limitada*: el narrador se refiere a los personajes en tercera persona, pero sólo describe lo que puede ser visto, oído o pensado por un solo personaje.

- *omnisciente*: el narrador describe todo lo que los personajes ven, sienten, oyen… y los hechos que no han sido presenciados por ningún personaje.

- *observadora*: el narrador cuenta los hechos de los que es testigo como si los contemplara desde fuera, no puede describir el interior de los personajes.

Primera persona

- *central*: el narrador adopta el punto de vista del protagonista que cuenta su historia en primera persona.

- *periférica*: el narrador adopta el punto de vista de un personaje secundario que narra en primera persona la vida del protagonista.

- *testigo*: un testigo de la acción que no participa en ella narra en primera persona los acontecimientos.

Personajes: son los seres creados por el autor para expresar ideas, emociones y acciones. Pueden ser humanos o no. Son los que realizan los acontecimientos; tienen voz y características propias. Según su importancia, los clasificamos en:

Principal: aquel que siempre está presente, actuando directamente o en el pensamiento de los demás. Se enfrenta a los conflictos que se suscitan en la obra. Puede existir uno o varios.

Protagonista: personaje principal en las obras dramáticas. Representa una de las fuerzas en conflicto.

Antagonista: se opone en un momento dado al protagonista, representando una fuerza opuesta a la de este.

Secundarios: son aquellos que actúan en función del principal, ya sea a favor o en contra. Son numerosos e independientes.

Actividad 1

Hablemos del contenido de "Odisea del Norte".

Teniendo en cuenta las definiciones anteriormente descritas, responde las siguientes preguntas.

1. ¿Cuál es el *tema central* de la obra?

2. ¿Por qué crees que al autor le interesa este tema?

3. ¿Cuál es tu perspectiva personal frente a este tema?

4. Escribe un párrafo con el *argumento*.

5. ¿Te ha ocurrido una situación similar a la de este texto?

Actividad 2

¿Qué personajes te llamaron más la atención?

Ahora, hablemos de los personajes y las voces narrativas; recuerda que autor, narrador protagonista no siempre son la misma persona.

1. Sobre "Primera comunión":

   ¿Quién es el *narrador*?

   ❏ El cura de la parroquia

   ❏ Tomás Rivera

   ❏ Un niño

   ❏ Un adulto que recuerda una experiencia cuando era niño

   ¿Qué *tipo* de narrador es?

   ¿Cómo se relaciona el tipo de narrador con el tema de la obra?

   ¿Cómo cambiaría la historia si el narrador fuera el sastre?

   ¿Cuáles son los personajes secundarios de la viñeta?

2. Sobre "Odisea del Norte":

   ¿Quién es el *narrador*? ¿Qué *tipo* de narrador es?

   En un fragmento con tantos personajes es difícil definir el personaje principal. En tu opinión, ¿cómo se identifica el personaje principal?

   ❏ El que genera el conflicto

   ❏ El que hace las acciones

   ❏ El que se relaciona con el tema principal de la obra

   ❏ El que ve la acción

   Entonces, ¿quién es el personaje principal en la obra "Odisea del Norte"?

   ❏ El policía

   ❏ Los enfermeros

   ❏ El muerto

   ❏ Calixto

   ❏ El intendente del edificio

   ❏ Quien exclama ¡el hombre araña!

   ❏ El afgano

   ❏ La mujer testigo

   ❏ El inmigrante latinoamericano

   ❏ Los leones

ANTES DE LEER 3

A. ¿Qué significa la palabra *exilio*? Piensa en un ejemplo concreto de una persona, o un grupo de personas, viviendo en el exilio.

_____

_____

B. ¿Qué sabes de los siguientes eventos o personas? Haz una búsqueda en Internet. Escribe de dos a cuatro notas sobre cada evento/persona.

1. La revolución cubana

_____

_____

2. La Playa Girón (Bahía de Cochinos)

_____

_____

3. El proyecto Peter Pan

_____

_____

4. El embargo económico contra Cuba (bloqueo)

_____

_____

5. La relación entre la Unión Soviética y Cuba

_____

_____

C. ¿Cuáles son las ciudades de Estados Unidos con el mayor número de cubanos?

_____

LECTURA 3

El Súper (fragmento)
por Iván Acosta

Nacido en Santiago de Cuba, Iván Acosta llegó a Estados Unidos en 1961. Se ha mantenido activo en el teatro neoyorquino desde 1969. _El Súper_ ganó cuatro prestigiosos premios de la cinematografía.

Roberto es el "súper" del edificio en el que vive, es decir, el encargado de su mantenimiento (el "_superintendent_").

(PANCHO y OFELIA siguen discutiendo. ROBERTO sigue sentado en su butaca. En eso suena la puerta. Alguien está tocando. AURELIA va y la abre.)

AURELIA: Bajen la voz, ahí están tocando. Debe de ser Felipe.

ROBERTO: ¿A esta hora?

PREDICADOR: Buenas noches. _(Entra sin pedir permiso.)_

AURELIA: ¿En qué le puedo servir?

PREDICADOR: El propósito eterno de Dios va triunfando ahora para el bien del hombre...

AURELIA: Eh, mire joven, usted me va a perdonar.

PREDICADOR: La Biblia informa que Jesús resucitó a Lázaro [de] entre los muertos, después, después que Lázaro había estado muerto cuatro días.

AURELIA: Ay, mi hijito, si yo soy devota de Santa Bárbara...

PREDICADOR: ¿Tiene sentido para Ud. el que la gente viva en la tierra en hambre perpetua como sucede con millones de personas hoy en día?

PANCHO: Ahora sí que la arreglamos, mi hermano...

AURELIA: ¿Eh? ... bueno, yo no creo que...

PREDICADOR: ¿Entonces el relato bíblico de que Jesús suministró alimento para miles de personas quizás no les sea importante a ustedes?

AURELIA: Pero, mire, ¿usted no podría venir otro día? Ahora estamos...

PREDICADOR: Cristo es la única salvación. Hay que salvarse aunque sea ahora mismo. Tenemos que volver a nacer... (*Le entrega un panfleto religioso a OFELIA.*)

OFELIA: Yo soy católica, hijo.

PREDICADOR: (*Va hacia la sala y le entrega panfletos a ROBERTO y a PANCHO.*) Los grandes poderes gastan más de cuarenta billones de dólares en armas de fuego, y para mantener armado, uniformado y equipado a un solo soldado, a un solo soldado. (*Se sienta.*)

ROBERTO: (*ROBERTO se para rápidamente.*) Ey, ey, mire joven, yo lo entiendo, pero usted tiene que entender que tenemos visita, estamos ocupados.

PREDICADOR: Para escuchar la palabra de Dios nunca se debe estar ocupado. Por eso yo les exhorto, en nombre de Jesucristo, a que todos hablen de acuerdo, que no haya divisiones, que estén todos unidos en una misma mente, en una misma forma de pensar.

PANCHO: Mi hermano, eso es comunismo, ¡sácalo de aquí!

PREDICADOR: Es la Biblia, la palabra de Dios...

OFELIA: ¡Y no se va!

PREDICADOR: ¿Parece razonable el que una simple tortuga viva más de 150 años, mientras que la creación superior, el hombre, a pesar de la ciencia médica moderna, tenga que resignarse a la mitad de esa duración de vida, o aun menos?

ROBERTO: Bueno mire joven, nosotros estamos ocupados, ya se lo dije. (*Lo escolta hasta la puerta.*) Hágame el favor de marcharse, si desea venga otro día, pero ahora, ya está bueno.

PREDICADOR: Jehová ha declarado en lenguaje simbólico su propósito para el futuro. (*Va saliendo.*) Lean Génesis 3:15, lean Gálatas 3:18, lean Ezequiel 38:23, Josué 9:11. El creador Dios Jehová... (*Desde afuera.*) Sálvense ahora. Sus nombres serán alabados por todo el cielo y la tierra cuando ajuste las cuentas con Satanás, los demonios y la gente inicua de la tierra.

(*Se continúan escuchando las palabras del predicador, fuera de escena. ROBERTO comienza a discutir con AURELIA y surge una improvisación entre los cuatro.*)

AURELIA: Oye, ¿qué cosa es ésta, chica?

ROBERTO: Mira que te he dicho que no abras la puerta sin mirar por la ventana.

OFELIA: Yo por eso es que no le abro la puerta a nadie, sin mirar primero quién es.

PANCHO: Se te cuelan aquí y te la arrancan.

ROBERTO: No, y con la partida de locos que andan sueltos en esta ciudad, mira pa'l asesino ese, el hijo de Sam. Esta mujer no aprende, se lo he repetido cuarenta mil veces, pero no aprende.

AURELIA: Yo creía que era Felipe.

ROBERTO: La verdad es que hay que tener cuidado.

(*Todos hablan a la vez sobre el mismo tema.*)

PANCHO: Oye Roberto, tú sabes que esto me recuerda a mí cuando estábamos allá en la invasión, había un tipo, igualito que este, entonces... (*ROBERTO lo interrumpe.*)

ROBERTO: Está bien Pancho, vamos a hablar con las mujeres un rato, ¿Ok? Ofelia, pase para acá. Aurelia, deja ya la cocina y ven para acá. (*OFELIA y AURELIA van para la sala.*)

PANCHO: Aurelia por favor, tráigame otra cervecita.

AURELIA: ¿Tú también quieres otra, Roberto?

ROBERTO: (*Se acaricia el estómago.*) No, no, ni una más, no quiero romper más la dieta.

OFELIA: Hablando de dieta, oye Aurelia, mirándote bien, tú sabes que tú luces más delgada, no, ¿o es el vestido?

AURELIA: Qué va, chica, metida en la cocina, ¿quién se aguanta la boca?

ROBERTO: La que si se cuida mucho es Aurelita. No come ni pan, ni arroz, ni frijoles, no quiere que le fríos el bistec en aceite.

OFELIA: Imagínate, está en la edad de la belleza. Aquí la moda es estar flaca. Sin embargo, allá, mientras más gorda una estaba, más saludable decían que una era. Yo me acuerdo cuando yo estaba en la escuela superior, me decían gata flaca. Aquí me hubieran dicho que estaba en la línea.

PANCHO: En la línea de Mohatma Ghandi. Yo sí que no entro en eso de gata flaca. A mí que me den carne antes que huesos. (*Se ríe fuerte.*)

AURELIA: Pero es tanta la propaganda acerca de las dietas, que una llega a contagiarse. Imagínate, ponen a esas muchachitas modelos, que son perfectas. Sus dientes, su pelo, las piernas, los ojos, son unas verdaderas muñequitas. La gente ve eso por televisión, entonces todo el mundo quiere lucir como ellas.

ROBERTO: Eso me recuerda cuando yo era jovencito. Las películas americanas, de vaqueros y las de guerra. Oye, todos eran rubios y de ojos azules, no se veía un nichardo.

PANCHO: Ah, sí, y medían seis y siete pies, ninguno era bajito. Fíjense en el caso de Alan Ladd. El tipo medía cinco con cuatro, y cuando iban a sacar la película, lo encaramaban en una caja de leche vacía.

ROBERTO: Y jamás perdían una batalla.

PANCHO: ¿Perder batalla? ¿Tú estás loco? A los japoneses, a los alemanes, a los coreanos. No, olvídate, ellos eran los héroes siempre, el enemigo siempre se mandaba a correr. Y a ellos no les entraban ni las balas. Imagínate tú, si son los creadores de Supermán.

OFELIA: Es verdad que estos americanos se la comen.

ROBERTO: (*Bostezando.*) Si, por comérsela tanto ya se están empachando. (*La conversación toma un ritmo más lento.*) ¿Hasta cuándo tendremos que palearle nieve a esta gente, caballeros?

PANCHO: Hasta que decidas mudarte para la capital del exilio.

AURELIA: Bueno, déjeme decirle Pancho, yo prefiero la nieve, y la boila, y todo lo demás antes de irme para Miami. ¡Qué va! ¡Ese cubaneo y ese chisme! Aquí por lo menos nadie se mete en la vida ajena.

PANCHO: Sí, y cuando a uno le da un patatún por la madrugada, no hay un vecino que le prepare un té a uno. Olvídense, que no hay como Cuba. (*AURELIA bosteza y con mímicas le pregunta la hora a ROBERTO y él le contesta también con mímicas. OFELIA también bosteza.*) El gallo en la mañana, el cafecito, los buenos días del vecino que pasa, el sol ese que quema como candela, el guarapito. Ay Cubita, Cubita.

PANCHO: (*Cantando desafinado.*) Cuando salí de Cuba, dejé mi vida, la, la, la, la. Guantanamera, guajira *guantanamera… (las luces se han ido oscureciendo.*)

OFELIA: Pancho, ¿qué te parece si nos vamos?

PANCHO: Usted es la jefa, ¿no? (*Se ríe.*)

DESPUÉS DE LEER 3

A. ¿Cierto o falso? Si es falso, explica por qué.

1. La historia tiene lugar en Miami.   ❏ cierto   ❏ falso

2. La familia (Pancho, Ofelia, Roberto y Aurelia) pone atención al predicador y lo escucha con interés.   ❏ cierto   ❏ falso

3. Los personajes hacen comparaciones entre las percepciones del cuerpo femenino en Estados Unidos y Cuba.   ❏ cierto   ❏ falso

4. La "capital del exilio" es Nueva York.   ❏ cierto   ❏ falso

5. Los personajes del cuento extrañan Cuba.   ❏ cierto   ❏ falso

B. Pancho le contesta al predicador de la siguiente manera: "Mi hermano, eso es comunismo, ¡sácalo de aquí!" ¿Por qué crees que hace la referencia al *comunismo*? Y ¿por qué dice "sácalo de aquí"?

_____

_____

_____

C. En la obra de teatro, los personajes discuten sobre el cuerpo y las dietas. ¿Estás de acuerdo con las comparaciones y contrastes que hacen? ¿Existen percepciones diferentes en cuanto al cuerpo femenino entre Estados Unidos y Latinoamérica?

_____

_____

_____

D. ¿Por qué se refieren a Miami como "ese cubaneo y ese chisme"?

_____

_____

_____

Enfoque de redacción

Elementos básicos del análisis literario (Parte 3)

Ahora miraremos el último de los cuatro términos: *tipo de texto*.

1. Contenido

2. Forma

3. Voces

4. Tipo de texto

Algunos términos que se relacionan con el <u>tipo de texto</u>

Género.

Los géneros literarios son los distintos grupos o categorías en que podemos clasificar las obras literarias atendiendo a su contenido.

Géneros *narrativos*: epopeya, novela, cuento, etc.

Géneros *líricos*: poesía, oda, canción, elegía, romance lírico, epigrama, etc.

Géneros *dramáticos*: tragedia, comedia, drama, tragicomedia, etc.

Géneros *didáctico–ensayísticos*: epístola, fábula, ensayo, artículo, etc.

Formas de expresión.

Diálogo: exposición alternada de lo que dicen dos o más personajes. Es directo cuando el autor deja que cada personaje se exprese con sus propias palabras (teatro); es indirecto cuando otro personaje o el mismo autor cuentan lo que el personaje dice.

Monólogo: el personaje toma la palabra para hablar a un público indeterminado (ficción narrativa); o el personaje expone las ideas del autor (teatro). Monólogo interior se presenta si se observa lo que piensa el personaje (sólo en las novelas).

Soliloquio: parlamento de un personaje como si pensara en voz alta, ante alguien que sólo participa físicamente.

Algunos tipos de discurso.

Discurso descriptivo: dibujar con palabras imágenes de lugares, personas, etc.

Discurso narrativo: contar una sucesión de hechos que ocurrieron en el pasado, historias, cuentos, anécdotas.

Discurso expositivo: presentar información sobre un tema con sus características y subtemas.

Discurso argumentativo: se presenta una tesis y argumentos que la apoyan.

Direcciones escénicas: utilizadas especialmente en el género dramático para indicar lo que los actores deben hacer.

Actividad 1

Volvamos a hablar del contenido y los personajes en el fragmento de la obra "El Súper".

1. ¿Cuál es el *tema principal* de este texto?

2. Escribe un párrafo con el *argumento*.

3. En un fragmento con tantos personajes es difícil definir el personaje principal. En tu opinión ¿quién es el *personaje principal*?

Actividad 2

Revisemos a qué tipo de texto pertenece cada una de las tres lecturas estudiadas hasta el momento.

1. ¿A qué *género literario* pertenece cada una de las tres lecturas estudiadas hasta el momento?

2. ¿Cuáles son las *formas de expresión* utilizadas en cada una de las tres lecturas estudiadas hasta el momento?

3. ¿Cuáles son los *tipos de discurso* utilizados en cada una de las tres lecturas estudiadas hasta el momento?

Gramática y uso

Los pronombres relativos

Un pronombre toma el lugar de un sustantivo (*noun*). Los pronombres relativos son:

que

quien, quienes

el que, la que, los que, las que

el cual, la cual, los cuales, las cuales

lo que, lo cual

cuyo, cuya, cuyos, cuyas.

Reglas para usar los pronombres:

Regla	Ejemplo
1. Cuando NO hay comas o preposiciones, usa **que**	¿Dónde está la leche **que** compraste? La mujer **que** viste es mi tía.
2. Cuando hay una coma y se refiere a personas, usa **quien(es)** o **cuyo** (posesivo *whose*)	Pedro, **cuyas** hermanas son guapas, es mi amigo. Pedro, de **quien** hablábamos ayer, es mi amigo. Mis padres, **quienes** son literatos, leen mucha poesía.
3. Cuando hay una coma y se refiere a cosas, usa **que** Para un tono más formal, se puede usar **lo cual, los cuales, la cual, las cuales**	Mis pantalones, **que** son viejos, son muy cómodos. Ningún alumno salió bien en el examen, **el cual** (que) fue difícil. Los peldaños, **por los cuales** (por los que) subimos hasta la cima del templo, eran muy angostos. El niño pidió **un** dulce, **lo cual** (que) comió de un solo mordisco.
4. Cuando hay preposiciones cortas, usa **el/la que** (cosas) o **quien(es)** (personas)	La chica con **quien**/con **la que** fui al cine es mi novia. Esa es la puerta por **la que** entramos.
5. Cuando te refieres a ideas o acciones ya mencionadas, puedes usar **lo cual** (pero es más común usar **lo que**).	Heriberto eructó en la mesa, **lo cual/lo que** molestó mucho a su mamá.

Actividad 1

Elige la forma apropiada: **cuyo, cuya, cuyos** o **cuyas**. Recuerda que cuyo/cuyos/cuya/cuyas denotan **posesión** y siempre mantienen concordancia **con la posesión**, no con el poseedor

1. El hombre, ❑ cuya ❑ cuyo …mamá esperaba afuera, era el presidente.

2. Los padres, ❑ cuyos ❑ cuya …hija celebró su quinceañera la semana pasada, son profesores.

3. La autora, ❑ cuya ❑ cuyos …libros han ganado varios premios literarios, vive en Miami.

4. Los estudiantes, ❑ cuya ❑ cuyos ….profesora faltó a clase, no están listos para el examen.

5. Ese es el músico ❑ cuya ❑ cuyo …guitarra se rompió.

6. Ese es el artista ❑ cuyas ❑ cuyo …esculturas se pueden ver en el Instituto de Arte.

Actividad 2

Une las oraciones siguientes.

Modelo: Vi a un niño. El niño tenía el pelo largo.
El niño **que** *vi tenía el pelo largo. / El niño* **al que** *vi tenía el pelo largo.*

1. El autor escribió un cuento. El autor había ganado un premio literario.

2. Mi compañero de clase me envió un *email*. Te hablaba ayer de mi compañero de clase.

3. Mis tías siempre me quieren dar besos. El aliento de mis tías siempre huele a ajo.

4. El presidente dio una fiesta. En la fiesta hubo doscientos invitados.

5. Irene renunció a una carrera muy brillante. No me lo explico.

6. Los jefes nos halagaban (*compliment*) continuamente. Los regalos de los jefes eran muy generosos.

Actividad 3

En cada una de las siguientes frases, llena el espacio con una forma apropiada de uno de los pronombres relativos.

1. El hombre _____ llegó conmigo es extranjero.

2. Los extranjeros _____ viven en este país trabajan mucho.

3. Esas mujeres, _____ son muy jóvenes, son profesoras.

4. Llegaron a la casa detrás de _____ encontraron el cadáver.

5. Les hablamos a nuestros amigos con _____ pensamos dar un paseo.

6. Sandra Cisneros tiende a usar español e inglés en sus novelas, _____ me parece muy representativo de la comunidad latina de Estados Unidos.

7. La chica de _____ te hablé está a dieta porque quiere ser modelo.

8. La razón por _____ Pancho habla tanto de Cuba es porque quiere volver.

ANTES DE LEER 4

A. Escoge uno de los términos siguientes y haz una búsqueda acerca de la historia de esta(s) persona(s) o el lugar. Escribe un resumen de dos a tres oraciones.

Don Diego de Vargas

Don Juan de Oñate

Santa Fe

Un pueblo indígena de Nuevo México

_____

_____

_____

_____

B. Para ti, ¿qué significan los siguientes términos? Si nunca has escuchado estas palabras, pregunta a tu familia o haz una búsqueda en Wikipedia.

Los términos	Significados
pocho/a	
gringo/a	
gabacho/a	
raza	
mestizaje	

¿Has tenido una experiencia personal con alguna de estas palabras?

_____

_____

_____

LECTURA 4

Paletitas de Guayaba (fragmento)
por Erlinda Gonzales-Berry

Erlinda Gonzales-Berry nació y fue criada en un pueblo pequeño en el norte de Nuevo México. Ha publicado varios libros y artículos sobre la literatura chicana de Nuevo México, la historia chicana de Nuevo México y la presencia de mexicanos en Oregón. Actualmente, es profesora emérita de la Universidad Estatal de Oregón. *Paletitas de Guayaba* fue publicado en 1992, y en 2010 se publicó una nueva edición bilingüe de la novela.

Parte I

(1) El foco tuerto del viejo y destartalado tren penetraba la noche oscura y devoraba lenta, pero definitivamente, las millas vacías en su larga jornada a la ciudad macrocefálica. El traqueteo (*clattering*) de acero sobre acero no le permitía dormir. Se sentó en la camilla, se inclinó sobre las almohadas, encendió cigarrillo tras cigarrillo, y empezó a escribir en su cuadernito:

…..Dios de la vida, ¿por qué sigo con esta porquería?

(2) Lo peor es que seguramente algún día moriré de cáncer de los pulmones. Los encontrarán todos acarbonados, podridos, chamuscados, asquerosos al hacer la autopsia. Tiene razón papi. ¡Qué hábito tan cochino! Pero ni modo, mi adicción es incurable e irremediable. A lo mejor allá pueda dejarla; la reemplazaré con tequila y Tecate —y limón. ¿Por qué será que el limón siempre me recuerda mi niñez? No mi niñez sino mi niñez allá, digo, en México. México, Jalisco, Guadalajara, la calle Simon Bolívar, los departamentos de la señora Jaramillo. Departamentos para gringos. Puros gringos, con la excepción de nosotros que también vivíamos allí, pero no éramos gringos. De cierta manera sí lo éramos, bueno, no gringos (qué bárbara, cómo pensarlo), pero norteamericanos sí. ¿Cómo negar eso? Aunque habláramos español, aunque fuéramos morenitos, éramos de allá, digo del otro lado. Ni modo de cambiar eso. Y los amigos de papi, más bien los compañeros de la AFTOSA, todos güeros, y yo haciéndome la muy mexicanita, afectando la entonación del español de mis amiguitas. Y quiénes son esos gringos que van a tu casa me preguntaban, y yo que no sé, que no los conozco, que no me importa. Ustedes son de allá, ¿verdad? No. Somos de aquí. Es que mi padre tiene algunos conocidos, por su trabajo, sabes.

(3) Y mi hermana mayor. Pinche pocha. Nomás con las tejanas asquerosas andaba. No sé por qué se metió con ellas. Quizá por su edad no quería perder su identidad. Era demasiado tarde para que ella se volviera mexicana. Yo sí. Yo soñaba con nacer de nuevo, con renacer mexicana. BORN AGAIN MEXICAN. Cuando se fueron del colegio, sin permiso, ella y las dos gringas tejanas, yo como que no la conocía. Oye, ¿no es tu hermana la que viene arrastrando la Mis Beti? ¡SUÉLTENLAS! ¡QUE SE VAYAN A CASA! (gritaba el decano por el portavoz).

(4) Pinche pocha. Yo haciendo cola con los otros niños de La Americana, saludando la bandera mexicana, muriéndome de vergüenza mientras mi hermana se largaba porque era quien era y no quería, o no podía, renacer mexicana. Y yo muy Judas. Fíjate, que no es. Se parece, ¿no? Pero no, no es mi hermana. Y después vinieron por mí mis padres. No, que no te puedes quedar. Echaron a tu hermana nomás por hablar inglés. No podemos dejarte aquí con gente tan déspota. Te vamos a mandar con las monjitas. Y yo prendida de la Mis Mary, pegando gritos y llorando a baba suelta, escondida en las enormes ubres de la Mis Mary.

(5) And then, welcome monjitas de mi vida. Esas señoritas sí que me hicieron la vida pesada. Yo, tan leonina en todo, acercándome siempre al calor humano, como las gatas, buscando el amor materno de las ubres enormes de la Mis Mary. Qué desengaño. Aquellas monjitas de hielo, vestidas de negro, enclaustradas detrás de muros decorados con vidrios fatales. Las santitas, las esposas de Cristo, las madrecitas. Qué madrecitas ni qué madrecitas, más frías y más malas que agua salada en la milpa (como le dijo un perro a un antiperro). Así que empezaron los sufrimientos de niña escandalosa, la mayoría de los cuales se me han borrado de la memoria.

(6) Desgraciadamente de los sueños no. Allí me llegan de visita de vez en cuando las madrecitas, las cabecitas encapuchadas, las caritas de ángel distorsionadas como si

estuvieran filtradas por un lente de ángulo ampliado. Allí en mis sueños más privados hacen un círculo y me empujan de mano a mano enguantada y siguen así hasta que me caigo de cansancio llorando, y gritando y llamando a la Mis Mary. Gracias a Dios que aquello sólo duró dos meses, porque de haber durado más me hubiera cambiado mi estatus de born again Mexican. La verdad es que a esas monjas las llegué a odiar, y por poco termino odiando a todo, y a toda, mexicano(a). Pero me salvé. Me sacaron de allí antes de haber renunciado a mi patria adoptiva y aquí voy de regreso, quince años después, buscando el perfume de las buganvilias, la música delectable del español mexicano, las paletitas de guayaba, el olor del limón, el chocolate con canela, el lago de Chapala, el patio de la casa en Sayula, la calidez humana…

Preguntas

1. Describe la narración de la novela: el estilo y el tono.

2. ¿Cuáles son ejemplos de imágenes que encuentras dentro de la narrativa?

3. Describe cómo entiendes los conceptos de "renacer mexicana" o "*Born Again Mexican*" y "patria adoptiva" según el texto.

4. ¿Cómo se diferencian la narradora y su hermana?

5. En la narración, ¿cómo se distingue entre norteamericana y gringa?

Parte II

Vocabulario. Empareja las siguientes palabras con la definición correspondiente.

____1. "Cómo **friegan** estos camareros".

____2. "No como allá donde **ultrajan** en media calle, a plena luz del día…"

____3. "Vienen aquí y nos quitan los trabajos (not to mention **las güisas a los chavos**)".

a. insultar, ofender
b. las muchachas a los muchachos.
c. molestar

(1) No. No necesito nada. Verdad que no. ¿Cuánto falta? ¿Dice que hay parada en Durango? No. Me siento bien. Es que voy muy cansada. Anoche no dormí.

(2) Cómo **friegan** estos camareros. Nomás porque vengo de allá se les hace que me acuesto con ellos como cualquier gabacha. Creo que por eso no dormí anoche. De puro miedo que se metiera uno a mi alcoba. Pero en realidad, en el fondo no siento miedo. No como allá donde **ultrajan** en media calle, a plena luz del día y todos mirando como bobos. Pero papi y mamá me contaron no sé cuántas cosas horripilantes de cómo son los mexicanos. Como si fueran distintos a nosotros. Creo que lo que pasa es que allá nos han inculcado la idea de que somos superiores a ellos. Especialmente en Nuevo México, a la raza no le gusta que la llamen Mexican. I'm not Mexican, I'm Spanish, te dicen de una vez. Yo les digo a mamá y a papi, pero ¿no ven que somos de las mismas raíces, que somos hermanos? ¿A poco somos distintos porque nos separa una frontera abstracta, unos trapitos de colores? Esas son ideas que nos han metido los americanos (con mis padres no se permite usar la palabra gringo). No, hija. Ellos son surumatos. Son gente violenta y desconfiada. Vienen aquí y nos quitan los trabajos (not to mention **las güisas a los chavos**). Ni modo.

(3) Así piensan mis padres y muchos más como ellos. Gracias a Dios que no tengo esos complejos. A México yo lo defiendo como mi misma patria. En efecto lo es. La patria que adopté cuando niña. Por eso regreso ahora. Para reclamar mi paraíso perdido. Mis padres no sienten el amor que yo siento hacia México. No hay que culparlos a ellos, puesto que nacieron allá. Sus padres también nacieron en territorio norteamericano y sus abuelos también, no porque quisieron, sino porque ese fue el momento histórico que les tocó vivir. Estoy segura, sin embargo, de que las generaciones anteriores sintieron algo por México. A pesar de que no nacieron en lo que políticamente se define como México, estoy segura de que lo llevaban en la subconciencia colectiva y que les latía en las venas. La prueba está en que en nuestra lengua, en español, siempre nos hemos llamado mexicanos. Lo de Spanish es cosa del inglés —para caerle bien al AMERICANO. Hasta maromas (*somersault*) le hacemos si creemos agradarle. Qué pendejos, mano. Porque la verdad es que nada de lo que hacemos les agrada. El gran mito de allá es que quieren aceptarnos, que quieren brindarnos la preciosa igualdad democrática norteamericana. Jes sir, con tal de que nos transformemos en su misma imagen, que olvidemos el español, que nos rindamos a su modo de ser.

(4) Qué ilusión. ¿Cuándo nos daremos cuenta de que jamás nos aceptarán como iguales? Y no es sólo por cuestión de la piel morenita. Es cuestión de la labor de burro. Si nos aceptaran como iguales en las universidades, en las profesiones, si prepararan bien a nuestros hijos en las escuelas estatales, ¿quién haría la labor de burro? ¿Quién pizcaría las cosechas, quién trabajaría las minas, quién trabajaría en las maquiladoras, quién en las enlatadoras, quién pavimentaría las calles, quién lavaría los platos sucios, quién limpiaría los retretes, los servicios, los inodoros, los excusados, los comunes? ¿Quién?

Preguntas

1. La narradora describe las distintas opiniones entre ella y sus padres acerca de los mexicanos. ¿Cómo se diferencian?

2. Al final del párrafo 4, la narradora hace una serie de preguntas. ¿Para qué fin crees que puede servir esta técnica narrativa? Y ¿te acuerda este párrafo de alguna lectura en particular del capítulo 1?

Parte III

Vocabulario. Empareja las siguientes palabras con la definición correspondiente.

____1. "... más bien una prehistoria, a la cual sigues **atávicamente** atada y que obsesivamente necesitas conocer".

____2. "... la raíz mexicana se extendió a través del espacio y llegó a las colonias **septentrionales** primero con los tlaxcaltecas..."

____3. "En otras palabras, **minha filha**, la segunda oleada de colonos que a las riberas del Río Grande arriba en 1692 traía sus agüitas enlodadas".

____4. "Más o menos **empate,** diría yo".

____5. "**Chale**, querida, España is my fatherland".

a. resultado final (*tie score*)
b. del norte
c. hija mía
d. *Relating to a prior version or throwback.*
e. *No way.*

(1) Igual este momento a cualquier otro para preguntarte(me) por qué voy a México. Bueno, lo de Steve resulta obvio, pero eso de recuperar la niñez es pura bobada. La niñez no se recupera; ya pasó; puf, se borró; ya no existe. Lo que plasmó de bueno o de malo lo llevas atrapado dentro y eso es todo lo que existe: unas cuantas memorias y una bola de sentimientos, temores, esperanzas, prejuicios y actitudes contradictorias y ambivalentes que son precisamente tú. Así que, vamos a darle por otro lado, ¿por qué vas a Mexicles?

(2) Bueno, quizá sí haya algo de verdad en eso de que vas a recobrar tu pasado, pero no tu pasado particular, sino una historia, o más bien una prehistoria, a la cual sigues **atávicamente** atada y que obsesivamente necesitas conocer. Regresar a la misma raíz, a la semilla, reandar los pasos perdidos para armarte con algo que te permita defenderte contra esa fuerza aluvial que te arrastra cada vez con más fuerza, amenazando arrancarte de tu misma esencia. Pero, de verdad, ¿qué tiene que ver tu realidad con México? Mira, a ustedes (bueno, nosotros) los neomexicanos, nuestras raíces hay que buscarlas en nuestra misma tierra.

(3) Claro que los españoles sembraron en la Nueva México sus instituciones, su lengua, sus valores culturales, y son precisamente estos los que nos ligan al resto del mundo hispánico. Pero lo indígena hay que buscarlo en la misma tierra del suroeste y en las culturas de esa región. Porque mismo como se desarrolló una cultura mestiza en México, se desarrolló otra en el valle del Río Grande, pero el ingrediente autóctono fue distinto al de México, al de Perú, o al de Bolivia. Mientras en México se desarrolló una nueva cultura mexicana, en tu tierra se dio la cultura neomexicana. Bueno, tienes, (o sea, tengo) y no tienes razón. Es verdad que podemos y debemos hablar de una cultura distinta a la de México en lo que atañe a la raíz indígena, pero no hay que olvidar tampoco que la raíz mexicana se extendió a través del espacio y llegó a las colonias **septentrionales** primero con los tlaxcaltecas que acompañaron a los primeros colonos y que se establecieron en el barrio, o la vecindad, como se decía y se sigue diciendo allá, de Analco en la Villa de la Santa Fe, precisamente donde hoy se encuentra la capilla de San Miguel.

(4) Después aparecen nuevos retoños cuando la Reconquista de De Vargas. ¿No es verdad que tu misma familia descendió de un tal Juan de Soyago Sosa, nativo de Texcoco, quien acompañó a De Vargas, junto con su futura esposa, Ysabel Cabo Montezuma? Acuérdate de cómo se les describe a los nuevos colonos que acompañaron a De Vargas y a los descendientes de los primeros colonos de la entrada de Oñate en los registros oficiales traducidos en el libro de aquel sabio historiador: algo de español (los capitanes, los frailes, los escribanos) y mucho de mexicano. En otras palabras, **minha filha**, la segunda oleada de colonos que a las riberas del Río Grande arriba en 1692 traía sus agüitas enlodadas. Es decir, que en las venas de esos nuevos colonos, muchos de ellos reclutados del Valle de México, fluía sangre espesa de mestizaje; en algunos casos de uno y casi tres cuartos siglos más de hanky panky entre las señoritas de Tenochtitlan, dueñas de dulces y seductivos tipilis, y los castizos, pero no muy castos, señores de Iberia.

(5) Además, nuestra misma lengua revela ese mestizaje cultural importado. ¿De dónde crees que vienen los muy pintorescos giros, tecolote, guajalote, guajolote, coyote, chapopote, camote, elote —no Mingote no, mensa— cuate, chocolate, pichicuate, esquite, mesquite, tequexquite, chíquete, mecate, cajete, zacate, zoquete, jumate, aguacate, cacahuate, nopal, tamal, comal, atole? Y dizque el dialecto de Nuevo México se caracteriza sobre todo por sus arcaísmos castellanos. A ver, hagamos una pequeña comparación cuantitativa: asina, mesmo, acual, vido, vide, trujo, truje, trujimos, en pos de, ende, endenantes, naidien, muncho, cuasi, anque, lición, escuro, curre, lamber, jallar, jeder, jondo, juir, jueron, jumadera. Más o menos **empate,** diría yo. Claro, has dado en el blanco: el mestizaje es una especie de empate. ¿Entonces por qué se habrán

esmerado tanto en negar a uno de los equipos principales del partido tal como se ha hecho con tanto éxito en mi tierra?

(6) Pero mira, chinita poblana, tampoco lo eres, así que no te hagas ilusiones, pochita, y hablando de ilusiones, ¿no son esos los arrabales, las afueras, los suburbios, los satélites, las villas de miseria del D.F.? ¡Alabado sea Dios, I have arrived in the motherland! ¿Cómo que the motherland? Yo creía que España era the true motherland of all manitos? **Chale**, querida, España is my fatherland.

DESPUÉS DE LEER 4

A. La narración de la novela muchas veces toma la forma de una conversación continua. ¿Entre quiénes tiene lugar esta "conversación"? ¿El texto es de veras un diálogo, o es un monólogo o una combinación de los dos?

B. Notemos que la narración salta del presente al pasado. ¿Qué efecto tiene?

C. Contesta las siguientes preguntas:

1. ¿Qué tipo de narrador(a) tiene *Paletitas de Guayaba*?

2. ¿Quién(es) es/son el/los personaje(s)?

3. ¿A quién se refiere cuando dice "nosotros"?

4. ¿A quién se refiere cuando dice "tú"?

5. ¿A qué *género literario* pertenece *Paletitas de Guayaba*? ¿Cuáles son las *formas de expresión* utilizadas en el texto?

D. ¿Qué significa "mestizaje cultural importado"?

E. En el párrafo 5, la narradora menciona una serie de palabras. ¿Por qué las menciona? ¿Conoces todas estas palabras? ¿Qué conexiones ves entre lo que dice la autora y la discusión en el capítulo 3 sobre el español de los Estados Unidos?

F. ¿Cuál es la distinción entre *motherland* y *fatherland* que hace la narradora?

G. Busca "*Gabriela Guzman Tensions Among Hispanic Groups Erupt in Schools*" para leer un artículo sobre las tensiones entre mexicanos y nuevomexicanos en Nuevo México en 2005.

1. ¿Cómo se podría relacionar este artículo al texto de Gonzales-Berry?

2. ¿Cuáles son los conflictos que se mencionan en el artículo?

3. ¿Cuáles son algunas estrategias que se están empleando para evitar los conflictos?

Enfoque de redacción

Cómo desarrollar y defender una tesis sobre una obra literaria

A lo largo de este libro, hemos desarrollado y defendido tesis sobre una variedad de temas. ¿Cuáles son algunas características de las buenas tesis (capítulo 1)?

_____

_____

Anota aquí dos ejemplos de tesis específicas que has desarrollado y argumentado en los capítulos anteriores.

1.

2.

Ahora vamos a generar y defender una tesis sobre una obra literaria. Esto se hace de manera parecida a las tesis sobre temas sociales, pero hay algunas diferencias importantes. Tenemos que extraer de la obra literaria un tema general, para luego generar una tesis específica. A continuación, hay unos ejemplos de temas (generales) y tesis (específicas).

Tema (general)	Tesis (específica)
Identidad individual vs. colectiva	"En la obra *Primera comunión*, el tema de identidad individual vs. colectiva se examina a través de un contraste entre el mundo infantil y el de los adultos".
El papel de la memoria y la nostalgia en la construcción de la identidad	"En la obra *Primera comunión* el recuerdo es el marco estructural que delimita un espacio para la construcción de la memoria y la reflexión sobre la identidad personal y colectiva".

Actividad 1

Utiliza dos de los temas sugeridos al principio de esta unidad y genera una tesis para desarrollarla en un ensayo sobre la obra *Primera comunión*.

❑ La extrema inflexibilidad del discurso del pecado y sus incongruencias

❑ El respeto hacia lo sagrado

❑ La pérdida de los valores religiosos y familiares

❑ Los valores del catolicismo como elemento fundamental en la preservación de la cultura tradicional

❑ El despertar a la sexualidad y la formación de una ética individual

❑ Dilema entre el ideal de lo inculcado y la experiencia de la realidad

Tema (general)	Tesis (específica)

Actividad 2

Escoge una de estas dos tesis. Vuelve a leer y escoge elementos de la historia que se relacionen y justifiquen tu tesis. Luego, escribe una redacción utilizando el siguiente esquema. Recuerda la estructura del párrafo que hemos estudiado anteriormente.

Introducción

Frase de introducción

Contextualización (¿De qué texto estamos hablando?)

Tesis

Objetivos: (¿Qué observaremos en esta lectura?)

Conclusión y transición al siguiente párrafo

Evidencia del texto 1

Presentación de la evidencia

Relación con la tesis y análisis (este es tu aporte)

Conclusión y transición al siguiente párrafo

Evidencia del texto 2

Presentación de la evidencia

Relación con la tesis y análisis (este es tu aporte)

Conclusión

Conclusión

Conexiones con la comunidad

¿Hay algún lugar en tu comunidad que patrocina *poetry slams* o lecturas de algún tipo en español? O, ¿existe alguna publicación literaria en español en tu comunidad, como la revista *ContraTiempo* (*www.revistacontratiempo.com*) de Chicago?

Entrando en la conversación

Plan de clases y miniensayo literario

Tu clase de español está involucrada en un programa comunitario que empareja las clases universitarias con clases de secundaria (*high school*). El programa tiene como objetivo exponer a los estudiantes de secundaria a la educación superior para aumentar el número de alumnos latinos y de otros grupos minoritarios que asisten a la universidad.

La clase con la cual están emparejadas nunca ha leído la literatura latina de Estados Unidos. La maestra de la clase pide sugerencias acerca de cómo enseñar un texto de la literatura latina de EE.UU. Vas a escribir un plan de clases de 50 minutos basado en un texto literario de este capítulo para la maestra. Tu plan de clases debe tener tres partes y debe ser de tres páginas.

Modelo

1. Una introducción al texto
   a. Describe por qué crees que es importante enseñar este texto (un párrafo).

2. La elaboración de un tema y una tesis
   a. Aquí vas a destacar un tema y una tesis relacionados con el texto. Es tu oportunidad de subrayar los elementos del texto que son llamativos para ti. La maestra no va a poder cubrir todos los temas presentes en el texto, de modo que el desarrollo de tu tesis le va a ayudar a enfocarse en tu argumento cuando ella explique el texto a la clase.
   b. Esta parte debe tomar la forma de un pequeño ensayo literario (dos páginas).
      i. Debes tener una introducción con una tesis.
      ii. Debes desarrollar tu tesis con ejemplos y citas del texto.
      iii. Debes tener una conclusión.

3. Una actividad interactiva
   a. Aquí vas a sugerir una actividad interactiva relacionada con el texto, que se podría hacer en clase o como tarea (uno a dos párrafos).

Rúbrica de evaluación: Plan de clases y miniensayo literario

Nombre: _____   ❏ **Versión preliminar**   ❏ **Versión final**

Recuerda que <u>no</u> se asignará una nota a ninguna composición que no haya pasado por un <u>revisor de ortografía</u>.

Categoría	Puntos	Criterios	Comentarios
Contenido	_____ / 30	• Las tres partes del plan de clases están presentes y bien desarrolladas: –la introducción –el ensayo literario –la actividad interactiva • Hay una tesis clara, con un argumento claro en el ensayo literario. • El ensayo literario cita ejemplos del texto.	
Enfoque de redacción	_____ / 25	• Buen uso de los puntos estudiados en los capítulos del libro.	
Organización	_____ / 20	• La organización es clara y lógica. • Hay transiciones claras de una idea a otra. • El lector sigue las explicaciones sin problemas, sin perderse.	
Gramática y uso	_____ / 15	• Buen uso de los puntos estudiados en los capítulos del libro.	
Vocabulario y expresiones	_____ / 10	• Hay variedad de vocabulario; no se repiten las mismas palabras. • Las palabras están utilizadas correctamente.	

Revisión del compañero: Plan de clases y miniensayo literario

Nombre del revisor: _____ **Nombre del autor:** _____

Primero, lee el trabajo de tu compañero. Después, contesta estas preguntas, volviendo al texto cuando haga falta.

1. Texto con el que trabaja el autor: _____

2. Describe los componentes siguientes del trabajo.

Sección del informe	Descripción breve en una oración	Sugerencias para mejorar esta sección
Introducción del texto		
Ensayo literario: ¿Tiene una tesis clara? ¿Cita ejemplos del texto?		
La actividad interactiva		

3. Fíjate en los enfoques de redacción y los puntos de gramática y uso estudiados hasta ahora. Ofrece una o dos sugerencias concretas sobre algún aspecto de esta composición.

Apéndice A

Palabras y patrones importantes en la redacción académica

Para indicar acuerdo	Para indicar desacuerdo	Para indicar contraste
Estar de acuerdo	Diferir	Sin embargo
De acuerdo con	No concordar	Aunque
Tener la misma opinión	No estar de acuerdo	A pesar de lo dicho anteriormente
Concordar en	Discrepar	Debido a
Coincidir en	Oponerse	Por otra parte
Corresponder	Discordar	Contrario a
Coincidir	Diferenciarse	No obstante
	Disentir	
	Divergir	

Modelos para introducir lo que dicen generalmente los demás

"Se suele **decir** que _____".

"Mucha gente **cree** que _____".

"Los que están a favor de las leyes *English Only* **sostienen** que _____".

"Toda mi vida había **escuchado** que _____".

"Los monolingües en inglés probablemente **asumen** que _____".

"Cuando yo era niño, **pensaba** que _____".

"Mis maestros siempre me han dado la **impresión** que _____".

"**Según** [las feministas; los psicólogos; los anglo-americanos; etc.], _____".

Modelos para citar dos opiniones diferentes

"Por un lado, _____ *(persona o grupo)* _____ **alega** que _____. Por otro lado, _____ *(persona o grupo)* _____ **insiste** en que _____".

Modelos para citar a una entidad concreta

En su...	El grupo / la persona X....
libro	señala que _____
ensayo	informa que _____
artículo	sugiere que _____
reseña (review)	observa que _____
programa [de televisión, radio, etc.]	se queja de que _____
	enfatiza que _____
Etc.	propone que _____
	insiste en que _____
	cuestiona si _____
	nos presenta _____

Modelos para hacer una transición del "se dice" al "yo digo"

Pero creo que _____ (la persona X) _____ se equivoca porque…

Sin embargo/no obstante, discrepo de _____ (ese grupo) _____ porque las investigaciones indican que…

Aunque me parece lógico que _____, no acepto la idea que _____.

Mientras que _____ (persona) _____ acierta al afirmar que _____ ,

no tiene razón cuando insiste en que _____.

Palabras de transición

Adición	También, además, de acuerdo con
Ejemplos	Por ejemplo, consideremos, específicamente
Elaboración	De hecho (in fact, actually), es decir (that is), dicho de otra manera
Contrastes	Por el contrario, pero, aunque, mientras/mientras que (whereas), en cambio/por otra parte (on the other hand), sin embargo (however), no obstante (nonetheless)
Concesiones	Hay que reconocer que, es cierto que
Causa o motivo	Por eso, puesto que/ya que/dado que (since, given that), después de todo (after all)
Condición	Con tal que/siempre que (as long as)
Resumen	En fin (in short), en resumen/en conclusión

Apéndice B

Algunos aspectos del sistema verbal en español (verbos regulares)

		El indicativo	El subjuntivo
Presente simple	Yo	hablo, vuelvo, vivo	(que) hable, vuelva, viva
	Tú	hablas, vuelves, vives	(que) hables, vuelvas, vivas
	Vos	hablás, volvés, vivís	(que) hablés, volvás, vivás
	Él/ella/usted	habla, vuelve, vive	(que) hable, vuelva, viva
	Nosotros	hablamos, volvemos, vivimos	(que) hablemos, volvamos, vivamos
	Ellos/ellas/ustedes	hablan, vuelven, viven	(que) hablen, vuelvan, vivan
Presente perfecto	Yo	he hablado/vuelto/vivido	(que) haya hablado/vuelto/ vivido
	Tú	has hablado/vuelto/vivido	(que) hayas hablado/vuelto/ vivido
	Vos	has hablado/vuelto/vivido	(que) hayas hablado/vuelto/ vivido
	Él/ella/usted	ha hablado/vuelto/vivido	(que) haya hablado/vuelto/ vivido
	Nosotros	hemos hablado/vuelto/vivido	(que) hayamos hablado/ vuelto/vivido
	Ellos/ellas/ustedes	han hablado/vuelto/vivido	(que) hayan hablado/vuelto/ vivido
Pretérito	Yo	hablé	--
	Tú	hablaste	
	Vos	hablaste	
	Él/ella/usted	habló	
	Nosotros	hablamos	
	Ellos/ellas/ustedes	hablaron	
Imperfecto	Yo	hablaba	(que) hablara
	Tú	hablabas	(que) hablaras
	Vos	hablabas	(que) hablaras
	Él/ella/usted	hablaba	(que) hablara
	Nosotros	hablábamos	(que) habláramos
	Ellos/ellas/ustedes	hablaban	(que) hablaran

(Continued)

		El indicativo	El subjuntivo
Pasado perfecto	Yo	había hablado/vuelto/vivido	(que) hubiera hablado/vuelto/vivido
	Tú	habías hablado/vuelto/vivido	(que) hubieras hablado/vuelto/vivido
	Vos	habías hablado/vuelto/vivido	(que) hubieras hablado/vuelto/vivido
	Él/ella/usted	había hablado/vuelto/vivido	(que) hubiera hablado/vuelto/vivido
	Nosotros	habíamos hablado/vuelto/vivido	(que) hubiéramos hablado/vuelto/vivido
	Ellos/ellas/ustedes	habían hablado/vuelto/vivido	(que) hubieran hablado/vuelto/vivido
Futuro	Yo	hablaré, volveré, viviré	--
	Tú	hablarás, volverás, vivirás	
	Vos	hablarás, volverás, vivirás	
	Él/ella/usted	hablará, volverá, vivirá	
	Nosotros	hablaremos, volveremos, viviremos	
	Ellos/ellas/ustedes	hablarán, volverán, vivirán	
Condicional	Yo	hablaría, volvería, viviría	--
	Tú	hablarías, volverías, vivirías	
	Vos	hablarías, volverías, vivirías	
	Él/ella/usted	hablaría, volvería, viviría	
	Nosotros	hablaríamos, volveríamos, viviríamos	
	Ellos/ellas/ustedes	hablarían, volverían, vivirían	
Futuro perfecto	Yo	habré hablado/vuelto/vivido	--
	Tú	habrás hablado/vuelto/vivido	
	Vos	habrás hablado/vuelto/vivido	
	Él/ella/usted	habrá hablado/vuelto/vivido	
	Nosotros	habremos hablado/vuelto/vivido	
	Ellos/ellas/ustedes	habrán hablado/vuelto/vivido	
Condicional perfecto	Yo	habría hablado/vuelto/vivido	--
	Tú	habrías hablado/vuelto/vivido	
	Vos	habrías hablado/vuelto/vivido	
	Él/ella/usted	habría hablado/vuelto/vivido	
	Nosotros	habríamos hablado/vuelto/vivido	
	Ellos/ellas/ustedes	habrían hablado/vuelto/vivido	

Apéndice C

Rúbrica general, "Entrando a la conversación": Cartas

Nombre: _____ Total: _____ /100

Categoría	Puntos	Criterios
Contenido (50%)	Excelente: 40-50 _____	• Demuestra una comprensión excelente del tema de la carta. • Desarrolla todas las ideas con suficientes detalles de apoyo. • Cita correctamente las fuentes. • Utiliza un registro apropiado. • Utiliza vocabulario exacto y descriptivo; no repite las mismas palabras.
	Admisible: 30-40 _____	• Demuestra una comprensión básica del tema. • Expresa ideas, pero no las desarrolla o no son relevantes. • No cita correctamente las fuentes en un máximo de dos casos. • Mantiene un registro apropiado, con sólo una o dos excepciones. • Hay repetición de ciertas palabras.
	Insatisfactorio: 20-30 _____	• Tiene poco que ver con el tema de la carta. • Información mínima, superficial. • Contiene ideas confusas, poco relevantes. • Más de dos casos donde no cita una fuente. • El registro de la redacción no es apropiado a lo largo del ensayo. • Vocabulario muy sencillo; hay repetición de muchas palabras.
Organización (25%)	Excelente: 20-25 _____	• Organización excelente de ideas: introducción, oraciones de tesis y conclusión. • La organización de temas es clara y lógica. • Hay transiciones claras de una idea a otra.
	Admisible: 15-20 _____	• Organización aparente de ideas, pero carece de una(s) tesis clara(s) y evidente(s). • Las transiciones entre ideas son abruptas. • En algunos casos la organización no es clara ni lógica.
	Insatisfactoria: 10-15 _____	• Ninguna organización de ideas. Carece de oraciones de tesis. • Muchas ideas desconectadas.
Gramática y Uso (25%)	Excelente: 20-25 _____	• Buen uso de los puntos estudiados hasta el momento. • Todas las ideas son comprensibles.
	Admisible: 15-20 _____	• Falta el uso de algunos puntos estudiados hasta el momento. • Algunos errores que afectan la comprensión de la carta.
	Insatisfactorio: 10-15 _____	• No usa correctamente los puntos gramaticales estudiados hasta el momento. • Los errores son frecuentes y afectan la comprensión.

Text Credits

Chapter 1

Pages 6, 9: LA OTRA CARA DE AMÉRICA. Copyright © 2000, 2006 (new material) by Jorge Ramos Ávalos. All rights reserved. Reprinted by arrangement with HarperCollins Publishers. *Page 21:* Reprinted by permission of Jim Gilchrist © 2008, *Georgetown University Immigration Law Journal,* Volume 22, Spring 2008, No. 3, pages 415–428.

Chapter 2

Page 44: "Encuentros y desencuentros: de Guillermo a William" by Raúl Dorantes and Febronio Zatarain in *Y nos vinimos de mojados: Cultura mexicana en Chicago,* © Raúl Dorantes and Febronio Zatarain. *Page 59:* "Latinos or Hispanics? A Debate About Identity," from The Washington Post, © 2001, The Washington Post. All rights reserved. Used by permission and protected by the Copyright Laws of the United States. The printing, copying, redistribution, or retransmission of the Material without express written permission is prohibited. *Page 63:* "Latinos/Hispanics: What next! Some Reflections on the Politics of Identity in the U.S." © by Martha Gimenez.

Chapter 3

Page 81: Hunger of Memory by Richard Rodriguez. Copyright © 1982 by Richard Rodriguez. Reprinted by permission of Georges Borchardt, Inc., on behalf of the author. *Page 110: Oye mi son: ensayos y testimonios sobre literatura hispanoamericana,* by Roberto González Echeverría. Seville: Renacimiento, © 2008. *Page 113:* Copyright © 2008 by Bill Santiago.

Chapter 4

Page 124: Melody González, from the Student/ Farmworker Alliance in Immokalee, Florida. Originally published in Contratiempo magazine: Issue 26, "Mundo laboral latino," © June 2005. *Page 132:* "Asfixiados por el salario mínimo" by Elizabeth Schulte. © 2005, Socialist Worker Publications, reproduced by permission. *Page 137:* "Salario mínimo: enemigo de los pobres" by Jacob Hornberger, translated by Carlos Ball, for la Agencia Interamericana de Prensa Económica (AIPE), © 1999. Published with permission of the author. *Page 142: The Motherhood Manifesto* by Joan Blades and Kristin Rowe-Finkbeiner (2006), translated into Spanish as *El precio de la maternidad.* Reprinted by permission of Nation Books, a member of Perseus Books Group.

Chapter 5

Page 161: © Text written by Adele Butterfield (http://www.dividedbytechnology.co.uk/impacts.html). Website by Daniel Price (www.bytebox.co.uk). *Page 172:* "Lo que cuesta la piratería," redacción de Baquía, © 08/23/2007. Published with permission of *Creative Commons. Page 175:* "Sobre la propiedad intelectual y los caballos vs. los automóviles," © 2010, Clifford Meece. Published with permission from the author.

Chapter 6

Page 195: "Sólo la sociedad crea el género" by Ofelia Musacchio. Printed with permission of RedTraSex (http://www.redtrasex.org.ar/). *Page 199:* "Gender Differences Are Real" by Frank York © 2007, NARTH. *Page 215:* "Vowing to Set the World Straight," from The

Washington Post © 2005, The Washington Post. All rights reserved. Used by permission and protected by the Copyright Laws of the United States. The printing, copying, redistribution, or retransmission of the Material without express written permission is prohibited.

Chapter 7

Page 235: "Comer sano ¿es más caro o no?" printed with permission of pistoYnopisto (http://www.pistoynopisto.com). *Page 251:* "Más ancianos latinos en clínicas geriátricas" by Yurina Rico printed with permission of La Opinión/ImpreMedia. *Page 258:* "El acceso a servicios de salud para los latinos hispanoparlantes en los Estados Unidos" by Glenn Martínez, © 2010. Printed with permission of the author.

Chapter 8

Page 270: "Primera comunión" is reprinted with permission from the publisher of *Y no se lo tragó la tierra* by Tomás Rivera (© 1987 Arte Público Press, University of Houston). *Page 281:* "Disparo en la catedral" is reprinted with permission from the publisher of *Odisea del Norte* by Mario Benaca (© 1997 Arte Público Press, University of Houston). *Page 287:* From "El súper" by Iván Acosta. © Iván Acosta, All rights reserved. *Page 294:* Excerpt from *Paletitas de Guayaba*. By Erlinda Gonzales-Berry. Bilingual Edition. Published by Floricanto, © 2010.

Every attempt has been made to contact Dignidad Humana on page 214. Any further information would be welcomed by the publisher.

Photo Credits

Chapter 1

Page 1: Corbis/Alamy. *Page 6:* J. Emilio Flores/Getty Images, Inc. *Page 9:* Nick Koudis/Getty Images, Inc. *Page 14:* Remedios Varo, Alchemy or the Useless Science, 1958/Bridgeman Art Library/NY/Artist Rights Society, NYC. *Page 21:* MANDEL NGAN/AFP/Getty Images, Inc. *Page 37:* Ramona Rosales/Retna.

Chapter 2

Page 42: U.S. Census Bureau. *Page 43:* Photo provided courtesy of StoryCorps. *Page 45:* James Burke/Time Life Pictures/Getty Images, Inc. *Page 47:* Photo by Chicago History Museum/Getty Images, Inc. *Page 52:* Bruce Laurance/Getty Images, Inc. *Page 56:* Courtesy Kim Potowski. *Page 59:* NewsCom. *Page 63:* Courtesy Kim Potowski. *Page 71:* Courtesy Kim Potowski.

Chapter 3

Page 79: Courtesy Kim Potowski. *Page 81:* Jacket cover © 1983 by Bantam Books, a division of Random House, Inc., from *Hunger of Memory* by Richard Rodriguez. Used by permission of Bantam Books, a division of Random House, Inc. *Page 88:* Image Source/Getty Images, Inc. *Page 89:* Biophoto Associates/Photo Researchers, Inc. *Page 106 (left):* Sylvain Sonnet/Getty Images, Inc. *Page 106 (right):* Corbis/Alamy. *Page 107:* Johannes Franciscus Lucas/iStockphoto. *Page 114:* Courtesy Bill Santiago. *Page 116 (top):* Courtesy Ana Celia Zentella. *Page 116 (bottom):* Courtesy the Graduate Center, CUNY, photo by A. Poyo Furlong.

Chapter 4

Page 123: Cosmo Condina/Getty Images, Inc. *Page 125:* Jon Helgason/iStockphoto. *Page 135:* Gistavo Graf/Bloomberg/Getty Images, Inc. *Page 136:* Sylvain Grandadam/Getty Images, Inc. *Page 142:* Joan Blades and Kristin Rowe-Finkbeiner, *The Motherhood Manifesto*. Reproduced with permission of Perseus Books.

Chapter 5

Page 158: AFP Photo/Elmer Martinez/Getty Images, Inc. *Page 164:* Landov LLC. *Page 165 (top):* iStockphoto. *Page 165 (center):* iStockphoto. *Page 178:* Photo by Museum of the City of New York/Byron Collection/Getty Images, Inc. *Page 182:* NewsCom. *Page 184:* Tim Mosenfelder/Getty Images, Inc. *Page 186 (far left):* Igor Marx/iStockphoto. *Page 186 (left):* CostinT/iStockphoto. *Page 186 (center):* Gino Santa Maria/iStockphoto. *Page 186 (right):* Dmitry Kutlayev/iStockphoto.

Chapter 6

Page 194: Masterfile. *Page 202 (left):* AFP Photo/Gerard Cerles/Getty Images, Inc. *Page 202 (center):* AFP/Juan Mabromata/Getty Images, Inc. *Page 202 (right):* Bruno Vincent/Getty Images, Inc. *Page 203 (left):* Todd Bates/iStockphoto. *Page 203 (right):* Digifoto Gamma/Alamy. *Page 205 (far left):* George Marks/Getty Images, Inc. *Page 205 (left):* SuperStock/Getty Images, Inc. *Page 205 (center):* AFP/Roberto Schmidt/NewsCom.

Page 205 (right): Fernanda Calfat/Getty Images, Inc. *Page 206:* Mark Lennihan/©AP/ Wide World Photos. *Page 211:* Ethan Miller/Getty Images, Inc. *Page 220:* Thinkstock Images/Getty Images, Inc. *Page 222 (left):* Archivo/Omar Valdez/NewsCom. *Page 222 (center):* NewsCom. *Page 222 (right):* iStockphoto.

Chapter 7

Page 233: Masterfile. *Page 235 (top):* Branislav Senic/iStockphoto. *Page 235 (center):* Aldofo Lazo/iStockphoto. *Page 237 (left):* Masterfile. *Page 237 (right):* FotografiaBasica/ iStockphoto. *Page 239 (far left):* iStockphoto. *Page 239 (left):* Rebecca Sabot/iStockphoto. *Page 239 (center):* Norman Chan/iStockphoto. *Page 239 (right of center):* Lehner/ iStockphoto. *Page 239 (far right):* drevojan/iStockphoto. *Page 240:* Robert George Young/ Getty Images, Inc. *Page 242 (left):* Kirk Geisler/iStockphoto. *Page 242 (right):* Adrian Pope/Getty Images, Inc. *Page 250:* Eric Risberg/©AP/Wide World Photos. *Page 251:* Jose Luis Pelaez/Age Fotostock America, Inc. *Page 254:* Robert Fried/Alamy.

Chapter 8

Page 270: The book cover is reprinted with permission from the publisher of *Odisea Del Norte* by Mario Bencastro (© 2010 Arte Público Press, University of Houston).

Índice

A

a:
en las perífrasis verbales, 67–68
vs. **ha**, 49–50
"acceso a servicios de salud para los latinos hispanoparlantes en Estados Unidos, El" (Glenn Martinez), 258–259
acentuación escrita, la, 34
con el futuro vs. el pasado del subjuntivo, 227
con homónimos, 36
con la tercera persona del pretérito, 34
con preguntas, 74
para teclear los acentos a mano, 18
problemas comunes, 74, 89–90
Acosta, Iván, 287–290
acuerdo, palabras que indican, 18
análisis literario, elementos básicos del, 275–276, 284–285, 291
anécdota, comenzar un ensayo con una, 87
Argentina, la inmigración en, 25
argumento, el, 275–276
artículos definidos, 128–129
"Asfixiados por el salario mínimo" (Elizabeth Schulte), 132–133
asimilación, potenciales costos de la, 51
autor, el, 284

B

Bencastro, Mario, 281–283
"'Bilingüe': una palabra *dirty* en la educación pública" (Kim Potowski), 92–95
Blades, Joan, 142–146

C

"Cambiar la orientación sexual ¿es posible?", 214–216
"Comer sano ¿es más caro o no?", 235–238
"Cómplices de los indocumentados" (Jorge Ramos), 6–7
conclusiones fuertes, las, 151–152
condicional, 219
condicional de probabilidad, el futuro simple y el, 249
conjunción subordinada, juntar dos oraciones sencillas con una, 188

D

de, dé vs., 36
decirse ("Se dice"), 52–54
definición, comenzar un ensayo con un, 87

desacuerdo, palabras que indican, 18
desarrollo de los hechos, 277
diálogo, comenzar un ensayo con una, 87
diccionario, buscar expresiones y dichos en el, 262
"diferencias de género son reales, Las" (Frank York), 199–201
discurso, tipos de, 291
"Divididos por la tecnología," 161–163
Dorantes, Raúl, 44–48
"Dos videos sobre la nutrición y las corporaciones," 240

E

el, él vs., 36
"Empecemos con los niños" (Kim Potowski y Clifford Meece), 204–207
"Encuentros y desencuentros: de Guillermo a William" (Raúl Dorantes y Febronio Zatarain), 44–48
ensayo, para comenzar un, 87
"ensayo sobre la inmigración desde la perspectiva de los Minutemen, Un" (Jim Gilchrist), 21–23
"¿Es el spanglish un idioma?" (Roberto González Echevarría), 110–111
estructura, la, 277
estructura interna, la, 277
eufemismos, los, 66
experiencias concretas, [asking about], 2
expresiones en el diccionario, buscar, 262

F

Fauci, Anthony S., 254–256
formas de expresión, las, 291
fuentes electrónicas, evaluar, 97–98
fuentes externas, cómo citar, 25–26
futuro simple, 209–210
pasado del subjuntivo vs., 227
y el condicional de probabilidad, 249

G

generación de 2013, la, 186–187
géneros literarios, los, 291
gerundio, el infinitivo vs. el, 149–150
Gilchrist, Jim, 21–23
Gimenez, Martha F., 63–65
Gonzales-Berry, Erlinda, 294–299
González, Melody, 124–125
González Echevarría, Roberto, 110–111

H

haber:
como verbo auxiliar, 168–169
había, 170
haiga vs. **haya,** 169
ha vs. **a,** 49–50
hablar:
el pretérito vs. el subjuntivo, 90
la tercera persona del préterito, 34
"Hambre de memoria: la educación de Richard Rodríguez" (Richard Rodríguez), 81–84
hecho, comenzar un ensayo con un, 87
"Hoja informativa del Consejo Nacional de La Raza," 264–265
Homberger, Jacob G., 137–139
homónimos comunes, la acentuación con, 36

I

"Identidad y habla de los 'MexiRicans'" (Kim Potowski), 70–71
imágenes, el uso de, 171
"Immokalee: tierra fértil para que la esclavitud florezca" (Melody González), 124–125
infinitivo, el gerundio vs. el, 149–150
inmigración en Argentina, la, 25
introducción, la, 87

L

"Latinos/hispanos: ¿qué sigue? Algunas reflexiones sobre las políticas de identidad en Estados Unidos" (Martha F. Gimenez), 63–65
"¿Latinos o hispanos?: un debate sobre la identidad," 59–61
"latinos y el SIDA, Los" (Anthony S. Fauci), 254–256
lectores diferentes, cómo escribir para, 247–248
"Lo que cuesta la piratería," 172–173

M

Martinez, Glenn, 258–259
mas, más vs., 36
"Más ancianos latinos en clínicas geriátricas" (Yurina Rico), 251–253
"matrimonio entre los gays, El," 223–226
Meece, Clifford, 175–179, 204–207
mujeres en la política, las, 202
Musacchio, Ofelia, 195–197

N

narrador, el, 284

O

"Odisea del Norte" (Mario Bencastro), 281–283
opinión, comenzar un ensayo con un, 87
oraciones complejas, las, 187–189, 220–221

P

página web, criterios para evaluar una, 98
palabras de transición, las, 134, 135
palabras innecesarias, eliminar, 188–189
palabras precisas, usar, 211
"Paletitas de Guayaba" (Erlinda Gonzales-Berry), 294–299
"Pardon my Spanglish - ¡porque because!" (Bill Santiago), 113–114
participios irregulares, 50
pasado del subjuntivo, 217–218
el futuro simple vs., 227
perífrasis verbales, el uso de "a" en las, 67–68
pero, sino vs., 185
personajes, los, 285
plagio, cómo evitar el, 29
Potowski, Kim, 70–71, 92–95, 102–106, 204–207
"precio de la maternidad, El" (Joan Blades y Kristin Rowe-Finkbeiner), 142–146
pregunta(s):
la acentuación escrita con, 74
para comenzar un ensayo, 87
préterito:
hablar, 90
la tercera persona de, 34
"Primera comunión" (Tomás Rivera), 271–274
primera persona, 285
pronombres relativos, 292

Q

"Qué aportan los inmigrantes a Estados Unidos" (Jorge Ramos), 9–10
Quebec, Canadá, las Leyes 101 y 104 en, 101

R

Ramos, Jorge, 6–7, 9–10
respeto, la expresión del, 2–3
resúmenes, la generación de, 72
revisor de ortografía, usar el, 17
Rico, Yurina, 251–253
Rivera, Tomás, 271–274
Rodríguez, Richard, 81–84
Rowe-Finkbeiner, Kristin, 142–146

S

"Salario mínimo: Enemigo de los pobres" (Jacob G. Hornberger), 137–139
Santiago, Bill, 113–114
Schulte, Elizabeth, 132–133
se, sé vs., 36
"Se dice," 52–54
si, sí vs., 36
sindicatos, los, 126–127
sino vs. **pero**, 185
slow food, el movimiento, 250

"Sobre la propiedad intelectual y los caballos vs. los automóviles" (Clifford Meece), 175–179

"Sólo la sociedad crea el género" (Ofelia Musacchio), 195–197

subestructura, la, 277

subjuntivo:
   el pasado de, 217–218, 227

subtemas, las, 275

"Subvenciones o mercado libre ¿cómo cerrar la brecha digital?", 165–167

"Súper, El" (Iván Acosta), 287–290

T

tema, el, 275

tercera persona, 285

tercera persona del pretérito, 34

tesis sobre una obra literaria, cómo desarrollar y defender una, 299–300

tesis viable y fuerte, la generación de una, 13–15

títulos e introducciones, crear buenos, 85–86

"¿Traje de baño o traje con corbata?: Respetar el 'spanglish' en las clases de español" (Kim Potowski), 102–106

trama, la, 276

transición, las palabras de, 134, 135

U

usos informales, la identificación de, 108

V

ver, 169

voz pasiva, 279

W

Wikipedia, 98

www.wordreference.com, 8

Y

York, Frank, 199–201

"¿Y qué?" convincente, desarrollar un, 261–262

Z

Zatarain, Febronio, 44–48